Zhengju Faxue

证据法学

李文杰　罗文禄
袁林　叶甲生　杨凌　著

四川出版集团
四川人民出版社

图书在版编目（CIP）数据

证据法学/李文杰等著．—成都：四川人民出版社，2005.3（2018.5 重印）
ISBN 978-7-220-06864-5

Ⅰ．证…　Ⅱ．李…　Ⅲ．证据—法学—电视大学—教材　Ⅳ．D915.13

中国版本图书馆 CIP 数据核字（2005）第 016880 号

ZHENGJU FAXUE
证据法学
李文杰　罗文禄
袁林　叶甲生　杨凌　著

责任编辑	何朝霞
封面设计	经典记忆
技术设计	杨　潮
责任校对	叶　勇
责任印制	王　俊
出版发行	四川出版集团 四川人民出版社（成都槐树街 2 号）
网　　址	http：//www.scpph.com http：//www.booksss.com.cn E-mail：scrmcbsf@mail.sc.cninfo.net
发行部业务电话	（028）86259459　86259455
防盗版举报电话	（028）86259524
印　　刷	成都蜀通印务有限责任公司
成品尺寸	140mm×202mm
印　　张	17.5
插　　页	4
字　　数	400 千
版　　次	2005 年 3 月第 1 版
印　　次	2018 年 5 月第 11 次
印　　数	27001—30000 册
书　　号	ISBN 978—7—220—06864—5
定　　价	28.00 元

目 录

第一编 绪 论

第二编 证据论

第三编　证明论

第一编

绪论

第一章　证据法学概述

第一节　证据法学的研究对象

证据法学，是研究在诉讼过程中以及非诉讼法律事务处理过程中如何正确运用证据认定案件事实和有关法律规范的学科。它是现代法学体系中的一个分支学科。

证据法学有广义与狭义之别。所谓狭义的证据法学，亦即诉讼证据法学，是指专门研究在诉讼过程中如何正确运用证据认定案件事实和有关法律规范的学科。由于运用证据认定案件事实主要发生在诉讼领域中，且专业性更强、程序更为规范，其制度及其运作对非诉法律事务中证据运用有重要的参照和借鉴意义。因此，诉讼证据法学无疑是证据法学的核心。而广义的证据法学，除研究诉讼证据法学外，还包括其他非诉法律事务，如仲裁、公证、行政处罚等活动中具体运用证据的诸问题。本书研究的重点限于前者。

作为现代法学体系中的一个分支学科，证据法学有其特定的研究对象，其内容主要包括以下几个方面：

一、在诉讼中运用证据的司法实践

“以事实为根据，以法律为准绳”，是指导我国公、检、法三机关进行司法活动的基本原则。司法机关要查明案件事实，只能通过事后发现、收集到的证据来再现案件事实。要弄清案件事实，必须根据证据法的具体规定，依法收集证据、审查判断证据，利用证明规则，根据证明标准、证明要求等相关制度，通过逻辑思维活动完成。然而，现实生活中的案件则是丰富多彩的，几乎每起案件都有自己的特色。在具体的个案中，证明的对象、举证责任的分配、非法证据的排除以及质证、认证等都有可能遇到法律没有规定或者因规定模糊而无法适用的问题。在司法实践中，通过发现和解决这些问题，可以让证据法逐步得到完善。

同时，与其他法律科学相比而言，证据法学更具实践性。证据的收集、运用、审查、判断等活动无疑具有很强的实践性。司法中有关证据和证据运用的成功经验从动态的角度丰富了证据法学的研究内容。这些与证据及运用有关的司法实践，既为证据理论研究和证据立法提供丰富的素材，奠定了坚实的基础，又为证据立法的完善和证据理论的发展提供了绵延的动力。

二、有关运用证据的各项法律规范

没有规矩，不成方圆。古今中外，无论什么制度的国家，对诉讼中运用证据证明案件事实，在法律中皆有或繁或简的规定，以保证其司法机关按照统治阶级的意志来查明事实、处理案件。即便是在封建专制国家，诉讼中的证明活动也无法完全脱离证据规则以及证据制度。我国制定的各种诉讼法，总结司法工作的正反经验，对如何运用证据进行证明的一些重大问题都作出了规定。这些规定在一定程度上反映了运用诉讼证据的规律，是查明案件事实的重要保证。同时，赋予最高司法机关对诉讼过程中具体应用法律的问题进行解释，透过这些司法解释，使得相关证据规则、制度在全国范围内能够得到更好的贯彻、执行，维护法治的严肃性。作为研究诉讼中运用证据的证据法学，当然应当研究有关证据的各个法律规范和司法解释，准确地阐释其内容。

研究证据法规与研究运用证据的实践经验紧密相连，需要同步进行。但是，不能将两者等同，因为证据法虽是实践经验的总结和升华，但一般都是固定的较为成熟的经验，不可能面面俱到。而运用证据的实践经验不仅具体、生动，而且总是处于发现新事物的前线，对其作出理论概括，可以为证据法的修改、补充提供有益的意见。只有将两者有机结合，才能相得益彰。

三、有关诉讼证据的理论

证据制度是一个国家法律制度的重要组成部分。在人类社会发展的不同历史时期，都建立了相应的证据制度。如古代的神示证据制度、中世纪的法定证据制度以及近现代的自由心证制度，等等。经过古今中外众多学者的努力奋斗、刻苦钻研和不断进取，在证据法领域已经积累了丰富的理论成果，形成了不同的流派，而且这些学说影响着各国证据立法及司法证明活动。学者们提出了各种见解，形成了种种证据理论，这些都是证据法学的重要研究内容，是研究和发展我国证据法学的宝贵财富。只有大胆地比较、借鉴古今中外各国证据理论及其制度，去其糟粕，取其精华，才能加快我国法制建设的进程。

第二节 证据法学的理论基础

我国传统证据理论，视证据制度“所要解决的核心问题”为“如何保证司法人员能够正确认识案件事实，亦即如何保证其主观符合客观”，因此将辩证唯物主义认识论作为我国证据制度的唯一指导思想和理论基础[①]。实际上，诉讼不是也不可能是发现真相的科学调查研究。诉讼中应调查的事项受诸多因素的制约。法院也缺少发现当事人不知道的或未经他们披露的信息渊源的有效手段。同时，随着法治意识的不断提高，证据法学不仅要关注如何运用证据查明案件事实或争议事实真相，而且应关注这些发现事实真相的手段、途径和方法是否符合法治的要求。也就是说，诉讼中的证明活动不仅要符合人类主观认识客观世界的一般规律，而且还要强调用于发现事实真相的手段和方法的合理性、正当性、公平性。

一、理论基础之一：认识论

认识是人类感知自然、社会以及探求其中的未知因素的活动。从性质上讲，司法证明是一种认识活动。辩证唯物主义认为，人的思维是至上的，能够认识现存世界的一切事物，当然，对案件事实的认识也不例外。然而，这种认识活动与日常生活中的证明、自然科学实验中的证明有着显著的区别。这是因为司法证明必须受诉讼期间、时效制度、证据规则以及其他人为因素的制约。辩证唯物主义认识论虽然揭示了人类认识自然、认识社会

---

① 陈一云主编：《证据学》，中国人民大学出版社 1991 年版，第 93 页。

的普遍规律，是指导人们认识客观世界的科学理论。问题在于，我们要真正把握辩证唯物主义关于认识客观世界原理的科学体系，正确理解存在与意识、主观与客观的关系，而不是机械地、片面地，甚至形而上学地去看问题。在若干证据重大理论问题的研究上，就需要我们真正运用辩证唯物主义的理论去检讨、去反思。

就具体的个人或者人群来说，由于主观和客观因素的限制，其认识能力是有限的。恩格斯曾说："一方面，人的思维的性质必然被看作是绝对的，另一方面，人的思维又是在完全有限地思维着的个人中实现的。这个矛盾只有在无限的前进过程中，在至少对我们来说实际上是无止境的人类世代更迭中才能得到解决。从这个意义来讲，人的思维是至上的，同样又是不至上的。它的认识能力是无限的，同时又是有限的。按他的本性、使命、可能和历史的终极目的来说，是至上的和无限的；按它的个别实现和每次的现实来说，又是不至上的和有限的。"① 由此可见，人们对案件事实的认识都属于认识的"个别实现"，都是"在完全有限地思维着的个人中实现的"，都是不可能无止境无限期地进行下去的。而且，人们对案件事实的认识还受到众多主客观因素和条件的限制。因此，人们在具体案件中对案件事实的认识，在能力上只能是不至上的和有限的，在目标上只能是追求"相对真理"，而不是"绝对真理"。因此，在司法过程中，对于人的感知能力、记忆能力和表达能力不能抱有过分夸大的态度。在诉讼中，一方面应当承认发生过的案件事实是客观存在的，我们对于案件事实的正确认识是对客观存在的事实的反映；另一方面也应

---

① 《马克思恩格斯选集》第3卷，人民出版社1972年版，第126页。

当承认，基于司法活动的价值选择、平衡，解决纠纷的需要，司法目的之综合考量，对案件事实的探知就可能不再处于绝对优先的地位，一些案件的诉讼调查就只能获得一个模糊的印象。

二、理论基础之二：价值论

迈克尔·D. 贝勒斯指出：与纯科学不同，法律的目的并不在于发现真相，并不在于发现全部真相，并不是纯粹在于发现真相。这不但代价过高，而且往往与解决争执的目的不沾边[①]。司法证明不仅仅是一种认识活动，更是一种适用法律的专门活动，因此，其中必然涉及各种价值的选择和实现问题。它必须在案件真相与纠纷解决、司法公正与司法效率、实体正义与程序正义等相互冲突的价值之间作出权衡。

（一）案件真相与纠纷解决

审理的目的是查明案件真相还是解决纠纷？还是两者不可偏废？在真相不明的情况下，法官是否就不能有效地解决争议？查菲曾说："审理不是抽象地寻找真情，而是试图在两个人之间不经过武斗解决争端。"[②] 争议进入诉讼领域后，裁判者最直接的考虑就是：如何作出权威的结论？如何息事宁人？当然，在解决纠纷的过程中，法官固然会通过争议双方的举证、质证等行为来探知案件事实，但这种对事实真相的探求只是为争端的解决提供一定的事实基础和依据，创造条件，而不是诉讼的终极目的。简言之，法官就纠纷的解决，并不是绝对地要求建立在客观真实的

---

① 〔美〕迈克尔·D. 贝勒斯著，张文显、宋金娜、朱卫国、黄文艺译：《法律的原则——一个规范的分析》，中国大百科全书出版社 1993 年版，第 23 页。

② 沈达明编著：《英美证据法》，中信出版社 1996 年版，第 6 页。

基础上，相反，有时为了更好地解决争议，往往会主动地回避案件真相。如在调解解决民事纠纷的过程中，我们更强调将来关系的发展而不是过去事实以及谁对谁错。调解立足于调和双方的姿态，尽可能将双方从对立、紧张的状态中解放出来。为防止纠纷蔓延扩大，调解往往并不追求事实的水落石出——如有必要则不惜忽略甚至隐瞒真相；为协调双方的立场，调解不强调法律的适用，远离概念和本本，着重于双方实质利益的衡量。

著名的英国法官威尔伯福斯大法官（Lord Wilberforce）曾说："法律承认，任何对有争议之事实的确定都是有缺陷的。法律旨在提供与人之易犯错性相适应的最好和最可靠的解决方法，并且一旦获得了这种解决方法，法律就万事大吉了。法律知道，且我们都知道，有时新的证据资料可能被发现，这些资料的出现可能会导致一个不同的判决结果，但是处于和平、稳定性和安全利益的考虑，法律禁止对之进行进一步的追究。人们说在这样做时，法律优先考虑的是司法而非事实真相。原因也许是这样：这些价值并不总能相一致。法律是在尽其全力缩小它们之间的差异。但是存在司法之稳定性战胜超过事实真相之可能性的情形……也存在法律坚持其终局性的情形。"①

（二）司法公正与司法效率

最高人民法院院长肖扬提出："公正与效率"是21世纪人民法院工作的主题，为实现这一主题应该抓好审判工作、队伍建设和法院改革三件大事。司法公正与效率在促进社会进步、经济发展方面等发挥了重要作用，它高度概括了宪法和法律对人民法院

① 肯尼斯·海恩：《现代法治之中纠纷解决的法律定义地位、重要性及其作用》，中国普法网，http：//www.legalinfo.gov.cn/gb/special/.

职责的规定，充分体现了人民法院审判工作的基本特征和目标追求，深刻揭示了在实施依法治国基本方略、建设社会主义法治国家进程中，人民法院的重要地位和作用，全面反映了社会主义市场经济发展对法律和法治的内在要求。实现司法公正和提高司法效率，是人民法院的立院之本、司法之基。努力实现司法公正和提高司法效率，是新时期党和人民对司法工作的期望和要求，也是宪法和法律赋予人民法院的神圣职责。

一般认为，司法以公正为最高价值目标，而经济学则以效率为第一要义。实际上，司法公正与效率之间，存在一致与冲突的辩证统一关系。司法公正本身就包含着效率问题，两者一脉相承。美国学者波斯纳曾称，“正义的第二种意义——也许最普通的涵义——就是效率”[①]。效率的提高有助于达到审判的公正。而司法公正的提高也在一定程度上有利于司法效率的提高。但是，在追求司法公正的实现过程中，由于司法成本的有限性从总体上限制了司法活动对公正的绝对追求，司法程序公正性的增强导致司法成本的耗费增大以及对效率的不适当追求使司法公正要求无法实现，司法效率与司法公正的冲突也是不可避免的。现代法治国家，基于当事人权利保障有效、及时之需要，普遍认识到在司法活动中，“迟来的正义为非正义。”亦就是说，司法公正与司法效率皆是衡量司法活动的基础支柱，不可厚此薄彼。

放眼当今各法治发达国家，制定、施行的许多证据规则都兼顾了司法公正与司法效率的精神。如非法证据排除规则，一方面强调当事人以违法方法取得的证据对对方当事人有失公平；另一

① 〔美〕理查德·A. 波斯纳著，蒋兆康译：《法律的经济分析》（上），中国大百科全书出版社 1997 年版，第 31 页。

方面，也认为由于是非法取得的证据，该证据就有可能是虚假的，若不加以排除，就可能增加司法成本，降低司法效率。同理，证明责任规则、交叉询问规则、口供补强规则等也都兼顾了公正与效率的价值追求。尽管举证时限规则、推定规则、自认规则、最佳证据规则等显然侧重于维护司法效率，但意见证据规则、强制出庭作证规则等则直指司法公正，两相对应，使得证据规则的整个体系维系了司法公正与司法效率之间的平衡。

（三）实体正义与程序正义

司法活动要实现司法公正，追求司法正义是其基本目标。然而，在人类社会发展的不同历史时期，对司法正义的理解并不一致，各国的做法也大相径庭。司法公正是否就是结果的公正？“毒树之果”能否食用？如今，人们普遍认识到实体正义与程序正义是各国证据法必须权衡的两种价值。实践经验证明，单纯追求实体正义不仅会导致漠视甚至是践踏当事人的正当权利，而且也会导致司法正义观念的扭曲。相反，过分强调程序正义而忽视实体正义，也与司法活动的本质不符。

实体正义论者主张实体法是处理当事人之间权利义务纠纷的基本准则，执行实体法就是司法活动的第一目标。不论采取何种程序、手段、措施，只要能够查清案件事实，作出正确的实体判决结果，实体法就得到了最佳的执行。而程序正义理论则认为：一项法律程序或者法律实施过程是否具有正义性，不能仅看它是否有助于产生正确的结果，而且要看它能否保护一些独立的内在价值。如：维护人的自然权利、基本自由和尊严等。诚如罗尔斯的呐喊：某些法律制度，不管它如何有效率和有条理，只要它不正义，就必须加以改造或废除。每个人都拥有一种基于正义的不可侵犯性，这种不可侵犯性即使以社会整体利益之名也不能逾越。……在一个正义的社会里，平等的公民自由是确定不移的，由正义所保障的权利决不受制于政治的交易或社会利益的权衡。允许我们默认一种有错误的理论的唯一前提是尚无一种较好的理论，同样，使我们忍受一种不正义只能是在需要用它来避免另一种更大的不正义的情况下才可能。作为人类活动的首要价值，真理和正义是决不妥协的①。

在任何一个国家中，法律制度都处于实体正义与程序正义观念的冲突之中。这些冲突是客观存在的，是不以人的意志为转移的。毋庸讳言，受许多传统价值观念的影响，我国的证据法律制度过去一向是偏重于实体正义的，而对程序正义重视不够。然而，现代社会的司法证明活动应该崇尚公正与文明，因此我国证据制度改革的方向应加强对人权、自由的保护。在这两者的关系问题上，我国一定要慎重权衡，寻求两种法律价值观念的兼顾与平衡。

第三节 证据法学的体系

证据法学的体系，是指针对证据法学研究对象之间的相互关联和内在联系的有机系统。如何科学地构建我国证据法学的体系，是证据法学界所面临的重要课题。我们认为，一个科学的学科体系应当具有系统性、完整性、严密性的特征。基于此，并在借鉴其他教材体例的基础上，本书共分三编：第一编，绪论；第二编，证据论；第三编，证明论。

---

① 〔美〕约翰·罗尔斯著，何怀宏等译：《正义论》，中国社会科学出版社 1998 年版，第 3～4 页。

绪论包括四章。第一章是证据法学概述，简要阐述证据法学的研究对象、理论基础、体系、研究方法及其与相邻学科之间的关系；第二章是外国证据制度的历史沿革，分别介绍了国外证据制度发展至今先后出现的几种主要证据制度形态；第三章是中国证据制度的历史发展，简要考察了我国古代证据制度、近现代证据制度和当代证据制度。第四章是证据法的基本原则，分别论述了证据裁判原则、程序正义原则、直接言词原则以及证据自由评价原则。

证据论包括五章，即第五章至第九章。第五章，证据概述，探讨了证据的概念，分析了证据的属性和意义；第六章探讨我国法律规定的证据形式，即物证，书证，证人证言，当事人陈述，犯罪嫌疑人、被告人供述和辩解，视听资料，鉴定结论，勘验、检查和现场笔录，就其概念、意义和特点作了分析研究；第七章专门研究证据的分类，介绍了证据分类的概念和几种常见的证据分类；第八章介绍各种证据的收集及保全的基本要求及方法；第九章证据的审查判断，分别介绍了证据审查判断的概念、意义、任务、步骤和方法以及各种证据的审查判断。

证明论包括六章，即第十章至第十五章。第十章，证明概述，着重对我国诉讼证明的概念和特点、证明的过程与方法进行了探讨；第十一章，证明对象，在阐述证明对象的概念和意义后，分别对刑事诉讼、民事诉讼、行政诉讼和非诉讼中的证明对象以及免证事实进行了分析；第十二章，证明责任，首先探讨了诉讼中证明责任的概念，然后分别阐述了刑事诉讼、民事诉讼、行政诉讼中的证明责任及其承担；第十三章，证明标准，首先从认识论和比较研究的角度对诉讼中证明标准的概念及其理论意义重新进行了探讨，随后分别对刑事诉讼、民事诉讼和行政诉讼中的证明标准作了阐述；第十四章，推定，对推定的概念、意义和诉讼中的作用作了阐述，对刑事诉讼中重要的无罪推定作了重点分析介绍；第十五章证据规则，介绍国外主要证据规则，并对我国建立证据规则的现状进行了思考。

第四节 证据法学的研究方法

证据法学是专门研究如何正确运用证据认定案件事实及其相关法律规范、制度的学科，其核心在于如何在法的空间内认识、把握案件事实。因此，必须坚持马克思主义的世界观和方法论，特别是遵循辩证唯物主义的认识论原理。除此之外，证据法学还要从诉讼法律的角度和程序正义的理念来研究诉讼中的证据和证据的运用，研究建立反映诉讼特色和正当程序的证据法律规则。同时，证据法学处于刑事诉讼法学、民事诉讼法学和行政诉讼法学相关证据制度研究的结合部，不仅要对各类诉讼中的证据制度进行研究，还要在更高层次，概括提炼出对诉讼中的证据运用具有普遍指导意义的原理与规则。

进行证据法学研究，不仅需要坚实的哲学和法学基础，同时还要具备丰富的自然科学知识。一方面，作为研究对象的证据本身有些是社会现象，有些是自然现象，不具备相当的自然科学知识就不可能深入地了解和进行研究。另一方面，随着科学技术的日新月异，在进行证据法学研究时，需要越来越多地了解新的科学知识，越来越多地运用新的研究方法。例如，DNA 技术已使事实认定达到一个新的阶段，而测谎器也在我国司法领域中得到逐步运用和推广。高新技术的迅猛发展，势必将对证据和证据运用的方方面面，例如证据的形式、证明的对象、证明的手段等，产生难以预料的冲击与影响。

具体说来，在进行本书的学习和研究时，应当重点注意掌握以下几点。

一、以证据立法与司法实践为基点

证据法学的学习和研究要以证据立法与司法实践为基点。首先要正确领会现行有关证据立法之要旨，准确释明其内容。对于法律规定得比较原则抽象的，要掌握相关的司法解释，了解司法运用的实践；对于法律规定得比较粗疏模糊的，要了解立法的前因后果，研究立法过程中可能存在的不同意见，力求准确阐释立法的本意。切忌片面地、机械地甚至形而上学地看问题。要严格区分现行的法律规定和现行法律规定中可能存在的问题与不足，二者不容混淆。对于现行的法律规定，必须以法律为准绳，有法必依，执法必严。对于现行立法中可能存在的问题或不足，可以从学术上进行讨论，开展争鸣，以便为修正和完善立法提供理论论证。

对于证据立法的学习与理解，要紧密结合司法实践。由于这些关于证据和证据运用的立法，通常是在总结诉讼实践经验的基础上制定的，而且在贯彻实施中还会出现很多新情况、新问题。对于司法实践中出现的新情况、面临的新问题，要深入开展研究，从理论上作出回答。特别是在我国证据立法尚不够完善，各项司法改革正在进行的形势下，证据理论研究更要密切结合有关证据的立法与司法实践，了解情况，掌握动态，及时研究解决证据制度运作中的新情况、新问题，及时总结司法改革经验并升华为理论，以促进证据立法，指导司法实践。

二、注重理论研究与实证研究的结合

证据法学的学习和研究，离不开基本理论的指引。证据法学是一门实践性很强的学科，然而其对案件事实的探知是一种回溯性的认识过程，这种认识活动具有很强的思辨性。由于我们无法开启“时空隧道”而重现过去的案件事实，因此我们在探讨证据的概念，分析证据的特性，寻求证明的方法，乃至于研究一切与证据和证据运用相关的问题时，都特别需要科学的理论指导。

当然，作为一门实践性学科，则更需要运用实证研究的方法，也就是运用实证的调查，如抽样调查、个案剖析，通过对收集到的各种实证资料、数据的分析处理而得出认识结论。这种研究的基础，是对客观事物和实际经验的具体分析。只有进行大量的实证性分析研究，才能真正了解证据司法的实践，才能研究制定出切合实际并具有可操作性的证据规则。

三、以法治发达国家证据制度为参照

一切认识、知识均可溯源于比较。只有互相比较才能见差别短长，只有互相借鉴才能促进发展和进步。作为法制建设起步较晚的中国，只有大胆地借鉴、吸收国外的成功经验和已有成果，才能加快我国证据制度建设的步伐。

证据法学要搞开放型的研究，对当今不同国家，特别是不同法系典型国家的证据立法、证据制度、证据理论进行比较，这对我国的证据法律制度建设和证据理论建设，将大有裨益。在对外国的证据制度和证据理论进行研究时，首先要全面、准确地了解某项制度或理论的内容，这是我们开展比较研究的前提和基础；其次要研究该项制度或理论产生的特定历史背景和社会环境；再次要把该项制度或理论放到该国整个社会制度、法律制度的大环境中来考察，不能脱离该国的实际。

四、坚持批判、继承与创新

事物总是不断发展、不断更新的，证据制度的历史更替是如此，证据法学的发展也是如此。我们在进行证据法学的学习和研究时，特别要处理好理论上继承与创新的关系。一种理论，一个流派，有它产生的背景，有它发展的由来。例如，刑事诉讼中关于无罪推定原则的争鸣，证据法学界关于证据特性的探讨，都是这样。一方面，我们要虚心好学，努力掌握前人的研究成果，全面了解其发展演变的过程，不能任意阻断历史的联系，不能随随便便就否定某项既有的理论；另一方面，我们也要推陈出新。创新是证据法学的生命力所在，没有创新就没有发展。只有勇于创新，勤于思索，敢于向传统证据理论、主流证据学说挑战，才能营造出证据法学百家争鸣的氛围，才能迎来证据法学百花齐放的春天。

第五节 证据法学与邻近部门法学

证据法学作为法学体系中的一个部门法学，与其他部门法学虽各有不同的研究对象和范围，但也有一定的联系。明确证据法学与诉讼法学等邻近部门法学的关系，不仅有利于掌握本学科的特点，而且有利于从其他学科的研究成果中吸取营养，促进本学科的发展。

一、证据法学与诉讼法学

诉讼法学主要包括刑事诉讼法学、民事诉讼法学和行政诉讼法学，主要研究民事诉讼、刑事诉讼和行政诉讼的目的和任务，进行诉讼活动应当遵守的基本原则、制度、程序以及认定案件事实的证据和证据的运用等。诉讼法是程序法，各种诉讼活动的任务是查明案件事实，正确适用实体法，判明是非曲直。要查明案件事实，必须收集、保全证据、审查判断和运用证据，而且上述活动必须依法按照一定的程序去进行。收集证据和审查判断证据，既包括公安司法机关，也包括案件的当事人对证据的收集和审查判断，特别是在庭审过程中，当事人双方或者公诉人、被害人与刑事被告人、辩护人之间对证据的质证。所以，从上述角度分析，诉讼法学同证据法学紧密相连，诉讼法学包含证据法学，证据法学是从诉讼法学独立出来的一个部门法学。然而，证据法学又不同于诉讼法学。首先，证据法学对证据法和运用证据规则的研究范围已超过了诉讼法学中有关证据法和运用证据规则的范围，不仅有诉讼证据及其运用规则，而且有仲裁、公证、监察等非诉讼法律事务活动中的证据和运用证据规则。其次，证据法学不仅研究刑事、民事和行政以及非诉法律事务活动中证据和运用证据的个性及其各自的特点，而且重点研究上述诉讼和非诉法律事务活动中有关证据和运用证据的共性，特别是运用证据的共同规律和方法。所以，两者既有交叉，又有各自研究对象的特殊性。

二、证据法学与刑法、民法等实体法学

刑法、民法都属于实体法的范畴。刑法学是研究行为人的行

为是否犯罪、所犯何罪、应否处刑以及该处何刑，并以刑罚的方法同犯罪作斗争的实践学科；民法学是研究民法及其调整的平等主体之间的财产关系和人身关系的学科。在刑法学中，行为人的行为是否构成犯罪，必须运用证据对构成犯罪的主体、主观要件、客体和客观要件的一系列事实加以证实。同时，对影响定罪量刑的若干情节事实，也必须用证据给予证明。证据法学正是研究运用证据的规律和如何遵循这些规律来收集和审查判断证据，从而认定案件事实的科学。刑法是为了惩罚犯罪分子，保障无罪的人不受刑事追究。民法是为了解决民事纠纷和争议，维护公民和法人的合法权益。任何法律争议的发生、变更和消灭，都是由一定的法律事实而引起。要解决纠纷和争议，维护公民和法人的合法权益，这就要求诉讼主体必须用证据证明引起民事权利义务发生、变更和消灭的一系列事实。人民法院或仲裁等有关裁决机构才能作出正确的裁判。所以，刑事、民事等实体法所规定的实体权利和义务的解决，都离不开证据法学对证据和运用证据规则的研究。

三、证据法学与犯罪侦查学

犯罪侦查学是以侦破刑事案件的技术手段和策略方法为研究对象的学科。在刑事案件的侦查过程中，如何利用技术手段和策略方法发现、收集和检验证据，以便揭露、证实犯罪，查获犯罪人，就是该学科所要解决的问题。所以，犯罪侦查学与证据法学的内容也有重叠部分。然而，两者的研究角度是不同的，例如，犯罪侦查学对侦查所采用的技术手段，要从如何利用自然科学的原理和方法上，进行深入的探讨，主要研究痕迹学、司法弹道学、指纹学、笔迹学、刑事照相学等，从科学技术的视角来认识案件的原貌。相反，证据法学对此并不过多涉及，其主要目的是从程序的角度如何收集、审查、判断、运用证据以确认案件事实。另外，证据法学所研究证据的范围相当广泛，既包括刑事案件，又包括民事、经济、行政等案件中的证据及其运用规则，而犯罪侦查学中对证据的涉猎则仅限于刑事案件。

第二章　外国证据制度的历史沿革

面对当事人，律师常说“打官司”就是“打证据”，尽管该判断有点片面，但它至少表明证据在诉讼制度中的重要性。证据是诉讼的基础，是联系事实裁定者的主观认知与案件客观事实的桥梁和纽带。人类社会的诉讼活动造就了证据制度的日益进步与完善。在人类历史上，先后出现了弹劾式诉讼模式、纠问式诉讼模式以及近现代的职权主义诉讼模式和当事人主义诉讼模式，与此相应，围绕如何确认证据的证明力而认定案件事实的证据制度也先后诞生了神示证据制度、法定证据制度以及自由心证制度。

第一节　神示证据制度

一、神示证据制度的概述

神示证据制度，又称为神证或神判，是指事实的裁判者借助神灵的启示，并通过一定的方式把神灵的旨意展示出来，以判定证据的证明力，从而确认案件事实的一种最原始的证据制度。

神示证据制度最先出现于欧亚各国的奴隶社会，在欧洲还绵延至封建社会的后期。神示证据制度的出现，与当时人类的认识能力有关。在奴隶社会时期，人类社会的生产力极其低下，导致对自然现象以及人类自身活动本身的认识、判断能力低下，只能将一些无法解释的现象归诸某种神秘的力量。于是，神就被奉为支配自然界以及人类社会的无所不在、无所不能的万能主宰。同时，这种神亦被当作公平、正义的化身，它能洞察秋毫，明辨是非，准确地打击邪恶，保护无辜。在这种理念的支撑下，当社会纠纷中的事实难以查明时，人们就自然而然地相信神的能力与公正，于是便诉诸于各种各样的神，以神的名义来确定纠纷双方当事人提出的证据的证明力大小，从而裁断案件是非曲直。同时，神示证据制度的出现，与当时采用的弹劾式诉讼制度有关。当时，无论是刑事诉讼还是民事诉讼，都被视为私人之间的纠纷，而司法官员对纠纷的基本态度奉行“不告不理”的原则。在刑事案件中，被害人或其亲友必须到司法机关去“告状”，否则，司法官员不会主动去调查和审理案件。当时，国家对司法活动的控制主要表现为防止当事人把法律握在个人手中作为复仇的工具并保证司法的公正，因此，司法者在审判中扮演的是仲裁人的角色。在这种制度下，司法官员的首要职责就是让社会成员相信其裁决是公正的，是具有权威性的。于是，在那些用一般方法难以裁断的疑难案件中借助神明的力量进行裁判，就成为当时最能让人接受的选择，是使双方息纷解讼的最佳手段。

二、神示证据制度的内容和方法

神示证据包括“神誓法”和“神判法”。“神誓法”即通过诉讼当事人面对神灵宣誓来证明案件事实的方法。在诉讼中，当双方陈述的事实不一致且难辨真伪时，裁判者就要求当事人一方或双方在庄严的宗教仪式下对神灵发誓，以证明其陈述的真实性。

如果当事人不敢对神发誓，或者在发誓过程中显示出神态慌乱的迹象，裁判者就可以认定其说的是假话并判其败诉。“神判法”即通过让当事人接受某种肉体折磨或考验来证明案件事实的方法。这种折磨或考验通常都在由神职人员主持的宗教仪式下进行。

不论是“神誓法”还是“神判法”，这个虚幻的神都需借助一定的仪式、程序、载体而降临尘世，通过这些中介物来展示神的意志。基于各国的地理位置、风俗习惯、文化传统以及宗教信仰的不同，于是各种显示神启的方式便应运而生。

（一）宣誓

宣誓是神示证据制度中普遍采用的一种方法，通常是控告人、被告人以及证人都要对神盟誓以证明自己陈述的真实性，其实质是通过神的力量来实行一种心理强制方法。它“诉诸一方当事者以恐怖心，使之觉得如其故作虚伪，势将触犯神怒而不能不为真实之陈述”①。

宣誓的方式在许多古代奴隶制国家和欧洲封建制国家前期的法典中都有具体的规定。约公元前20世纪的《苏美尔法典》第7条规定：“引诱自由民之女离家外出，而女之父母知之者，则引诱此女之人应对神发誓云：‘彼（该女父母）实知情，过应在彼’。”约公元前20世纪的埃什嫩那国王俾拉拉马的法典第22条规定：“倘自由民并无他人所负任何之债，而拘留他人之女奴为质，则女奴主人应对神宣誓说：‘我不负你任何债务’，该自由民则应付出与一女奴身价相等之银。”古巴比伦王国的《汉谟拉比

① 〔法〕孟·罗曼斯密著：《欧陆法律发达史》，法律出版社1962年版，第37页。

法典》第20条规定:“倘奴隶从拘捕者之手逃脱,则此自由民应对奴隶主指神为誓,不负责任。”西欧中世纪的《萨克利法典》第58条规定:“如果某人杀了人,而交出其所有的财产,但还不够偿付依法应交纳的罚金,那么,他必须提出12个共同宣誓人,(他们将宣誓)说,‘在地上,在地下,除已经交出的东西外,再没有其他任何财产了’。”采用这种辅助宣誓的原因,考虑到当事人的亲友比较了解当事人的财产状况及人品,相信他不会作出虚假的陈述。否则,这些亲友会惧怕因撒谎而遭上帝的惩罚而拒绝作证。上述规定表明,被告人只要对神宣誓,其答辩的证明力就应该被确认,就可以胜诉。

对神宣誓的方式方法,因宗教信仰不同而不同,有的信奉神灵,则在宣誓前向所信奉的神灵祈祷,而后凭圣物起誓,请求神灵证实其陈述真实或主张合理;有的视武器为圣物,则向武器进行宣誓;有的甚至向某种动物或家畜进行宣誓。当时,由于人们普遍认为神灵是最公正的,欺骗了神就必定会遭受神的惩罚,因此对神宣誓就成为法官判断宣誓者对案情陈述真实与否的依据。如果谁不敢进行宣誓,或者在宣誓过程中慌乱,或者在宣誓后显出某种受报应的现象,则可据此判断他所说的是假话,从而引起相应的法律后果,如果没有出现上述情况,对神的宣誓就成为法官确认宣誓者对案情陈述真实的依据。

(二)水审

在古代,作为生命之源的水被视为神明的物体,能识真伪、辨邪恶。水审,就是通过一定的方式让被告人接受水的考验,以考验结果来识别神意,借此判明其陈述的真伪。水审的方式有两种:一为冷水审;二为沸水审。

冷水审,是指将被告人投入河中,以其是否沉没,作为检验标准。按照《汉谟拉比法典》中的有关规定，如果某自由民的妻子被人告发有通奸行为，但是她自己不承认，那么法官就会令人将该女子扔到河里去。如果那个女子沉到水里去，就证明她有罪；如果她没有沉下去，而是浮在水面上，就证明她无罪。当然，冷水审中的检验标准却因民族文化传统的不同而有很大差异。古代日耳曼人采用的"水审法"检验标准就正好相反，他们将诉讼当事人的膝盖绑起来，然后用一根绳子系在腰部，慢慢地放入水中，根据他的头发长度在绳子上打一个结，如果他的身体沉入水中的深度足以使那个结没入水中，就证明他是清白的；否则就证明他是有罪的。其理由是洗礼教派的"圣洁之水"不能容纳提供虚假证言的恶人。

沸水审，则是让被告人用手从正在沸腾的水中捞取某物品，然后将被水烫伤的手臂包扎好，令其向神祈祷。经过一段时间后，再观察其伤口的痊愈程度，并以其痊愈的程度判断案件事实。若伤势好转，则认为是神意所致，该被告人是诚实的、无罪的；若伤口溃烂恶化，则认为是神对他的惩罚，就应认定他说了假话，应当判定有罪。

(三) 火审

火审，则是用火或烧红的铁器对被告人进行考验，识别神意，借以判定被告人的陈述是否真实。火审也有两种方式：一种方式是要求被告人手持物品，穿过燃烧的火堆，以其是否被烧伤来判定其是否有罪。公元9世纪时，法兰克人的《麦玛威法》对这种方式有详细记载："凡犯盗窃罪，必须交付审判。如在审判中为火所灼伤，即认为不能经受火的考验，处以死刑。反之，如果不为火所灼伤，则可允许其主人代付罚金，免处死刑。"另一种方式则是命令被告人从火中取出烧红的铁器，然后观察其伤口在一定时期的变化情况，如果烧伤的伤口愈合，就认为无罪，反之，则判定其有罪。14世纪时，古塞尔维亚就盛行这种做法。根据当时的法律，被告人想证明自己的清白，就应该接受烧红的铁的考验，即他必须从教堂门口燃起的火堆中，取出烧红的铁，用手拿到祭坛上去。如果经过一段时间，他手上的灼伤愈合了，则被认为是无罪的；如果伤口溃烂，不能愈合，便被认为是神在惩罚他，据此就可以判定其陈述是虚假的，不可采信，应作有罪处理。

（四）决斗

决斗这种方式，主要盛行于欧洲中世纪。采用这种方式，就是由争讼的双方当事人协商选择用某种武器如枪、剑等进行比赛，以其胜负结果来显示神意，并据以认定案件事实。通常的做法是：双方当事人经宣誓后，彼此仍争执不下，不能断定案件时，法官则令当事人双方决斗。胜者，则被认为得到了神助，因而是诚实的、无罪的；败者，则被认为其陈述是虚伪的、有罪的。另外，不敢决斗的一方，因为神不会帮助怯懦者，则被判定为败诉。封建社会的阶级等级观念在决斗中也有深刻的体现，主要表现在：（1）决斗双方的社会地位必须相当，一般要求属于同一个等级。根据当时的观念，农民是不配与封建领主进行决斗的。（2）决斗中所使用的器具也要视双方的社会地位而定，如果决斗双方都是封建领主或绅士，就可以用剑和盾作为武器来决斗，如果是农民或平民则无权使用剑和盾，而只能用木棍互相搏斗。在古代捷克法律中明确规定，决斗只能在同一个等级的当事人之间进行，如果双方当事人都是绅士或领主，就可以穿着长外衣和下装，用剑和盾进行厮杀；如果双方是农民或市民，则无权带剑，只配用简陋木棍进行决战。

（五）卜筮、抽签

卜筮、抽签是指在双方争执不下的情况下，先由双方当事人在神面前祷告，然后由他们就争辩的事实进行卜卦或者抽签，最后由法官根据卦象或签牌的内容，来确定何者的陈述为真实，哪一方是清白的。因为人们认为，卦象和签牌的内容就是神的旨意，据此裁断理所当然就是公平、正义的。

（六）十字形证明

十字形证明，主要是信奉基督教的古代国家采用的证明方式。具体做法就是在双方争执不明而无法决断的情况下，由双方当事人相向而站，双腿并拢，手臂平伸，使整个身体呈十字形状，谁能保持这一造型更久，就视为得到神的帮助，因而便是胜者；反之，就是败者。

三、神示证据制度评析

神示证据制度是通过一种根本不存在的超自然的力量去判断诉讼证据的真伪，从而对案件事实作出判决。把案件的判处建立在神灵的启示上，既不能对案件事实得出科学结论，也不可能作出公正的判决，它所维护的是一种落后的审判方式。即便以神示的方法对案件作出公正判决，这也是偶然而并非必然。在今天看来，神示证据制度是十分荒谬的，必然要退出历史舞台。

当然，如果我们站在古代奴隶制社会的立场去进行考察，在那种民智未开，神权思想完全支配人心的时代，神示证据制度也有一定作用，是同当时的生产力和社会发展水平相适应的。主要表现在：

（一）有利于维护当时的社会秩序

人是一种群居的动物，在相互生产、生活过程中，难免会发生各种各样的纷争。在十分落后的认识能力情况下，面对纠纷双方当事人截然相反的立场，要维护一个较为稳定的社会秩序，就必须借助神秘的力量。那时，心智早开的部分人群，自觉或不自觉地利用当时人们对神的无限崇敬与信仰，按照自己的意志确定显示神意的方式，把神意作为判断证据证明力的标准，解决社会上的各种纠纷，惩罚危害社会秩序的犯罪行为。一方面提升、巩固了自己在社会中的优势地位，另一方面又使人们息纷解讼，保持社会秩序的相对稳定。

（二）有利于提高裁决的权威性

司法裁决需要社会成员的接受和认可，在某种意义上可以说，权威性是司法判决的生命力所在。那时，人们无法运用科学技术与逻辑思维来确立裁判的权威，国家机器、工具也远未达到今天这样发达，对社会的日常监控能力也十分低下，所以借助神灵的力量来塑造司法判决的权威性便是最佳捷径。古代奴隶社会将神的意志和司法判决结合在一起，使当时的人们认为司法判决代表了神的意志，出于对神的崇拜，即使自己明知是不合理的判决也只能接受。可见，在神示证据制度支撑下的神明裁判提高了判决的权威性，有利于维护社会的稳定，巩固统治阶级的统治。

（三）有利于查明部分案情

虽然神示证据制度，在今天看来是一种非理性的司法证明方法，但它充分利用了当时人们对神的敬仰和恐惧心理，认为神是无所不在，无所不晓，如果不说出真情，必然会遭到神的惩罚，迫于这种恐惧，当事人有时也会作出真实的陈述，并表示服判。所以，在某些特定的场合和情况下，对正确判断证据的真伪和证明力大小有一定的实践意义。以神意作为判断证据证明力的标准，也可以在一定程度上使部分真正的违法者和犯罪人受到惩罚。另外，有些神明裁判方法即使在今天看来也有一定的科学道理，譬如曾经在一些欧洲国家盛行的“面包奶酪法”，在法庭上，法官要求被告人在一定时间内吃下一块大约一盎司重的大麦面包和同样大小的干奶酪，如果他没有困难就吃了下去，那就可以证明他无罪；如果他吞咽困难甚至发生呕吐，则证明他有罪。这确有一定道理，现代生理学认为，有罪者在恐惧等心理压力的作用下会出现唾液分泌减少等生理现象，于是他就会感到口干舌燥，很难将干奶酪和面包咽下。诚然，当时的司法人员未必已经知晓这种裁判方法的科学原理。

第二节　法定证据制度

一、法定证据制度概述

法定证据制度是指法律预先明确规定各种证据的证明力、评判标准以及运用规则，法官只能依照法律对案件作出裁判的一种证据制度。在这种制度下，法官没有自由裁量权，只能机械地按照法律的规定去判断证据的真实性，并据此作出判断结论，而不能按自己的分析判断对案件作出判决。

法定证据制度盛行于欧洲 16 世纪至 18 世纪的君主专制时代，在德国、奥地利、俄国等国家，直至 19 世纪后期仍然实行法定证据制度。最早规定这种证据制度的代表性法典是 1532 年罗马帝国的《加洛林纳法典》、1853 年的《奥地利刑事诉讼法》以及 1857 年的《俄罗斯帝国法规全书》等。

法定证据制度产生的主要原因：首先是加强中央集权、维护法治统一的要求。在 13～15 世纪，欧洲大陆国家的司法实践相当混乱，缺乏统一的判断标准。作为法律制度一部分的证据制度，当然也必须承载维护至高无上君主王权的职责，必须成为巩固王权统治的工具。为了维护其中央政权的统治，用法律的形式具体规定各种诉讼制度中证据的证明力和运用规则，有利于消除各地在诉讼中运用证据的混乱状态，使各地在封建割据、闭关自守的格局下形成的诉讼制度得以消除。严格要求法官必须绝对依照法律对证据证明力的规定去认定案情和适用法律，取消了法官的自由裁决权，这样法官成为按君主意志办事的奴仆。由此，君主通过静态的立法就牢固地将司法的控制权掌握在自己手中，防止地方各自为政，从而更有效率地实现自己的专制统治。

其次是愚昧落后、崇尚权威思想的必然体现。当时，在欧洲大陆社会中流行的崇拜权威的思潮为统一规范司法证明活动提供了理论条件。在社会生活中，包括学术研究中，权威是特别重要的，权威是不能质疑和批判的。人们在评断一个观点或一种学说是否正确的时候，往往不是看其自身是否具有科学性或合理性，而是看其是否具有权威性，是否言出有据。权威压倒一切。特别是受经院哲学思潮的洗礼，他们认为人生的前途是由预先的、抽象的法律体系决定的，由于法律是根据人类不平等的等级观念制定的，所以，不是所有的人都能作证人，只有两个或更多适合作证的人的证词才能成为证据。这种思潮不可避免地影响了人们的司法证明观念，从而促进了法定证据制度的诞生。

第三，等级制度是其产生的社会基础。在当时的欧洲大陆国家中，各阶层的人普遍对等级制度都有认同感。无论是世俗的封建等级制度还是教会的僧侣等级制度，都是社会的基本组织形式，因而都在很大程度上影响着人们的思想观念。既然人是不平等的，是可以分成许多等级的，那么司法活动中的证据也应该是不平等的，也是可以分成许多等级的。因此，即便是同一类证据，其效力也会因为主体的等级差别而产生不同的效力。

最后，纠问式诉讼模式是其生存的土壤。欧洲中世纪后期盛行纠问式诉讼程序，司法机关对争议的具体案件，不论是否有人告发，都要进行侦查、审理并追究行为人的法律责任。由于诉讼通常不是公开进行，因此，在诉讼过程中，被追究的当事人往往只是诉讼客体，不享有相应的诉讼权利，仅仅是被拷问的对象。法定证据制度认为，每一种具有一定特征的证据，其证明力在一切案件中都是固定的，因此，可以预先用法律规定各种具有不同特点的证据的证明力。法官在审理案件时，只要严格按照法律的规定计算出各种证据的证明力，就能够准确查明案情和正确裁判案件。在这种诉讼制度下，为了防止法官恣意擅断，便要求法官在审理案件过程中，不必分析和判断本案各种证据的真实程度及其证明力大小，只需按照法律预先规定的各种证据和证明力的大小，机械地计算各种证据的价值，从而认定案件事实并作出裁判。

二、法定证据制度的特点

（一）公式化

在法定证据制度下，法律预先对各种证据进行分类，并规定各种不同证据的证明力和判断证据的规则。根据当时的诉讼理论，一般把证据分为完全的和不完全的两大类。完全的证据就是法律规定能够据以认定案件事实的充分确实的证据；不完全证据就是虽有一定的可信性，但不足以认定案件事实的证据。不完全的证据又划分为不太完全的、多一半完全的、少一半完全的证据。几个不完全的证据可以共同构成一个完全的证据。哪些证据是完全的，哪些证据是不完全的，都由法律明确规定。例如，法国 1670 年刑事裁判王令将所有的证据分为三个等级：完全证据、半证据和不完全证据。完全证据是可以单独据此认定足以判处死刑的重罪的证据。其范围限定在两名以上目击证人关于犯罪主要事实的一致证言以及被告人的自白。半证据则包括一名目击证人关于犯罪主要事实的单独证言或两名证人关于间接事实的证言等。根据半证据只能对被告人使用刑讯拷问来强制自白，却不能单独认定死罪，只是某些涉及罚金或体罚刑的轻罪可据此认定。不完全证据则范围极广，包括从风闻到被告的可疑表情、态度等一切嫌疑或间接证据。但据此只能对被告进行传唤、讯问，在这种证据达到一定量的情况下可以拘禁被告并开始真正侦查。

在历史上，法定证据的理论经历过积极理论和消极理论两种形态。在 18 世纪后期以前，采用积极理论。根据这种理论，刑事案件具备了法律规定的“完全的”或“完善的”证据时，不论法官个人对案件的看法如何，都必须作出有罪判决。从 18 世纪后期开始，则出现了法定证据的消极理论。这种理论认为，只要没有具备法律规定的“完全的”或“完善的”证据，即使法官个人认为被告有罪，也不得作出有罪判决。这两种理论都是以预先对证据证明力的规定作为认定案情的根据。当然，“消极理论不同于积极理论的，是大大减轻了形式证据理论的畸形弊害，反映了人道主义的影响，也反映了自然法学派和百科全书派对当时法官的专横提出抗议的影响”①。

（二）形式化

在法定证据制度下，法律不仅预先规定各种证据的证明力，

① 〔苏〕安·扬·维辛斯基著：《苏维埃法律上的诉讼证据理论》，法律出版社 1957 年版，第 90 页。

而且这种对证明力的规定也是根据一些形式化的因素确定的，而不是根据证据的实际状况确定的。这种证据证明力的形式化规则主要表现有：主张两个典型的证人的证言，就构成完全的证据。这里所说的典型证人是指两个人彼此没有关系，具有完全的信用和良好品质。一个可靠证人的证言，不具有完全的证明力，只能算半个完全的证据，不能据以定案。如果几个可靠证人的证言相互矛盾，则按多数证人的证言来认定案情。如：1853 年的《奥地利刑事诉讼法》明确规定，必须有两个相同的证人证言，才能使某种事实得到完全的证明。同时，这两个证人还必须具备下列条件：第一，证人所作的陈述是他亲自感受到的情况；第二，证人是完全善意的；第三，证言是证人经过宣誓后所作的陈述。另外，法定证据制度甚至对某类案件的定罪必须具备几种证据也作了形式主义的规定。例如《俄罗斯帝国法规全书》第 312 条规定，审判强奸案件时，必须具备下列法定证据才能定罪：第一，切实证明确有强暴行为；第二，证人证明被强奸人曾呼喊旁人救助；第三，她的身上或被告人身上，或者两个人身上，显出血迹、青斑或衣服被撕破，能够证明有过抗拒；第四，立刻或在当日报告。

（三）等级化

同其他封建式法律制度一样，法定证据制度中对证据证明力的规定，也明显受到了封建等级特权观念的影响。这一特点尤其反映在其对证言证明力的规定上，例如，1875 年的《俄罗斯帝国法规全书》规定：当几个地位或性别不同的证人的证言发生矛盾时，要依照下列原则处理：第一，男子的证言优于妇女的证言；第二，学者的证言优于非学者的证言；第三，显贵者的证言优于普通人的证言；第四，僧侣的证言优于世俗人的证言。

(四) 绝对化

法定证据制度在规定证据和证据的证明力的同时，也规定了法官在审查判断证据问题上的职责。法律限制法官分析研究证据的证明力，也不要求其判断证据是否能够证明案件的真实性，只要求法官机械地按照法律的规定识别各种证据的证明力，计算证据证明力的大小或证据数量的多少，而不允许法官按照自己的见解审查判断证据。法官在判断证据证明力时，没有任何主观能动性，只能机械地按照法律规定对证据证明力进行计算，或者将几个不完善的证据相加成一个完善的证据。这种做法的荒谬性在于用定量分析的数学方法解决属于定性分析领域的审查判断证据问题，显然是形而上学的思维方式的体现。

正是由于上述公式化、形式化、等级化以及绝对化的证据证明力规则，导致法官为满足各种规则的要求而不择手段地收集证据。在法定证据制度下，被告人是刑事诉讼的客体，加之把被告人自白的证明力提到不应有的高度，因而收集证据时的刑讯逼供就成为刑事诉讼中的重要环节。将刑讯逼供合法化，是封建式诉讼程序的一大特点。当时的法律往往明确规定在什么情况下适用刑讯，例如，1532 年《加洛林纳法典》这部典型的封建君主专制法典，在第 31 条就作了如下规定："假如某人被怀疑对他人有损害行为，而嫌疑犯被发觉在被害人面前躲躲闪闪，那么这就是足以适用刑讯的证据。"法国 1670 年的刑事裁判王令也规定满足下列三个条件即可进行刑讯：第一，可判死刑的重罪案件；第二，犯罪本身确实发生；第三，存在达到半完全证据程度的重要证据。

四、法定证据制度的基本规则

法定证据制度认为，每一种证据证明力的大小，在所有的案件中都是相同的。因此，可以不考虑各个具体案件本身和各个证据材料的特点，而只根据证据的形式，按照证据材料的外部特征，预先在法律上规定各种证据的证明力和判断证据的规则，法官只须机械地依照法律规定认定案情，处理案件。在当时欧洲各封建专制国家的诉讼法典中，对于司法实践中经常运用的几种主要证据，都具体规定了它们的证明力以及审查判断的规则。

（一）有关被告人的自白规则

对于被告人的自白，不管是被告人自己主动供认的，还是通过刑讯逼供获得的，几乎所有国家的法典都认为其是最完全的证据，是“证据之王”，而从不考虑被告人口供是否符合案件的客观实际。由于将被告人的口供视为法定证据制度的基础，因此对于如何运用这种证据，法律作了许多具体的形式上的要求和规定。如1853年的《奥地利刑事诉讼法》和1857年的《俄罗斯帝国法规全书》对被告人的自白都规定了必须具备的条件。这些条件是：第一，必须是确定的、明晰的、表达透彻的，不是出于含糊不明的手势和符号；第二，必须是在健全的理智下自动作出的陈述；第三，必须在法庭上向法官当面作出明确陈述；第四，陈述的内容和过去的行为完全相符；第五，必须是独立的、详尽的陈述，不是只根据所提问题作出的肯定答复。只有符合以上条件，被告人的自白才被认为是完全的证据。另外，被告人在法庭外所作的自白，如经具有信用的证人加以证明，可以成为有一半效力的证据。同时，为获取被告人口供这个“证据之王”，许多国家的法典都确认刑讯逼供为合法方法，而且为适应刑讯逼供的需要，制造了各种野蛮、残酷的刑具。当时，刑讯逼供已成为各国审判程序的一个组成部分，是纠问式诉讼和法定证据制度的重要特征。法定证据制度的产生，导致了刑讯逼供的泛滥，也不可避免地产生了大量的冤假错案。

（二）有关证人证言规则

关于证人证言的证明力，法律作了形式主义的规定，主要内容是：两个典型证人的证言可以看作是完全可靠的证据；一个可靠证人的证言，只能算半个完全的证据。如《奥地利刑事诉讼法》明文规定：必须有两个相同的证人证言对某种事实加以证实，某种事实才能得到完全的证明。而且这两个证人还必须具备一定的条件，如证人陈述的事实是其亲自感受到的、证人是完全善意的、证言是证人宣誓后陈述的。在关于证人证言的规定中，法定证据制度充分体现了封建等级特权观念，如规定男子的证言优于女子的证言，学者的证言优于非学者的证言，显贵、僧侣的证言优于普通人、世俗人的证言，等等。

（三）有关书证规则

法律对书证的证明力的大小也作了具体的规定，根据制作主体、对象的不同而赋予不同的效力。如认为书证的副本没有原本的证明力大；公文书的证明力大于私人写作的文书的证明力；与案件无关的人写作的文书的证明力大于当事人写作的文书的证明力等等。

五、对法定证据制度的评价

与具有浓厚宗教迷信色彩的神明裁判和司法决斗相比，法定证据制度虽然本身并不科学，但它毕竟更多地体现了人类的理性与智慧，是人类社会进步的结果。这种进步性主要体现在：法定证据制度要求法官必须按照法律对证据证明力、证据规则的预先规定来审理案件，有利于消除在运用证据中的混乱状态，从而有力地限制了法官的司法专横。而且，法定证据制度对神示证据制度的否定，是人类对客观世界认识能力发展的结果，是人们运用证据的经验在法律上的反映。法定证据制度的有些规定，如关于书证的原本、副本证明力的规定，在一定程度上反映了书证的某些特征和运用书证的经验。这与神示证据制度相比，在运用证据上摆脱了宗教迷信转而服从法律，也是一大进步。

虽然从客观上讲，法定证据制度具有一定的进步意义，但法定证据制度是建立在形而上学的理论基础之上的。它把证据材料的外部特征视为内在普遍性的规律，并且脱离案件的具体情况，忽视法官在审查判断证据中的主观能动性，以法律的形式详细、具体规定了法官必须遵守的运用证据的规则，从而束缚了法官的手脚，使他们难以从客观实际出发，揭露和查明案件事实真相。在法定证据制度的具体内容中，虽然也包含有一些有价值的实践经验，具有一定的合理性，然而法定证据制度却把这些具体的经验无条件地奉为一般性准则，运用于一切案件，这就使得真理在形而上学的思维方式中转化为谬论了。

特别应当指出，为了维护封建主阶级的统治，打击危害统治阶级利益的犯罪行为，法定证据制度从有罪推定出发，将被告人的口供视为最好的证据，从而导致了刑讯逼供的盛行。因此，从本质上讲，法定证据制度是反科学的，是具有浓厚的封建性、残酷性和反动性的一种证据制度。在随后的反封建、反专制的资产阶级革命中，资产阶级法学家尖锐地批判了法定证据制度，认为它毁灭了法官的理性，窒息了法官的良心。因而可以说法定证据制度又是十分荒谬的。

从总体上来说，法定证据制度是为封建专制时代的司法服务的，是建立在唯心主义和形而上学的哲学基础之上的。这一证据制度的重大缺陷，主要表现在以下几个方面：首先，把各种证据的证明力纳入法律预先规定的框框，将审理某些案件的局部经验归结为适用于一切案件的普遍规则。这严重背离了证明规律和诉讼机制，企图用定量的数学方法解决属于定性分析领域中的审查判断证据问题，有违认识论的基本法则，不可能对案件事实得出正确的结论。其次，法定证据制度完全否定了法官的主观能动性，限制了法官的合理裁量权。特别是它所规定的一些一成不变的规则，束缚了法官的手脚。它虽然从神的迷宫中解放了法官，却又给法官套上了形式主义的枷锁。最后，法定证据制度是和刑讯逼供联系在一起的，强化了这种野蛮的采证方法，成为封建司法专横的象征。因此，如果说法定证据的动因是为了限制法官的权力，那么实践的结果却走向了自己的反面——导致了法官的恣意和专横，这是证据制度史上的一个最大“悖论”，也是我们今天在进行证据立法时应当引以为鉴的。

第三节 自由心证证据制度

一、自由心证证据制度概述

17 世纪以后，欧洲大陆的资产阶级革命和启蒙运动从政治的层面上推动了司法制度的改革，也包括证据制度的改革。崇尚自由和个人权利的启蒙思想者对以刑讯逼供为特征的法定证据制度进行了猛烈的抨击。1790 年 12 月 26 日，法国国会中的资产阶级代表杜波尔向宪法会议提出了一项改革草案。他指出，按照法定证据制度进行审判，对被告人和社会都是有危害的；只有在审判中给予法官自由判断的权利，才能保证法官尽最大可能去查明案件事实，从而作出正确的判决。1791 年 1 月 18 日，法国宪法会议通过了杜波尔议案，并于该年 9 月 29 日颁布法令，确立了自由心证制度。

所谓自由心证证据制度，就是法律对证据的证明力和取舍不作明确规定，而由法官和陪审员根据自己的良心、理性和经验法则自由判断，形成内心确信并认定案件事实的一种证据制度。从某种意义上可以说，它承认了每一种证据证明力的不确定性，赋予法官根据具体情况自由评判的自由裁量权。

自由心证证据制度取代法定证据制度，主要原因有：一是资产阶级革命的胜利。18 世纪末至 19 世纪初，欧洲各国的资产阶级革命取得了胜利，封建制度被迅速发展的资本主义制度所取代。法定证据制度所依赖的等级观念与资产阶级所推崇的自由、平等、博爱相冲突，二者针锋相对。如依据资产阶级“人人生而自由”、“法律面前人人平等”的思想，证据的证明力不应当以人的身份和社会地位的高低而定，而应当由法官根据案件中每个证据的实际状况作出判断。法定证据制度中形式化和等级化的证据证明力规则都与此根本对立。资产阶级所主张的人道主义和人权保障与法定证据制度所奉行的对嫌疑人的刑讯逼供更是水火不容。在资产阶级革命胜利之后，势必要求维护其阶级统治的法律制度也必须发生相应的变革，从而用自由心证的证据制度取代了法定证据制度。二是诉讼制度与诉讼模式的变化导致了证据制度的更替。资产阶级革命胜利后，在上述主张的影响下，辩论式的诉讼程序逐渐取代了纠问式的诉讼程序。在辩论式诉讼中，原告和被告都是诉讼主体，双方地位平等、权利对等，各自通过举证、辩论阐明自己的诉讼主张，法官则处于中立地位居中裁判。这种诉讼形式将审判职能与控诉职能分开，被告人由诉讼的客体变为享有诉讼权利的主体，其基本尊严和人身权利、民主权利得到保护，这同法定证据制度的相关规定发生了尖锐的矛盾，因而只有建立新的证据制度，才能从根本上保证新的诉讼制度得以巩固。

二、自由心证证据制度的主要内容

确定自由心证证据制度的内涵，并非一件容易之事。自由心证证据制度的内容在不同的法律体系中有详略不同的表述。其中最为典型的是法国 1808 年的《刑事诉讼法典》第 342 条的规定："法律不要求陪审官报告他们建立确信的方法，法律不给他们预定一些规则，使他们必须按照这些规则来决定证据是不是完全充分；法律所规定的是要他们集中精神，在自己良心的深处探求所提出的反对被告人的证据和被告人的辩护手段在自己理性里发生了什么印象。法律不向他们说'你们应当把多少证人所证明的每一事实认为是真实的'，也不向他们说'你们不要把没有由某种笔录、某种文件、多少证人或多少罪证……所决定的证据看作是充分证实的'。法律上只是向他们提一个能够概括他们职务上的全部尺度的问题：'你们是真诚地确信么？'" 1877 年《德国刑事诉讼法》第 260 条规定："法院应根据从全部法庭审理中所得出的内心确信来确定调查证据的结果。" 1892 年俄国《刑事诉讼条例》第 11 条规定："治安法官应根据建立在综合考虑法庭审理时所揭露的情况的基础上的内心确信，来裁判受审人有无罪过的问题。"

尽管各国对自由心证证据制度表述各不相同，但其基本内容主要包括以下两方面：即对证据的自由评价和根据内心确信作出裁判。证据的自由评判，当然不是任由裁判者恣意专断的裁判。相反，自由心证的前提必须是有证据存在，而且，作为自由心证前提的证据必须是具有证据资格并经过法庭调查之后的证据。对程序之外的证据，或者未经法庭调查的证据，不得作为评价对象，更不得作为裁判的依据。同时，证据评判上的自由是相对法定证据制度而言的。与法定证据制度在证明价值上事先设定具体法律效力的不同等级相区别，自由心证制度原则上视各种证据的价值在法律上平等，具体的证据价值高低由事实裁判者进行能动的自由判断。再次，证据评判上的自由又是相对的。该自由一方面受到来自证据的限制，必须有证据存在，不得以推测之词为其裁判的基础。另外，不得违背经验法则和逻辑法则。虽然是自由心证，但并非是纵容裁判者恣意判断，而必须依照逻辑法则、经验法则来判断。最后，必须接受法律关于证明力的明确限制。自由心证并非绝对排斥法律对少量证据的证明力预先加以规定。至于根据内心确信认定事实，即在认定事实时，法律仅对陪审员提出这样的问题，你们是真诚地确信的吗？如果形成内心确信，法官或陪审员就可以作出判决。在理论上对内心确信奉行概然性理论，该理论认为，法官的内心信念是在判断提交给他的证据中形成的。各种证据的证明力只能使法官相信案件发生时曾经有过发生某种情况的概然性，这种盖然性达到一定程度就形成了内心确信，法官就在这种内心确信基础上来裁判案件。法官对案件的判断，没有丝毫怀疑是做不到的，只能满足于一定的概然性，没有也不可能有绝对真实性。

三、自由心证制度的评价

与法定证据制度相比，自由心证制度具有较大的灵活性，可以更好地在个案中实现司法公正。首先，自由心证证据制度，体现了人道主义和法律面前人人平等的原则。使公民人身和民主等基本权利得到一定的尊重和保障。同神示证据制度和法定证据制度相比，该制度具有一定的民主性和文明性，是人类社会走向民主、文明的一个象征。它促使辩论式的诉讼制度取代了纠问式的诉讼制度，从而废除了法定证据制度中的刑讯逼供和封建等级特权，宣扬人道主义，保障人权，确立任意自白原则，在一定程度上保证了司法裁判的客观事实基础。其次，自由心证制度有利于推进司法独立。司法独立意味着裁判时只服从法律、理性、良心和经验法则，而这恰恰是自由心证的要求！尽管，司法人员在认识条件上具有相对于社会公众的优势，其他人员无法像司法者那样对案件的证据有一个全面的了解。然而，既无军权，又无财权的司法部门，往往容易被行政部门侵犯、干涉。对司法裁判人员施加的外在压力，无非是要司法裁判人员在认定事实、作出裁判时确立一种预决的结论。这种结论要么来自一种预断、偏见，要么来自一种非理性的猜测，但他们违反了法定程序理性原则的要求，不符合认识活动的客观要求和规律。如此，自由心证就为司法裁判人员以法律、理性、良心与经验法则对抗外部势力的有力武器。

然而，自由心证制度的理论基础基本上属于主观唯心主义，它并不能使法官发现案件的真正事实，或者说客观存在的事实。司法实践中，由于缺乏统一的认证标准或尺度，容易受裁判者主观因素的影响，从而造成司法认证实践中的混乱。由于自由心证制度依赖于法官个人的专业素质和道德修养，所以为一些法官的专断或恣意提供可乘之机。即使都是正直的法官，也会因素质或兴趣的不同而导致认证结果的差异。对同一个具体的案件，不同的法官审理，往往会出现两种不同的心证，作出不同的裁判。

有鉴于自由心证制度的这些局限性，现代各国对法官的自由心证都作出限制。主要体现在以下方面：

（一）重视司法人员的选拔

自由心证把审判的核心工作，即认定证据和事实的使命交给了司法人员，这不仅要求司法人员具备较强的业务素质和能力，能够深刻领悟法律精神，坚持用法律的标准衡量法律事实，还要求司法裁判人员具有严格自律精神，高尚的司法道德，较高的法律素养和科学严谨的态度。为此，法治国家一般都重视司法人员的培养与选拔。许多国家要求法学院的学生必须要先完成一个本科专业的学习，然后才有资格修学法律专业。完成学业后，即便是优秀的学员也必须经过漫长的司法实践磨炼，只有那些经验丰富、品行兼优的极少数成功人士才能成为法官。在英国、美国，如果一个人在40岁能当上法官，就是相当幸运的了。

（二）建立证据规则

审查评判证据可以自由化，但强调收集、使用证据一定要规范化。证据规则在自由心证中主要有两方面的功能：一是约束性功能。即受裁判影响的当事人及负有监督职责的主体对于司法人员在裁判过程中违反证据规则的行为得以提出异议并有效地提出变更的请求。当事人以及负有监督职责的主体，如果发现司法裁判人员在心证形成过程中有违反证据规则之事项，有权通过行使异议权或监督权来纠正司法裁判人员的错误心证。二是协助性功能。这一功能在最佳证据规则中体现得尤为明显。实践证明：援引规则不仅可以为司法裁判人员发挥专业特长提供一个表现的舞台，而且也可以减少司法人员思考的负担，从而有利于司法裁判人员把精力集中于那些复杂的证据的取舍和判断上，减少诸如品格证据、传闻证据、意见证据等证据的干扰。

(三) 实行心证公开

现代审判制度,强调裁判的透明度。裁判公开,尤其是判决理由的公开,可以使司法裁判人员增强自律,在审查、判断证据,认定案件事实时尽职尽责。还可以使当事人与社会公众得以对司法裁判人员所采纳的证据,认定的事实合理、合法与否进行检验和监督,避免暗箱操作。而心证公开,包括参加评议案件或研究案件的裁判主体公开自己的认证过程与理由,裁判人员认证、采信的理由对诉讼参与人和社会公开是遏制滥用心证,保证裁判质量,保障正义实现的有效措施。

第四节 当代两大法系的证据制度

一、当代两大法系证据制度的概述

当今世界各国的证据制度尽管不尽相同,毫无疑义,与职权主义诉讼模式相适应的大陆法系证据制度和与当事人主义诉讼模式相适应的英美法系证据制度是主流。基于各自的历史传统、民族习惯,两大法系的证据制度走过了不同的发展道路,其制度设计的出发点、运作机制都大相径庭。

在大陆法系国家,证据法一般是由法学家们以整体设计的方式并通过立法的形式创造出来的。虽然这种证据法也是对司法实践经验的总结,但是经过理论上的提炼和加工,特别是经过了立法者整体的考虑和设计,法律自身具有较强的系统性、逻辑性。其内容往往比较简单、抽象,一般都单独以立法形式存在,虽然也有判例,但是判例并不是证据规则的必要组成部分。在大陆法系国家，司法证明的规则和方法与人们在日常生活中使用的认识事物的方法没有太大的差异，法律对证明主体的认识活动限制较少，干预也比较少。这种司法证明更接近于证明活动的自然规律，几乎任何人都可以利用其生活中的经验参与并完成司法证明的工作。在大陆法系国家，基于职权主义原则，法官对程序的进行和证据的调查起主导作用，证据的取舍及其证明力的大小由法官依其人格、能力以及经验作出评判，因此，其制度设计的出发点是针对专业法官，制度重心在于证据的收集和提取，证据法的大量内容都与证据调查程序有关，而不是证据的审查判断。在一定意义上讲，它是以预审为中心的诉讼传统的产物。

在英美法系国家，证据规则是在数百年的审判实践中不断积累而成的，是由一代一代的法官以零散的方式创造出来的，需要一个就创造一个，成熟一个就确立一个。这种法官“造法”而不是通过专家立法所形成的证据制度自然很难照顾体系的完整性和逻辑性。英美法系国家的证据法内容比较复杂，比较具体且数量很多。而且英美法系国家与证据规则有关的判例也很多，在遵循先例的国度里，这些判例当然也是证据规则的有机组成部分。在英美法系国家法官运用证据制度时，既要面对一个庞杂的证据规则体系，又要面对大量的法院判例。一般来说，每个证据规则的具体内容都体现在一系列判例之中，而且有些证据规则就是由判例所规定的，例如，有关犯罪嫌疑人沉默权的“米兰达规则”和有关非法证据排除的“毒树之果”规则等。在英美法系国家，奉行当事人主义诉讼模式，并推行陪审制度，为了防止当事人和陪审团成员缺乏法律常识而提出或采纳有碍于查明事实真相的事实和材料，排除那些经验上弊大于利的证据，保障司法公正的实现，就把重心放在审判过程中对证据的筛选或采纳上，大量证据规则都与证据资格或证据的可采性有关。英美法系国家的司法证明规则和方法与人们在社会生活中常用的认识事物的规则和方法有较大的区别。这表现在两个方面：首先，在司法证明过程中，许多有证明价值的信息都被人为地排除在认识活动之外；其次，在司法证明过程中，提出证据和使用证据的程序和方式都必须遵守严格的规则，而这些规则往往会限制证明主体的认识能力，使之得不到充分的发挥。因此，在英美法系国家，没有受过专门法律培训的人很难进行司法证明活动。

二、两大法系主要证据规则的异同

（一）证据的关联性规则

证据的关联性（亦称为"相关性"），是指证据与待证案件事实之间具有某种关联或联系，而且这种关联或联系可以作为证明案件事实存在与否的依据。所谓证据的关联性规则，是指只有与诉讼中待证案件事实具有关联性的证据才可以采纳，一切没有关联性的证据均不予采纳。英美法系国家的证据法对此一般都有明确的规定。例如，美国《联邦证据规则》第401条规定："'有关联性证据'指具有下述盖然性的证据，即：任何一项对诉讼裁判结案有影响的事实的存在，若有此证据将比缺乏此证据是更为可能或更无可能。"第402条规定："除美国宪法、国会立法、本证据规则或者最高法院根据成文法授权制定的其他规则另有规定外，所有有关联性证据均可采纳。无关联性的证据不可采纳。"在大陆法系国家中，有些国家的法律也明确规定了证据必须具有关联性，如意大利《刑事诉讼法》第190条第1款的规定；但是多数国家的立法对于证据的关联性问题都没有作出明确的规定，而是由法官在具体案件的审判中自由裁量。也许，对于这些大陆法系国家的立法者和司法者来说，证据应该具有关联性是不言而喻的事情，无需法律再用明确的语言去规定。

（二）非法证据规则

非法证据规则又称为非法证据排除规则，它是从反面进行规定的证据采纳规则，是对证据合法性规则的补充。所谓“非法证据”，即违反法律规定收集或提取的证据，又称为“瑕疵证据”。主要表现为主体不合法的证据，即不具备法定主体资格的人提取或提供的证据；形式不合法的证据，即不具备或不符合法定形式的证据；程序或手段不合法的证据，即通过不符合或违反法律规定的程序或手段取得的证据。如何对待非法证据，世界各国在立法上或司法实践中有不同的做法。英美法系国家具有强调司法程序公正的传统，因此较早就确立了非法证据排除规则。例如，美国 1791 年通过的《联邦宪法第四修正案》明确规定，公民人身、住宅、文件及财产不受任何无理的搜查和扣押。因此，违反这一规定获得的证据，不得在审判中采用。但是，20 世纪 80 年代以来，由于犯罪浪潮的冲击，美国联邦最高法院开始对非法证据排除规则设立若干例外。例如，按照“最终或必然发现的例外”规则，如果公诉方能够证明，即使在没有执法人员非法取证的情况下，这些证据最终或必然也会被发现，那么该证据就可采用。在大陆法系国家，非法证据排除规则在第二次世界大战之后才受到立法者和司法者的重视。当然，这并不等于说大陆法系国家一直没有非法证据的概念。目前在大陆法系国家中，非法证据的排除一般都不具有强制性，也不是绝对的。例如，法国最高法院刑事审判庭 1994 年 4 月 6 日在一起案件的判决中表明，诉讼当事人以非法手段取得的证据并不必须排除，可以采纳，但是可能影响到该证据的证明力[①]。当然，也有些国家采取了完全禁止非法证据的做法。例如，意大利在 1988 年通过立法确立绝对的非法证据排除规则。但是，该规则在司法实践中也受到了法官的抵制。

（三）传闻证据规则

传闻证据规则是英美法系国家最重要也是最庞杂的一个证据规则。在这个问题上，两大法系似乎有着非常突出的差异。美国《联邦证据规则》第 801 条（C）款给“传闻”下的定义是：证人在审判或听证时所作的陈述以外的陈述都是传闻。一般来说，传闻证据不具有可采性。《联邦证据规则》第 802 条规定，除本证据规则、或者最高法院根据成文法授权制定的其他规则或国会立法另有规定外，传闻不可采纳。在审判活动中排除传闻证据的主要理由也有三个：第一，传闻证据有误传的危险，其内容的真实性值得怀疑；第二，对方当事人无法在法庭上对传闻证据的来源进行直接的质证，因此无法保障审判的公正性和证据的可靠性；第三，如果传闻证据可以采纳，审判者将不得不面对大量既不可靠、价值也不高的证据，势必造成诉讼时间的拖延和司法资源的浪费。在有些情况下，或者因为原始证据已然灭失，或者因为原始证据无法取得，为此，英美法系国家又以例外的形式规定在特殊情况下传闻证据可以采纳为诉讼中的证据。例如，“临终陈述”和“不利陈述”或“自认性陈述”就是普通法传闻证据排除规则的重要例外。大陆法系国家的法律一般都没有明确排除传闻证据的规定。虽然大陆法系国家的法律没有确立排除传闻证据的规则，但是在诉讼中坚持“直接言词”的原则，而这与排除传

① 余昕刚：《法国刑事证据法评介》，《证据学论坛》（第 1 卷），中国检察出版社 2000 年版，第 461 页。

闻规则有异曲同工的效果。直接言词原则是直接原则和言词原则的合称。直接原则又称为“直接审理原则”，是与“间接审理原则”相对而言的，其要旨在对案件作出裁判的法官必须直接对证据进行审查，认定案件事实。言词原则又称为“言词审理原则”，是与“书面审理原则”相对而言的，其要旨在于庭审调查过程中的举证和质证都必须以言词（即口头陈述）的方式进行。按照这一原则，只有在法庭审判中直接接受法官审查的证据，才能采纳；凡是不能以直接方式接受法官审查的证据，均不得采纳。例如，德国《刑事诉讼法》第 250 条（证据审查的直接性）规定：“如果对事实的证明以个人的感觉为根据，应当在审判中询问本人。不得以宣读询问笔录或者书面证言的方式而代替询问。”①

（四）意见证据规则

意见证据是英美法系的一个概念，指证人根据其感知或了解的案件事实作出的推断性陈述，包括普通证人的意见证言和专家证人的意见证言。按照英美法系的规则，专家证人的意见证言可以采纳为证据；普通证人的意见证言一般不能采纳，除非法律另有规定。例如，美国《联邦证据规则》第 701 条规定，如果证人不是作为一个专家作证，则其以意见或推理的形式表达的证言仅限于下述情况：第一，合理建立在证人感知的基础之上；第二，有助于澄清该证人证言或确定争议事实。第 702 条规定，如果科学、技术或其他专业知识有助于事实审理者理解证据或裁决争议事实，则凭借知识、技能、经验、训练或教育而具备专家资格的证人，可以以意见或其他形式作证。简言之，普通证人一般只能

① 何家弘、张卫平主编：《外国证据法选译》（上卷），人民法院出版社 2000 版，第 462 页。

向法庭陈述自己看到或者以其他方式感知到的案件事实；专家证人则可以向法庭陈述自己对案件事实的推断和看法。大陆法系国家一般都没有采用专家证人的概念，而是采用与证人并列的鉴定人的概念。由于鉴定人的职责就是运用自己的专门知识、技能和经验，就案件中的专门问题向法庭提供鉴定结论或意见，所以法律没有必要再用“意见证据规则”来规范鉴定人的行为。至于普通证人的意见证言，大陆法系国家的法律一般也没有明确的排除规则，而是由法官在审判中自由裁断。

（五）品格证据规则

所谓品格证据，是指证明某些诉讼参与人的品格或品格特性的证据，例如，某被告人过去曾经犯过罪；某证人一贯品行不端或者经常说谎。按照英美法系国家的品格证据规则，关于诉讼当事人和证人之品格的证据一般不得采纳为诉讼中的证据，因此，又称为品格证据排除规则。司法人员不能因为被告人曾经犯过罪或者有过不良行为，就认为其更可能是本案中的罪犯。英美法系国家的品格证据排除规则也有例外。例如，美国《联邦证据规则》第404条（a）项就规定了三种例外情形：一是被告人提供的能够证明其品格良好的证据；二是被告人提供的关于被害人品格的证据；三是证明证人诚实与否的证据。另外，该规则的第406条还规定：“关于某人习惯或某一组织习惯的证据，不论是否业经证实，亦不论是否有目击证人在场，对于证明此人或此组织在某一具体场合曾按其习惯或惯例行事，是有关联性的。”大陆法系国家没有明确的品格证据排除规则。其做法是由法官裁断具体证据对待证案件事实有没有证明价值，如果能证明，就采纳；如果不能证明，就不采纳。当然，大陆法系国家也有人担心采纳品格证据会导致司法偏见，因为这种证据对司法人员的实际影响力往往会大于其真正的证明力。不过，这种担心被人们对职业法官的信任抵消了。换言之，高素质的职业法官完全有能力分辨品格证据的证明价值并正确使用之。

三、两大法系证据制度的发展趋势

在全球化、信息化、市场化和民主化四大浪潮的冲击下，尽管大陆法系的证据制度和英美法系的证据制度走过了不同的发展道路，但是经过数百年的沿革与演化，二者又呈现出互相借鉴与融合的趋同态势。在立法模式方面，制定独立、系统的证据规则体系已成为证据立法的共同趋势，这表现在大陆法系亦开始在诉讼法典中以专编或专章的形式集中规定证据规则的具体内容，如1988年意大利刑事诉讼法典、1996年澳门刑事诉讼法典就以单编、单卷的形式集中规定了刑事证据规则。在立法技术方面，均采取了原则性和灵活性、一般性和特殊性相结合的方法。其表现是在设定证据规则的原则性规定之外，还作了较多的例外性规定，以确保证据规则在实践中的适用性。在证明制度方面，20世纪中期以来，以法国、德国为代表的大陆法系国家在保持"自由心证"传统的同时，也在不断地借鉴和吸收英美法系国家证据制度的一些做法，对法官运用证据的自由加以限制。例如，许多大陆法系国家的证据法中也都在一定程度上增加了诸如非法证据排除规则和补强证据规则等具有"法定证明"性质的内容。与此同时，英美法系国家随着陪审团审判地位的下降，也越来越认识到繁琐的证据规则所带来的麻烦，出现了简化证据规则的迹象，纷纷制定、编纂、完善证据规则或证据法典。

第三章 中国证据制度的历史发展

第一节 中国古代证据制度

一、奴隶社会的证据制度

公元前21世纪，禹的儿子启建立了夏王朝，宣告原始社会解体，中国正式进入奴隶社会时代。历经商王朝和周王朝，奴隶制社会基本结束。在中国的奴隶制社会中，奴隶主阶级是国家的统治者。奴隶主阶级为了维护自己的政治特权和经济利益，对奴隶进行统治和压迫，除在一定范围内运用习惯法外，开始制定法律，用一定的司法程序解决社会纠纷。如我国古代文献中的夏作“禹刑”，商承夏制而作“汤刑”。到西周，中国奴隶制社会的法制已初具规模，如周公制“礼”、吕侯制“吕刑”。奴隶制社会的法是以刑为主，行政、刑事、民事法律合而为一的法律。其主要特点表现在以下几个方面：

（一）神证色彩不浓

在中国古代，“神誓法”也曾经作为证明案件事实的一种手段。如在商代，国王在对刑事被告人定罪量刑时也要用占卜的方式请求神的旨意，问神是否应该对被告人用刑。甲骨卜辞中便有这种记载："贞：王闻唯辟?""贞：王闻不唯辟?"《周礼》中记载"有狱讼者，则使盟诅"。这说明当时打官司的人也要通过宣誓来证明自己陈述的真实性。

同时，中国古代也有类似"神明裁判"的断案方法，如东汉许慎所著《说文解字》解析古代的"灋"字说："灋"，刑也。平之如水，从水；廌，所以触不直者去之，从去。"灋"字中的"廌"，传说是一种头长独角，秉性公正的奇兽（亦作"豸"、"獬豸"），故而"古者决讼，令触不直"。历史传说中还有"皋陶治狱用神羊"之说：皋陶是舜帝时负责司法的官员，他在审理疑难案件时让人把"神羊"带上法庭，然后让被告人站到"神羊"面前：如"神羊"用角去顶被告人，就证明被告人有罪；如果"神羊"不顶，就证明被告人无罪。

尽管中国古代有神判的方法，但由于中国古代文明发达较早，神判的方法适用较少，远未形成古罗马等其他奴隶制国家那种以"水审"、"火审"等为主的神判制度。而且，在周朝时就基本退出历史舞台，留下的资料很少，许多东西无从考证。

（二）以察听五辞的方式判断证据和案情

作为中国第一部实体法与程序法合编的法典——《吕刑》，对诉讼中讯问、调查以及证据的认定等都有具体的规定。《吕刑》对当事人的供述极为重视，要求"两造具备，师听五辞"。"五辞"，按《周礼·小司寇》之说为"一曰辞听，二曰色听，三曰气听，四曰耳听，五曰目听"。这是一种察言观色的审讯方法，意思是要求司法官吏在审理案件时，应当注意受审人讲的话是否有理，讲话时的神色是否从容，气息是否平和，精神是否恍惚，眼睛是否有神，并据此推断其陈述是否真实和案件的是非曲直。虽然这种做法并不科学，但在当时，也是审判实践的总结。此外，《吕刑》还强调注意证据的准确性及供词的矛盾："察辞于差。""简孚有众，惟貌有稽"。注意细小的情节，以发现和审核双方当事人之陈述中的矛盾。必要时，应向公众调查，即到民众中去明验。《吕刑》还规定办案时，应当"惟察惟法"，一要调查案情，二要依从法律，凡是未经查实之事，不得作为定案依据，即"无简不听"。案子在判决时，还应"明启刑书胥占"。明，是明白无误的意思；启，是打开翻阅的意思；胥为共，占为对照之意，即案件判决时，需有法官共同议定，而且应援引刑法条文。这些记载表明：当时重视"兼听"和获取供词，通过察言观色的方法来审查其真伪，分辨案件的是非。这种"师听五辞"的查证方式对我国司法实践影响深远。与同时期的其他国家采行的神示证据制度相比，我国奴隶社会普遍采用的法官坐堂听讼，察其言，观其行，有些做法与心理学和审讯学原理不谋而合，具有显而易见的先进性，更利于查清事实，作出正确的判决。

（三）重视人证、物证

在奴隶社会时期，审理案件，除"以五声听狱讼，求民情"外，法律还要求审讯需要参照其他证据进行证明。也就是说，当时司法官吏在审判过程中，在认定当事人的供词为最好证据的同时，并不排除证人证言、物证、书证等其他证据的运用。《周礼·地官·小司徒》记载："凡民讼，以地比正之；地讼，以图正之。""民讼，六乡之民有争讼之本，是非难辨，故以地之比邻知其是非者，共正断其讼"。就是说，民间发生诉讼，是非难辨，可以让地方了解案情的邻里作证解决；凡是为争土地疆界而涉讼，则以官府所藏地图为证解决。又说："凡以财狱入讼者，正之以傅别、约剂。"凡是以财货争讼的，应以契约合同与券书为证裁判；

凡是因受委托向债务人讨取债务发生争讼的，应由居住在附近的知情人来证明。由此可见，定案不仅凭其所获供词，而且注意到与案件有关的其他证据材料，这与单纯依靠神意裁决案件的神示证据制度相比，无疑也是我国古代司法制度进步性的表现。

（四）实行有罪推定

在诉讼活动中，常常遇见一些具备一定证据，但又认为证据不足无法认定的"疑罪"案件。对于疑罪的处理方式，虽然，《尚书·大禹谟》曾记载："与其杀不辜，宁失不经。"唐代颜师古注解说："辜，罪也，经，常也，言人命之重，治狱宜慎，宁失不常之过，不滥无罪之人，所以宽恕也。"[①] 其意思是，办案应谨慎行事，宁肯不按常规办事，也不要错杀无辜，疑罪不应定罪处刑。在奴隶社会，奴隶主对奴隶进行残暴、野蛮统治的情况之下，对疑罪能够提出这种处理的方式，其法律理念是相当先进的。但是，在奴隶社会，统治阶级为了维护自己野蛮的统治，这种理念不能得到真正的贯彻执行。到周朝，周穆王规定："墨辟疑赦，其罚百锾。"[②] 统治者权衡利弊，认为疑罪不如按有罪论处，只是从轻处罚，采用以铜赎罪的办法来处理。实质上就是有罪推定，只是减轻处罚而已。就如何贯彻有罪推定的原则，《吕刑》中明确规定："五刑之疑有赦，五罚之疑有赦，其审克之。"孔国安解释说："刑疑赦从罚，罪疑赦从免，其当消察，能其理也。"[③] 即属于应当判刑的疑案，可以从轻改处罚金，而对于应处以罚金的疑案，则免除处罚。

---

① 《汉书·路温舒传》，中华书局 1962 年版，第 2369～2370 页。

② 《礼记·王制》。

③ 《史记·卷四：周本纪第四（1）》。

总而言之，我国古代奴隶制各个王朝都出现了证据制度。这种证据制度一方面赋予司法官吏审查判断证据，认定案情，作出判处的权利；另一方面注意总结审判实践经验，比较重视与案件有关的客观材料，并制定相关规则制度约束司法官吏主观臆断。这与同时期世界上其他奴隶制国家完全依靠神示裁判案件的神示证据制度有着显著的区别。但是，从本质上讲，这种证据制度都是为维护奴隶主统治阶级的阶级利益和统治秩序服务的工具。随着生产力的不断提高，社会关系的重组，阶级矛盾的深化，必将引发包括证据制度在内的整个奴隶社会法律制度的危机，最终被新型的证据制度、法律制度取代。

二、封建社会的证据制度

我国在春秋时代过后的战国时期进入封建社会。地主阶级建立自己的政权后，采取一系列政治、经济、法律措施和手段来加强、巩固自己的专政统治。历代王朝自“集诸国刑典”而制作的《法经》六篇开始，均在前朝法制的基础上制定自己的成文法典。证据制度也是各王朝立法的重点之一。我国封建时代的证据制度与同时期欧洲各国的证据制度有所不同。尽管无法避免法定证据制度影响，如出现“断罪必取输服供词”①，被告人不合拷讯时“据众证定罪”② 等法定证据制度。但是，综观整个两千多年的封建社会，我国并没有形成法定的证据制度，断案主要依靠地方长官个人决断。我国封建社会基本上实行纠问式诉讼，在这种诉讼制度下，刑事被告人成为诉讼的客体和拷问对象，其口供成为

① 《清史稿·刑法志》，中华书局 1976 年版，第 4214 页。
② 《唐律疏义·断狱律篇》。

证据之王。因而，刑讯逼供为封建社会的法律所提倡，有关刑讯及司法官吏个人决断成为封建社会证据制度的主要内容。具体地讲，我国封建社会的证据制度主要有以下方面的特点：

（一）口供为王

由于人类的司法认知能力还相当低下，地方长官运用科学方法去认定案件事实的手段和能力十分有限，很难运用物证的方法查明案件事实。于是，只好将被告人的口供作为认定案情、作出裁判最重要的证据。如《资治通鉴》记载："狱辞之于囚口者为款。款，诚也，言所吐者皆诚也。"即狱囚在受审时供述的犯罪供词是真实可信的，是最好的证据。因此，除了个别类型的案件可"据众证定罪"或"据状科断"外，没有被告人的口供，不得判定其有罪，把被告人的口供作为定罪裁判的必要条件。是故，"断罪必取输服供词"就成为封建社会的一条基本审判原则。"罪从供定，犯供最关紧要"。在司法实践中，"口供"被格外垂青，甚至"偏信"，把被告人的认罪供述视为先决要件，奉行所谓"无供不录案"的诉讼规则。从历史的角度去看，封建统治者规定"罪从供定"的意图是为了确保定罪的正确性。他们认为，口供是被告人自己交代的，他们是作案者，所以有较强的可信性和真实性。但是，由于被告人是诉讼的客体，不享有任何诉讼权利，只是被拷讯的对象，因而其供认自己犯罪的动机是各种各样的，在笞掠、捶楚之下，冤屈"招供"者比比皆是。当然，在封建社会时期，一些开明之士也反对盲目依赖口供，强调对口供也要谨慎审查判断。如南宋时期的胡太初在《昼帘绪论·治狱篇》就说："世固有畏惧监系觊欲早出而诬服者矣；又有吏务速了强加拷讯逼令招认者矣；亦有长官自持己见，妄行臆度，吏辈承顺旨意，不容不以为然者矣；不知监系最不可泛，及拷讯最不可妄加，而臆度之见最不可持以为是也。吏传所载，耳目所知，以疑似受枉而死而流而伏辜者，何可胜数”。因此，他主张：“凡罪囚供款，必须事事著实，方可凭信”。应当说，这一思想是“罪从供定”的反面经验的科学总结，在当时是相当进步的。但是因其不利于维护封建统治阶级的政治利益和统治秩序，当然不会写进封建的法律里，更不会被广泛遵从。

（二）刑讯为取证的法定手段

在崇尚口供的封建社会里，在“无供不录案”和“无供不定罪”的理念支撑下，司法官吏为取得被告人的口供而滥用刑讯逼供就成为必然的结果。从秦汉起，历代封建王朝都以法律的形式将刑讯逼供合法化，使野蛮的刑讯行为公然登堂入室。封建社会中，诸法合体，民刑不分，因此，法律不仅对刑事被告人可以刑讯逼供，而且对原告、证人，甚至民事案件的当事人也采用刑讯逼供。而且对拷讯的条件、方法，使用的刑具，拷打部位，刑讯的次数和程度，免予刑讯的条件等都作出明确和详尽的规定，使刑讯条文化和规范化。

在封建社会初期，刑讯逼供就取得合法的法律地位。封建时期的法律对在什么条件下可以进行刑讯一般都作了明确的规定，总的发展趋势是，由无条件限制到有条件限制，从条件宽松到条件较严。《睡虎地秦墓竹简》的《封诊式》中“治狱”一节就规定：“治狱，能以书从迹其言，毋笞掠而得人情为上；笞掠为下；有恐为败”。又规定：“其律当笞掠者，乃笞掠。笞掠必书曰：爰书：以某数更言，无解辞，笞讯某。”这表明当时的统治者虽然也认为通过拷打取得真情是下策，但仍然从法律上认可司法官吏进行刑讯的权力。

秦汉时期，虽然法律已经正式确认刑讯制度，但是只对刑讯作了原则性的规定，而对刑讯的条件、方法以及行刑的程度缺乏具体规定，从而为司法官吏滥施淫威，任意进行野蛮残忍的刑讯逼供大开方便之门。其结果就如西汉的路温舒所言："夫人情安则乐生，痛则思死，捶楚之下，何求而不得？故因人不胜痛，则饰词以视之；吏治者利其然，则指道以明之；上奏畏却，则锻炼而周内之。盖奏当之成，虽咎繇听之，犹以为死有余辜。"这就造成"死人之血流离于市，被刑之徒比肩而立，大辟之计岁以万数"[①]。

唐朝是封建社会兴盛时期，法律思想有很大进步，法律制度趋于完备。唐高宗永徽年间编写的《永徽律》和对其逐条作了注解的《律疏》，统称为《唐律疏议》，是我国完整保存下来的一部封建法典。其中的《断狱律》专门就刑讯的条件、方法、方式和适用对象作了较为具体的规定，其主要内容是：

（1）"诸应讯囚者，必先以情审查辞理，反复参验，犹未能决，事须讯问者，立案同判，然后拷讯。违者杖六十"。所谓"立案同判"是指对难以决断的案件，应由现任长官和专职司法官吏一起审判，只有在依据情理审查陈述内容，进行了反复验证，仍不能作出决断时，才能进行刑讯。这是刑讯的一条基本原则。如果司法官吏违反了这一规定，将被追究拷讯的法律责任。

（2）"诸拷囚不得过三度，总数不得过二百，杖罪以下不得过所犯之数。拷满不承，取保放之"。三度就是三次。这是刑讯方法和用刑限度的规定。意思是说，不管审判官是否更换，刑讯都不得超过三次和总数二百。按照唐朝《狱官令》规定，每次审讯还须相隔二十天。司法官吏"若拷过三度，及杖外以他法拷掠

① 《汉书·路温舒传》，中华书局1962年版，第2369～2370页。

者，杖一百；杖过数者，反坐所剩；以故致死者，徒二年”。这是依据违反刑讯的不同情况和所造成的后果，规定刑讯者应负的刑事责任。虽有此规定，但由于对违法刑讯者的处罚过轻，实际上并未制止封建社会诉讼中的严刑拷打。

(3)“即有疮病，不待差而拷者，亦杖一百；若决杖笞者，笞五十；以故致死者，徒一年半。若依法拷决而邂逅致死者，勿论”。“不待差”就是指不等到病愈。整个意思是说，对患有疮病而未好的囚犯进行拷讯或判处杖笞的刑罚以及因此而打死人的，司法官吏应受到相应的刑事惩罚。反之，如果依法行刑，打不过次、过数，偶然造成狱囚犯死亡的，就不负刑事责任。这表明刑讯逼供取得完全合法的地位，只是强调依法逼供而已。只要是依法逼供，即便造成当事人死亡这种意外事件，逼供者也不会被追究刑事责任。

(4)“诸拷囚限满而不首者，反拷告人。其被杀、被盗家人及亲人告者，不反拷。被水火损败者亦同。拷满不首，取保并放”。按这一规定，刑讯打满了应打的数目，狱囚还不招供时，便可以反过来拷打告发人。他们认为，经对被告人刑讯而得不到供词，告发人就有诬告之嫌疑，同样应对告发者进行刑讯。如果对告发人的拷打数目已满而又不承认诬告，便可让他找到担保人与被告人一起释放。此举，一方面有利于防止长期羁押，保障被告人的合法权利；另一方面却因为告发者可能受到反拷，容易导致畏讼、厌讼情绪的产生。

当然，为体现统治阶级的仁政，应对民怨，法律规定，对达官贵人、老、幼、残疾者、孕妇等不得刑讯。即：“诸应议、请、减，若年七十以上，十五以下，及废疾者，并不合拷讯，皆据众证定罪，违者以故失论。”“诸妇人怀孕犯罪应拷及决杖，若未产而拷决者，杖一百”。对达官贵人免除刑讯，有利于维护封建等级特权，巩固统治阶级的统治。而对老、幼、残疾及孕妇实行免拷而以“众证定罪”则可在一定程度上疏缓法律的严酷性和阶级矛盾。

（三）以五声听狱讼，主观臆断

封建法律继承了奴隶主王朝“以五声听狱讼，求民情”这种主观唯心主义的审判方式。《唐律·断狱律》中不仅规定“诸应讯囚者，必先以情审查辞理，反复参验”。《疏议》又注解说“依狱官令，察狱之官，先备五听，又验诸证信”。要求断狱在审讯时必须依据情理审查供词的内容，然后同其他证据相比较，进行检验。《明会典》中也有规定，法官断案必须观看颜色，察听情词：“惠帝为太孙时，逻者获盗七。太孙目之，言于帝曰：‘六人者盗，其一非是’。果然。帝问何以知之？对曰：‘《周礼》听狱，色听为上，此人眸子了然，顾视端祥，必非盗也’？帝喜曰：‘治狱贵通经，信然’。”“以五声听狱讼”虽然在一定程度上注意到被讯问人的心理和表情，然而仅凭司法官吏对被告人察言观色而定案，是不可靠的，很可能出现冤假错案。为此，在长达几千年的封建社会，逐渐规定一些辅助手段和方法以制约这种主观臆断的随意性。如要求在审查判断证据时，除主要以五声听狱外，还运用对质和检验等方法对证据进行审查判断。根据《秦简封诊式》中有关案例的记载，秦朝的官员就重视案件的现场勘查，在“经死”、“贼死”、“穴盗”等案件的现场勘查记录中就有绳索、痕迹等物证的详细描述。又据《明会典》记载：在分别审问原告、被告和证人以后，如证人的证言与原告陈述相同而与被告讲的不同，“则唤原被告、证人一同对问，观看颜色，察听情词。其词语抗严，颜色不动者，事理必真；若转换支吾，则理必亏。

略见真伪，然后用笞决勘；如又不服，则用杖决勘，仔细磨问，求其真情”。宋朝在审理案件时，注意用检验的办法提取并审查判断证据。据《宋史·刑法志》记载，要求检验时，“令于伤损去处，依样朱红书画，唱喝伤痕，众无异词，然再署押”。从而使检验的内容和程序更加规范化，有利于保证检验的质量。宋朝的宋慈曾长期担任司法官吏，在总结前人经验的基础上，撰写了《洗冤集录》一书，其中对暴力死与非暴力死，自杀与他杀，生前伤与死后伤，真伤与假伤，中毒、急死等辨别法有比较科学、系统的记载。其中，还有不少关于如何检验、取证和审查证据的意见。

(四) 诬告者反坐，伪证者罚

我国历代封建法律都严格禁止诬告陷害他人，而要求指控他人犯罪的人必须如实陈述，严厉禁止捏造事实进行诬陷。《唐律·断然律》中规定：“诸鞫狱者，皆须依所告状鞫之。若于本状之外别求他罪者，以故入人罪论”。到了明清时期，法律对诬告的处罚更加严重了，其法律明确规定，对诬告者按所诬告之罪加重处罚。为了防止诬告和任意控告，《唐律》还明确规定：“诸告人罪，皆须明注年月，指陈实事，不得称疑，违者笞五十。”“诸诬告人者各反坐”。对于故意捏造事实，进行诬告陷害的，则实行反坐，依其诬告之罪而给予处罚。明、清朝法律规定：“凡诬告人笞罪者，加所诬罪二等；流、徒、杖罪加所诬罪三等。”被诬告人死罪已决者，反坐诬告者以死罪。诬告反坐，此举既利于保障人们免受无端的讼累，也利于司法官吏排除干扰，节约成本，以达到“省刑息讼”的目的。

证人提供的证言是司法官吏据以认定案件事实的重要根据，特别是在“据众证定罪”的案件中，证人证言的作用举足轻重。

《唐律疏议》解释，据众证定罪的案件是指要有“三人以上明证其事”，“若证不满三人，告者不反坐，被告人亦不合入罪”。因而，封建法律明确规定，证人作证不讲真实情况，以致造成司法机关定罪有出入的，应当按被证人所出入之罪减等处罚。

（五）疑罪唯轻和实行有罪推定

在司法实践中，对一些犯罪与否难以定夺的疑案，究竟该“从去”还是“唯轻”曾有过激烈的争论。如汉朝的贾谊认为：“诛赏之慎也，故与其杀不辜也，宁失于有罪也。故夫罪也者，疑则附之去已。”“则此毋有无罪而见诛”，“不肖得改”。“疑罪从去，仁也；疑功从予，信也”①。这表明贾谊主张疑罪“从去”，不定罪处刑，以防止错杀无辜。南陈的周弘正则说：“夫与杀不辜，宁失不经，罪疑惟轻，功疑惟重，斯则古之圣王，垂此明法。”② 这表明他坚持“罪疑惟轻”的观点。《唐律》规定：“诸疑罪各依所犯以赎论”。该条疏义：“疑罪，谓事有疑似，处断难明。各依所犯以赎论。谓依所疑之罪用赎法收赎。”根据该规定，对“处断难明”的疑罪，不处其所控之罪的真刑，而改处该罪的赎刑。至元朝制定的《大元通制》则规定：“诸疑狱在禁五年之上不能明者，遇赦释免。”“遇赦释免”显然比各依所犯以赎论”有进步和宽松。然而，释免的条件是监禁五年以上，且有皇帝诏赦，在司法实践中很难遇到。因此可以看出，尽管对疑罪“从轻”还是“从无”看法不一，但封建统治阶级为了维护自己的专制统治，权衡利弊最终采取了疑罪从赎、疑罪从轻的政策。

总体而言，我国封建王朝的证据制度，同西方一些国家的法

① 贾谊：《新书·大政上》。

② 《陈书·沈洙传》。

定证据制度相比，既有一些相似之处，又有自己的特色。特别是对证据的审查判断，法定证据制度要求法官根据预定的效力规定机械地判断证据，而我国封建时期要求司法官“师听五辞”，酌情处理，自由决断，两者有着原则性的不同。但两者在本质上都是一致的，都是维护封建阶级专制统治的工具。封建社会的证据制度，尽管在理论以及实践方面总结、积累了一些经验，反映了某些诉讼规律，在今天看来仍然有一定的参考价值。但是，从总体上讲，它是十分野蛮、残酷的证据制度。这种证据制度的产生和存在也是封建地主阶级实行统治的需要。统治阶级一方面在法律上把各种危害封建统治秩序的思想、言论和行为，都规定为犯罪，用极其野蛮、残忍的方法对罪犯的身体加以残害；另一方面在断狱息讼时，又要披上“推理求情”、“公正执法”的外衣，以蒙骗群众。而且，由于统治阶级的认识能力受当时生产力发展水平和科学技术不发达的局限，唯心主义世界观在地主阶级中居统治地位。他们不懂得只有通过深入实际，调查研究，收集确实充分的证据，才能查清案情，而总是从本阶级利益出发，受唯心主义和形而上学世界观支配，视狱囚的口供为“证据之王”，视刑讯逼供为合法方法，从而导致了司法实践中的无数冤狱。

第二节 中国近现代证据制度

1911 年 10 月，孙中山领导的资产阶级民主主义革命推翻了清王朝，结束了我国延续两千多年的封建君主专制制度，建立“中华民国”，揭开了资产阶级民主法制的新篇章，直接影响到我国的诉讼证据制度。伴随帝国主义国家的军事入侵，西方法律文化开始影响中国，迫使中国诉讼制度、证据制度进行改革，掀开了中国法制现代化的序幕。在“中华民国”时期，中国的证据制度在立法的层面上向以德国为主的西方国家靠近，当时的刑事诉讼法和民事诉讼法都吸取了西方国家证据法律中的一些先进经验，确立了无罪推定、自由心证、言词辩论、禁止刑讯逼供等原则，而且对证据种类和证明责任等问题作出了比较明确的规定。但是由于长期战乱和国民党政府实行的法西斯统治，立法上的证据制度与司法实践中的证据制度相去甚远。其主要内容有：

一、相关证据制度的立法

南京临时政府于 1912 年 3 月 2 日颁布《大总统令内务、司法两部通饬所属禁止刑讯文》中明确规定：“不论行政司法官署及何种案件，一概不准刑讯。鞫狱当视证据之充实与否，不当偏重口供。”并命令各级官府将“从前不法刑具，悉令焚毁”。为保证上述规定的执行，令文宣布，上级官府“不时派员巡视，如有不肖官司，日久故智复萌，重煽亡清遗毒者，除褫夺官职外，付所司治以应得之罪”。在封建专制统治苛政酷刑的旧中国，提出废除刑讯和体罚，虽然未能完全付诸实施，但是它反映了资产阶级的法律观点和资产阶级人道主义的司法制度，是证据制度史上的一大进步。

1912 年 4 月至 1928 年 6 月，我国历史进入北洋政府的黑暗统治时期。北洋政府是代表地主买办阶级利益的封建军阀独裁政权。为维护其统治地位，一方面援用清末制定的但未颁行的法律；另一方面又颁布一些新的章程、条例，其中涉及证据制度方面的有 1914 年公布施行的《县知事审理诉讼暂行章程》第 27 条规定：县知事办理刑、民事案件的“审判方法，由县知事或承审员相机为之，但不得非法凌辱”。1922 年颁行的《刑事诉讼条例》第305条、第306条规定："犯罪事实，应依证据认定之"，而"证据，由法院判断之。"这表明，受资产阶级法律观点的影响，此时在我国已开始实行自由心证制度。继北洋军阀政府之后，占据统治地位的是实行封建买办法西斯独裁专制的国民党政府。与国民党反动政权的本质相适应，国民党的法律也是地主、买办、官僚资产阶级意志的集中体现，是维护半封建半殖民地的经济制度和政治统治的重要工具。国民党政府在制定、颁布和施行刑、民事诉讼法时，极力仿效德、日等资本主义国家的诉讼法典，推行自由心证制度。1945年修正公布施行的《刑事诉讼法》第268条规定："犯罪事实，应依证据认定之，证据之证明力，由法院自由判断之。"同年修正公布施行的《民事诉讼法》第222条也规定："法院为判决时，应斟酌辩论意旨及调查证据之结果，依自由心证，判断事实之真伪。"在对于被告人的讯问及其供词效力问题上，该《刑事诉讼法》第98条、第270条规定："讯问被告，应出以恳切之态度，不得用强暴、胁迫、利诱、诈骗及其他不正之方法。"

二、关于证据制度的具体规定

(一) 关于证人证言的规定

由于确立了"犯罪事实，应依证据认定之"的原则，因而，证人证言就受到相当重视。清末修订的刑事和民事诉讼法规定：

(1) 证人条件。不能辨别是非之未成年人、有心疾者和有病疾者，这三类人不能作证人，并且要求证人必须是自己所见或所听，不得以传闻而为陈述。

(2) 证人义务。证人负有到庭义务、宣执义务、如实陈述义务。要求证人必须按时到庭，按期不到又不声明不到原因者，处以罚金。改用传票再不到者，加倍罚金，并准用拘传票拘提。证人作证必须在宣誓后如实陈述，如作伪证，将根据情节处1000元以下的罚金。但是，对官员作证作出特殊规定："凡职官命妇，均可由公堂知会到堂作证，但公堂须另置座位，以礼相待。若系三品以上大员为证人者，即由公堂遣员就询。"

国民党政府的《刑事诉讼法》关于证人的规定主要内容如下：

（1）证人的具结义务及具结的程序法效力。该法要求，证人在审判庭上传讯之前须具结，除法律规定不必具结外，不具结的证人证言没有证据效力。

（2）免证权的规定。下列几种人员可免除作证的义务：一是现为或曾为被告或自诉人之配偶，五亲等内之血亲，三等内之姻亲或家长、家属者；二是与被告或自诉人订有婚约者；三是现为或曾为被告或自诉人法定代理人，或现由或曾由被告或自诉人为其代理者；四是证人恐因其陈述致自己或与上述第一项关系的人受刑事追诉或处罪者。另外，医师、宗教师、律师、辩护人、公证人或其业务上代理人或曾任此等职务之人，就其因业务所知悉有关他人秘密之事项受讯问者，除经本人允许者外，可以拒绝作证。

（二）关于刑讯逼供的规定

《大清刑事民事诉讼法》第72条规定："凡审讯原告或被告及诉讼各证人，均准其站立陈述，不得遍令跪供。"同时规定："凡审讯一切案件，概不准用杖责、掌责及他项刑具语言威吓交遍，令原告、被告及各证人偏袒供证，致令乱诸事实。"辛亥革命后，南京临时政府颁布大总统令，"不论行政司法公署，及多种案件，一概不准刑讯。鞫狱当视证据之充实与否，不当偏重口供。其从前不法刑具，严令焚毁”。同时规定，违者就可能受到开除公职等处罚。而且法律规定：“讯问被告，应出人恳切之态度，不得用强暴、胁迫、利诱、诈欺及其他不当之法。”“被告之自白，非出强暴、胁迫、利诱、诈欺以及其他不正当之方法且与事实相符者，得为证据，被告虽经自白，仍应调查其他必要之证据，以察其是否与事实相符”。这些规定显然是借鉴了西方国家的做法，废除了“依法”逼供、仅根据被告人的供词定罪量刑的做法。

（三）关于对证据审查判断的规定

在中国封建社会以五声听狱讼的基础上，结合西方自由心证制度对证据的审查判断进行改进。法律规定，裁判案件时，必须对以下情况进行综合考虑：第一，两造各证人名誉怎样，所供是否可信。第二，两造所举之证据。第三，各造前后各供有无自相抵牾之处。第四，权衡两造供词之重轻。第五，权衡两造情节之虚实。第六，所得之证据是否足以定被告之罪。第七，证据已足，是否为法律所决。如具备上述条件，所有证据足以定罪，就可依法定罪量刑。法律已经将证据的审查判断交由法官的良心、理性、经验，可自由评判，实行自由心证制度。

“被告之自白，非出于强暴、胁迫、利诱、诈欺及其他不正方法且与事实相符者，得为证据。被告虽经自白，仍应调查其他必要之证据，以察其是否与事实相符”。这与封建法律可以“依法”刑讯，不察口供是否属实的规定相比，在形式上有原则区别。但在司法实践中，却肆意践踏法律，疯狂推行法外制裁，对广大人民实行残酷的法西斯统治，遍及全国各地的国民党特务组织不需要任何法律手续而任意搜查、殴打、绑架、逮捕和暗杀共产党人和民主人士。为了逼取受审人的口供，往往用尽各种灭绝人性的酷刑。因此，可以说，国民党政府时期的证据制度是形式上的自由心证与实质上的口供主义、刑讯逼供相结合的混合体和大杂烩。我们在关注该时期的证据法律、制度及其理论的同时，更应了解当时的实践运作机制、措施。

第三节　中国当代证据制度

一、中国当代证据制度产生和发展的历史

中国当代证据制度，作为人民司法制度的重要组成部分，是在人民群众的革命斗争中，在摧毁国民党反动政权旧法制的基础上产生的。随着革命形势的发展，尤其是新中国的建立与巩固，它也不断地发展与完善。其历史可分为新民主主义革命时期和中华人民共和国时期两个阶段。

（一）新民主主义革命时期的证据制度

中国当代证据制度创立于新民主主义革命时期。1927年第一次国内革命战争失败以后，中国共产党领导人民开展了艰苦卓绝的武装斗争。1931年在江西瑞金成立了中华苏维埃共和国中央工农民主政府。为了镇压反革命、保障劳动群众的权利，以巩固根据地，各级、各地政府都根据具体情况，颁布了一系列法规。有关诉讼方面的规范性文件主要有：1931年12月发布的《中华苏维埃共和国中央执行委员会训令（第六号）——处理反革命案件和建立司法机关的暂行程序》，1932年6月颁行的《中华苏维埃共和国裁判部暂行组织及裁判条例》，1934年公布的《中华苏维埃共和国司法程序》，等等。这些文件中有相当部分的内容就涉及证据制度，如规定废除肉刑，严禁刑讯逼供；要求正

确对待被告人口供，收集确实、充分的证据，不得仅凭口供捉人；原告人应向司法机关提供证据，等等。在工农民主政权时期，尽管有关证据的法律规范不系统不完整，但是它所确立的证据制度的基本原则，成为新中国证据制度的形成和发展的开端。

到抗日战争时期，我国的证据制度与第二次国内革命战争时期相比，已比较系统与完整，证据制度又有了进一步发展。这个时期颁布的一系列法令和决定有：1940 年 8 月公布的《晋察冀边区目前施政纲领》；1941 年 5 月公布的《陕甘宁边区施政纲领》；1942 年 2 月公布的《陕甘宁边区保障人权财权条例》等，这些法令就证据制度也作了进一步的规定。此外，抗日战争时期所颁布专门针对审理案件的《苏区处理诉讼案件暂行办法》、《晋冀鲁豫边区太岳区暂行司法制度》等相关法令就如何调查研究案件的方法与程序作了详细的规定，创立了“马锡五审判方式”。抗日战争时期，证据制度的主要内容有：强调调查研究、实事求是；严禁刑讯、诱骗或强迫供述，重证据不轻信口供；明确规定当事人等提供证据的责任；规定了各种证据的收集与审查程序；强调办案人员必须忠于事实等等。那时就能提出重证据，不轻信口供是难能可贵的，尤其是强调调查研究、实事求是的工作作风，将“调查研究，分清是非轻重”作为审判的方针之一，这无疑是先进的法律理念，是中国证据制度中的宝贵财富。

解放战争时期，人民民主政权在基本上沿用抗战时期有关证据制度的规定外，又颁布了一系列的法律和文件，如：《晋察冀边区行政委员会关于人民法庭工作的指示》、《江西省府法院关于司法工作几个问题的指示》、《东北行政委员会关于建设司法工作的几项具体指示》、《为清理已决及未决案犯的训令》、《关于县市公安机关与司法机关处理刑事案件权责的规定》，等等。主要内容有：

（1）进一步强调调查研究，实事求是，要求法庭应"审查人证、物证，并允许被告自己或被告的代表辩护和提出反证。审判员根据原告、被告提出之控诉与辩护及证据加以研究。然后确定罪状是否成立"。"要实事求是，头脑冷静，不怕麻烦地辨明是非"。

（2）强调定罪的证据必须确实、充分，否则被告应予释放或宣告无罪，"若被告仅有嫌疑没有积极的证据可以证明被告确系犯罪时，即不能论罪科刑"。

总之，在新民主主义革命时期，我国的证据制度尽管还存在许多不健全、不完善之处，但人民民主政权的证据制度已成雏形，并且其证据制度和实践，为中华人民共和国证据制度的创建与发展奠定了坚实的基础。1949 年 2 月，中共中央发布《关于废除国民党的六法全书与确定解放区的司法原则的指示》，宣告彻底废除伪法统，指出"在人民新的法律还没有系统地发布以前，应该以共产党政策及人民政府与人民解放军所已发布的各种纲领、法律、条例、决议作根据"。这是我国人民司法工作的里程碑，为建国后的社会主义法制建设清理了废墟，指明了方向。

（二）中华人民共和国的证据制度

新中国成立初期，为保障革命秩序和土地改革政策、法令的实施，肃清残余反革命势力，中共中央发出了许多指示，颁行了一些法律、法规，如：1950 年 7 月政务院通过的《人民法庭组织通则》、1950 年 5 月颁布了《中华人民共和国婚姻法》、1951 年 9 月颁布了《中华人民共和国人民法院暂行组织条例》。尤其是 1954 年 9 月，我国第一部社会主义宪法诞生，它为证据制度的建设提供了根本大法的根据。随之又颁布了《中华人民共和国人民法院组织法》、《中华人民共和国人民检察院组织法》。这些基本法律的颁行，标志着社会主义法制进入了新阶段。这段时期不仅继承和发扬了新民主主义革命时期的优良传统，还强调在司法中要纠正官僚主义作风，实行有错必纠。提出了一些先进的证据理念，如："口供只有经过仔细查对确实之后才能相信。……用逼供、诱供等错误办法取得的口供，是一文不值，完全不足凭信的。"

"文化大革命"十年，是社会主义民主和法制遭到疯狂破坏的十年。林彪、江青反革命集团肆意践踏、破坏社会主义法制，在全国实行法西斯专政，他们随意诬陷，罗织罪名，伪造证据。我国证据制度出现史无前例的倒退，几乎成为一片空白，在全国范围内制造了大批惨绝人寰的冤假错案。

党的十一届三中全会以后，我国社会主义民主和社会主义法制建设得以恢复和发展。先后修改和制定颁布了《中华人民共和国人民法院组织法》、《中华人民共和国人民检察院组织法》、《中华人民共和国刑事诉讼法》、《中华人民共和国行政诉讼法》和《中华人民共和国民事诉讼法》等许多重要法律、法令。这些法律、法令有关证据的规定，是根据国家专门机关长期积累的运用证据的丰富经验，并结合新时期的具体情况制定的。而且刑事、民事、行政诉讼法典对"证据"都用专章加以规定，集中体现了我国证据制度的根本性质和特点，特别是1996年颁布的修正后的刑事诉讼法以及有关司法解释，进一步健全和完善了我国的证据制度。

二、中国当代证据制度的特点

中国当代证据制度的理论基础是马克思列宁主义、毛泽东思想和邓小平理论，特别是其中的辩证唯物主义认识论。其主要目的是，要求司法人员办理案件时，必须从实际出发，深入调查研究，根据确实、充分的证据，准确地查明案件的客观真实情况。从而保证准确、及时地惩罚危害国家安全、损害社会利益和侵害公民合法权益的刑事犯罪行为，正确处理民事纠纷和行政争讼，保护公民的人身、财产、民主权利，维护社会秩序，促进安定团结，保障社会主义建设事业的顺利进行。我国证据制度的特点，主要体现在以下方面：

（一）追求客观真实

查明案件事实真相，是国家专门机关运用证据，认定案情的目的。案件事实发生在过去，司法人员对案件事实的探知只能通过证据来拼凑、再现。对案件事实掌握到何种程度才能据此作出判决，是任何一个国家的证据制度和证据理论所必须回答的问题。在奴隶社会时期，采用神示证据制度，将神示真实作为裁断的基础。封建社会采用法定证据制度，要求法官机械地适用法律，依律决断，只要达到法定的形式真实，即可判决。在资本主义社会，赋予法官凭借自己的良心、理性，自由判断证据，只要法官内心形成确信，就可作出判决。我国证据制度，长期以马克思的辩证唯物主义认识论为理论基础，认为司法机关对案件事实的探知是可以达到真理性的认识的，因此，要求国家专门机关处理刑事、民事、行政诉讼案件时必须以事实为根据，司法工作人员的主观认识必须符合客观实际，司法工作人员对案件事实的认定必须准确反映案件的客观情况，并能够经得起实践的检验。从而，要求司法人员在判案时，一定要追求客观真实，必须做到“事实清楚，证据确实、充分”。

(二) 重证据而不轻信口供，严禁刑讯逼供

法定证据制度视刑事被告人口供为“证据之王”，我国封建诉讼奉行“罪从供定”原则，刑讯逼供是它们的合法取证手段。资产阶级国家的立法虽禁止刑讯，但在英美法系各国的诉讼中，还残留有口供是“证据之王”的遗毒，因为只要被告人在法庭上作有罪答辩，法官即可不经法庭调查，径直作出有罪判决。

古今中外的司法实践表明，被告人的口供时常真假难辨，如果轻信口供，必将导致冤假错案的发生。鉴于此，我国证据制度强调重证据而不轻信口供，对口供，一方面强调孤证不能定案，另一方面又不过分倚重口供。法律规定，“对于一切案件的判处都要重证据，重调查研究，不轻信口供。只有被告人供述，没有其他证据的，不能认定被告人有罪和处以刑罚；没有被告人供述，证据充分确实的，可以认定被告人有罪和处以刑罚”。法律要求国家专门机关运用证据认定案情时，要坚持重证据而不轻信口供原则，与之相适应，法律也坚决反对“刑讯逼供”，并将刑讯逼供视为一种违法犯罪行为，情节严重的应当依法追究刑事责任。

(三) 坚持依靠群众，深入调查研究

收集证据的过程是一个非常艰苦的过程，必须依靠广大群众，深入实际调查研究，充分发挥群众的智慧和力量，在全面收集证据，进行系统、周密分析的基础上，才能有效地防止司法工作人员的主观片面性，实事求是地查明案件的真实情况。依靠群众，深入群众，调查研究，是我国司法工作的优良传统。我国现行立法继承这一传统，除将其确立为诉讼的基本原则外，还使之在运用证据等各个环节上进一步具体化、制度化，以利其更好地贯彻。对此，我国宪法第 27 条第 2 款规定：“一切国家机关和国

家机关工作人员必须依靠人民的支持，经常保持同人民的密切联系，倾听人民的意见和建议，接受人民的监督，努力为人民服务。”《刑事诉讼法》第6条规定：“人民法院、人民检察院、公安机关进行刑事诉讼，必须依靠群众。”第43条规定：“必须保证一切与案件有关或者了解案情的公民，有客观地充分地提供证据的条件，除特殊情况外，并且可以吸收他们协助调查。”群众是证据和证据材料的来源。犯罪行为、民事纠纷和行政争议总是在一定的时间、地点发生的，与案件有关的事实很难逃脱群众的耳目，能够反映案件事实的一些痕迹和物品，难免被周围群众直接地察觉和了解。不少刑事案犯是根据群众的揭发、检举所提供的线索和情况抓获的。因此，在收集证据的过程中，贯彻群众路线，充分相信和依靠群众，认真倾听群众的意见，有利于排除困难，减少办案难度。

（四）主张法院有收集证据的义务

在英美法系国家中，他们将诉讼视为一种竞技游戏，强调当事人提供证据的责任，法官只是消极、中立的裁判者，不承担举证责任。相比之下，根据不同诉讼所解决的案件实体问题有所区别，我国诉讼法规定了司法机关相应的收集证据的责任和诉讼当事人的举证责任。《刑事诉讼法》明确规定，审判人员、检察人员、侦查人员必须依照法定程序，收集能够证实犯罪嫌疑人、被告人有罪或者无罪、犯罪情节轻重的各种证据。在刑事公诉案件中，收集证据主要由公安机关、检察机关进行，但是法院为了核实证据也可以收集证据。《民事诉讼法》规定，“当事人对自己提出的主张，有责任提供证据”，也要求人民法院调查收集“审理案件需要的证据”。《行政诉讼法》强调被告人即作出具体行政行为的行政机关“应当提供作出该具体行政行为的证据”，即应负举证责任。人民法院为查明案件客观真实，则“有权要求当事人提供或补充证据”，“有权向有关行政机关以及其他组织、公民调取证据”。

第四章　证据法的基本原则

证据法的基本原则，就是指在制定有关证据的法律、法规以及司法实践中运用证据证明案件事实时应该遵循的基本行为准则。它贯穿于整个诉讼过程之中，是诉讼运行机制总的指导思想。确立一些基本原则，在一定程度上可以克服法律的有限性和司法实践形态的无限性之间的矛盾，使法律在适用上具有基本的尺度和法律底线，较好地避免采证、质证、认证过程中的随意性。基于我国的历史传统以及目前推进审判模式改革的现状，我们认为，运用证据应该确立以下原则：证据裁判原则；程序正义原则；直接言词原则以及证据自由评价原则。

第一节　证据裁判原则

一、证据裁判原则的含义

证据裁判原则，是指依据证据认定案件事实的原则，亦即必须依据经过法定的正式的证据调查程序后具有证据能力的证据来认定案件事实。日本学者田口守一认为：证据裁判原则包括两种含义。一是从历史意义上否定神判，即认定事实必须依据证据，而不是其他任何根据，如神的意志等；一是从规范意义上讲，认定事实还必须根据具有证据能力的证据，而且只有经过调查之后才能作为认定的事实①。

在现代诉讼制度下，证据裁判原则至少包含有以下三方面的含义：

(1) 对事实问题的裁判必须依靠证据。在诉讼证明中，事实问题的裁判应当依据证据，这是证据裁判原则的基本含义。亦就是说，在诉讼证明活动中，没有证据支撑的事实就不是案件事实。证据裁判原则强调了证据对于裁判的必要性。与历史上曾经存在的裁判制度不同，证据是裁判的必要手段，而不是可有可无的工具。没有证据不能认定案件事实。需要指出的是，没有证据既包括没有任何证据，也包括证据不充分的各种情形。即使仅有一部分证据，或者有证据但没有达到法定程度，亦不能对事实进行认定。也就是说，不能仅凭部分证据对全部案件事实作出推测。

(2) 裁判所依据的证据必须具有证据能力。裁判必须依据证据。显然，这里所说的证据必须是具有证据能力的证据，即证据本身以及相关程序都具有合法性、可采性的证据。一项证据资料，即使对裁判非常有价值，如果不具备起码的法律要件，它将不具有任何裁判上的实质意义。在现代法律制度下，一项材料是否可以作为证据接受法庭调查，有两种立法模式：英美法系国家的规则调整模式和大陆法系国家的自由裁量模式。在英美法系国家，为适应陪审团审判，形成了一系列规范证据资格的法律规

① 〔日〕田口守一著，刘笛、张凌、穆津译：《刑事诉讼法》，法律出版社 2000 年版，第 217 页。

则。在司法实践中，要想在法庭上出示一项材料就必须通过法律规则的审查、过滤。因此，从外观上看，一项材料是否可以作为接受法庭调查的证据，似乎主要是一个法律问题。在大陆法系国家，证据是否可以接受法庭调查是由法官根据具体的情形作出判断的，立法一般不对证据的关联性问题作预先的规定。因此，在此种模式下，证据的可采性问题主要是一个事实问题。

在现代诉讼制度下，无论对证据的证明能力是依据法律规则作出判断，还是任由法官裁量，证据裁判原则所依据的证据必然是实质上具有证明能力的证据。而且，从证据法的发展趋势看，世界各国普遍在追求一种正当性基础上的真理性，即不但要求法庭调查的证据必须具有事实上的关联性，而且还必须同时具备法律上的可采性。

（3）裁判所依据的证据必须是经过质证的证据。证据裁判原则的核心是裁判者对事实的认定必须以证据为根据，而定案的证据必须查证属实。在现代诉讼制度下，可以说证据裁判原则是对裁判者的具体要求。它要求裁判者对证据的认识必须以法庭为时空条件，以证据调查为其认识方式。作为一种认识活动，裁判者对事实的认定主要是在心理层面上展开的，而此一过程根本无法被观察，更遑论监督。在无法了解裁判者内心世界的条件下，我们只好加倍地重视其认识的形成过程。法庭活动是可以观察的，将法官的认识活动局限在法庭的交叉质证过程中，我们就有了评判法官认识活动的可能性。而且，如此要求，至少从外观上更容易让人相信法官的认识来自证据而不是其他途径。因此，在现代证据理论中，一项普遍的要求是，没有经过法庭质证的证据不得作为裁判的依据，即使该项证据在事实层面上具有证明价值。

二、证据裁判原则的意义

在现代证据制度中，证据裁判原则是所有证据法和诉讼制度的核心原则。首先，整个诉讼制度就是围绕如何正当地利用证据认定案件事实而设置的，离开这一点，诉讼制度将不会存在。其次，证据裁判原则与其他诉讼法和证据法原则相比，具有优先性。如心证自由原则必须在优先适用证据裁判原则的前提下才能适用。另外，直接言词原则、裁判中立原则、控辩对等原则、无罪推定原则等都不能削弱证据裁判原则的作用，甚至有些原则对证据裁判原则还有强化作用。而且，在证据制度建设与证据观念转变的转型时期，坚持证据裁判原则，既有助于我们从依赖人证的证明观向依赖、重视物证的证明观转变，同时，又有助于我们从查明事实的办案观向证明案件事实的办案观转变。

当然，不容否认的是，证据裁判原则依据的证据即案件的基础事实是不完整的，因而在重构案件事实时不可避免会存有缺陷，这是证据裁判原则的一大弱点。但尽管如此，在人类理性所及的范围内，证据裁判原则却是裁判争执事件的一种最好的选择。与神明裁判主义相比较，证据裁判原则明显具有以下优点：第一，证据裁判以证据为基础。神明裁判所依赖的是神启，而证据裁判却必须以现实的证据为前提。第二，证据裁判的结果更令人信服。出于对神的敬畏，人们虽然遵从神明裁判的结果，但对该结果却半信半疑。因此可以说，证据裁判原则更符合司法证明的客观规律。对于司法人员及其他诉讼参与者来说，案件事实一般都是发生在过去的事件，由于时间具有一维性，是一去不复返的，因此司法人员及其他诉讼参与人在诉讼中无法看见发生在过去的事实。他们所能看到和听到的，只是各种各样的证据。诉辩双方的任务就是要举出各种各样的证据，来证明自己的事实主张或反驳对方的事实主张，与此相应，法官就只能通过这些证据去查明和认定案件事实。证据裁判虽然在重构事实方面存在不足，但它以法律认可的证据这种看得见的事实为基础，又充分展现了每一个正常人都拥有的理性，因此人们更能接受证据裁判的结果。

三、证据裁判原则的贯彻

坚持证据裁判原则，就必须做到以下几点：

（1）认定案件事实必须依靠证据，没有证据不能认定案件事实。但是，法律另有规定的除外。如对于众所周知的案件事实、法院确定判决所确认的案件事实、当事人在民事诉讼中自认的案件事实等，由于其真实性已经得到了确认或者是当事人双方无争议的事实，所以许多国家包括我国的法律规定毋须再以证据来证明，而直接作为判决的根据，除非当事人提出合理和充分的反证、发现了新的事实、撤回或撤销自认等。

（2）所有案件事实，无论是实体事实还是程序事实的证明都离不开证据。长期以来，我国在司法实践中，都有重实体、轻程序的倾向。然而，法律程序是为保障一些独立于判决结果的程序价值而设计的，这些价值包括参与、公平以及保障个人的人格尊严，等等。在现代法治社会，司法判决不仅要看案件结果是否公正，更要关注实现结果的程序是否文明、公正。因此，贯彻证据裁判原则，不仅对案件事实的认定要依靠证据，而且对收集证据、质证、认证的过程是否正当也应有证据予以证明。

（3）用于定案的证据必须是有证据能力或可采性的证据。证据是否具有证据能力或可采性须经过法定的正式的程序来审查和确定。通常情况下，必须同时具备关联性、真实性和合法性的证据才具有证据能力或可采性。但是，即使具备了关联性、真实性和合法性的证据，并非就具有证据能力或可采性，如在调解、和解中当事人所作的陈述、自认等在以后的诉讼中不得作为对其不利的证据。另外，证据的提出或使用将造成诉讼显著不公平或迟延，则排除该证据的使用。

(4) 用于定案的证据必须是在法庭上查证属实的证据。即未经过法定的正式的证据调查程序审查或者未由当事人充分表达过意见的证据，不能作为认定案件事实的根据。这一规范上的要求，旨在避免法院作出突袭判决，并且强调作为认定案件事实根据的证据应值得当事人信赖，以此赋予和增强判决的说服力和正当性。

目前，我国在司法活动中，坚持证据裁判原则，首先就要求司法人员等在办案过程中，必须从客观存在的证据出发去认定案件事实，不能以主观的臆断或猜测等作为认定案件事实的基础。其次，还要求司法人员和执法人员转变观念，从传统的“查明事实”的办案观转向“证明事实”的办案观，从倚赖人证的证明观转向重视物证的证明观。在现代社会，司法人员和执法人员不仅要通过种种方法查明案情，使自己清楚；而且要通过种种证据尤其是物证，使别人清楚。最后，就是要清醒地认识到在诉讼过程中人类认识能力的有限性，有时无法就案件事实给出“真”或“假”的结论。当诉讼案件事实真伪不明时，法官不能一筹莫展，或胡乱下判，而是应该依据证据裁判原则，直接判决由承担证明责任的一方承担不利后果。

第二节　程序正义原则[①]

一、程序正义原则的含义

正义在法律制度中主要有两种：实体正义和程序正义。实体正义是指人们在对实体上的权利、义务和责任进行确定时所要遵循的价值标准，它强调结果的正当性、合理性与道德性。而程序正义是指法律程序在具体运作过程中所要实现的价值目标。程序正义论认为，只有在程序正当的前提下，才能论及案件的事实是否已被查明以及查明的程度。依照程序公正要求，诉讼中再现的冲突事实必须符合法律的形式规定，并受制于法律的评价。在此基础上所认定的法律事实，才是案件结果所倚赖的基础事实。因此，我们不应只关注来自判决内容的正确与否等实体性的理由，而且应从程序本身的公正性、合理性来评判案件的结果。

在现代诉讼制度下，程序正义原则至少包含有以下几方面的要求：

（1）程序的参与性。这一程序正义的核心思想是，那些其权

---

① 该原则在法治国家被称作程序正当原则（due process），他们主张“正义先于真实”，“程序先于权利”。根据英国普通法，法庭在对任何一件争端或纠纷作出裁判时应绝对遵循“自然正义”原则。按照这一原则，任何人均不得担任自己的诉讼案件的法官，法官在裁判时应听取双方当事人的陈述。即法官在审判中不得存有任何偏私，而且须在外观上使任何正直的人不对其中立性有任何合理的怀疑。同时，法官在审判过程中必须给予所有与案件结局有着直接利害关系的人有充分陈述意见的机会，并且对各方的意见和证据平等对待。美国权威的《布莱克法律辞典》对程序性正当程序的含义作出了具体的解释：任何权益受判决结果影响的当事人有权获得法庭审判的机会，并且应被告知控诉的性质和理由……合理的告知、获得法庭审判的机会以及提出主张和辩护等都体现在“程序性正当程序”之中。

益可能会受到审判结果直接影响的主体应有充分的机会并富有意义地参与案件结果的决定过程，从而对法庭裁判结果的形成发挥有效的影响和作用，而不是被动接受裁决。

(2) 裁判者的中立性。程序正义的这一要求有以下含义：裁判者应当在那些其利益处于冲突状态的参与者各方之间保持一种超然和不偏不倚的态度和地位，而不得对任何一方存有偏见和歧视。这一要求的意义在于确保各方参与者受到裁判者平等的对待，由当事人自己决定而不是裁判者以自己的喜好来评判当事人的权利义务。裁判者的中立性是一种通过排除各种不公正、不合理情况而保证程序正义目标实现的公正要求。

(3) 程序的对等性。根据程序正义的这一要求，裁判者在审判过程中应给予各方参与者以平等参与的机会，对各方的证据、主张、意见予以同等的对待，对各方的利益予以同等的尊重和关注。程序对等原则要求控辩双方不仅拥有形式上的平等参与机会，而且还应在实质上具有平等的参与能力和参与效果。真正实现平等武装、平等对抗。

(4) 程序的合理性。根据程序正义的这一要求，裁判者据以认定案件事实的程序必须符合理性的要求，使其判断和结论以确定、可靠和明确的认识为基础，而不是通过任意或者随机的方式作出。首先，裁判者作为定案根据的事实、证据必须是通过合法、合理的程序收集得到的。其二，争执的双方必须有权完全、充分地对相互矛盾的证据展开彻底的攻击与防御，拥有足够的手段使真相大白于天下。最后，裁判者在对案件事实作出结论之前必须对各方提出的论点和论据作出仔细的讨论和衡量，明确陈述其认定事实的根据和理由，并向诉讼各方以及社会公众公开论证自己心证的合理性和正确性。

(5) 程序的自治性。所谓程序自治，是指裁判者所作的裁判结论必须从法庭审判过程中产生，从而使审判程序成为决定裁判结论的唯一程序。为此，对案件事实的结论必须产生于法庭审判活动结束之后，而不能在庭审开始之前或者进行过程中就作出预断。同时，案件事实的结论只能建立在通过法庭审判对案件事实形成的理性认识基础上，而不是在法庭审判之外所形成的预断、偏见或者传闻的基础上。最后，事实的认定必须建立在双方在法庭审判过程中提出的有效证据、意见、主张的基础之上，而不能随意将任何一方的论点和论据排除于定案根据之外。

二、程序正义原则的意义

美国学者约翰·罗尔斯指出："即便法律被仔细地遵循，过程被公正恰当地引导，还有可能达到错误的结果。一个无罪的人可能被判有罪，一个有罪的人却可能逍遥法外。……不正义并非来自人的过错，而是因为某些偶然结合挫败了法律规范的目的。"[①]他认为审判只能是不完全的程序正义，即我们有一种判断结果是否正确的独立标准，却无法找到可以保证结果正确的程序。

现代司法实践证明，坚持程序正义原则，有助于争讼的双方从心理上真诚接受和承认法院所作裁判的公正性和合理性，有助于社会公众对法院、审判程序乃至国家法律制度的权威性产生普遍的信服和尊重。因为诉讼中最棘手的问题不是如何作出判决，而是怎样查清、认定案件事实。甚至，在某种意义上可以说，法官在事实面前是无能的，即法官无法保证能够查明案件事实。坚

① 〔美〕约翰·罗尔斯著，何怀宏等译：《正义论》，中国社会科学出版社 1998 年版，第 86 页。

持程序正义原则，在诉讼中调动相关人员积极参与，确保公民不同程度地进行自主性自决。在争讼双方均属平等诉讼主体的基础上给予公平对待，裁判者保持形式上和实质上的中立，通过更加合理、规范的程序运作，提供一种来自法律而不是来自人的程序治理，从而使它的运作更加确定并具有更大的可预见性。根据程序的及时性和终结性原理，防止甚至终结不合理程序，及时结束法的利益不安状态或无法达到理性要求。通过程序法治，一方面，法官中立，程序参与者平等对抗，让他们自己对自己的行为后果负责；另一方面，和平、公正的程序，将双方对结果的不满吸收，亦就是说，即便结果不公正，那也不是法官造成的，而是程序使然。所以，法官被要求忠实程序，反过来程序却有效地保护了法官。

通过公开、公正的程序，人们以看得见的方式实现司法正义，当事人双方的利益被置于与国家和社会利益同等重要的地位之上，受到裁判者的充分关注，因而会产生一种受公正对待的感觉，社会公众也会对判决结果连同其据以形成的合理根据一起表示认可和满意。这样，不论结局如何，人们都会确信这种结果不是裁判机构任意或者随意作出的，而是经过了充分、合理的论证和讨论，因而具有充分的正当性和合理性。由此使裁判结果的形成建立在正当的法律实施过程基础之上。这有助于社会形成一种尊重法律程序和法律制度的良好法治秩序，使法律制度的实施具有较好的社会环境和条件。

三、程序正义原则的贯彻

长期以来，我国司法实践在程序虚无主义或程序工具主义的影响下，片面强调查明案件事实真相的重要性，于是过程是否正当变得无关紧要，结果正确与否才是唯一重要的。司法取证活动中存在着许多不遵守程序的现象，如刑讯逼供或采用威逼、引诱、欺骗手段取证等。通过违法程序收集的证据，经过质证、认证，其所确立的案件事实即便与案件事实本身吻合，也难以获得当事人以及公众的认同。今后，在诉讼过程中贯彻程序正义原则必须注意以下几点：

（1）坚持依法取证。取证是证明的基础，获取证据既是当事人取胜的重要砝码，又是法官审理案件的基础。然而取证活动却是一种自主性或随意性很强的行为，尤其是在刑事诉讼活动中，往往表现为权力与权利的冲突，很容易出现违法乱纪和侵犯人权的情况。因此，依法取证是司法证明活动中遵守程序正义原则的重中之重。为确保程序正义原则的实现，我们必须确立并坚决执行非法证据排除规则。

（2）规范举证、质证。在诉讼过程中，举证、质证是争讼双方之间为保护自己权益进行进攻和防御的重要手段，也是当事人自己决定自己权利义务的关键。因此，法官应保持客观中立的立场，让当事人争斗，只是为其提供公平争斗的场所，不能偏袒或压制任何一方。当然，在举证、质证的过程中，法官也应发挥自己的主导作用，让双方的举证、质证活动围绕证据的关联性、合法性和真实性，针对证据有无证明力以及证明力的大小进行。质证的内容应当与案件事实有关联，不得采用引诱、威胁、侮辱等语言或者方式，从而使诉讼程序规范、有序地进行，制止当事人滥用诉权的行为。

（3）坚持科学认证。当举证、质证活动结束后，法官必须对全案事实作出综合判定。这必然要求法官要有敏捷的思维判断能力、丰富的法律知识和娴熟的审判技能。人类司法实践的历史经验表明：对案件事实的判定，只能交由不可能完全剔除主观自由判断的裁断者进行。在我国，证据的审查、判断，案件事实的综合认定，均由法官负责。因此，对案件事实进行综合认定时，法官必须遵循职业道德，运用逻辑推理和生活经验，进行全面、客观和公正的分析判断。同时，必须通过一系列的证据规则，如最佳证据规则、补强证据规则等，防止法官认证的随意性。无论法官作出何种结论，都应充分阐明法官的分析及认定理由，只有真正做到有据、有理、合法，才能使纠纷当事人信服。

就司法证明的几个基本环节而言，取证是举证、质证和认证的基础，取证工作的质量在很大程度上决定着举证、质证、认证工作的质量。为贯彻程序正义原则，今后我们应该逐步规范、强化争讼双方的举证、质证活动尤其是法官的认证活动的法制化，而且要以举证、质证、认证的法制化来带动和促进取证的法制化。依法取证、依法举证、依法质证、依法认证是诉讼活动的基本要求。

第三节 直接言词原则

一、直接言词原则的含义

直接言词原则是直接原则和言词原则的合称。直接原则又称为“直接审理原则”或“在场原则”，要求参加审判的法官必须亲自参加证据审查、亲自聆听法庭辩论。该原则强调审理法官与判决法官的一体化。与之相对的是间接审理，即判决法官将其他法官审理所得结果作为判决基础，亦即审理法官与判决法官存在着分立。该原则的精神在于对案件作出裁判的法官必须直接对证据进行审查，认定案件事实。法官对证据的审查必须具有“亲历性”，任何证据都必须经过法庭上的直接质证和认证，才能使审判者对证据的证明力形成内心确信，并在此基础上认定案件事实，作出判决。我国台湾地区学者林山田教授认为：“在审理中未由法官本人查证之证据，如行政机关的调查报告书，即非法院直接调查所得之证据资料，或如传闻证据等，均不得作为判决之依据。原则上，对于证人之讯问，不可以宣读前所讯问而制成之笔录，或是以证人提出之书面声明代替之。”①

言词原则又称为言词审理原则，要求庭审调查过程中的举证和认证都必须以言词（即口头陈述）的方式进行。该原则是公开原则、辩论原则和直接原则实施的必要条件。与言词审理相对的是书面审理，即以书面形式进行诉讼，集中体现为根据书面材料和证据来认定事实。根据该原则，虽然审判之前获得的书面证言和笔录也有证明价值，但是其是否真实、准确、完整地表达了陈述人的意思，还是要通过直接询问陈述人来确定。其目的是在形成法官心证之际，给法官以新鲜的印象，以期发现实体的真实。

直接原则与言词原则具有密切的联系。直接原则与间接原则相对应，而言词原则与书面原则相对应。由于直接原则与言词原则在目的和内容上有许多相通之处，直接审理必然要求以口头辩论方式调查证据，而口头辩论、调查证据的目的需要通过直接审理来实现，故常将两者并列，称为直接、言词原则。但是，直接原则和言词原则又有所不同。直接原则强调的是法官的亲历性和证据的原始性，而言词原则强调的则是与书面相对的证据的提供

---

① 林山田著：《论刑事程序原则》，《台大法学论丛》，第 28 卷第 2 期，第 122 页。

形式。

二、直接言词原则的意义

直接言词原则是大陆法系国家在审判阶段适用的重要原则，起源于德国19世纪的立法改革。直接言词原则的引入，是为了去除侦查的法官及审判的法官进行书面审理程序（邮递传送卷宗）所带来的重大缺失。法院据此可亲自从被告及全部的证人及证物获得第一印象，即就犯罪行为以“审判程序所获得之结果，而活生生并且是以直接的感受来完成一项判决”[①]。在司法证明活动中坚持直接言词原则具有重要的意义。首先，直接言词原则是以审判为中心的司法模式的要求，体现了法官或陪审团亲自审查证据和认定证据的需要。法官、当事人和证人等在法庭上直接接触，法官亲自聆听当事人陈述辩论和证人言词作证，根据法庭上质证的情况认定案件事实，避免法官预断，使审判流于形式。尤其是在刑事诉讼中，可以有效地防止因侦查的纠问化、长期化，而使得审判形骸化。其次，该原则也符合司法证明的客观规律，特别是对证人证言的审查判断的规律。直接言词原则实践了司法的亲历性，法官在与当事人和证人“面对面”的活动中，通过当事人和证人的相貌、诉讼时的态度和情状能够获悉语言所无法传递的案情信息。通过直接观察当事人和证人的表情态度，直接察看证据实际状况，易于准确掌握案件事实。同时，法官、当事人和证人等直接见面，加之言词方式具有传达简便快捷的优点，也有助于法官和当事人尽快发现争议和及时解决问题，从而推动

① 〔德〕克劳斯·罗科信著，吴丽琪译：《德国刑事诉讼法》，法律出版社2003年版，第430页。

诉讼迅速进行。如果法官只对书面证言进行间接的审查，就很难作出科学的判断。最后，该原则也是司法程序公正的要求和保障。这种直接举证、直接质证、直接认证的做法，既可以防止司法人员在审查评断证据时产生预断和偏见，提高审判的透明度，也可以保障诉讼当事人的合法权利，特别是获得公平审判的权利。

三、直接言词原则的贯彻

我国现行法律没有规定直接言词原则，只在一些具体规定蕴含了直接言词原则的精神。如我国《刑事诉讼法》第 47 条规定，证人证言必须在法庭上经过公诉人、被害人和被告人、辩护人双方询问、质证，听取各方证人的证言并且经过查实以后，才能作为定案的根据。但是相关规定并不明确，甚至相互冲突，制度设计上也不严谨。如最高人民法院《关于执行〈刑事诉讼法〉若干问题的解释》第 58 条规定，未出庭证人的证言宣读后经当庭查证属实的，可以作为定案的根据。而对“重大、疑难、复杂”案件的讨论和最后决定制度，审判委员会讨论案件基本上采取秘密的方式，并不直接与当事人及其他诉讼参与人接触，仅仅是听取办案人员对案件的汇报，这种情况导致直接审理的法官无权裁决而有裁决权者又不直接审理的局面，显然同直接言词原则的基本要求是相违背的。

贯彻直接言词原则，必须坚持以下几点：第一，卷宗的内容不得作为裁判的依据。在德国，审判长及制作裁判书的法官不得知悉卷宗文书的内容，非职业法官也不得知悉。对于证人、鉴定人或共同被告，原则上应当接受讯问。第二，所有在审判程序外所获得的资料均不得作为判决的基础。例如，法官私下对于犯罪行为所获知的信息以及法官在评议时请求鉴定人说明其鉴定报告而获得的新的知识等，不得作为判决的基础。第三，书证的影印本只具有较少的证据价值，需要进一步补强。第四，法官必须时时能洞悉诉讼过程。如耳聋的法官，一段时间内心不在焉的法官的审判，都属于违反直接、言词原则的情形。第五，形成法官心证的所有证据的调查，应当在法庭上以口头方式进行，尽量避免传闻证据。第六，在审理过程中更换法官时，必须重新开始审判程序，不能让后来的法官根据书面记录作出评判[①]。

为此，我们必须在刑事诉讼中实现以侦查为中心的司法观向以审判为中心的司法观转变，在民事、行政诉讼中进一步强化法官独立审判的权威。同时，还应尽快建立配套性的、高效的证人出庭作证制度。例如，明确规定只有经过法庭调查和辩论的证人证言才能作为法庭判决的依据；明确规定证人出庭作证是其法定义务，无正当理由拒不出庭作证的要负法律责任；明确规定证人不出庭作证的例外情形，并采取相应的补救措施，从而严格限制以书面方式接受审查的证人证言、被害人陈述及鉴定结论的范围；落实为保证证人出庭作证的系列措施，如对证人的保护与补偿，尤其是经济补偿。当然，最重要的是，不使上述制度仅仅沦落为“纸面作业”，而是切实得到施行。

① 宋英辉、李哲：《直接、言词原则与传闻证据规则之比较》，载《比较法研究》，2003 年第 5 期。

第四节　证据自由评价原则

一、证据自由评价原则的含义

证据自由评价原则又可称为“自由的证据评价”或“自由的证据判断”，其主要内涵是让法官有评价证据的自由，法律不预先设定机械的规则来指示或约束法官，而由法官针对具体案情根据经验法则、逻辑规则和自己的理性良知自由判断证据和认定事实。日本《刑事诉讼法》明确规定：证据的证明力由法官自由判断。判定证据的价值不需要外部制约，而是依靠法官的理性①。

在现代诉讼制度下，证据自由评价原则至少包含有以下两方面的含义：

（1）证据的自由判断原则。证据的证明力由法官自由判断，法律不作预先规定。当然，证据自由评价原则的“自由”并非容许法官恣意判断，而是指法律不设定具体的规则来指示法官根据证据认定事实时，必须作而不得不作出某种判断。

（2）内心确信原则，或称心证自由原则。即法官在内心“真诚的确信”，形成心证，由此判定事实。所谓“心证”，是法官通过对证据审查所形成的确定信念。心证原则禁止法官根据似是而非的、尚有疑虑的主观感受判定事实。

---

① 〔日〕田口守一著，刘笛、张凌、穆津译：《刑事诉讼法》，法律出版社 2000 年版，第 221～222 页。

二、证据自由评价原则的意义

案件的具体情况是纷繁复杂的，证据的内容和形式是多种多样的，社会的环境状态也是不断发展变化的，因此，由法律事先把一切都明文规定下来的做法在理论上是荒谬的，在实践中也是不可行的。再完备的法律制度，特别是证据制度，也只有通过法官的自由心证这种动态的执法活动，才能将其转化成维系社会秩序的活性力量；再完备的法律制度，它都不可能包罗所有社会事物，对此，只能靠法官依靠其良知与法律意识并用自由心证的手段去补救与完善。证据自由评价原则的突出优势在于，它在原则上视各种证据的法律价值一律平等，具体证据的价值或证明力并不机械地予以规定，其价值或证明力经由法官根据具体案件依据经验法则和逻辑规则进行自由判断。

证据自由评价制度的机理在于审判人员在办案过程中可以按照自己的良心、理性自由地判断证据，从而摆脱了法定条条框框的束缚，发挥了审判人员的积极能动作用，使之有可能从案件实际情况出发运用证据发现事实真相，较之法定证据制度具有很大的进步性。事实上，证据价值的大小取决于证据与案件事实之间的关联性的强弱和真实性的高低，具体证据的关联性和真实性须在具体案件中考察和认定，并且案件的发生和解决存在于人类社会生活之中，所以对证据、案件事实的审查判断离不开人类社会生活的经验法则和逻辑规则。近年来，随着法制建设的展开，学者眼界的开阔，证据的自由评价观念在国内逐步得到认可。最高人民法院《关于民事诉讼证据的若干规定》第 64 条规定："审判人员应当依照法定程序，全面、客观地审核证据，依据法律的规定，遵循法官职业道德，运用逻辑推理和日常生活经验，对证据有无证明力和证明力大小独立进行判断，并公开判断的理由和结果。”

三、证据自由评价原则的贯彻

证据自由评价原则的确立，旨在克服法定证据制度的弊端。然而，自由心证有矫枉过正之嫌，于是，为了保障证据的自由评价制度能够正常、合理地发挥作用，人们开始探寻从制度上约束自由心证的形成，以达到公开、公正与公平之效果。事实上，即便在法制发达国家，为获得准确合理的心证，一方面尽量保障法官心证形成之自由，另一方面则设置一系列制度以力图克制法官恣意妄为，从而在制度上对法官自由心证进行规制。作为法定证据原则的直接否定，证据自由评价原则不预先设定机械的规则来规定各种和各个证据的证明力的大小，但是，法律也可以根据合理的经验法则、逻辑规则就特定的证据规定其证明力，比如一些国家的法律规定，原始证据的证明力一般大于派生证据，公文文书的证明力一般大于其他书证，等等。在我国，贯彻证据的自由评价原则，由于法官的法律素质、职业操守以及审判技能的实际状况，为保障法官能够准确判断证据和认定案件事实，我们必须设置一些制度、规则以约束法官自由裁量行为，以帮助法官形成合理的心证。

（1）心证形成前的保障和制约措施。首先，必须坚持司法独立。司法独立是审判人员形成自由心证之根本前提。只有在审判人员既独立于非审判人员又独立于其他审判人员的条件下，排除来自外部的非法干预，才可能产生自由的心证。其次，严格法官资格制度。每一项制度只有当处于其中的人是好的时候，它才可能是好的[1]。一旦法官被任命后，就获得独立的审判权，并且法官为实现司法职能，制度上还要求排除任何形式的影响法官内在独立和外在独立的因素。如何保证法官的主观思维活动以公正、公平的理念为指导呢？各国通常是采用严格的“资格任用制”以及“法官任命机制”来确保每一位法官都才能杰出、德高望重。如在英国、美国等一般要求法官从事法律职业10年以上，并且业绩、能力以及品质都要符合社会精英的条件才可能获得任命。严格采用法官资格限制，可以保障法官具有良好的法律素质、理性良知以及拥有丰富的经验法则、逻辑法则从而形成合理心证。

（2）心证形成过程中的保障和制约措施。首先，坚持无罪推定原则。无罪推定是资产阶级法制的一项重要制度。审判之前推定犯罪嫌疑人、被告人为无罪，有利于抑制法官先入为主，消除偏见与歧视。由于冤枉无辜对社会的危害性大于错放罪犯，基于两害相权取其轻的原理，我们在“确信”难以形成的情况下，应推定犯罪嫌疑人、被告人为无罪。同时，为彻底贯彻无罪推定原则，在证据的评价过程中，应允许被告人对法官心证形成加以制约，以保障形成合理的心证。其次，坚持审判公开。自由心证并非秘密心证，自由心证仍然以奉行审判公开原则为前提。审判公开是杜绝暗箱操作，防止司法腐败的最佳武器。法国著名学者米歇尔·福柯曾说：可见性就是一个捕捉器[2]。审判公开，包括审判过程的公开、审判结果的公开。通过举证、质证以及法官认证的理由公开，以约束法官心证的随意性，保障法官判断的合理

① 宋冰编：《程序、正义与现代化——外国法学家在华演讲录》，中国政法大学出版社1998年版，第23页。

② 〔法〕米歇尔·福柯著，刘北成，杨远婴译：《规训与惩罚》，生活·读书·新知三联书店1999年版，第225页。

性。最后，必须遵守基本的证据规则。证据评价中的自由是规则之下的自由。尽管赋予法官心证自由的权利，但是法官在形成心证的过程中，必须依据经过法定的正式的证据调查程序后具有证据能力的证据作出结论性的判断，不能把自己的心证建立在没有证据能力的证据之上。在判断的过程中必须遵循补强证据规则、最佳证据规则以及多数裁决制度等等。

（3）心证形成后的保障和制约措施。即便法官兢兢业业、尽职尽责；即便法律被严格遵循，在探知事实面前，也难免不犯错误。现代法治理念不在于要求法官的心证达到客观真实，而在于形成心证的过程要公正、合理，并且，发现错误后可以运用有效的程序纠正错误。为彻底贯彻证据的自由评价原则，我们还必须建立事后审查制度。对违背最佳证据规则、补强证据规则等经验法则和逻辑法则，背离审判公开、回避制度、直接言词原则等制度而形成的错误心证，允许当事人通过上诉程序以及审判监督程序予以纠正。

第二编

证据论

第五章　证据概述

第一节　证据的概念

一、证据与诉讼证据

“证据（Evidence)”一词，在日常生活、工作和科学研究中使用十分广泛。当人们运用已知的事项来证明未知的事实的时候，未知的事实被称为“证明的对象”，已知的事实便是证据。因此，简而言之，证据就是证明的凭据。

诉讼证据是证据的一种，具有证据的一般特征，但同时诉讼证据又是由法律作出了明确规定的，并且要受到法定的诉讼程序的严格约束。因而，诉讼证据有其特殊的本质和特征。

各国立法除蒙古、苏联等少数国家外，一般都没有明确规定证据的概念[①]，理论界对证据的概念也是见仁见智，争论颇多，存在“原因说”、“方法说”、“结果说”、“事实说”、“两义说”、“统一说”、“根据说”、“证明说”、“反映说”、“信息说”等诸多

① 陈一云主编：《证据学》，中国人民大学出版社，2000年第2版，第99页。

学说。如有学者认为，证据是法官形成心证的“原因”；有学者认为，证据是对待证事实举证与调查的“结果”；有学者认为，证据是指在诉讼上具有查明案件真相之作用的“事实”；还有学者认为，证据是举证人为使裁判者认定待证事实所使用的各种证明“方法”；也有学者认为，证据的概念有广义与狭义之分，但对何为广义证据何为狭义证据，人们又有不同的理解[①]。

我们认为，要正确认识诉讼证据的概念，必须从我国的立法实际出发。我国三大诉讼法对证据都有相应的规定。《刑事诉讼法》第 42 条规定：“证明案件真实情况的一切事实都是证据。证据有下列七种：（一）物证、书证；（二）证人证言；（三）被害人陈述；（四）犯罪嫌疑人、被告人供述和辩解；（五）鉴定结论；（六）勘验、检查笔录；（七）视听资料。以上证据必须经过查证属实，才能作为定案的根据。”《民事诉讼法》第 63 条规定：“证据有下列几种：（一）书证；（二）物证；（三）视听资料；（四）证人证言；（五）当事人的陈述；（六）鉴定结论；（七）勘验笔录。以上证据必须查证属实，才能作为认定事实的根据。”《行政诉讼法》第 31 条规定：“证据有以下几种：（一）书证；（二）物证；（三）视听资料；（四）证人证言；（五）当事人的陈述；（六）鉴定结论；（七）勘验笔录、现场笔录。以上证据经法庭审查属实，才能作为定案的根据。”

根据上述规定，对于诉讼证据的概念，必须从证据的内容与形式两个角度加以理解。从内容方面来看，证据能够证明案件的真实情况；从形式方面看，证据必须以法定的形式表现出来。二

---

① 参见毕玉谦著：《民事证据法及其程序功能》，法律出版社，1997 年版，第 2～10 页。

者缺一不可。能够证明案件真实情况，但是，不符合法律规定形式的不是证据；反之，符合法律规定的形式，但是如果不能够证明案件真实情况的也不是证据。因此，我们同意“统一说”关于诉讼证据的界定，即：证据是以法律规定的形式表现出来的能够证明案件真实情况的一切事实。

二、与证据概念相关的几个概念

要准确理解证据的概念，还需将之与诉讼法上与证据相关的几个概念相区别。

（一）证据材料

证据材料又称证据资料，是指诉讼法律关系主体收集到的欲用以证明案件真实情况的事实材料。这些材料，在未经查证属实之前，可能是不真实的，就还不是证据。然而，在我国诉讼立法、理论以及实践中，“证据”与“证据材料”这两个概念常常是不加区分的。事实上，我们所说的证据，应该是经查证属实，并作为定案根据的证据，凡是未经查证属实的各种证据形式，就是证据材料。因此，对立法与实践中所使用的“证据”一词，要严格加以区分。立法上，上述刑事诉讼法第 42 条第 2 款、第 42 条第 3 款以及民事诉讼法第 63 条、行诉法第 31 条中所使用的“证据”实际均为“证据材料”，而刑事诉讼法第 42 条第 1 款规定的“证据”才是我们所说的“证据”。不过，最高人民法院《关于民事诉讼证据的若干规定》第 1 条指称的却比较清楚，该条明确使用了“证据材料”一词。实践中，从诉讼证明的过程来看，在收集、保全、审查、判断等几个“证据”运用的阶段中，通常所说的“证据”实际是指证据材料，唯有在被采信作为定案根据之后，这种“证据”才是我们所说的证据；从诉讼的阶段来看，诉前、起诉、质证等几个阶段中的“证据”是指证据材料，判决阶段的“证据”才是我们所说的证据。

（二）证据方法

所谓证据方法，是指诉讼中可以作为调查对象的有形物。例如，人证，就是把人作为证据方法，经过对人的询问所得到的被询问人所作的陈述即可作为认定事实的材料。物证，就是以物作为证据方法，经过检查物证所取得的认定事实的材料。

（三）证据力

证据力又称为“证据能力”、“证据的适格性”、“证据资格”，英美法系则称为“证据的可采性”，是证据材料在法律上可作为定案根据的资格和条件。它是被人为赋予的资格能力，与证据的合法性密切相关，具体体现为合法方法、合法形式、合法的来源以及法定的审查程序等几个方面是证据必须具备的形式要件。例如，刑讯逼供所得的犯罪嫌疑人口供就不具备证据力。

（四）证明力

证明力是指证据对案件事实的证明价值和证明作用，它是证据本身固有的内在的证明能力。证明力与证据的真实性和关联性密切相关，是证据所必须具备的内容要件。在具体的案件中，特定证据对于待证事实有无证明力以及证明力的大小，取决于该证据本身是否客观真实及其与待证事实有无联系以及联系的紧密、强弱程度。例如，某证人的证言有客观成分且与案件待证事实有关联，那么，该证人证言就具有证明力；如果该证言完全真实且与案件待证事实联系十分紧密，则该证人证言的证明力就比较强。

（五）证据事实

证据事实即证据的实质、证据的内容，是赖以证明案件真相的客观事实本身。如证人甲证明：“我看见乙刺了丙一刀”，那么

“甲看见乙刺了丙一刀”这一事实，即是证据事实；又如鉴定结论：“甲的指纹与现场所取指纹认定同一”，那么甲的指纹与现场所取指纹被鉴定人认定为同一指纹即为证据事实；再如从被告家中提取的犯罪赃物，证据事实便为“犯罪赃物曾存于被告家中”等等。

第二节 证据的基本属性

诉讼证据与一般意义上的证据不同，其基本属性有三：客观性、关联性和合法性。

一、客观性

诉讼证据的客观性，又称诉讼证据的真实性，是指证据是客观存在的事实，而不是人们主观猜测和虚假的东西。证据的这一特征，回答了证据“是什么”的问题，因而是证据最本质的特征。

同任何事物一样，案件事实作为客观存在的事物，并不是孤立存在的，它必然要和周围世界发生千丝万缕的联系。任何案件事实，无论属于犯罪事实，还是民事纠纷、行政争议的事实，都是在一定的时间、空间和条件下发生的，必然作用于客观外界，形成一些客观存在的事实材料。这些事实材料，或者表现为一定的物品、痕迹，如在盗窃案件中，犯罪现场留下的罪犯的指纹、脚印及其他遗留物；或者表现为一定的文书，如民事合同纠纷中双方的合同文书以及证明双方履行合同情况的有关材料，如出货单、交货单、收据、付款凭证；或者是给人们头脑中留下的反映印象，如杀人案件中，现场目击证人看到当时搏斗的情景在头脑中留下的印象，等等。所有这些事实材料以及它们与案件事实的各种联系，都是客观存在的。证明主体只能发现它、认识它，并加以收集、固定和保管，借以查明案情，而不能把主观猜测、随意捏造、任意歪曲等误认为真实且与案件有关，实则虚假或与案件无关的事实当作证据。

我国三大诉讼立法均确认了证据的客观性。《刑事诉讼法》第42条第3款规定："证据必须经过查证属实，才能作为定案的根据"，《民事诉讼法》第62条第2款、《行政诉讼法》第31条第2款也有类似规定。最高人民法院《关于行政诉讼证据若干问题的规定》、《关于民事诉讼证据的若干规定》也都把证据的"真实性"明确规定为当事人质证和法院审查认定证据的重要内容，其中，《关于行政诉讼证据的若干规定》第56条还明确规定了证据真实性的审查内容："法庭应当根据案件的具体情况，从以下方面审查证据的真实性：（一）证据形成的原因；（二）发现证据时的客观环境；（三）证据是否为原件、原物，复制件、复制品与原件、原物是否相符；（四）提供证据的人或者证人与当事人是否具有利害关系；（五）影响证据真实性的其他因素。"

然而在理论界，人们对证据客观性的认识却不尽一致。近年来，有学者提出应当舍弃证据的客观性特征[①]。即便是认同证据客观性的学者，对"客观性"的理解也大不相同。如有的学者坚持绝对客观性的观点，认为证据是"不依司法人员的主观意志为

---

① 主张舍弃证据客观性特征的文章如，张晋红：《证据的客观性质疑》，载《诉讼法理论与实践·民事诉讼法卷》，人民法院出版社2001年版；陈瑞华、蒋炳仁：《走出认识论的误区——为证据立法重新确立理论基础》，载《诉讼法理论与实践·刑事诉讼法卷》，人民法院出版社2000年版；刘善春、毕玉谦、郑旭著：《诉讼证据规则研究》，中国法制出版社2001年版。

转移的客观存在”[1]，“你认识它是证据，你不认识它也是证据”[2]；有的学者认为证据是主观性和客观性的统一，甚至认为主观性是证据的主要方面[3]；等等。我们认为，对证据的客观性应作如下理解：

（1）证据首先应当是客观存在的事实材料。证据的客观性，体现为两个方面：第一，证据的内容必须具有客观性，必须是对客观事物的反映。虽然这种反映可能会有错误和偏差，但是它必须以客观事物为基础。纯粹的主观臆断，毫无根据的猜测以及梦幻中的情节和迷信邪说的咒语，即使被当事人提供为证据材料，也不能作为定案证据；第二，证据必须具备客观存在的形式，必须是人们可以以某种方式感知的东西。无论是物证、书证，还是证人证言、鉴定结论，都必须有其客观的外在表现形式，都必须是看得见摸得着的东西。

（2）证据具有客观性，但是证据并不是纯客观的，而是要受到人的主观认识的影响。这种影响体现在三个方面：第一，只有已知的事实，才能成为证明未知事物的证据。任何尚未被认识的东西，都不可能成为证据。诉讼证据当然也不例外。比如杀人凶器，当办案人员没有发现之前，它只是一般的客观存在物，而不是证据，只有当办案人员发现了它，并认识到它与案件事实之间的关系，它才能成为证明案件事实的证据；第二，许多法律上规定的诉讼证据本身就是人们主观上对案件客观事实认识的结果，

---

① 陈一云主编：《证据学》，中国人民大学出版社，2000 年第 2 版，第 99～100 页。

② 宋世杰著：《诉讼证据学》，湖南人民出版社 1988 年版，第 63 页。

③ 参见吴家麟：《论证据的主观性与客观性》，载《法学研究》，1981 年第 6 期，转引自宋世杰著：《诉讼证据学》，湖南人民出版社 1988 年版，第 64 页。

是客观事实在人们主观认识中的反映。例如，当事人陈述、证人证言、鉴定结论、勘验笔录等证据，显然是有关人员主观上对客观存在的案件事实的认识结果。正因为如此，这些证据中才存在着不符合案件事实的可能性；第三，人的主观因素在证据运用过程中具有不可忽视的作用。无论是当事人的提供证据，还是侦查人员的收集证据，还是司法机关的审查判断证据，证据运用的每一个环节都有一个主观反映客观的问题。例如，某杀人现场有一把带血的匕首，但是单靠匕首自身并不能证明案件事实。要运用它作为证据证明案件事实，首先就必须有人将它从现场提取并作为证据，然后要有人对它进行检验或辨认，以便确定它与案件事实或嫌疑人的联系。只有当有关专家通过对匕首上的血痕或尸体伤口的鉴定结论确认它就是致被害人死亡的那把凶器，或者有关证人通过辨认确认它就是某个嫌疑人的匕首时，它才能发挥证明的作用。而在这一过程中，它就不可避免地“染上”了有关人员的主观因素。因此，任何证据在运用过程中都包含有人的主观因素，这正是司法和执法人员依靠证据处理案件时可能发生错误的根源之一。

(3) 承认人的主观认识对证据的影响并非承认主观性也是证据的本质属性，相反，我们反对主客观统一说。从认识论的角度讲，不管怎样估价人的主观意识作用，证据的客观性仍然是第一位的，只有先存在客观的证据，然后才能有人的主观认识的反映。如果客观事实本身不存在，所谓主观能动作用就无从谈起。因此，决不能将客观存在的事物与人们对客观事物的认识等同起来。如果承认主观性也是证据的本质属性，则容易导致在证据运用上的主观随意性。

(4) 承认人的主观因素对证据运用的影响，其目的在于强调司法和执法人员必须对各种证据材料认真审查判断。由于证据并不等于纯粹客观的事实，对证据的认识容易受到主观因素的干扰，因此，办案人员在运用证据的过程中，必须对之有足够的重视，要努力防止出现认识和反映证据上的偏颇甚至是错误。任何证据材料，唯经查证属实，方能成为定案证据。

由于民事诉讼和刑事诉讼要解决的争议不同，民事诉讼证据的客观性和刑事诉讼证据的客观性也有差异。具体来说，在民事诉讼中，由于处理的是私权纠纷，所以民事诉讼贯穿一个处分原则，即允许当事人双方在合法的范围内自由处分自己的权利。在对证据真实性的审查判断上也不例外，如双方当事人可以通过证据交换，对双方无争议的证据材料，以协议的形式固定下来，而不必对其客观性进行辩论质证，此种证据的客观性就不那么完全了。至于刑事诉讼，由于涉及的是公法领域的问题，基于对被告人、犯罪嫌疑人基本权利的保护，贯彻的是无罪推定、疑罪从无原则，因此，作出有罪判决的案件，其对证据的要求要比民事诉讼中的高，证据的客观性要达到排除合理怀疑的程度，甚至是排他性的程度。

证据的客观性这一本质属性，要求司法人员在办案中坚持两点：一是不能把想象、怀疑、猜测、推理、假设、虚构等作为定案的证据适用，否则，就很难保证对事实的准确认定和对案件的正确处理，甚至会造成冤假错案。有个案例可以很好地说明这个问题。某山区发生一起强奸案，当地公安机关经过侦查逮捕了与被害人同村的村民周某某，所依据的“证据”是：本地是一偏僻山区，外乡人作案的可能性很小；周平时生活作风不好，有流氓行为；周被传讯时，脸色苍白，语无伦次。案件的实际结果证明，公安机关对周某的逮捕是错误的，真正的作案人是一越狱在逃的劳改犯。本案之所以办成错案，关键就在于公安机关所依据的“证据”都是办案人员的主观推测，不是客观存在的事实。当然，这并不是说对案件情况不能作一些假定的分析和预见性的判断。事实上，在侦查或调查活动中，有时需要以对案情的分析推断指导侦查或调查的方向，需要发挥办案人员的预见性的作用，关键的问题是在这种预见没有获得充分的证据之前，不要忙于下结论。二是不能把没有准确来源的材料作为证据来适用。按照客观性的要求，证据必须要有准确的来源。对于没有准确来源的材料，例如：匿名信、小道消息、马路新闻，等等，由于无法进行查证，不能确定其客观性，当然就不能作为证据使用。

二、关联性

（一）关联性的含义

证据的关联性，又称证据的相关性，是指证据必须同案件事实具备一定的联系，并因此对证明案情具有实际意义。证据的关联性是从证据事实与案件事实的相互关系方面来反映证据特征的，它回答了证据是“什么样”的问题，是证据的又一重要特征。

证据必须是客观事实，但并不是一切客观事实都可以作为证据。只有那些与案件事实存在着客观联系的事实才能成为证据。证据之所以能起到证明案件真实情况的作用，正是由于它与案件事实存在着客观的联系。与案件不存在任何联系的事实，尽管是客观存在的，但它不能证明案件的任何情况，不能成为证据。例如，并非任何匕首都是凶杀案件的物证，只有犯罪嫌疑人用作杀人凶器的匕首，也就是说，与某一凶杀案件有关联的匕首，才是物证。

国外立法及理论界普遍承认证据的关联性，他们甚至很少讲证据的客观性，而着重强调证据必须同案情相关联。无论英美法系还是大陆法系，都对证据的相关性作出了种种规定。在英美法系国家的证据法则中，关联性是指证据必须与诉讼中的待证事实有关，从而具有能够证明待证事实的属性。《美国联邦证据法则》将关联性定义为："指证据具有某种倾向，使决定某项在诉讼中待确认的争议的事实的存在比没有该项证据时更有可能或更无可能。"[①] 美国模范法典认为："关联之证据，指证据之具有任何趋势，足以证明任何重要之事项者。"[②] 英国法学家斯蒂芬认为，关联性是"所应用的任何两项事项是如此互相关联着，即按照事物的通常进程，其中一项事实本身或与其他事实相联系，能大体证明另一事实在过去、现在或将来的存在或不存在。"[③] 美国学者摩根将证据的关联性分为一个问题的两个方面，即与案件事实之间同时具有逻辑关联和法律关联[④]。

我国学者也普遍认为关联性是证据的重要属性。我国三大诉讼法虽未对证据的关联性作出明确的规定，但《关于民事诉讼证据的若干规定》第 50 条和《关于行政诉讼证据的若干规定》第 39 条已将"关联性"规定为当事人质证的内容之一，因此，我国立法也是承认证据的关联性的。在我国，诉讼证据的关联性有

---

① 卞建林译：《美国联邦刑事诉讼规则和证据规则》，中国政法大学出版社，1996 年版，第 105 页。

② 刁荣华著：《比较刑事证据法概论》，台湾汉林出版社，1986 年版，第 245 页。

③ 周叶谦著：《英美刑事诉讼法概论》，中国社会科学出版社，1984 年版，第 269 页。

④ 转引自毕玉谦著：《民事证据法及其程序功能》，法律出版社，1997 年版，第 17 页。

以下两层含义：

(1) 证据必须与案件事实有客观联系。首先，证据与案件事实要有联系，凡与案件事实毫无联系的事实就没有关联性。例如，无关人员在犯罪现场留下的脚印、指纹就与案件无关，不能作为证据。其次，证据事实与案件事实的联系必须是客观联系。在我国，不允许将本来与案件事实毫无联系，而人为地在主观上将它与案件事实联系起来，作为证据使用。原因是这些"事实"与案件事实的联系纯属主观联系，而不是客观联系。

(2) 这种联系必须使证据对证明案件事实具有实质性的作用，即具有"证明性"。证据必须与案件事实有客观联系，但是与案件事实有客观联系的事实并不都具有证据上的关联性。因为从哲学的角度来说，客观事物之间的联系是普遍的和绝对的。从这个意义上讲，任何证据材料与任何案件事实之间都有联系。显然，这种普遍存在的联系不是证据的关联性，因为对于诉讼证明来说，这种联系是没有意义的。在诉讼中，只有当证据与案件事实之间的联系达到一定的程度，即证据对案件事实具有证明性时，这种联系才是证据的关联性。因此，有些事实，尽管它与需要证明的案件事实有某种客观联系，但由于某种原因，这种联系仍不能使其成为证明案件事实的证据，它依然缺乏证据的关联性。这些原因主要包括两种情况：一是该事实中，作为证明依据的内容模糊不清，难以确定，从而使其失去证明作用。如某一指纹，虽然可能是犯罪分子在犯罪现场所留，但由于它非常模糊不清，失去作同一认定的比对价值，那么该指纹就失去证明的意义，从而缺乏证据的关联性。又如，非常含糊的鉴定："字迹是否系本人书写不能认定"；不确定的辨认："这个人是否是我见到的那个人不能确定，因为当时没有看清"等；二是该事实虽然与案件事实有清楚、明确的客观联系，但这种客观联系的规律性或一般趋势目前尚未被我们掌握，因而目前尚不能作为证明的依据。在此情况下，该事实便缺乏证据的关联性。从证据发展史来看，一种与案件有客观联系的事实，都是在它们与案件事实的联系及其规律或趋势为人们所认识所掌握之后，它们才被用来作证据的。例如指纹，人们一开始就可以认识到它与案件事实的客观联系，但并不能一开始就可以运用它来作证据。因为它与案件事实联系的规律性人们还没有掌握。只有到了近代，人们发现了指纹的三大规律：每人有各自独特的指纹，指纹终身不变，指纹可以分类。后又发明了提取比对指纹的科学方法，这时指纹才被作为证据而广泛使用。随着科学技术的不断发展，人类生活经验的不断积累，将有越来越多的与案件有各种客观联系的事实被发现，这些事实与案件事实联系的规律性也将越来越多地被揭示和掌握。因此，将有越来越多的客观事实被纳入证据的关联性范围之内。

（二）关联性的表现形式

在诉讼中，证据与案件事实之间关联性是多种多样的。证据事实可以是案件事实发生的原因，如在交通肇事案中，证人陈述的汽车司机酒后驾车的事实，就是该司机肇事的原因；证据事实可以是案件事实引起的结果，如刑事案件中被害人的尸体、血迹等等；证据事实可以是案件事实发生的方式方法，如证明涂改合同的书证，是行为人实施诈骗行为的方式方法；证据事实也可以是案件发生的条件，如交通肇事案件中的天气、路面、照明等自然环境和条件，是认定行为人责任的证据；等等。证据事实与案件事实的联系主要表现为以下几种形式：

（1）直接联系和间接联系。有些证据同案件事实之间存在着直接联系。这类证据对案件事实的证明关系比较简单，例如被告人可以直接讲清楚作案的经过和具体情节；被害人可以直接指认出犯罪情形并陈述其被害的情形。有些证据同案情事实之间的联系形式则是间接的，如某奸情杀人案，为确定被害人出走时间，经查明：被害人出走那天曾帮邻居家包过饺子；而邻居家包饺子是为了送亲戚坐火车返回外地单位。经查找他乘坐的当日的火车票，终于查明了她出走的具体时间。这里，这张火车票本来与案件事实并无直接联系，它只是通过一些证据事实的衔接（他坐火车的日子是被害人邻居包饺子的日子，邻居包饺子的日子，就是被害人出走的日子），与案件事实发生了间接联系。

（2）肯定联系和否定联系。有的证据证明了案件事实的存在，如借款纠纷中，原告向法庭提供了被告书写的借条，该借条证明被告的确向原告借款这一事实，这一证据同案件事实之间的联系，就是肯定联系。有的证据否定了案件中某一事实的存在，这类证据同案件事实之间的联系，就是否定联系。对于肯定联系比较容易理解，而对否定联系的认识，则容易出现偏差。有人认为："既然证明了被告人与案件没有关联，那么，证明案件没有发生的证据不就没有关联性了吗?"这种认识，实际上是把"证明被告人同案件没有关联"，误认为"证据同案情没有关联"，这显然是混淆了两个不同的问题。下面这个案例可以很好地说明证据与案件事实之间的否定联系的存在。张某被控犯有杀人罪，公诉书指称其于某年某月某日某时在某市B区丁某家中持刀将丁某杀害，张某在法庭上辩称自己在上述时刻并不在某市B区，而是在某市飞往A省D市的飞机上，并向法庭出示了自己乘该航班的飞机票、登机牌以及自己同事李某提供的证明当时李某与张某同乘该飞机的证言。在此案中，张某的飞机票、登机牌、李某的证言，虽然并不能肯定张某杀人这一事实，但能证明否定张某在上述时刻持刀杀人的事实，这些事实材料当然与该案是有联系的。这些事实材料如经查证属实，应当成为本案的证据。

(3) 必然联系和偶然联系。必然联系，是指证据事实与案件事实之间的联系具有必然性，即有甲必有乙。例如，经科学鉴定，盗窃现场保险柜上的指纹与被告人的指纹认定同一，这一证据事实与被告人的手接触过这一保险柜的案件事实就具有必然联系。偶然联系，是指有些证据事实与案件事实的联系表现为偶然性，即有甲可能有乙。比如，案件发生时，犯罪嫌疑人同其妻子在看电影的证据，就同犯罪事实之间没有必然联系，他看电影的事实能够证明他没有犯罪时间，因而不是犯罪人，但并不意味着案件发生时，他必然要去看电影，也许他在其他时间也看了电影，但由于没有有关他涉嫌犯罪的追诉，看电影的事实，就不可能成为刑事证据，而如果有有关他涉嫌犯罪的追诉，那么他看电影的事实，就偶然地同案件联系在一起，对案件起到了否定的证明作用。

(4) 时间联系和空间联系。时间上的联系，是指有些证据事实与案件事实之间有着时间先后顺序上的联系。如某案件事实发生之后，曾连续下了三天雨，据气象台记录：下雨的日子是某年某月某日，这一证据事实虽与案件事实仅有时间先后顺序上的联系，但可据此推断案件发生的确切时间。空间上的联系，是指有些证据事实与案件事实仅有空间方位上的联系，确定了这些证据事实的空间方位，对查明案件事实发生的空间方位有意义。

承认和认识证据的关联性，可以帮助司法人员明确收集、审查和判断证据的范围，并使他们明确：在收集证据时，一定要收集与案件有内在联系的客观事实；在审查、判断和运用证据时，一定要排除那些与案件无关的事实。当然，在实践中，案件事实错综复杂，有时收集到的客观事实，一时难以判断其与案件事实有无联系，也很难区分是什么样的关联。这就要求司法人员不仅要进行深入细致的调查研究，还要进行综合分析，不能孤立地判断某个证据事实与案情之间有无联系。有的情况还是司法人员无法判断的，如指纹、脚印、血迹等与案件是否有关联，需要专家进行技术鉴定；某物被怀疑为赃物，也需要辨认。总之，办案人员要通过多方对证、检验、分析和科学鉴定，找出与案件有内在联系的证据，作为证明案件真实情况的根据。

三、合法性

证据的合法性，也叫证据的法律性，是指证据必须是按照法律的要求和法定程序而取得的事实材料。证据的这一特性回答的是自然形态的证据事实"如何"成为法律上的证据的问题，是证据的外部特征。

只有依法定程序收集和认定的证据事实，才能作为定案的根据。在英美法上，证据具有两个重要的特征，即关联性和可采性。只有同时具备这两个特征的证据，才有可能被法院采纳。"可采纳的证据包括所有与争执点有关的、不属于排除规则范围之内的证据。证据同争执点有关与否是一个逻辑问题，而可采纳与否则是一个法律问题。"① 在我们看来，英美证据法中的"可采性"其实就是指证据所应当具备的法律要件，即法律性。因为某个与争执点有关的证据，可能由于证据法上的排除规则的作用

① 沈达明编著：《比较民事诉讼法初论》（上册），中信出版社，1991年版，第265页。

而不被采纳。

关于证据是否具有合法性的特征，我国诉讼法学界素有争论。一些学者认为，证据的合法性是人为地强加给证据的，不是证据本身所固有的特征。证据的运用应当合法，但这只是认定证据的诉讼程序问题，不是证据本身的属性和特征。若把合法性也作为证据的特征，就等于承认了诉讼证据认定上的主观性，从而动摇甚至否认了证据的客观性。此外，认为诉讼证据应具备法律规定的形式是诉讼证据合法性的要求也是不正确的。因为，证据的形式是会发展的，证据形式只是证据内容的表现。讲证据的基本特征，只能根据它的内容，而不能立足于是否有法律规定的形式①。不过，大多数学者是承认证据的合法性这一基本属性的。因为，进入诉讼并最终据以定案的证据，其“形成到存在，内容到形式，收集到运用”，都必须符合法定的要求。而且，从根本上讲，证据的合法性同证据的客观性是不矛盾的，因为法律上之所以规定收集和运用证据的各种程序和规则，正是为了保证证据的客观性，防止将不真实的证据作为认定案件的根据②。

我国立法确认了证据合法性特征。根据立法规定，证据的合法性具体体现在以下四个方面：

（1）证据必须由法定人员依照法定的程序和方法收集或提供。我国三大诉讼立法对于司法人员、当事人及其辩护人、代理人收集或提供证据的权利或义务、方法与途径作了明确的规定。《刑事诉讼法》第 37 条第 2 款规定：“辩护律师经人民检察院或

---

① 参见陈一云主编：《证据学》，中国人民大学出版社，2000 年第 2 版，第 107 页。

② 参见汪建成、刘广三著：《刑事证据学》，群众出版社，2000 年版，第 18 页。

人民法院许可，并且经被害人或者其近亲属、被害人提供的证人同意，可以向他们收集与本案有关的材料。”第 43 条规定：“严禁刑讯逼供和以威胁、引诱、欺骗以及其他非法的方法收集证据。”第 45 条第 3 款规定：“凡是伪造证据、隐匿证据或者毁灭证据的，无论属于何方，必须受法律追究。”最高人民法院《关于执行〈中华人民共和国刑事诉讼法〉若干问题的解释》第 61 条规定：“严禁以非法的方法收集证据。凡经查证确实属于采用刑讯逼供或者威胁、引诱、欺骗等非法的方法取得的证人证言、被害人陈述、被告人供述，不能作为定案的根据。”最高人民检察院在 1999 年修订的《人民检察院刑事诉讼规则》中也作了类似的规定。《民事诉讼法》第 64 条第 3 款规定：“人民法院应当按照法定程序，全面地、客观地审查核实证据。”第 65 条第 2 款规定：“人民法院对有关单位和个人提出的证明文书，应当辨别真伪，审查确定其效力。”第 69 条规定：“人民法院对视听资料，应当辨别真伪，并结合本案的其他证据，审查确定能否作为认定事实的根据。”第 71 条规定：“人民法院对当事人的陈述，应当结合本案的其他证据，审查确定能否作为认定事实的根据。”《关于民事诉讼证据的若干规定》第 64 条规定：“审判人员应当依照法定程序全面、客观地审核证据，依据法律的规定，遵守法官职业道德，运用逻辑推理和日常生活经验，对证据有无证明力和证明力大小独立进行判断，并公开判断的理由和结果。”第 68 条规定：“以侵害他人合法权益或者违反法律禁止性规定的方法取得的证据，不能作为认定案件事实的依据。”《关于行政诉讼证据的若干规定》第 58 条规定：“以违反法律禁止性规定或者侵犯他人合法权益的方法取得的证据，不能作为认定案件事实的依据。”

（2）证据必须具有合法的形式。根据我国《刑事诉讼法》规定，刑事诉讼证据必须是《刑事诉讼法》第 42 条第 2 款规定的七种。《民事诉讼法》第 63 条、《行政诉讼法》第 31 条也对证据的合法形式作了具体规定。《关于民事诉讼证据的若干规定》第 65 条第 3 款明确规定审判人员对单一证据应审核认定“证据的形式、来源是否符合法律规定”。在司法审判过程中，即使有些事实或材料与案件有一定关联，但如果离开了法定的几种证据形式，也不能作为认定案件事实的根据。而且诉讼过程中，物证、书证必须附卷，不能直接附卷的也要通过摄影、录像、复制模型等方式附卷；证人证言、被害人陈述、犯罪嫌疑人、被告人供述和辩解、当事人陈述，可以是口头形式提供的，但必须有书面形式加以固定，并经核对无误后，由证人、被害人、刑事犯罪嫌疑人、被告人、民事或行政诉讼当事人各自签名盖章；鉴定结论必须有特定的书面形式，要有鉴定人签名；勘验、检查笔录、现场笔录，必须是以笔录形式加以固定的，要由参加勘验、检查司法人员以及见证人等签名或盖章等等。

（3）证据必须有合法的来源。在我国，物证、书证可以出自任何公民或有关场所，但证人证言必须出自合格的证人；犯罪嫌疑人、被告人供述和辩解必须出自犯罪嫌疑人、被告人本身；被害人陈述必须出自被害人；鉴定结论必须出自经法定机关指派或聘请的有专门知识的人；对人身伤害的医学鉴定、有争议需要重新鉴定或者对精神病的医学鉴定，必须由省级人民政府指定的医院进行；辩护律师向有关单位和个人收集的证据，必须经有关单位和个人同意；向被害人或者其近亲属、被害人提供的证人收集的证据，必须是经人民检察院或者人民法院许可，并经他们同意；等等。

（4）证据必须经法定程序查证属实。我国刑事诉讼法规定，证据必须经查证属实，才能作为定案的根据。证人证言必须在法庭上经过公诉人、被害人和被告人、辩护人双方讯问、质证，听取各方证人的证言，并经查证属实。物证必须当庭出示，让被告人辨认。未到庭的证人的证言笔录、鉴定结论、勘验笔录和其他作为证据的文书，应当当庭宣读，并听取当事人和辩护人的意见。《民事诉讼法》第 63 条规定：一切证据“必须查证属实，才能作为认定事实的根据”。《行政诉讼法》第 31 条也有类似规定。《关于行政诉讼证据的若干规定》则进一步具体规定了证据合法性审查的内容和要求，其第 55 条规定了合法性的审查内容：“法庭应当根据案件的具体情况，从以下方面审查证据的合法性：（一）证据是否符合法定形式；（二）证据的取得是否符合法律、法规、司法解释和规章的要求；（三）是否有影响证据效力的其他违法情形。”第 57 条则从消极方面规定了证据的合法性要求：“下列证据材料不能作为定案依据：（一）严重违反法定程序收集的证据材料；（二）以偷拍、偷录、窃听等手段获取侵害他人合法权益的证据材料；（三）以利诱、欺诈、胁迫、暴力等不正当手段获取的证据材料；（四）当事人无正当事由超出举证期限提供的证据材料；（五）在中华人民共和国领域以外或者在中华人民共和国香港特别行政区、澳门特别行政区和台湾地区形成的未办理法定证明手续的证据材料；……（九）不具备合法性和真实性的其他证据材料。”

综上所述，诉讼证据有客观性、关联性和合法性三个基本属性。其中，证据的客观性是指证据事实本身是客观的，而不是主观的，是真的，而不是假的；证据的关联性是指该证据事实与待证案件事实有客观关联性且因此具有证明作用；证据的合法性是指该证据事实的形式、来源、收集、查证是合法的。三者既互相区别，又互相依存、互相渗透，缺一不可。客观性和关联性是证据的内容，合法性是证据的形式。客观性和关联性是合法性的基础和前提，合法性则是客观性和关联性的法律保证。因此，证据的三个特性，是我们收集、审查和判断每个证据的基本标准，一个证据必须“三性”齐备，方能作为定案的根据。

第三节 证据的意义

诉讼活动有两项基本任务：其一是准确认定案件事实；其二是正确适用相关法律。在这两项基本任务中，前者无疑应占首位，因为准确认定案件事实是正确适用法律的前提条件和基础。而准确认定事实，依靠的就是诉讼证据。因此，可以说，证据是整个诉讼活动的基础和核心。正确地运用证据查明案件真实情况，对于全面实现诉讼任务，维护当事人的合法权益，具有极其重要的意义。

一、证据是正确认定案件事实的基础和根据

诉讼案件是已经发生且无法直接再现的客观事件，国家专门机关与诉讼参与人查明案件事实的唯一途径，是进行深入细致的调查研究，收集与案件有关的证据，通过证据与案件事实之间存在的客观联系，进行正确地推理判断，以达到因诉讼需要在认识上准确认定案件真实情况的目的。因此，证据是司法人员正确认定案件事实的基础和根据。离开证据，要想查明案情是根本不可能的。

在诉讼中，司法机关面对的案件情况往往是错综复杂的，需要处理的证据经常是真假难辨的，而且他们对证据的收集和评断

还要受多方因素的制约和影响。要想在这种难度极大的认识活动中准确地认定案件事实，除了重视证据的作用外，还必须掌握各种证据证明案件事实的科学规律。在科学技术日新月异的现代社会，在司法证明已经进入“科学证据”时代的21世纪，司法人员必须提高运用科学证据的自觉性和能力。

二、证据是揭露、证实违法犯罪的有力武器

司法人员在办理各种诉讼案件中，常常会遇到违法犯罪者狡猾抵赖、强词夺理，百般掩盖事实真相，甚至隐匿、毁灭罪证或者伪造证据，企图逃避应负的法律责任。只有掌握确凿的证据才能有效地揭露、证实违法犯罪，并促使违法犯罪者放弃侥幸心理，如实交代和陈述自己的违法犯罪行为。

当然，违法犯罪者常常是诡计多端，行动狡猾的，但是，只要他实施了违法犯罪行为，就必然要在客观外界留下痕迹和影像，即留下一系列的相应证据。办案人员只要树立坚定的信心，养成深入细致的工作作风，掌握运用证据的科学规律，全心全意依靠群众，就完全可以拿到真凭实据，从而揭露事实真相，使违法犯罪分子认罪服法。

三、证据是维护当事人合法权益的有力保障

证据的这种功能表现在两个方面，其一是在实体方面维护当事人的合法权益；其二是在程序方面维护当事人的平等权利和正当权利。诉讼当事人要保护自己的实体性合法权益，就必须用证据来证明自己的事实主张。没有证据支持的主张就不会得到法律的保护，相应的权益也就得不到保障。例如，甲起诉乙侵犯他的名誉权，请求法院维护他的合法权益。但是，如果他没有证据证

明乙侵犯他名誉权的事实，法院就不会支持他的诉讼主张，他的合法权益也就无法得到保护。

证据在程序方面维护当事人权利的功能主要表现为证据规则的作用。维护当事人在诉讼或非诉讼法律事务中的平等正当权利，首先就要有切实可行的举证规则和质证规则来保障当事人能够行使收集证据、使用证据和审查证据的权利；其次要有严格的证据排除规则来防止有关人员滥用职权或使用非法手段收集证据，侵犯当事人的合法权利。例如，刑事诉讼中禁止刑讯逼供的证据规则就是为了保护被告人或犯罪嫌疑人的合法权利；民事诉讼中禁止使用非法收集的证据也是为了保护双方当事人的合法权利。由此可见，没有证据和相应的证据规则，当事人的合法权利就很难得到有效的保障。

四、证据是对社会公众进行法制教育的工具

在刑事诉讼中，通过司法人员运用证据揭露犯罪，使之受到应有的惩罚，就会增强公众同犯罪作斗争的积极性和主动性。通过运用各种犯罪证据对公众进行生动实际的法制教育，可以使公众了解犯罪行为给国家和人民利益造成的损害，了解犯罪分子的作案动机、手段和特点，教育公众提高警惕性，积极参加社会治安综合治理工作，增强法制观念，做好预防犯罪工作。

在民事诉讼中，人民法院通过各种民事、经济案件的审判，以证据为根据，对各种争议的案件事实作出公正的裁决，公众就会从中得到教育，一方面，以此为戒，指导自己的民事法律行为和各种经济活动；另一方面，培养证据意识和法律观念，更好地维护自己的合法权益。

在行政诉讼中，通过诉讼活动中被告人的举证以及法院依据

证据审理案件，一方面可以教育各个行政机关依法行政，提高执法水平；另一方面又可使社会公众理解行政机关执法的依据、方法及程序，积极配合行政机关依法行政，并有效监督行政机关的执法活动，维护自己的合法权益。

第六章 证据的种类

第一节 证据的种类概述

一、证据种类的概念

就本质而言，诉讼证据是在诉讼过程中，用以证明待证事实的客观材料，都是对案件事实的 RR 客观反映，但这种客观反映因案件形成的具体原因、形成的过程和最终的结果不同，而有不同的存在和表现形式。根据证据的不同的存在和表现形式，立法者将各个证据划归至不同的类别中，从而形成了证据的种类。因此，证据的种类是指立法者根据证据的存在和表现形式将证据所划分的类别。

把握证据种类这一概念需要注意三点：第一，证据的种类具有法的规定性和强制性，即任何事实材料，只有成为法律规定的证据种类中的一种，方才具有证据能力，经查证属实方可成为定案的证据，否则即不能作为证据来使用；第二，证据的种类是法律根据证据的存在和表现形式对证据实行的多种划分，其划分的依据是证据的存在和表现形式，划分的结果有多种，而不是非此即彼式的两分法；第三，证据的种类会随着科学技术的进步和立法者的认识水平的提高而不断发展，比如我国以前诉讼立法未规定视听资料，但随着科学技术的发展，人们意识到视听资料在诉讼中的特殊性和重要性。因此，1982 年的《民事诉讼法》（试行）将视听资料明确规定为独立的证据种类，其后，《刑事诉讼法》、《行政诉讼法》也规定了视听资料。

在法律上规定证据的种类，是为了规范证据事实赖以存在的法律形式进而规范各种证据进入诉讼程序的方式，因为每种证据都有其收集和固定的特有程序，审查和判断的重点和具体程序也有区别。所以科学的划分证据种类，不仅有利于判断某一证据的证据力，而且也有利于确定证据的证明力，还可以根据不同的证据种类，规定相应的证据规则。

二、各国（地区）证据种类概况

尽管各国证据理论和立法中，鲜有证据种类的概念，但各国（地区）都有关于证据种类的实质性规定。西方国家一般将证据的种类称为证明方法或证明方式。如意大利 1988 年的刑事诉讼法典明确规定了证明方式，有证人证言、询问当事人、对质、辨认、司法实验、鉴定、文书，并规定“如果需要获取法律未规定的证据，当该证据有助于确保对事实的核查并且不影响关系人的精神自由时，法官可以调取该证据”[①]。法国、德国刑事诉讼法典散见于法条中的证据种类有物证、书证、证人证言、被告人的供述和辩解、鉴定结论和检查笔录。日本刑事诉讼法典规定了物

① 黄风著：《意大利刑事诉讼法典》（第三编：证据），中国政法大学出版社 1994 年版。转引自刘金友主编：《证据法学》，中国政法大学出版社 2001 年版，第 142 页。

证、书证、证人证言、被害人陈述、被告人供述和辩解、鉴定结论。俄罗斯刑事诉讼法典用专章规定了证据种类，有证人的陈述、受害人的陈述、犯罪嫌疑人的陈述、刑事被告人的陈述、鉴定人的意见、各种物证、侦查行为和审判行为的笔录以及其他文件。而在英美法系国家，证据法上证据则主要有四种，即实物证据、书面证据、证人证言和司法认知①。我国香港特别行政区的证据制度属于英国类型，证据方法主要是人的证据、书面证据和实物证据，推定和司法认知也是证明方法。我国台湾地区《刑事诉讼法》规定了人的证据方法、物的证据方法和证据书类，人的证据方法又有被告、共犯、证人、被害人、鉴定人、自诉人的陈述等；澳门的刑事诉讼法典规定的证据方法有人证；嫌犯、辅助人及民事当事人之声明；透过对质之证据；透过辨认之证据；事实之重演；鉴定证据；书证等。

综上可知，各国（地区）关于证据种类的规定有较大的差异，不仅类别不同，而且同种证据种类的含义也很不相同，如俄罗斯将鉴定人的意见作为独立的证据种类，而英美法系国家则将之视为证人证言的一种。

三、我国的证据种类

我国三大诉讼法对证据的种类作了明确具体的规定。《刑事诉讼法》第 42 条规定，刑事诉讼“证据有下列七种：（一）物证、书证；（二）证人证言；（三）被害人陈述；（四）犯罪嫌疑人、被告人供述和辩解；（五）鉴定结论；（六）勘验、检查笔

---

① 卞建林著：《美国联邦刑事诉讼规则和证据规则》，中国政法大学出版社 1996 年版。转引自刘金友主编：《证据法学》，中国政法大学出版社 2001 年版，第 141 页。

录；（七）视听资料。”《民事诉讼法》第 63 条规定：“证据有下列几种：（一）书证；（二）物证；（三）视听资料；（四）证人证言；（五）当事人的陈述；（六）鉴定结论；（七）勘验笔录。”《行政诉讼法》第 31 条规定：“证据有以下几种：（一）书证；（二）物证；（三）视听资料；（四）证人证言；（五）当事人的陈述；（六）鉴定结论；（七）勘验笔录、现场笔录。”

从上述规定可以看出，我国三大诉讼法各规定了七种证据，但这七种证据有同有异。三大诉讼共同的证据有物证、书证、证人证言、鉴定结论、视听资料和勘验笔录，不过，其中对物证与书证的规定在立法技术上略有不同。《刑事诉讼法》将物证与书证作为一种证据加以规定，而《民事诉讼法》、《行政诉讼法》则将物证、书证分开规定为两种证据。不同之处主要在于《刑事诉讼法》中的被害人陈述与犯罪嫌疑人、被告人供述和辩解与民事诉讼法和《行政诉讼法》中的当事人陈述以及《刑事诉讼法》在勘验笔录之外还有检查笔录，《行政诉讼法》在勘验笔录之外另有现场笔录。

第二节 物 证

一、物证的概念

物证，是以自己的特征、属性或者存在状况证明案件事实的实物或者痕迹。

任何案件事实都发生在客观的世界当中，因此每一个案件都必然会在客观世界中留下一定的实物或痕迹，而这些实物或痕迹与该案件之间的联系则使它们成为了案件中的物证。因此，在刑事诉讼、民事诉讼和行政诉讼中，物证是一种广泛采用的证据。

在刑事诉讼中，常见的物证有：第一，犯罪工具。如杀人、伤人的刀枪，盗窃用的螺丝刀、钥匙，爆炸用的炸药，纵火用的引火物，走私用的运载工具等。第二，实施犯罪行为产生的痕迹。如遗留在现场的指纹、足迹，杀人、伤人的血迹，强奸案件中的精斑，盗窃案中的撬压痕迹等。第三，犯罪人在预备犯罪、实施犯罪的各种场所遗留的物品。如犯罪分子遗留在犯罪现场的衣服、纽扣、烟头、纸屑、毛发等。第四，犯罪行为侵犯的客体物。如经济犯罪中的赃款、赃物，杀人案件中的尸体，被破坏的机器设备等。第五，犯罪行为产生的物品。如非法制造的枪支、弹药，非法出版的出版物，伪造的货币等。第六，表现犯罪社会危害性后果的物品。如被毁坏的机器、仪器，被焚毁、炸毁的建筑物等。第七，能够表明犯罪嫌疑人、被告人无罪的各种物品或痕迹。第八，其他可供查明案件真实情况的物品或痕迹。

在民事诉讼中，常见的物证有：第一，双方当事人争议的标的物，如房地产、家庭财产、企业的财产、水泥、钢材、电器及其质量等；第二，造成侵害后果的物品或者遭受侵权行为侵害的人身或者财产，如爆炸的电视机、高压锅，被损坏的小汽车、砸碎的窗户玻璃等；第三，当事人在交易过程中或者争议发生过程中形成的物品或者痕迹，如订金、签名等。

在行政诉讼中，常见的物证有：第一，行政机关调查收集的物品或者痕迹，如非法经营的物品、变质的食品、伪劣产品、违禁物品、交通肇事车辆以及遗留的车印；第二，公民、法人或者其他组织在行政管理过程中向行政机关提交的物品或者痕迹，如检测样品、门窗损坏的痕迹；第三，人民法院在行政诉讼过程中依法调查收集的物品或者痕迹，如行政执法人员在执法过程中没收的伪劣产品，当事人非法转移财产的痕迹等。

在刑事诉讼或其他诉讼之中，有些物证的原物由于各种原因无法长期保存而直接将其纳入诉讼轨道发挥证明作用。有些物证因体积大不能或者不便于搬动，如倒塌的建筑物，或者是易腐烂物品如新鲜蔬菜、水果，或者是容易遭受破坏的痕迹，如犯罪现场遗留的指纹、脚印等，其原物无法长期保存而直接将其纳入诉讼轨道发挥证明作用，在这种情况下，执法人员只能以照相、复制模型等方式来提取物证。这些物证的摄影像片或复制模型是否属于物证，学术界有两种不同的观点：一种观点认为，物证原物的照片或模型也具有物的特点，对案件事实发挥证明作用，该照片或模型也属于物证[①]。另一种观点认为，对于某个物证的拍照或制作的模型，只是固定、提取物证的一种方法，不是物证，作为物证的仍是原来的物品或痕迹，如果照片是在勘验过程拍摄的，应视为勘验笔录的组成部分[②]。我们同意后一种观点，即认为用来提取、固定和保全物证的照片、模型不是物证。

二、物证的特点

与其他种类的证据相比，物证具有以下特点：

（一）物证的表现形式是实物或者痕迹

物证是以实物或者痕迹表现出来的证据，这是物证与当事人陈述、证人证言和鉴定结论的区别之一。当事人陈述、证人证言和鉴定结论均以言词为表现形式，属于证据分类中的言词证据；而物证具体表现为特定的实物或者痕迹，如匕首、血迹等，属于

① 陈一云主编：《证据学》，中国人民大学出版社 2000 年第 2 版，第 248 页。

② 常怡主编：《民事诉讼法学》，中国政法大学出版社 1996 年版，第 159 页。

实物证据的范畴。

在理解实物或者痕迹时，应当采取广泛的角度。实物是指一切客观存在的物体，不仅包括可以看得见的物品，而且包括肉眼看不见、需要通过科学设备才能发现的微量物质；不仅包括有特定形状的物品，而且包括没有特定形状的无形物，如空气、水、光线、紫外线、红外线等。而痕迹则是指一个物体在另一个物体上遗留下的印迹。根据客观世界普遍联系和相互作用的原理，当一个物体在另一个物体上运动时必然要留下印迹，无论其形状如何，肉眼是否可以看见。从表现形式来看，痕迹有笔迹、血迹、脚印、手印、车印、伤口等。

此外，还要注意不要将物证理解为无生命的物质，有些有生命的动物也可成为物证，如被盗窃的牲畜，被非法捕猎的受保护的珍贵野生动物等，甚至人身在我国也可能作为物证。如在伤害案中，受害人受伤害的人身特征（刀口、疤痕），在特殊案件中，某些当事人、被害人的具有某些特殊生理、病理特征的肌体等，都可作为物证。比如强奸案件被害人指出某犯罪嫌疑人、被告人身体隐蔽部位有特殊疤痕等。

（二）物证以其特征、属性或者存在状况证明案件事实

这是物证与书证和勘验、检查及现场笔录的区别所在。书证和勘验、检查及现场笔录也是一种客观存在的实物，但它们是以其中所记载或者蕴含的思想来证明案件事实的。所谓实物，对书证和笔录来说，只是一种必要的载体。与此相反，物证没有思想内容，物品本身就是证据。当然，在特定情况下，有些证据既可以作为书证使用，也可以作为物证使用，例如附有签名的信件、合同书。在其以签名或者字迹、纸张的质量证明案件事实时，属于物证（当然，严格来说，此时作为物证的是签名或字迹、纸

张)；而在其以内容证明案件事实时，则属于书证。

物证的特征是指物证的外在表现形式方面的特性，如物品的形状、大小、颜色、轻重等。物证的属性是指物证的内在的结构特性，包括构成要素（元素）、构成要素的结构等，如毒杀案件中毒品、毒气的构成元素。物证的存在状况是指物证的运动状态或者空间位置，如汽车的速度、被害人遗体的位置、血迹的喷溅形状等。特征、属性或者存在状况是物证的证明价值所在，也是某一个物品或者痕迹成为物证的条件。

（三）物证具有较强的客观性和稳定性

这是物证与言词证据相比较的一个特征。所谓客观性，是指在证明案件事实方面，物证受主观因素的影响较少，能够逼真地反映案件事实的发生过程。即便是当事人伪造现场或者证据，被伪造的现场或者证据仍然会留下相应的物证。所谓稳定性，是指物证只要形成并被收集和固定，就比较稳定，不易灭失或改变。物证的稳定性与客观性直接相连。与物证的客观性和稳定性不同，各种言词证据的形成必须经过反映（感受)、储存（记忆)、再现（陈述）的过程，中间介入了人的因素，因此其客观性、稳定性往往受陈述者主、客观条件的影响。这种影响可能导致言词证据不真实，如证人感受能力较差或道德品质不佳等因素的存在必然会影响陈述的真实性或准确性，被害人出于羞辱而可能隐瞒有关案件事实或出于对犯罪分子的仇恨而可能夸大犯罪的严重程度，等等；也可能导致言词证据复杂多变，如证人因受威胁、引诱而翻证，犯罪嫌疑人、被害人翻供，多次鉴定且结论各异等等。因此，物证对于案件事实反映的客观性和稳定性，是当事人陈述、证人证言、被害人陈述和犯罪嫌疑人、被告人供述和辩解等言词证据所无法比拟的。

（四）物证对案件事实的证明作用具有间接性和不明显性

这是物证与言词证据的另一个区别，也是物证的缺点之一。所谓间接性，是指仅有物证本身不能查明和认定案件的主要事实，因而从直接证据与间接证据的分类形式上，物证属于间接证据。一方面，物证所能直接证明的只能是案件事实的某些片段或者某一个方面的情况。它只有与其他证据结合起来，才能说明案件主要事实。另一方面，物证在证明案件事实的某个片段时，往往还要辅之以其他证据形式或印证手段。比如现场遗留的指纹，要起到证实被告人到过现场的证明作用时，还必须辅之以作出同一认定结论的鉴定结论。在被告人家中搜出的赃物，还必须辅之以搜查笔录、扣押清单和被害人的辩论才能发挥完整的证明作用。

与间接性直接相连的是物证的不明显性。所谓不明显性，是指物证的证据意义通常并不十分明确。由于物证是物品和痕迹，是一种无意识的证据，不能自明其义，只有经过人的能动作用去发现、识别、挖掘它同案件的客观联系，并进而将其纳入诉讼轨道才能明确其证据意义，发挥证明作用。因此，物证又被称为“哑巴证据”，它自己不能主动表达对案情的证明作用，需要人去认识，而且其证明作用的发挥在许多情况下需要借助科学技术、特殊设备和专业知识。此外，物证储存的信息一般不如言词证据丰富。

三、物证的分类

分类有助于进一步理解物证的概念，并且认识物证的表现形态，指导物证的收集、审查判断和运用。根据不同的标准，可以对物证作如下的分类：

（一）实体物证与痕迹物证

这是根据物证的存在状态所作的分类。凡是以实物形态存在的物证是实体物证，例如赃物、建筑物、毛发、血迹等；凡是以某种作用力形成的印迹作为证据的是痕迹物证，如撬痕、指纹、轮胎印、牙印等。

这种分类的意义在于通过明确物证的存在状态从而指导物证的运用。实体物证尽可能提取或提交原物，只有原物才可能全面反映该物证的全部特征，即使因客观原因不便提取原物，也应在勘验、检验后再复制或拍照，或录像附卷；痕迹物证在绝大多数情况下不可能将原始痕迹附卷，一般是用相应的技术和材料设备提取后进行鉴定，揭示其特征。实体物证可以进行辨认，确定其与案件的联系，痕迹物证则不能用辨认的方法确定其证据的证明力问题，因为痕迹物证的证明力在于其特征，特别是其内部特征，这是辨认所不能解决的。

（二）特征物证、属性物证与状况物证

这是以物证发挥证明作用的途径所作的分类。特征物证是指通过其外部特征发挥其证明作用的物证，如手印、足迹、工具痕迹、尸体和活体上的创伤、犯罪工具、赃物以及其他物品和痕迹等等。属性物证是指以自身内部的结构特征证明案件事实的物证，如毒物、爆炸物、血液、分泌物、气味、声音等等。状况物证是指以本身的存在状况证明案件事实的物证，如赃物的存放位置、现场上各种痕迹物品的位置及相互关系，某种特殊物质的发现地点等等。

这种分类的意义在于明确物证发挥证明作用的途径，有的物证可能只从一个角度对案件事实起证明作用，而有的物证可能从三个方面同时对案件事实起证明作用。这不但要求执法人员在调查收集物证时应当注意提取、固定和保护物证的三个方面的价值，而且在审查判断物证时也应当从这三个方面逐一进行。

（三）宏观物证、常观物证和微观物证

这是以体积的大小为标准所作的分类。宏观物证是指不能或不便于随卷提取的体积较大的物证，如房屋、轮船、火车、飞机、汽车等等。常观物证是指能够用人的感官发现，能够被随卷提取的物证，如杀人的匕首、血迹、毛发等等。微观物证是指不能被人的感官所发现，必须借助科学的仪器才能发现、提取的体积微小的物证，如微量物质粉末、微量痕迹等。

这种分类的意义在于描述物证的外在表现形态，从而揭示调查收集、审查判断、移送和应用物证时，具体方法和手续方面的一些区别。

四、物证的意义

物证在各种诉讼证明活动中起着十分重要的作用。具体表现在：

（一）物证是查明或证明案件事实的有效手段

任何违法犯罪行为、民事行为、行政行为或者其他行为在实施过程中都会对周围环境产生影响，使其他物体发生变化，留下物品或者痕迹。这些物品、痕迹和案件事实存在客观联系，是在案件事实的发生过程中形成的结果，反过来对于查明或者证明案件事实起到重要作用。例如，在刑事诉讼中，根据现场遗留物、痕迹以及尸体的有关情况常常可以确定案件的性质、犯罪者的身份和特点，为查获犯罪分子提供线索。一定数量的物证同其他证据相结合，还可以确定案件的主要事实。如从犯罪嫌疑人、被告人家中搜查出来的某盗窃案中失窃的物品，与现场撬压痕迹相一致的撬压工具，在犯罪现场发现的犯罪嫌疑人、被告人的脚印、指纹等物证，结合相应的鉴定结论，就可以确定某犯罪嫌疑人、被告人就是本案的盗窃犯。在民事诉讼中查实的物证，则可借以判明当事人的诉讼请求或者答辩是否有据，从而作出正确的判决。在行政诉讼中，根据一般违法行为所侵害的客体的轻重，可以认定行政处罚决定的正确性、合法性。

（二）物证是检验、鉴别其他证据真实性、可靠性的客观依据

由于物证是客观实在的东西，运用鉴定或其他方法，易于核实物证的真伪；而证人证言，被害人陈述，犯罪嫌疑人、被告人供述和辩解及民事诉讼、行政诉讼当事人陈述等言词证据，易受人的主观意志的影响，因而在司法实践中，物证往往是检验言词证据的一把尺子，办案人员通过物证与言词证据等其他证据相互印证的方法，便可以鉴别言词证据的真伪。如根据犯罪现场遗留的足迹和财物的损害程度，可以查证核实犯罪嫌疑人、被告人的供述是否真实。因此，许多学者近年来都纷纷指出，在证据的立法中，应把“实物验证”作为运用证据的严格规则加以规定。

（三）物证是制服犯罪嫌疑人、被告人的有力武器，也是促使当事人如实陈述的有力根据

在刑事诉讼中，犯罪行为人一般都是大事化小，小事化了，时时刻刻都在反调查、反侦查，对抗侦查、起诉和审判。但是，在客观真实的物证面前，物证不仅能打消其侥幸心理，而且会从根本上制服犯罪分子，使其坦白交代，认罪服法。在民事、行政诉讼中，当事人出于各种原因也会作虚假陈述，审判人员运用已经查证属实的物证，可以揭露其陈述的虚假性，促使其如实陈述。

（四）物证是进行法制宣传教育的重要工具

在诉讼过程中，有了物证，可以使公众了解作案的手段、方法、原因、结果，可以帮助公众充分认识双方当事人争议的关键所在，以充分发挥诉讼的宣传教育作用，增强公众的法制观念。

总之，物证在整个证据体系或证据制度中，具有举足轻重的地位，如今，在口供作为“证据之王”处于退出历史舞台的发展趋势中，我们要树立物证是“证据之王”的观念。

第三节　书　证

一、书证的概念与特征

书证是指以文字、图形、符号等记载的内容和表达的思想来证明案件事实的书面文件或其他物品。

书证是三大诉讼中十分常见也十分重要的证据种类。在刑事诉讼中，常见的书证有证明犯罪行为的书面材料。如贪污案件中伪造或涂改的账册单据，合同诈骗案件中的合同文本，玩忽职守案件中的批文，间谍案件中窃取的情报文件等。在民事诉讼中，常见的书证有合同文书、产权证件、身份证件、商标图案、设计图纸、书面遗嘱、传真及电报文告、票据、货物提单等。书证也是行政诉讼中最常见和最常用的一种证据，因为行政机关在行政管理活动中所作出的具体行政行为，大都是以书面形式作出的。这些书面材料是当事人之间产生行政法律关系的重要凭证，如罚款单据、处罚裁决书、没收财产收据、各种许可证、营业执照以及非诉讼法律事务中的公证文书等。

诉讼中的书证，具有以下特征：

（一）书证具有思想性，并以其思想来证明案件事实

书证的思想性可以从三个方面加以理解：第一，作为以人类文明发展的象征——文字、符号或图画等来表述和反映人的思想、内心世界或信息传递的物质材料，书证是人的有意识的思想的反映。就书证的内在形式而言，书写或刻印在纸张等物体上的文字、符号或有关图案必然反映出一定的人的思想、事件或人的行为等内容。第二，在证明方式上，书证正是以其思想性即其所记载的内容和表达的思想来证明案件事实的。这是书证最本质的特征，也是书证区别于物证的根本所在。从外在形式上看，书证跟物证一样，都表现为一定的实物，所以从证据分类上看，书证和物证都属于实物证据。但书证是以其记载的内容和表达的思想来证明案件事实的，不像物证是以实物的外部特征、属性或存在状态证明案件事实。如果有的物品留有与案件有关联的表现思想内容的文字，又可以其物质或痕迹的特性证明案件事实，则它既是书证又是物证。书证的这一本质特征，决定了其证明作用的来源是其思想和内容，而表现其证明作用的外在形式、制作方法等只是书证的外部特征。第三，书证所记载的内容或表达的思想必须具有可知性。在通常情况下，书证所记载的内容或表达的思想的方式是文字，如合同文书、遗嘱文书、信件、证明文书等，也有以符号、图形的方式，如设计图、地图、路标等。应当注意的是，可供人们认识和理解的内容，不是仅指人们普遍熟知的文字或符号，在某些特定的情况下不被通常使用的密码、暗号、标记，也表达了制作者或使用者的思想，也应属于可供人们认识和理解的范围。但无论以何种方式表现，表达的内容或思想是否容易被人们认识或理解，但其所表达的内容或思想，都应当是可以被人们认识或理解的。如果书面记载的内容不表达任何思想或意

思，或者这种思想或意思无法为人们所认识或理解，就不能作为书证。

（二）书证具有物质性，且其物质形式和外部特征多种多样

书证所表达的思想内容必须以一定的物质材料作为其存在的客观载体。这种客观载体，既可以是纸张，也可以是金属、石块、竹木、布帛等其他物质材料；反映书证所记载内容的表现方式，既可以是文字、图形，也可以是符号；用以制作书证的工具，既可以是笔，也可以是刀、印刷机等；制作书证的方法，既可以是写，也可以是刻、雕或印刷等。因此，书证的外部特征具有多样性，简单地把书证的物质形式限定为书面文字记载的材料是错误的，把日常生活中常见的以纸张为外在表现形式的书面材料等同于书证也是不正确的。

这里还要注意的一个问题是，虽然书证的外部特征具有多样性，但是书证的存在形式只是书面文件或其他物体，而不包括存储音像的磁性材料。这是书证与视听资料的区别。

（三）书证具有直接证明性

这是书证与物证的又一重大区别。书证由于有具体、明确的思想内容，所以通常情况下，能够依据其内容直接判明其与案件事实的联系。因此，书证一般不需要通过任何媒介或中间环节来对其加以分析和判断，而物证一般不能直接证明案件事实，而需要经专业鉴定人员进行鉴定，甚至通过特殊鉴定手段和方式来对其加以审查、分析和判断。书证作为一种体现证明价值的直接途径，其本身便是证明内容与证明过程的有机统一。书证能够以其独特的客观化、具体化、形象化和固定化的文字、符号和图画本身所体现的思想内容起到证明案件事实的作用。因此，书证依其本身所具有的形式和内容，便可直接进入认证过程，而不必像物

证那样必须以鉴定或勘验等特殊环节来作为进入认证过程的必要前提。正是由于书证具有这一优点，因此，在司法实践中，一旦能够收集到书证，便对认定案件事实具有积极的、显著的效果和证明价值。

（四）书证具有稳定性

这使书证与言词证据相区别。书证不仅内容明确，且形式上也相对固定，稳定性较强，一般不受时间的影响，易于长期保存。只要作为书证载体的物质材料本身未遭毁损，即使是经历了很长的时间，其特定的思想内容仍然能够借助有关的文字、符号或图画等起到应有的证明作用，而不像当事人陈述、证人证言、被告人供述和辩解、被害人陈述等言词证据那样，常常会因为时过境迁和时间的推移而被淡忘或产生记忆模糊的现象，从而影响其证明价值。

二、书证的分类

依据不同的划分标准，可以将证据划分为不同的类别，不同类别的书证，其运用规则或者证明力有所不同。

（一）文字书证、图形书证和符号书证

这是以书证表达方式的不同所作的划分。文字书证，是指以文字记载的内容来证明案件有关事实的书证，如传单、信件、合同、遗嘱、账册、票据等等。图形书证，是指以图形表现的内容来证明案件有关事实的书证，如刑事案件中的淫秽图画、犯罪嫌疑人为实施犯罪而绘制的地图；民事案件中的房屋建筑的设计图、机械产品的构造图，等等。符号书证，是指以符号作为内容来证明案件有关情形的书证，如路标、标记、记号等。

一般情况下，文字书证所表达的内容或反映的思想比较清楚、明确，图形书证表现的内容往往很形象、直观，两者均比较容易认识和理解。相比而言，符号书证所表达的内容通常不易被人们所认识，对符号书证的认识和理解，往往需结合其他证据来破译该符号书证所代表的真正含义。

（二）一般书证和特别书证

这是依照书证的形成是否需要特定的形式、格式和要件所作的划分。凡法律不要求必须具备特定的形式、格式或必须履行特定程序，而只是具有明确的意思表示并由当事人签名、填写日期而形成的书证为一般书证。如公民之间因借用钱款而出具的借据，某人领取有关物品的收据，加工承揽特定产品或物品的合同，民事主体之间的买卖合同等。凡是依照法律规定必须具备特定形式、格式或必须履行特定程序的文书，称为特别书证。如公安机关制作的行政拘留决定书，工商行政管理机关颁发的营业执照，国家审判机关依法制作的判决书、裁定书、调解书等。

一般书证只要在内容上具有明确的意思表示，即为有效，对这类书证在形式上并无特殊的要求。而特别书证的形成，则必须具备法定条件，具备特定的法律形式，并严格履行法定的制作手续。如结婚证书的制作和发放，必须是申请结婚的男女双方当事人已达到结婚年龄，且该种婚姻完全出于自愿，在法律上不存在禁止结婚的任何情形，并由双方当事人亲自到婚姻登记机关进行结婚登记，在此基础上，经婚姻登记机关审查凡符合规定的，准予登记，并发给结婚证书。又如，房屋抵押合同，在双方当事人签订后还需经过登记，才能发生法律效力。这种需经登记的合同书，就属特别书证。

（三）公文书证和私文书证

这是以书证是否依职权制作所进行的划分。公文书证，是指国家机关、企事业单位、人民团体，在法定的权限范围内所制作的文书，以此文书作为证明案件有关情况的书证，即为公文书证。如民政部门颁发的结婚证书、离婚证书；法院制作的判决书、调解书；行政机关颁布的任免书、奖惩文书；行政管理部门作出的处罚决定书，等等。私文书证，则是指私人制作的或国家机关、企事业单位、社会团体不是基于职权而制作的文书，如单位之间、个人之间签订的民事合同、个人开出的借款收据等。

公文书证一般都有较严格的制作程序，需具备一定的法定形式；而私文书证在制作程序或形式上都不够严格，有时还具有一定的随意性。在证明作用上，公文书证的证明力一般大于私文书证，《关于民事诉讼证据的若干规定》第 77 条第（一）项即规定："国家机关、社会团体依职权制作的公文书证的证明力一般大于其他书证。"

（四）处分性书证和报道性书证

这是依据书证的内容性质不同进行的划分。凡书证中所记载或表述的内容，以发生一定的法律后果为目的的为处分性书证。如国家工商行政管理机关颁发的营业执照、许可证，人民法院制作的发生法律效力的判决书、调解书，公民个人之间签订的合同文书、公民个人所立的遗嘱文书等。凡书证中记载或表述的内容，反映的只是制作人的见闻、感想、体会的为报道性书证。如日记、会议记录、医院诊断书等等。

将书证划分为处分性书证与报道性书证，可以更好地把握书证在诉讼证明中的不同作用。处分性书证所记载或表述的内容与特定的法律后果相联系，即由于这种书证的制作和启用将会引起一定法律关系的发生、变更或消灭，所以，处分性书证对有关法律行为的目的含有明确的意思表示。当处分性文书所涉及法律关系的内容即权利与义务产生争议或纠纷时，这种文书就能够作为反映或确定有关案件事实的重要证据，并具有较强的证明力。报道性书证不是从事某种法律行为的直接产物，而仅是从某种需要出发对特定的具有法律意义的事实予以记录、报道和记载，是制作者对有关客观上已发生事实所得感知、认识而作的记载或表述。因此，报道性书证所表述的内容并不与特定的法律后果相联系，因而其证明力与前者相比是有限的。但是，报道性书证可以作为发现处分性书证的先导和印证处分性书证的证据。例如，通过记载有关民事主体之间存在合同关系的某一会议记录，可以发现当事人之间存在何种权利与义务关系的处分性书证；当处分性书证作为直接证据，对认定当事人之间存在特定权利义务关系的待证事实进行证明时，报道性书证往往可以以间接证据的形式，印证主要待证事实。

（五）原本、正本、副本、节录本、影印本和译本

这是依据书证制作方式不同所进行的划分。原本，是指文书制作人将有关的内容加以记载而制作成的原始文本，又称原件或底本。如合同当事人签字盖章的书面合同，借款人亲笔书写表达借款意愿的借条等等。由于原本是用于表达文书内容原始状态的客观表现方式，它能在客观上最大限度地反映书证所记载的内容，因此其证明力极高。正本，是依照原本采用全文抄录、印制等方法而制作成的内容与原本完全相同，对外与原本具有同等法律效力的文书。除了制作的方式不同外，正本与原本的另一个主要区别是，原本一般由制作人收存或留作存档备查，而正本则发给主受件人保存或使用。副本，是依照原本全文抄录、印制，但不具有正本效力的文本。副本通常发送给主受件人以外的其他有必要了解原本内容的相关单位或个人。可见，副本与正本在制作

方法上是相同的，不同之处主要在于副本与正本制作的目的和收存主体与发给的对象不同。副本与正本的效力不同之处也主要根源于此，而与证明效力并无直接的关系，故而并不能得出正本的证明力一定优于副本的结论。节录本，是指从原本或正本文书中摘抄其主要内容而形成的文本。与原本相比，节录本只能反映原本的部分内容，由于制作人采用主观的方法对原本加以摘要或节录，其所形成的节录文本在一定程度上影响了它对原本内容的客观的和全面的体现，也不符合原本内容的内在逻辑性以及结构的完整性，因此具有较大的主观倾向，其证明力自然也比较弱。因此，在诉讼活动中，如一方当事人提供节录本，而对方对节录本所记载内容提出质疑时，节录本提供人应提供原本书证，否则将大大削弱其节录本书证的证明效力。影印本，是指采用影印技术，将原本或正本通过摄影或复制而形成的文书。翻译本，是指采用原本或正本语言文字以外的语言文字，翻译原本或正本而形成的文书。

将书证进行此种划分，旨在说明只有原本才是最初制作的文本，其他如正本、副本等，都是源于原本的书证。在英美法系国家，实行最佳证据规则，除了法定例外情形，书证只能提交原本、原件。在我国的诉讼活动中，提交、收集、调取的书证应当是原件，只有在提交或取得原件确有困难时，才可以是副本、节录本或影印本。

三、书证的意义

书证在诉讼证明中的运用十分广泛，对于正确处理案件有十分重要的意义。书证在诉讼中的意义，具体体现在以下几个方面：

（一）书证在各种诉讼活动中是使用最为广泛的证据之一

书证大多数是以文书的形式出现的，而文书是沟通、交流、传递信息的媒介，在社会生活中被广泛使用。这些被广泛使用的文书，一旦涉及诉讼案件，便可以作为书证使用，证明有关事实。另外，依照法律规定，许多法律行为必须以书面形式进行。如在民事诉讼中，我国有关实体法律、法规对一系列重大的民事行为多限定必须采用书面形式，如《民法通则》第56条规定："民事法律行为可以采取书面形式、口头形式或者其他形式。法律规定用特定形式的，应当依照法律规定。"《合同法》第10条规定："法律、行政法规规定采用书面形式的，应当采用书面形式。"故此，对于那些应当依法采用书面形式的民事行为，只有在采用书面形式的条件下，才具有法律效力。这些都决定了书证使用的广泛性。

（二）依据书证可以及时、准确地查明或证明案件事实

书证是以其在客观载体上记载、表述的思想内容来证明案件事实的，一般具有意思表示明确、具体、形象的特点，使常人一看便知。如果收集到有关书证，许多情况下可以顺利弄清案件事实真相，有利于案件及时处理。尤其是某些法律文书在作出之后，又经过公证或鉴定程序，对其真实性、合法性已经审查、核实的，其证明效力就更为显著；同时，书证在许多情形下属于直接证据，可以直接证明案件的主要事实。这一特点在民事诉讼和行政诉讼中表现得更为明显。对一些民事、行政案件的有关待证事实，根据法律的有关规定，应当采用书面文件的形式来加以证明。这是因为根据有关实体法的规定，一些民事法律关系和行政法律关系的发生、变更或消灭，应以书面形式表示，即其权利义务关系是以书面形式确定的。因此，在诉讼证明中，往往可以依

据书证认定案件主要事实或关键情节，从而使案件得以及时、准确地处理。

（三）书证是检验和印证其他证据是否真实的有力根据

书证大多形成于案件发生之前或发生过程中，其内容是对一定案件事实的客观记载，只要经过必要程序确认其并非出自伪造，经核实其事后未被篡改，其真实性、可靠性就毋庸置疑。这些书证，除了本身可以证明案件事实外，也可以作为核实、印证其他证据材料特别是言词证据是否可信、真实的依据。由于诉讼各方在诉讼利益的驱动下会有思想变化，作不真实的陈述或多变的陈述，书证的获得或在适当的机会被提出，会促使陈述人作真实的陈述，也可根据该书证否定不真实的陈述，认定案件事实。

第四节 证人证言

一、证人证言的概念、特征与意义

证人证言，是指证人就其所了解的案件情况向公安司法机关所作的陈述。在我国，证人证言一般是口头陈述，以证人证言笔录加以固定；经办案人员同意由证人亲笔书写的书面证词，也是证人证言。凡是出庭作证的证人，都必须向法庭直接陈述其证言，经原被告双方询问和质证。经法庭同意不出庭的证人，也可以宣读其证言笔录或书面证词。

证人证言有如下几个特征：

（一）证人证言的陈述主体是证人

这是证人证言主体上的特点。所谓证人，是指知晓案件的有关情况而向司法机关承办案件的有关人员陈述案件情况的人。英美法系国家，证人被广泛用于庭审或其他诉讼过程中，被认为是提供口头证词的人，包括当事人和鉴定人，被称为广义的证人。大陆法系国家，证人是专指当事人之外的向公安司法机关陈述所知道案件情况的第三人，不包括当事人、鉴定人，被称为狭义证人。在我国，证人也采用狭义的概念，系指除当事人、鉴定人以外，了解案件情况并向司法机关进行陈述的人。证人证言的这一特征将其与鉴定结论，当事人陈述，被害人陈述，犯罪嫌疑人、被告人供述与辩解区别开来。

诉讼中，证人还具有不可替代性。因为证人的感知是其可以证明某个事实的根据，而个人的感知又是神经系统的基本功能，不可能由他人替代，并且出庭接受质证时必须由其本人作出回答，也是不可替代的；同时证人伪证要由其本人负法律责任，这也不能由他人替代。另外，由于证人具有不可替代性，在诉讼活动中，必须坚持“证人优先”原则，即证人的地位与其他诉讼地位发生矛盾时，应放弃其他地位，保证其客观作证的地位。如某法官在诉讼前了解案件事实，他应当作证人，而不得再担任本案审判人员。

（二）证人证言是证人陈述的与案件情况有关的事实

这是证人证言内容上的特点。证人证言的内容包括与案件情况有关的一切事实，与案件无关的内容，不能作为证言的内容。就一般意义而言，证人陈述的情况，还应当是证人亲自听到或看到的有关事实。《关于民事诉讼证据的若干规定》第 57 条第 1 款规定：“出庭作证的证人应当客观陈述其亲身感知的事实。”《关于行政诉讼证据的若干规定》第 46 条也规定：“证人应当陈述其亲历的具体事实。”至于证人转述的其听到他人陈述的与案件情况的有关事实，是否可作为证人证言，不同的国家有不同的规定。在英美法系国家中，证人转述的他人陈述属于“传闻证据”，原则上应予以排除。在我国，立法上没有关于对传闻证据使用的限制，因此，在司法实务中，证人提供的证言，既可以是其亲自耳闻目睹的案件事实，也可以是转述他人告知的案件事实，但转述的情况，必须说明来源，说不出来源的，或者道听途说的消息，不能作为证人证言使用。

证人证言应当是证人陈述的与案件有关的内容。那么，是否包括证人对案件事实的意见与判断呢？原则上说，证人只能对自己亲身感知的案件情况进行陈述，而不能对这些情况进行分析判断，也不能对案件事实发表看法和意见。《关于民事诉讼证据的若干规定》第 57 条第 2 款规定：“证人作证时，不得使用猜测、推断或者评论性的语言。”《关于行政诉讼证据的若干规定》第 46 条规定：“证人根据其经历所作的判断、推测或者评论，不能作为定案的依据。”从司法实践的情况看，证人不得进行判断是指证人不得对案件事实进行意见性判断，但可以对案件事实进行体验性判断。所谓体验性判断，指证人依据自己所体验的事实作出的识别与判断。诸如“凶手是老头”、“凶器是菜刀”、“受害者是青年妇女”，都属于体验性判断，此类判断显然具有证据价值。所谓意见性判断，指不是依据自己所体验的事实，或不完全依据所体验的事实，而是依据人们的知识、经验或科学原理作出的推断。例如，有一个证人陈述，在案件发生时，曾看见一个身材高大、留长发、着风衣的人快速跑出仓库，估计此人就是罪犯。在此陈述中，“估计此人就是罪犯”就是意见性判断，不具有证据价值。因为他所体验的事实只能使他作出有“一个高大、长发、着风衣的人跑出仓库”的判断，不足以作出“此人就是罪犯”的判断。因此，证人对案件事实的判断只能是体验性判断，否则就不是证人证言[1]。

（三）证人证言一般比较客观真实、生动形象，但也具有不稳定性和多变性

证人证言同其他言词证据特别是当事人陈述相比，其客观性更强，因为证人不像案件中的当事人那样，与案件有法律上的利害关系。证人证言同物证、书证等实物证据相比，它更为生动、具体、形象，对案件事实真相揭示得更为深入。但由于证人在感知、记忆和陈述案件情况的过程中，其认识过程既受证人主观因素的影响，也受外在客观因素的制约。由于客观事物本身的复杂性以及证人本身感受能力、记忆能力、表达能力等原因，使证人证言也具有不稳定性和多变性。因而对证人证言既不能盲目轻信，也不能轻易否定，必须结合本案其他证据进行认真地审查核实，否则不能作为定案的根据。

鉴于证人证言的上述特征，证人证言在诉讼证明中具有独特的意义。从其内容上看，证人证言可能与案件的一部或全部相联系，往往能证明案件所涉及的法律关系中的一部或全部内容，即使证明不了一部或全部，它还可以反映案件的有关线索，为公安、司法机关进一步调查、收集证据提供帮助；就证据运用而言，证人证言可以与案件的当事人陈述、书证、物证等证据材料相互比较、对照，起到一个印证和核实的作用，从而判断本案其他证据的真伪及证明力的大小。

二、证人的资格

证人的资格，也称证人的能力或证人的适格性（Competence），

① 汪建成、刘广三著：《刑事证据学》，群众出版社 2000 年版，第 104 页。

它是指哪些人可以和应当作为证人，哪些人不能作为证人。我国《刑事诉讼法》第 48 条规定："凡是知道案件情况的人，都有作证的义务。生理上、精神上有缺陷或者年幼，不能辨别是非、不能正确表达的人，不能作证人。"《民事诉讼法》第 70 条规定："凡是知道案件情况的单位和个人，都有义务出庭作证，有关单位的负责人应当支持证人作证。证人确有困难不能出庭的，经人民法院许可，可以提交书面证言。不能正确表达意志的人，不能作证。"《关于民事诉讼证据的若干规定》第 53 条对证人资格进一步作了明确："不能正确表达意志的人，不能作为证人。待证事实与其年龄、智力状况或者精神健康状况相适应的无民事行为能力人和限制民事行为能力人，可以作为证人。"《关于行政诉讼证据的若干规定》第 41 条规定："凡是知道案件事实的人，都有出庭作证的义务。"第 42 条第 1 款规定："不能正确表达意志的人不能作证。"由这些规定可以看出，在我国，证人资格包括积极资格和消极资格两个方面。

（一）积极资格

积极资格是使公民能够作为证人的要求和资格。在我国，证人应当具备三个方面的条件和要求：

（1）在司法或执法活动外了解案情。这又包括三方面内容：其一是证人必须了解案件情况；其二是在司法活动之外了解案件情况，而非通过司法活动才知道案件的某些情况；其三是凡在司法活动之外知道案件情况的人均应作证人，履行证人的义务，即使是某些司法或执法人员或者具有特定身份的人，也不得再让其担任或兼任该案件的侦查、检察、审判或者鉴定、翻译、记录、辩护工作，而必须作为证人履行证人义务。这是由证人的不可代替性和证人优先原则所决定的。

（2）能够辨别是非、正确表达。无论刑事、民事、行政诉讼，证人从其应履行的义务上看，首先应能辨别是非，这是认识、了解案件情况的前提。反之若太幼小，精神上或生理上有严重缺陷，根本无法判明是非，也就无法了解案件情况和将情况告知司法或执法人员。当然，并非一切有生理缺陷的人均不能作证人。比如，聋哑人可以将其看到、盲人可以将其听到的案发时的有关情况通过书写、手势 、语言方式告知司法或执法人员。其次，能正确表达的人才能作为证人。这与正确辨别是紧密联系的，它体现了作为证人自身必须具备的三个要素，即知觉能力、记忆能力、再现能力。

（3）应是自然人。《民事诉讼法》第 70 条规定："凡是知道案件情况的单位和个人，都有义务出庭作证。"因此，有的学者提出单位也可以作为证人。但我们认为，单位不能作证人。这是因为，首先，只有自然人才能借感官感知案件事实，而单位本身并无这种感知能力；其次，在当事人主义诉讼模式和辩论式庭审方式下，证人必须接受双方当事人及其律师的反复盘问、质询，并对相关的作证背景问题作出回答，但单位自身并不能接受并回答这些询问，如果让单位的法定代表人或负责人出庭并回答询问，又与证人不可代替性特征相冲突；再次，证人故意作伪证、隐匿罪证，应负相应的法律责任，而法人或非法人团体则无法承担这种责任。也正是基于这些考虑，当今各国均无将单位或机构组织作为诉讼证人的做法。由此可见，单位不能作证人，证人只能是自然人。如果单位了解情况，应当出具"证明书"，该证明书属于书证。

（二）消极资格

消极资格是限制公民成为证人的资格和条件。在我国，下列情况下公民不能充任或同时兼任证人。

（1）生理上、精神上有缺陷或年幼，不能辨别是非、不能正确表达的人不能作为证人。在司法实践中，生理上、精神上有无缺陷，能否正确表达意志，应当由司法机关承办案件的人员予以鉴别，以确定其能否作为证人。对此，《关于行政诉讼证据的若干规定》第 42 条第 2 款作了明确规定："根据当事人申请，人民法院可以就证人能否正确表达意志进行审查或者交由有关部门鉴定。必要时，人民法院也可以依职权交由有关部门鉴定。"这里要注意的是，"不能辨别是非、不能正确表达"是丧失证人资格的绝对条件，而"生理上、精神上有缺陷或年幼"只是丧失证人资格的相对条件，而不是绝对条件。如果在生理上、精神上有缺陷或年幼，但仍能正确表达意志的人，仍然可以作证人。如在一起交通肇事案件中，司机轧死两个儿童后逃逸，没有成年的目击者，只有一个 4 岁半的小女孩在现场附近玩耍。根据小女孩的叙述，肇事车辆为电视广告见过的"XX 牌 1041 大货车"，并指认是广告图片上的天蓝色 XX 牌 1041 大货车与肇事车辆一样。根据小女孩的叙述，侦查机关最终侦破了该案。本案中，小女孩虽然年仅 4 岁半，但她对所叙述的情况显然能够辨别，能够正确表达，所以，仍然可以成为本案的证人。

（2）办理该案的司法人员及参与诉讼的鉴定人、翻译人、记录人等不能兼任本案证人。他们一旦在诉讼外了解案件情况，就只能作为证人。这里有个问题是，侦查人员在办案过程中感知案件的情况，属于职务行为，可以向法庭作证，这时他是不是证人呢？理论上有不同认识。有的认为他就是证人，与西方国家的警察作证是一样的；有的认为他不是证人，他只是向法庭陈述其侦查或逮捕犯罪嫌疑人的情况。我们认为，警察或检察机关的侦查人员在侦查或逮捕犯罪嫌疑人时了解的与查明案件有关的情况是证据，属于证人证言。但是其感知的过程是在刑事执法过程中，与其他证人有所不同。但这并不能否定其证人的身份，在作证问题上，他具有证人的全部权利与义务。

（3）辩护人、诉讼代理人不得同时兼任证人。根据《律师法》第 28 条和《刑事诉讼法》第 35 条规定，辩护人的责任是根据事实和法律，提出证明犯罪嫌疑人、被告人无罪，罪轻或者减轻、免除其刑事责任的材料和意见，维护犯罪嫌疑人、被告人的合法权益。而证人是要就感知的案件真实情况向司法机关如实陈述，辩护人与证人在履行的义务上有差别。为确保辩护人正确履行义务和保证一切知道案件情况的人履行作证义务，凡符合证人条件的人不得再担任本案辩护人。同样，符合证人条件的诉讼代理人，也不得再担任该案件诉讼代理人，而应履行作证义务。

三、证人的权利和义务

证人是为了协助司法机关查明案件事实而参与诉讼活动的，各国法律为了保障证人能客观、充分地提供证言，都赋予了证人一定的诉讼权利，同时也要求证人履行一定的诉讼义务。在我国《刑事诉讼法》、《民事诉讼法》以及《行政诉讼法》中，虽然没有专章或专节对证人的权利和义务作规定，但从有关的条款中，同样可以总结出证人享有的诉讼权利和证人应履行的诉讼义务。

（一）证人的权利

（1）客观、充分地提供证言的权利。我国《刑事诉讼法》第 43 条规定："必须保证一切与案件有关或者了解案情的公民，有客观地充分地提供证据的条件，除特殊情况外，并且可以吸收他们协助调查。"此外，《刑事诉讼法》还规定，被取保候审的犯罪嫌疑人、被告人不得以任何形式干扰证人作证，法庭笔录中证人证言部分，应当当庭宣读或者交给证人阅读（《刑事诉讼法》第167条第2款)。证人在行使这一权力时，可以补充、修改对其陈述记录不实的部分，提交其持有的有关本案的物证、书证等证据材料。对其证言笔录，可以要求有关司法人员向其宣读或自己阅读，如果发现有遗漏或错误，可以要求补充或更正。

(2) 人身财产安全受保障的权利。我国《刑事诉讼法》第49条、《民事诉讼法》第102条、《关于民事诉讼证据的若干规定》第80条、《关于行政诉讼证据的若干规定》第74条均规定，证人及其近亲属的人身和财产安全受法律保护。但是，我们也应当看到，这些规定还不是很完善，这也是导致实践中打击报复证人的现象屡有发生，严重影响证人作证的重要原因之一。例如，《刑事诉讼法》第49条规定："人民法院、人民检察院和公安机关应当保障证人及其近亲属的安全。对证人及其近亲属进行威胁、侮辱、殴打或者打击报复构成犯罪的，依法追究刑事责任；尚不够刑事处罚的，依法给予治安管理处罚。"对"依法追究刑事责任"作了明确规定，而"尚不够刑事处罚的，依法给予治安管理处罚"却出现了立法上的漏洞。《中华人民共和国治安管理处罚条例》仅在第二章处罚的种类和适用中第17条第二项作了原则性规定，即对检举人、证人打击报复的，可以从重处罚，但在第三章违反治安管理的行为和处罚中都没有对证人的保护规定，没有行为，如何处罚？这不能不说是一个立法上的漏洞。因此，可考虑在该条例第22条、第23条增加一个专门条款予以明确规定[①]。再如，《民事诉讼法》第 102 条对证人的保护仅限制在“民事诉讼中”，那么，在民事诉讼终结之后，即案件审理经人民法院执行完毕之后，当事人将诉讼失败的原因片面归责于证人出庭作证而对证人及近亲属打击报复的，人民法院如何处理，依据什么法律处理，则出现了一个法律上的空白。因此，进一步完善立法，保障证人的人身、财产权利，是一个迫切需要解决的问题。

(3) 使用本民族语言文字提供证言的权利。《刑事诉讼法》第 9 条第 1 款规定：“各民族公民都有用本民族语言文字进行诉讼的权利。人民法院、人民检察院和公安机关对于不通晓当地通用的语言文字的诉讼参与人，应当为他们翻译。”《民事诉讼法》第 11 条和《行政诉讼法》第 8 条也有类似规定。此外，在司法和执法实践中，对聋哑证人，一般都允许他们用哑语、手势或书面文字陈述作证。

(4) 对司法人员侵犯其诉讼权利和侮辱其人身的行为的控告权。证人作为诉讼参与人参加到诉讼中，即享有法律赋予的诉讼权利。根据《刑事诉讼法》第 14 条的规定，人民法院、人民检察院和公安机关应当保障诉讼参与人依法享有的诉讼权利。诉讼参与人对于审判人员、检察人员和侦查人员侵犯公民诉讼权利和人身侮辱的行为，有权提出控告。依据宪法的有关规定，民事诉讼、行政诉讼中的证人同样享有类似的权利。此外，刑法还规定在刑事诉讼中，司法或执法人员暴力逼取证人证言的，应负刑事责任。

---

① 雷春利：《证人作证制度的立法完善》，载王利明、江伟、黄松有主编：《中国民事证据的立法研究与应用》（上册），人民法院出版社 2000 年版，第 263 页。

(5) 知晓其在诉讼中享有的诉讼权利、履行的诉讼义务以及不履行诉讼义务应承担的法律后果的权利。我国《刑事诉讼法》第 98 条规定："询问证人，应当告知他应当如实地提供证据、证言和有意作伪证或者隐匿罪证要负的法律责任。"在民事诉讼中，法庭调查时，审判长也应当告知证人的权利义务。

(6) 个人情况保密权。《刑事诉讼法》第 85 条第 3 款规定："公安机关、人民检察院或者人民法院应当保障报案人、控告人、举报人及其近亲属的安全。报案人、控告人、举报人如果不愿公开自己的姓名和报案、控告、举报的行为，应当为他保守秘密。"据此，在刑事诉讼中，证人在侦查期间如果不愿公开自己的姓名和报案、控告、举报的行为，应当为他们保守秘密，但在审判阶段证人要出庭，因此，对证人要对其姓名保守秘密的要求，仅限于侦查期间。这既有利于鼓励公民敢于检举、揭发犯罪，提供有关犯罪的线索和证言，防止他们遭到打击报复，也有利于尽快调查核实检举的真实性，避免检举失实可能造成的不良后果。此外，《关于行政诉讼证据的若干规定》第 74 条第 2 款规定："人民法院应当对证人、鉴定人的住址和联系方式予以保密。"

(7) 经济补偿权。《关于民事诉讼证据的若干规定》第 54 条第 3 款规定："证人因出庭作证而支出的合理费用由提供证人的一方当事人先行支付，由败诉一方当事人承担。"《关于行政诉讼证据的若干规定》第 75 条也有类似规定。但在刑事诉讼中，尚未明确规定对证人出庭作证的经济补偿及作证费用的负担。

(8) 及时得到出庭作证通知的权利。《刑事诉讼法》第 151 条、《民事诉讼法》第 122 条规定："人民法院决定开庭审判，应当在开庭 3 日前通知证人到庭。"这样规定，一方面保证了证人能按时到庭作证，又能让证人尽早安排自己的本职工作，从而确保诉讼的顺利进行，更好地履行出庭作证的义务。

（二）证人的义务

1. 按时到场作证的义务

根据《刑事诉讼法》第 48 条和《民事诉讼法》第 70 条的规定，凡是知道案件情况的人都有作证的义务。据此，知晓案件情况的人在接到司法机关的作证通知后，都应当按通知的要求到场作证。到场的义务，在刑事诉讼中，除了证人出庭作证外，还表现为证人接到侦查机关、检察机关的通知，到侦查机关或检察机关的通知所指定的场所提供证言，在民事、行政诉讼中，证人的到场义务主要表现为出庭作证的义务。如《关于民事诉讼证据的若干规定》第 55 条第 1 款规定："证人应当出庭作证，接受当事人的质询。"《关于行政诉讼证据的若干规定》第 41 条规定："凡是知道案件事实的人，都有出庭作证的义务。"

证人到场作证是公民对国家应尽的义务，也是诉讼中直接言词原则的必然要求。但在司法实务中，有些证人由于缺乏法制观念，或是担心受到打击报复，或是受到"和为贵"、"耻诉厌讼"等传统观念的影响，或是害怕经济上的损失等原因，不愿到场作证，特别是不愿意出庭作证，从而影响了司法机关对案件有关情况的调查。对于证人拒绝履行到场义务，证人应当承担什么样的法律后果，目前我国诉讼立法尚无相关规定，司法实务中也缺乏有力的措施来促使证人履行其到场义务，从而使得证人不履行该义务的现象变得相对普遍。以刑事案件为例，证人出庭率平均仅为 5%[①]。

而在国外，许多国家都规定有义务作证而拒不作证，证人应

---

① 樊崇义主编：《证据学》，中央广播电视大学出版社 2003 年版，第 95 页。

负法律责任，甚至有的还规定应负刑事责任。大致有两种情况：

(1) 追究证人拒不作证的轻微刑事责任。如苏联刑法典第92条规定：证人受调查机关、侦查机关或审判机关的传唤，拒不出庭作证或拒绝提供证言的，判处3个月以下劳动改造工作，或者100卢布以下的罚金。日本刑事诉讼法典第151条规定，作为证人受到传唤无正当理由而不到场的，应当处5000日元以下的罚金或拘留；第152条规定，对于不接受传唤的证人，可以再传唤或拘留；第161条规定，对于没有正当理由而拒绝宣誓或证言的人，应当处5000日元以下罚金或拘留。英国的法律认为，有作证义务而拒绝作证的，应处以藐视法庭罪。

(2) 追究证人拒不作证的民事责任和行政责任。例如，法国刑事诉讼法第109条规定，如证人不到案，预审法官可依据检察官要求派警察将其押来并判400至1000新法郎的罚款。德国刑事诉讼法第51条规定，证人经依法传唤而不到案的，可以命令他支付由于不到案而支出的费用，并处以罚款。在他不能交纳罚款时，可以处以6个星期以下的拘留①。

因此，有必要借鉴国外的做法，在立法中明确规定证人拒不作证的法律责任。事实上，修订后的《刑法》，已在第311条就国家安全机关调查间谍犯罪时，拒绝提供证据，情节严重的，规定构成拒绝提供间谍犯罪证据罪，并规定处3年以下有期徒刑、拘役或者管制。这说明我国已开始对危害重大的刑事案件中的证人拒不作证的法律责任有了明确规定。但仅有这一规定是远远不够的，我们还应当对该问题予以立法完善。具体可作如下规定：第一，在民事、行政诉讼法中，应当根据案件情况而规定证人拒

---

① 何家弘主编：《新编证据学》，法律出版社2000年版，第178～179页。

绝作证的应强制到庭，并且可以在相应行政法规中规定罚款、拘留等行政处罚措施。第二，在刑事诉讼中，由于案件性质严重，证人拒不作证严重妨碍了司法或执法机关调查权的行使，所以应在刑事诉讼法中增设拘传规定，对经合法传唤而没有理由不到指定地点接受询问的证人，可以采取拘传强迫其到案接受询问。第三，在刑法分则第六章妨害社会管理秩序罪的第二节妨害司法罪中，增设证人拒不作证罪，并根据情节轻重，规定可以单处罚金，严重的可以处以管制、拘役或徒刑。

作为证人到场作证义务的例外，在特定情形下，证人确实无法到场作证时，应允许其不到场。对此我国三大诉讼立法均有规定。如最高人民法院《关于执行〈中华人民共和国刑事诉讼法〉若干问题的解释》第 141 条规定："未成年人、庭审期间身患严重疾病或者行动极为不便的、其证言对案件的审判不起直接决定作用的和有其他原因的，经人民法院准许，证人可以不出庭。"《民事诉讼法》第 70 条规定："证人确有困难不能出庭的，经人民法院许可，可以提交书面证言。"根据《关于民事诉讼证据的若干规定》第 56 条规定："证人确有困难不能出庭的"是指下列情形：（一）年迈体弱或者行动不便无法出庭的；（二）特殊岗位确实无法离开的；（三）路途特别遥远或交通不便难以出庭的；（四）因自然灾害等不可抗力的原因无法出庭的；（五）其他无法出庭的特殊情况。《关于行政诉讼证据的若干规定》第 41 条规定："凡是知道案件事实的人，都有出庭作证的义务。有下列情形之一的，经人民法院准许，当事人可以提交书面证言：（一）当事人在行政程序或者庭前证据交换中对证人证言无异议的；（二）证人因年迈体弱或者行动不便无法出庭的；（三）证人因路途遥远、交通不便无法出庭的；（四）证人因自然灾害等不可抗力或者其他意外事件无法出庭的；（五）证人因其他特殊原因确实无法出庭的。”

上述规定还有待进一步完备。结合司法实践经验，我们认为，诉讼中证人可以不出庭作证的情形应包括以下几个方面：第一，在民事、行政诉讼中经证据交换，双方一致认为证人可以不到庭的；第二，因患严重疾病无法到庭的；第三，因不可抗拒原因无法到庭的；第四，不满 14 周岁的未成年人；第五，其他法律法规规定不到庭的。在这些情况下，证人可提交书面证言或视听资料或者通过双向视听传输技术手段作证，也可由司法机关的人员到证人住所对证人进行调查。

2. 如实作证的义务

该项义务要求证人经司法机关合法通知到场后，对于司法机关承办案件的工作人员有如实陈述自己所知晓的案件有关情形的义务，对于司法人员的询问事项，都应如实予以回答，不得沉默或明确表示不予回答，更不得作虚假陈述。否则，即属于违反如实陈述义务，应承担相应的法律后果。

证人要如实作证，必须做到两点：第一，不得作伪证。《刑事诉讼法》第 45 条第 3 款规定：“凡是伪造证据、隐匿证据或者毁灭证据的，无论属于何方，必须受法律追究。”第 98 条规定：“询问证人，应当告知其应当如实地提供证据、证言和有意作伪证或者隐匿罪证要负的法律责任。”《民事诉讼法》第 102 条、《关于行政诉讼证据的若干规定》第 76 条也规定证人作伪证应承担的法律责任。《刑法》第 305 条明确规定了伪证罪，此外，由于伪证构成其他罪的，还应依刑法其他规定定罪量刑。因此，证人在诉讼中必须如实提供证言，对司法人员的询问，应当如实回答，这样才能尽到作证的义务。第二，不得隐匿证据。隐匿证据，尤其是隐匿罪证是严重妨害司法的行为，严重的构成犯罪，依法应追究刑事责任。

应当注意的是，司法实践中要注意区分证人是伪证、隐匿证据还是误证。无论作伪证，还是隐匿证据，都是证人出自主观上的故意而实施的妨害司法的行为（与犯罪分子事先通谋，犯罪后又按约定为犯罪分子作假证明包庇的，构成共同犯罪；事先有通谋而为犯罪分子窝藏、转移、收购或者代为销售赃物的，也构成共同犯罪）。如果证人在履行作证义务时，不是有意作伪证或有意隐匿证据，而是由于对违法实施、犯罪真相认识有误、判断有错，或鉴于其他种种原因而确实不是有意不如实作证的，则属于误证，误证不属于违法犯罪行为。

为了保证证人如实地陈述，有的国家规定了证人在作证前有宣誓或具结的义务。如法国《刑事诉讼法典》规定，在预审和开庭审理时，证人在作证之前都有义务宣誓，保证陈述的情况完全真实，毫无隐匿或虚假。在日本，无论是在民事诉讼中，还是在刑事诉讼中，证人无正当理由而拒绝宣誓时，要受到法院罚款乃至拘留的处罚。证人宣誓后作出虚假陈述的就构成伪证罪。在英国，如果证人是基督教徒或犹太人，宣誓时还得手持《新约圣经》或《旧约圣经》，其他证人则可以庄重声明代表宣誓，宣誓或庄重声明后，如果证人有任何虚假陈述就构成伪证罪①。在德国，证人在民事诉讼中很少宣誓，只是当法院认为必须从证人取得真实陈述时才命令证人宣誓，而且多为“事后宣誓”，即在陈述之后宣誓。在我国台湾地区，法律规定证人有具结的义务，具

---

① 沈达明编著：《比较民事诉讼法初论》（上册），中信出版社 1991 年版，第 279 页。

结的内容与意义基本上与国外法律规定的宣誓相同。无论是宣誓还是具结，其主要目的是为了保证证人能如实陈述，在程序上还作为构成伪证罪的要件之一[①]。我国法律没有规定证人有宣誓或具结的义务，但立法上规定了告知程序，即法院有告知证人如实陈述之义务的同时，告知不如实陈述可能要承担的法律责任，以此促使当事人如实陈述。如《刑事诉讼法》第 98 条规定："询问证人，应当告知他应当如实地提供证据、证言和有意作伪证或者隐匿罪证要负的法律责任。"第 156 条规定："证人作证，审判人员应当告知他要如实地提供证言和有意作伪证或者隐匿罪证要负的法律责任。"我们认为，由于宣誓或具结是证人主动承诺，而法院告知则是证人被动接受，二者在效果上还是有区别的。因此，为保证证人如实陈述，我们应当借鉴国外经验，规定证人的宣誓义务。

与证人如实作证相关的一个问题，是证人是否可以拒绝如实陈述的问题。在我国，任何证人，均有如实陈述的义务，而在世界上其他一些国家，法律规定证人享有法定情形下的拒绝作证的特权，称之为"证言特免权"或"拒证权"。综合有关国家的立法和实践，证人拒证权主要适用于：第一，因亲情血缘关系而产生的拒证权。如大陆法系一些国家法律规定，证人为当事人的配偶、前配偶、未婚配偶或近亲、三亲等内之姻亲或曾有此亲属关系者，可以拒绝提供证言。我国台湾地区的"法律"也有类似规定。之所以如此规定，是为了顺乎人情，以维护家庭、亲属之间的亲情关系。第二，拒绝自我归罪而产生的拒证权。如果证人回答某个问题会使自己受到刑事追诉，就有权拒绝回答该问题。例

① 参见江伟主编：《证据法学》，法律出版社 1999 年版，第 379 页。

如，美国宪法第五修正案规定，任何人，在刑事案件中，不得被强迫作为反对他自己的证人。第三，因特定职业而产生的拒证权。如律师、医师、牧师，他们对其在从业过程中所了解到的有关情形，有对当事人保密的义务，为维护这些行业的职业道德和行业形象，法律赋予这些职业人员有权拒绝提供证言，但仅限于案件的有关情形是这些人在从业过程中知晓的范围。第四，事关公务秘密的拒证权。政府机关的行政首脑、代表政府的律师或检察官等有权就有关公务秘密的问题拒绝作答。

规定证人拒证权，对维护诉讼的公正、诉讼理论的完整性以及社会伦理道德，都有重要意义。另外，明确证人拒证权，亦有助于清晰界定证人应当出庭作证的范围。因此，我国应当借鉴国外经验，明确规定证人拒证权。具体应当包括以下几种：第一，配偶和近亲属之间的拒证权。第二，基于特殊职业而获取的秘密的拒证权。主要包括律师、医生、神父等。第三，国家工作人员事关公务秘密的拒证权。

3. 如实回答当事人等人的询问的义务

在刑事诉讼中，证人不仅要如实回答司法人员的提问，而且还要如实回答公诉人、被害人、被告人、辩护人等的提问。这在《刑事诉讼法》第47条和第156条有明确规定。另外，《民事诉讼法》第125条，也规定了当事人经法庭许可，可以向证人发问。《关于民事诉讼证据的若干规定》第58条和第60条、《关于行政诉讼证据的若干规定》第39条第2款也有类似规定。这样，既有利于证人充分陈述有关自己知道的案件情况，又有利于核实证人证言的真实性。

4. 遵守法庭秩序的义务

法庭是进行审判的特定场所，为确保审判顺利进行、严肃法纪，人民法院有法庭规则，证人作为诉讼参与人之一，应当遵守法庭规则，自觉维护法庭秩序，这是证人作证时应履行的义务。为此，《刑事诉讼法》第 161 条第 1 款规定：“在法庭审判过程中，如果诉讼参与人或者旁听人员违反法庭秩序，审判长应当警告制止。对不听制止的，可以强行带出法庭；情节严重的，处以一千元以下的罚款或者十五日以下的拘留。罚款、拘留必须经院长批准。被处罚人对罚款、拘留的决定不服的，可以向上一级人民法院申请复议。复议期间不停止执行。”《民事诉讼法》第 101 条规定：“诉讼参与人和其他人应当遵守法庭规则。人民法院对违反法庭规则的人，可以予以训诫，责令退出法庭或者予以罚款、拘留。人民法院对哄闹、冲击法庭、侮辱、诽谤、威胁、殴打审判人员，严重扰乱法庭秩序的人，依法追究刑事责任；情节较轻的，予以罚款、拘留。”另外，《行政诉讼法》第 49 条也有相应规定。

第五节 被害人陈述

一、被害人陈述的概念与特征

被害人陈述，是指被害人就其遭受犯罪行为侵害的事实以及有关犯罪嫌疑人、被告人的情况向公安、司法机关所作的叙述。被害人陈述是我国刑事诉讼特有的证据种类。

被害人陈述既包括公诉案件中被害人所作的陈述，也包括自诉案件中作为自诉人的被害人所作的陈述。附带民事诉讼中的原告是刑事诉讼的被害人，但由于附带民事诉讼是与刑事诉讼合并的民事诉讼，性质上仍属于民事诉讼，所以其原告人的陈述应属于民事当事人陈述，而非被害人陈述。此外，并非每个案件都有被害人陈述。一方面，有些案件可能没有被害人，如破坏社会主义市场经济秩序案件、渎职案件等；另一方面，有些案件虽然有被害人但被害人要么已死亡，未来得及向办案人员作出陈述，要么不能正确表达。

与其他种类的证据相比，被害人陈述具有以下特征：

（一）陈述主体的特定性

被害人陈述的主体是刑事诉讼被害人，这是被害人陈述区别于其他言词证据的主要特点之一。所谓刑事诉讼被害人，是指合法权益受到犯罪行为直接侵害的人，其特征有四：

（1）被害人应当是遭受犯罪行为直接侵害的人。如果某人未遭受犯罪行为的直接侵害或犯罪行为虽然对其造成了某种损害，但不是直接遭受犯罪行为侵害的人，都不是被害人。如杀人案件犯罪中，被犯罪行为直接杀害的人是被害人，被害人的父母、配偶、子女等虽然因其被害而蒙受精神创伤和物质损失，但都不是该案的被害人。

（2）必须是其合法权益遭受到侵害的人。所谓合法权益，即法律所保护的生命、健康、荣誉、尊严、财产等权利，包括人身权利、民主权利、财产权利和其他合法权利。

（3）被害人既可以是自然人，也可以是法人。法人被害人的陈述由其法定代表人作出，也可以委托并授权诉讼代理人参与诉讼，代理授权的诉讼行为。这里要注意的是，对单位法定代表人的陈述不能一概而论，如果他是代表被害单位作出的，是被害人陈述，但有时他在诉讼中以个人名义陈述案情，此时则应为证人证言。

（4）由于被害人的身份是犯罪行为造成的，因而被害人应当是特定的人，具有不可代替性。被害人的这一特征决定了被害人陈述的专属性，即不能由其他人来代替被害人陈述案件事实和被害的经过。如果其他人代替，那就是证人证言，属于另一种证据形式。所以，被害人陈述除被害人本人外，其他任何人，包括被害人的法定代理人和近亲属在内，均不可代替被害人作出陈述。至于一个案件有没有被害人，或有几个被害人，要因案而异。作为自然人被害人，可能是成年人，也可能是未成年人；可能是精神正常的人，也可能是无行为能力人或行为能力受到限制的人，如精神病患者，或者痴呆者。

（二）形成方式的多样性

根据我国立法及司法实践，被害人陈述可以是被害人所作的语言、文字表述，如根据被害人的口头表述，由公安司法人员记录或笔录，或者由公安司法人员将被害人的语言录音、录像，制成录音带、录像带；被害人可以自行书写证明被害过程和犯罪事实的有关情况的书面材料；被害人陈述也可以是能为他人理解的意思表示的记录，如聋哑被害人的手势、绘图等都可以通过有关这方面的翻译形成笔录。但为贯彻直接言词原则，我们认为，被害人陈述应当以口头陈述的方式进行。无论是在侦查还是起诉、审判中，办案人员都应当直接听取被害人的亲自口头陈述，特别是在法庭审判中，如无法定理由，被害人应当出庭陈述并接受控辩双方质询。如果被害人是未成年人或其他精神不健全的人，其法定代理人、监护人可以于询问时在场协助，但不得代替其陈述。唯此，方能确保被害人陈述的证明力。

（三）陈述内容的特定性

作为证据的被害人陈述，其内容仅包括两个方面：一是遭受犯罪行为侵害的情况；二是提供有关犯罪嫌疑人、被告人的情况。被害人的其他陈述内容，如提出惩罚犯罪的要求、对案件的分析判断、对适用法律的意见等，均与查清案件事实无关，只对公安司法机关处理案件具有参考意义，而不能作为诉讼证据使用。此外，被害人陈述所证明的只是其被特定犯罪所侵害的事实。如果被害人对犯罪嫌疑人、被告人与本案无关的其他犯罪行为的揭发、检举，这只能是证人证言，而不是被害人陈述。

（四）证明作用的复杂性

一方面，被害人陈述具有真实性和直接性。为了控诉并证实犯罪，被害人一般都能积极协助公安司法机关侦破案件，如实陈述案情。同时，由于被害人因遭受犯罪行为侵害，有些情况下被害人与犯罪人有过直接的正面的接触，因而其证明的具体性和对侵害行为感受的真切性，是其他证据不能比拟的。特别是在犯罪事实难以为他人感知的情况下，如人身和精神伤害的痛苦等，只有被害人亲自陈述，才能为办案人员和社会所理解。所以凡是有被害人，且他可以亲自陈述的案件，办案人员都应当直接听取被害人的陈述。

另一方面，由于被害人与案件事实和处理结果有直接利害关系，其陈述虚假、错误的可能性也比较大。首先，被害人受义愤、报复乃至通过诉讼获得补偿的心理驱使，往往夸大犯罪事实；其次，虚假陈述不仅有夸大犯罪事实的可能性，有时也可能缩小或掩盖某些事实和情节；再次，被害人还可能由于精神、心理的原因，观察、体验或认识错误，如幻觉或意识混乱等导致误证；最后，个别人可能假冒被害人对他人进行诬告陷害，当然，此种证据严格来说，已不属于被害人陈述。

二、被害人陈述与证人证言

英美法系与大陆法系各国以及我国的港澳台地区均把被害人陈述视为证人证言。这种做法主要是考虑到被害人陈述和证人证言在证据的证明作用、收集途径、方法等方面有相似之处。但事实上，两者是有区别的。因此，我国《刑事诉讼法》明确将被害人陈述和证人证言并列为两种独立的诉讼证据。具体来说，两者的主要区别是：

（一）主体不同

被害人陈述是合法权益受犯罪行为直接侵害的人，将其受犯罪侵害的事实向公安司法机关提供的；证人证言则是合法权益没有受犯罪行为直接侵害的案外人，将其所感知的案件情况向公安司法机关提供的；被害人陈述可由自然人作出，也可由法人作出；而证人证言只能由自然人作出。

（二）真实性程度不同

证人作为案外人，一般与案件没有直接利害关系，因此，一般来说，证人证言的客观性、真实性程度相对较高。而被害人与案件事实和处理结果有直接利害关系，其陈述虚假、错误的可能性也比较大。当然，这只是一般意义上而言，具体案件应具体分析。

（三）出证难易不同

被害人基于揭发、控诉犯罪和惩罚犯罪的强烈愿望，一般都能积极提供被害人陈述这种证据。而证人作为案外人，因案件事实与己无关，往往不愿出证。当前，证人作证难的问题仍较突出。

（四）故意出假证的法律后果不同

被害人如果捏造事实陷害他人，意图使他人受刑事追究，情节严重的，则构成《刑法》第 243 条规定的诬告陷害罪。而证人在刑事诉讼中对与案件有重要关系的情节，故意作虚假证明，意图陷害他人或隐匿罪证的，则构成《刑法》第 305 条规定的伪证罪。可见，被害人虚假陈述意图陷害他人一般发生在刑事诉讼开始之前，其目的是引起公安司法机关对他人错误的刑事追究。而证人提供的虚假证言则发生在刑事诉讼中，即公安司法机关立案后的侦查、起诉和审判过程中，目的是陷害他人或者隐匿罪证而为他人开脱罪责。

刑事被害人陈述与证人证言之所以有上述区别，是由于被害人与证人同犯罪的不同关系、不同的心理状态以及在刑事诉讼中不同的诉讼地位决定的。

三、被害人陈述的意义

被害人陈述是刑事诉讼中广泛采用的一种证据，对于司法机关判断案件性质，确定侦查方向和范围；收集、核实其他证据，揭露犯罪和证实犯罪，都有着非常重要的意义。

（一）提供案件线索，协助侦查破案

被害人由于直接与犯罪嫌疑人有过接触，可以提供犯罪嫌疑人的性别、年龄、身高、衣着、体貌特征、作案手段、作案时间、造成的后果等，从而为侦查机关侦破案件提供必要的线索，明确侦查方向，确定侦查范围。同时，被害人具有惩罚犯罪的强烈愿望，大都能积极协助侦查机关侦查破案。这对侦查破案查获犯罪嫌疑人具有重要作用。

（二）确认犯罪人，证明犯罪事实

被害人是犯罪的直接受害者，对案件事实比其他证人了解更清楚、具体，而且感知深刻、记忆久远，尤其在抢劫案件、伤害案件、侮辱案件、诈骗案件、强奸等案件中，被害人往往与犯罪

嫌疑人有过正面接触，有的可以直接告发犯罪嫌疑人是谁，从而使侦查机关及时地确定并查获犯罪嫌疑人；有的可以通过辨认来确定犯罪嫌疑人；有的被害人在同犯罪嫌疑人搏斗中可能给犯罪嫌疑人造成一定的损伤或在其身上留有标记，这对确定犯罪嫌疑人具有重要作用。被害人不仅可以确认犯罪嫌疑人，而且其陈述所证明犯罪的经过和情节往往比较清楚、明确和具体，是公安司法机关认定案件事实的重要证据。

(三) 鉴别真伪，排除矛盾

一般说来，被害人陈述是比较真实、比较具体的。因为被害人直接遭受犯罪行为的侵害，他对犯罪感受最深刻、记忆也久远，在证据的审查判断时，可以通过案中证据的互相对比，发现证据之间的矛盾，以便进一步收集证据，揭穿伪证，排除矛盾，使案件的认定建立在坚实的事实基础上。

第六节 犯罪嫌疑人、被告人供述和辩解

一、犯罪嫌疑人、被告人的供述和辩解的概念

犯罪嫌疑人、被告人的供述和辩解是刑事诉讼特有的证据种类。所谓犯罪嫌疑人、被告人供述和辩解，是指在刑事诉讼过程中，犯罪嫌疑人、被告人就与案件有关的事实向公安司法机关所作的供述，即通常所说的口供。把握这一概念，还需要明确以下几个问题：

(一) 犯罪嫌疑人、被告人供述和辩解的内容

犯罪嫌疑人、被告人供述和辩解的内容一般包括三个方面：(1) 犯罪嫌疑人、被告人的供述，即犯罪嫌疑人、被告人向

公安司法机关承认自己犯有罪行和关于犯罪具体过程、情节的叙述，表现为自首、坦白和供认。

（2）犯罪嫌疑人、被告人的辩解，即犯罪嫌疑人、被告人否认自己有犯罪行为，或者虽然承认自己犯了罪，但有依法不应追究刑事责任或者有从轻、减轻或者免除处罚等情况所作的申辩和解释，表现为否认、申辩、反驳、提供反证等。

（3）犯罪嫌疑人、被告人对他人共同犯罪事实的检举和揭发。

此外，在理解犯罪嫌疑人、被告人供述与辩解的内容时，我们还应当明确，此种证据仅限于对事实的陈述，不包括对事实的法律和道义的评价，即使是辩解也是如此。例如，犯罪嫌疑人供认实施了盗窃行为，又辩解说自己是初犯，“初犯”属于以事实进行的辩解，但由此要求“从轻处罚”，则是对“初犯”的法律评价，不是证据①。

（二）犯罪嫌疑人、被告人的供述和辩解的表现形式

犯罪嫌疑人的供述和辩解必须由犯罪嫌疑人、被告人亲自以口头的方式向办案人员陈述，由办案人员按法定程序以讯问笔录的形式加以固定。根据办案人员的要求，或其本人的请求经办案人员的同意，也可以书写为亲笔供词。讯问时可以录音、录像，经核对无误，录音、录像与讯问笔录有同等效力，但不得因录音、录像而省略讯问笔录。此外，刑事被告人还必须在法庭上接受讯问，并口头陈述其供述和辩解。

（三）单位犯罪嫌疑人、被告人的供述和辩解

根据我国现行刑事法律的规定，单位也可以称为犯罪嫌疑

---

① 刘金友主编：《证据法学》，中国政法大学出版社2001年版，第161～162页。

人、被告人。作为一个组织体，单位如何陈述呢？

单位犯罪事实的陈述有三种情况，一是犯罪单位主要负责人（或法定代表人）就犯罪事实或无罪事实的全面或概括的陈述，而不论该人是否对犯罪负有罪责①。二是直接责任人对其参与的犯罪活动的陈述，这种陈述既与单位的犯罪有关，也与个人的罪责有关，应归入单位犯罪的陈述，而不仅是个人犯罪的陈述；三是主管人员和直接责任人以外具体工作人员对其职务活动的陈述，这种人员的职务活动自己并无罪责，但与单位的犯罪却有关系。例如，单位行贿罪和单位受贿罪案件中财务出纳或财物保管人员，对于涉案的支出或收入有经手关系，而并不知与犯罪有关，他的陈述就属于这种情况。前两种是犯罪主体的陈述，是犯罪嫌疑人和被告人的供述和辩解，第三种则应属于证人证言。

在审判时，单位主要负责人（法定代表人）应作为诉讼代表人代表犯罪单位出庭，如果该人是被指控为单位犯罪的直接负责的主管人员，应由该单位的其他负责人作为诉讼代表人出庭。（最高人民法院《关于执行〈中华人民共和国刑事诉讼法〉若干问题的解释》第208条。）但是，这并不能改变单位主要负责人的陈述属于被告人供述和辩解的证据种类②。

二、犯罪嫌疑人、被告人“攀供”的性质

所谓“攀供”，是指同案犯罪嫌疑人、被告人在交代自己的

① 有的单位负责人或法定代表人与单位犯罪并无关系，如某负责人在该单位犯罪时并不在该单位，而在追究犯罪时才负责该单位的工作，就是如此。但是并不能因为他对犯罪不负责任就有权拒绝向司法机关陈述该单位犯罪的情况，这是由单位犯罪的特点决定的。

② 刘金友主编：《证据法学》，中国政法大学出版社2001年版，第164～165页。

罪行时，又供述和检举其他同案犯罪嫌疑人和被告人的犯罪事实。这种攀供究竟属何种性质？即在证据形式上是犯罪嫌疑人、被告人的供述和辩解，还是证人证言？对此，学术界大致有三种观点：

第一种观点认为，犯罪嫌疑人、被告人在交代自己罪行的同时，检举揭发同案犯罪嫌疑人、被告人的共同犯罪事实，仍属于犯罪嫌疑人、被告人供述和辩解的一部分，不能看作是证人证言。

第二种观点认为，同案犯罪嫌疑人、被告人的攀供，其内容既然是检举揭发他人的犯罪行为，实际上他也是就自己所了解的案件事实向司法机关进行陈述，同其他证人的证言作用是一致的，因此应属于证人证言。

第三种观点认为，原则上同案犯罪嫌疑人、被告人的攀供是犯罪嫌疑人、被告人供述和辩解的一部分，不能视为证人证言，但在特殊情况或者在一定条件下，可以作为证人证言使用①。

我们同意第三种观点，认为对攀供的性质不能一概而论，而应当根据情况区别对待。

（1）犯罪嫌疑人、被告人对同案处理的共犯共同犯罪行为的检举揭发属于犯罪嫌疑人、被告人的供述与辩解。例如，甲、乙犯有共同盗窃罪，则在诉讼中，甲揭发乙参与共同盗窃即为口供。这是因为，同案犯罪嫌疑人、被告人的共同犯罪行为是一个有机的整体，单独地孤立地看待同案犯各自的行为不可能得出科学正确的结论。因此，必须从整体的角度加以审查。犯罪嫌疑

① 参见崔敏主编：《刑事证据理论研究综述》，中国人民公安大学出版社 1990 年版，第 141 页。

人、被告人在交代自己罪行的同时，检举揭发同案犯罪嫌疑人、被告人的共同犯罪事实，貌似检举揭发他人的犯罪行为与事实，实质上是在叙述自己的犯罪行为和过程。因为犯罪嫌疑人、被告人检举揭发共同犯罪的他人的犯罪行为是其供述自己犯罪行为不可回避的部分。

（2）犯罪嫌疑人、被告人对异案处理的共犯共同犯罪行为的检举揭发仍是犯罪嫌疑人、被告人的供述与辩解。有学者认为，如果有共犯关系的被告人不同时审判，他们就案件事实的陈述，对于其他犯罪嫌疑人、被告人来说，就是证人证言[①]。我们不赞同这一观点。从我国处理犯罪案件的实际情况看，对共同犯罪嫌疑人、被告人大多是同案审判，但有时为了便于查明犯罪事实，区分罪责，特别是为了及时惩罚犯罪，人民法院也会异案处理。但无论是同案追诉，还是异案审判，犯罪嫌疑人、被告人对其他共犯的检举揭发，只能作为犯罪嫌疑人、被告人的供述和辩解，而不能互为证人证言。因为共同犯罪嫌疑人、被告人分别受到刑事处罚只是诉讼程序上的分离，不是犯罪事实的分离，被告人终究属于共犯。共同犯罪嫌疑人、被告人之间共同犯罪的事实，互相间因共同犯罪而形成的利害关系，并不以是否同案处理而有变化，他们在同案或分案中，对自己及其共犯共同犯罪行为所作的陈述或辩解，虽然可以互相印证，但均不属于与案件无关的第三者的旁证性质，因此其供述和辩解不能是证人证言。当然，异案处理时，已结案的共犯在参加正在受审的共犯被告人诉讼活动时，确实不好称其为被告人，因为他已结案，已成为罪犯或成为

① 转引自陈一云主编：《证据学》，中国人民大学出版社 2000 年第 2 版，第 373 页。

自由人。但是，称谓上的问题不应影响其攀供的实际性质。

(3) 犯罪嫌疑人、被告人对同案犯罪人共同犯罪以外的罪行的检举揭发，应视为证人证言。如甲、乙共同盗窃，甲揭发乙曾在盗窃后单独实施了强奸行为，以前还犯有抢劫行为，则甲对乙强奸、抢劫的揭发检举，均为证人证言。因为这种检举揭发与他自己的罪责无关，属于证明乙强奸、抢劫罪行时与之无关的第三者的旁证性质，所以应为证人证言。

(4) 犯罪嫌疑人、被告人对非同案且非共同犯罪的犯罪嫌疑人、被告人的检举揭发，属于证人证言。明确上述具有重要的理论与实践意义，因为如果将犯罪嫌疑人、被告人的检举揭发一律认作口供，则不利于对非共犯或共犯共同犯罪行为以外的犯罪事实的审查与追究。更为重要的是，如果一律将之当作证人证言来处理，则会使某些司法人员规避我国《刑事诉讼法》第 46 条关于“仅凭口供不能定案”的规定，仅仅根据犯罪嫌疑人、被告人的供述，就予定案，这样很容易造成冤、假、错案，不利于保护犯罪嫌疑人、被告人的合法权益。2000 年 4 月 4 日最高人民法院印发的《全国法院审理毒品犯罪案件工作座谈会纪要》(法[2000] 42 号，以下简称《纪要》)中指出，在处理被告人翻供等毒品案件时，“只有当被告人的口供与同案其他被告人供述吻合，并且完全排斥诱供、逼供、串供等情形，被告人的口供与同案被告人的供述才可以作为定案的证据。对仅有口供作为定案证据的，对其判处死刑立即执行要特别慎重”。这里虽然没有明确指出被告人对同案他人罪行的检举揭发属于证人证言，但仔细分析不难看出，《纪要》其实隐含了这种理解。尽管《纪要》并非司法解释，其针对的案件确实也比较特殊，但我们认为，这种做法值得商榷，实践中也非常危险。

三、犯罪嫌疑人、被告人供述和辩解的特点

犯罪嫌疑人和被告人是与案件事实及诉讼的结果具有最为切身利害关系的当事人。这种特殊的诉讼地位，决定了犯罪嫌疑人、被告人供述和辩解具有以下特点：

(一) 犯罪嫌疑人、被告人供述和辩解是由被指控主体提供的，因而具有双重诉讼性质

刑事诉讼由控诉、辩护、裁判三种基本诉讼职能构成，犯罪嫌疑人、被告人是被指控涉嫌犯罪的主体，依法承担辩护职能。犯罪嫌疑人、被告人作出供述和辩解，不仅是为专门机关提供查明案件事实真相的有关材料，更重要的是其行使辩护权的基本方式之一。因此，犯罪嫌疑人供述和辩解既具有证明案件事实的性质，又具有辩护的性质。这一特征，是其他刑事证据种类均不具备的。

(二) 犯罪嫌疑人、被告人供述和辩解有可能直接、全面反映案件事实

犯罪嫌疑人、被告人是案件的当事人，是“刑事诉讼中的核心人物”①，他对自己是否犯罪以及犯罪的具体过程和情节，犯罪前后的主观心理状态，是最清楚的。他所作的有罪供述，会更直接、更全面地反映出其犯罪的动机、目的、手段、时间、地点、后果等事实情况；他所作的无罪或罪轻的辩解一般也会提出一些具体的事实根据或申辩理由，使司法人员了解案件的全貌；他所作的揭发检举他人犯罪行为的陈述，可以反映其犯罪的形成、分工和具体实施犯罪的全过程，还可以反映其认罪态度和思

---

① 江伟主编：《证据法学》，法律出版社 1999 年版，第 418 页。

想状态。因此，犯罪嫌疑人、被告人供述和辩解有可能更直接、全面地反映案件事实情况，一经查证属实，就可以成为认定案件事实的直接证据。这是口供的最大优点，也是其他证据无法比拟的。

(三) 犯罪嫌疑人、被告人供述和辩解虚假的可能性很大，往往真假混杂

有真有假，真假混杂，是犯罪嫌疑人、被告人供述和辩解的最大特点。它之所以有这个特点，主要有以下几方面原因：第一，犯罪嫌疑人、被告人是被追究的对象，诉讼结果与他有切身的利害关系，在诉讼中是供述还是辩解以及如何供述和辩解，都直接影响到司法机关对他的处理。因此，在大多数情况下，犯罪嫌疑人、被告人在供述犯罪事实时，往往有隐瞒，避重就轻，甚至可能编造谎言，进行狡辩。第二，由于犯罪嫌疑人、被告人所处的特殊的诉讼地位和其人身自由受到强制限制的情况，加之在刑事审讯中往往存在不同程度的逼供、诱供、指供、暗示等问题，使犯罪嫌疑人、被告人容易产生“顺竿爬”的特殊心理，更可能出现胡编乱说的情形，以致使嫌疑人、被告人的供述和辩解的内容严重失实。第三，即使是犯罪嫌疑人、被告人自愿作出的有罪供述，也可能因为种种原因而虚假。例如，有的出于讲“义气”，把朋友的罪行揽在自己身上；有的为了开脱亲属的罪责，顶替犯罪人到公安司法机关自首；有的为了掩盖某种隐私，把本来不是犯罪的行为供认为犯罪；有的为了减轻自己过错所造成的良心谴责，而将本不属于犯罪的行为说成是自己实施了犯罪等等。

(四) 犯罪嫌疑人、被告人供述和辩解具有不稳定性和易变性

犯罪嫌疑人、被告人供述和辩解的不稳定性和易变性，主要

体现在诉讼过程中，犯罪嫌疑人、被告人随时可能“翻供”。犯罪嫌疑人、被告人的思想由于受各种因素的影响，极易起伏波动。有的犯罪嫌疑人、被告人开始作了真实供述，但由于畏惧承担刑事责任，所以又不承认犯罪。有的犯罪嫌疑人、被告人开始作了虚假供述，以后受到教育，真诚悔罪后，又如实陈述。还有的犯罪嫌疑人、被告人时供时翻，屡供屡翻。因而，犯罪嫌疑人、被告人供述和辩解的稳定性不仅无法同实物证据相比，而且不如证人证言、鉴定结论，甚至被害人陈述。根据这种特点，在运用犯罪嫌疑人、被告人供述和辩解这种证据时，应当全面分析犯罪嫌疑人、被告人在刑事诉讼过程中的所有供述和辩解，研究其翻供的原因，是否有理，以判明其价值和真实性。

根据上述特点，《刑事诉讼法》规定了重证据、重调查研究、不轻信口供的原则。办案人员对口供的正确态度应是不可轻信，必须掌握正确的讯问方法和时机，必须研究被讯问人的心理变化，必须在调查研究的基础上分析口供的真伪，口供只有查证属实才能作为定案的根据，仅凭口供不能定案。切不可再实行“无供不录案”，视口供为“证据之王”。

四、犯罪嫌疑人、被告人供述和辩解的意义

尽管犯罪嫌疑人、被告人的供述和辩解真假混杂，不可轻信，但不可否认它在刑事诉讼中的应有作用。正确对待犯罪嫌疑人、被告人供述和辩解，对于公安司法人员客观、全面地分析案情，正确认定案件事实，公正处理案件，具有十分重要的意义。

（1）犯罪嫌疑人、被告人供述和辩解有利于办案人员迅速查明案情。犯罪嫌疑人、被告人的供述和辩解，不管内容怎样，总是要围绕案情讲一些情况。这些情况有助于侦查、检察、审判人

员正确地分析和判断案情，迅速地查清犯罪事实，正确地处理案件。

（2）犯罪嫌疑人、被告人供述和辩解，有利于公安司法人员发现新的情况和证据线索。犯罪嫌疑人、被告人的有罪供述特别是共同犯罪案件中的检举揭发，常常可以为发现其他犯罪和犯罪嫌疑人提供有价值的线索。犯罪嫌疑人、被告人的辩解中，也可能提供有利于查获真正犯罪人的情况。

（3）犯罪嫌疑人、被告人供述和辩解，可以使公安司法人员"兼听则明"。特别是对审判人员来说，既要听取公诉人、自诉案件原告人从控诉方面提出控诉的根据和理由，又要听取被告人从辩护方面提出反驳控诉的理由和根据。这样才能克服主观臆断，及时发现和纠正办案中的偏差。

（4）犯罪嫌疑人、被告人供述和辩解可以核实其他证据。各种证据只有在相互比较、印证中才能审查核实，犯罪嫌疑人、被告人供述作为证据的一种，可以与其他证据相互比较、印证，作为审查核实其他证据的材料。

（5）犯罪嫌疑人、被告人供述和辩解可以反映其认罪、悔罪态度及立功表现。这有利于公安司法机关区分不同的情况，对案件作出正确的处理。特别是被告人的认罪态度和悔罪或者立功表现是人民法院量刑时酌定或法定的情节。

第七节　当事人陈述

一、当事人陈述的概念与特征

当事人陈述是我国民事诉讼法和行政诉讼法规定的独立的证

据种类。所谓当事人陈述，是指当事人在诉讼中就有关案件的真实情况向人民法院所作的叙述和承认。当事人陈述具有以下特征：

（一）当事人陈述的主体是当事人

当事人陈述的主体是民事、行政诉讼的当事人，包括原告、被告以及共同诉讼人、诉讼代表人和第三人。刑事附带民事诉讼中的附带民事诉讼，是与刑事诉讼合并的民事诉讼，因此，其当事人陈述仍属于民事当事人陈述。这一点使当事人陈述区别于证人证言和鉴定结论。

（二）当事人陈述的内容具有特定性

在民事或行政诉讼中，当事人的陈述内容十分广泛，一般包含以下一些内容：

（1）关于案件事实的陈述。

（2）诉讼请求的提出、说明和关于案件处理方式的意见。

（3）对证据的分析、判断和应否采用的意见。

（4）对系争事实的法律评断和适用法律的意见等等。

在这些内容中，只有第（1）项即当事人关于案件事实的陈述可以作为证据使用，才是作为证据的"当事人陈述"，除此之外的其他各项都不是证据。内容上的特定性，也是当事人陈述与鉴定结论的主要区别之一。

（三）当事人陈述具有双重性

当事人有基于客观事实进行如实陈述的可能，也有基于自己的目的进行虚假陈述的可能，而且往往是在同一个陈述同时包含这样的内容。所以，他们的陈述就显得真真伪伪、虚虚实实，必须加以认真辨别。之所以会具有这样的特征，是因为当事人是民事、行政法律关系的直接参加者，他们对权利义务纠纷的发生、变更或者消灭的事实情况比任何人都清楚，为了证明自己的主张的正当性和合理性，他们常常会自愿地积极地向法院陈述他们知道的有关案件的全部事实情况。同时，为了争取有利于自己的判决，他们往往也会千方百计地隐瞒对自己不利的有关事实和证据，而夸大甚至编造对己有利的事实和证据，向法院作虚假的陈述。

二、当事人陈述的分类

根据不同的标准，可以对当事人陈述进行不同的分类：

（一）根据当事人陈述的形式，可以分为书面陈述与口头陈述

书面陈述是当事人将有关案件的真实情况，以文字或书面的方式记载下来，递交法院，例如原告起诉状中和被告答辩状中有关案件事实的叙述。口头陈述是当事人对有关案件事实，采用口头言词方式所进行的陈述，询问当事人或当事人到庭参加审理，陈述有关案件事实，都是采用言词方式。一般来说，在诉讼中，既有书面陈述又有口头陈述，书面陈述缜密，口头陈述朴实，两者各有所长，可以相互补充。

（二）根据当事人陈述的性质，可以分为确认性陈述、否定性陈述与承认性陈述

确认性陈述是当事人举出一定事实作根据，说明争议的实体法律关系存在的陈述。例如，在法院审理的确定亲子关系的案件中，原告某女举出一系列事实，据以说明被告某男就是某婴儿的生父。原告某女的这种陈述，即为确认性陈述。可见，确认性陈述具有主动性、独立性和利己性的特点，不管另一方当事人有无相关的陈述，一方当事人皆可主动地向法院陈述对自己有利的事实。否定性陈述是指当事人在诉讼中列举事实否认争议的某种法律关系根本不存在的陈述。如否定有借贷关系存在的陈述。承认

性陈述是指一方当事人对他方当事人所提出的事实或诉讼请求，明确表示了予以承认的陈述。

三、自认

（一）自认的概念

自认是当事人陈述中的重要组成部分。所谓自认，是指当事人对不利于自己事实的承认。

在我国，不少学者将“自认”称为“当事人承认”[①]。我们认为这样表述并不严谨，因为当事人承认包括当事人对事实的承认和当事人对诉讼请求的承认，两者在性质上是不同的。只有当事人对事实的承认才是当事人陈述的内容，才是证据法的调整对象。为此，大陆法系国家对两种承认作了明确的区分。他们将当事人对事实的承认称为“自认”，而将对诉讼请求的承认称为“承诺”或“认诺”[②]。在此，我们也使用“自认”这一术语。

自认与当事人对诉讼请求的承认即认诺有以下几点区别：

（1）承认的对象不同。自认是对诉讼中事实主张的承认，认诺是对实体意义上的诉讼请求的承认，二者的意思表示所指向的客体是不同的。

（2）承认的主体不同。自认不仅可由被告作出，也可由原告作出。但认诺只能由被告作出，对于原告来说，除非被告提出反诉，否则无所谓认诺。不过，在被告提出反诉时，本诉的原告也就成了反诉的被告了。

---

① 参见刘家兴主编：《民事诉讼法教程》，北京大学出版社 1994 年版，第 174 页。江伟主编：《证据法学》，法律出版社 1999 年版，第 468 页。

② 参见毕玉谦著：《民事证据法判例实务研究》，法律出版社 2001 年修订版，第 83 页。

(3) 基于诉讼的原则不同。自认受证据法上关于证据效力规定的调整，是根据辩论原则所产生的概念，意指双方当事人对该特定的事实主张认识一致，不需要法院行使审判权予以判断，因而它排除了法院的事实认定权；认诺则受诉讼法和实体法的双重调整，是当事人根据处分原则和权利自治原则所行使的处分行为，它表明双方当事人对诉讼请求没有争议，需要法院行使审判权加以确认，因而它排除了法院的法律适用权①。

(4) 承认的效果不同。符合法定条件的自认，能够产生免除事实主张者举证责任的效果，与之相伴随，对法院而言，法院必须视自认的事实为真实，并以其作为裁判依据。而认诺则要求法院据此作出于承认者不利的败诉判决。

当然，自认与认诺也有密切的联系。从效果上说，二者都是对作出承认一方当事人不利的诉讼行为，它们一经合法地作出，便将产生应有的法律效果，没有特别的法定事由，是不允许撤回的。但是，自认免除的是对方当事人负担的某个具体的、特定的举证责任，而认诺则可免除对方当事人在诉讼中所负担的全部举证责任。可见，从一定意义上说，认诺也是以免除对方当事人的举证责任的形态表现出来的。

(二) 自认的分类

自认因不同的标准可以划分为不同的类型：

(1) 根据自认作出的时间和场合的不同，可分为诉讼上的自认与诉讼外的自认。诉讼上的自认是指当事人在诉讼过程中对另一方当事人陈述的不利于自己的案件事实的承认，又称为审判上的自认或裁判上的自认。诉讼外的自认是指在诉讼过程之外所作

① 江伟主编：《证据法学》，法律出版社 1999 年版，第 469 页。

的自认，因而也称为审判外的自认或裁判外的自认，如当事人在来往书信中或在谈话时对不利于己的事实予以承认。

诉讼上的自认与诉讼外的自认的法律效力是不同的。诉讼中的自认具有免除对方当事人举证责任和约束法院、当事人的效力；而“诉讼外之自认，仅为证据之一种，并无诉讼上自认之效力。该项自认，纵使与他所主张之事实相符，仅可为法院依自由心证认定事实之资料，亦即其证据力如何，应由法院判断之。他仅得援用此项自认为证据，并非因有此项自认而毋庸举证”①。

(2) 根据自认的程度、范围可以划分为完全自认与限制自认。完全自认是对另一方当事人主张的事实的全部自认，又称为无条件的自认；限制自认是指当事人一方承认对方所主张的事实时附加一定的限制条件，故又可称为有条件的自认。

完全自认能够免除双方的举证责任，而限制自认则要对所附条件按照举证责任负担的原则进一步举证。如在借款合同纠纷中，原告要求被告偿还借款，被告对借款的事实予以承认，但提出已经偿还；或原告曾经同意延长清偿期限，对这种限制自认，应当由被告就已经偿还或同意延长清偿期限而承担举证责任。

(3) 根据当事人意思表示的方式可以划分为明示自认和默示自认。明示自认是指当事人一方对另一方所主张的事实，以言语方式积极地、明确地表示承认。默示的自认是指当事人一方对另一方所主张的事实，既未明确表示承认，也未作否认的表示，而法律规定应视为自认的情况，又称为准自认或拟制的自认。例如，在一起案件中，作为诉讼一方的一个拍卖商曾签发一份明细表，其中讲到某些货物是一位破产者的财产。基于这一事实，法

① 李学灯著：《证据法比较研究》，台湾五南图书公司1992年版，第124页。

院认为，诉讼的另一方没有必要提出证据来证明货物的主人已破产。

默示自认发生明示自认的效力，其确认建立在这样的理论基础之上：民事诉讼具有较强的对抗性，如果一方对另一方主张的不利于自己的事实不予自认，应予以反击和陈述；如不予争执，则视为承认。但是，默示自认有严格的限制条件，只有在例外情形下才被认可。

（4）根据自认主体的不同可以划分为当事人的自认和代理人的自认。当事人的自认是指当事人本人参加诉讼时所作的承认；代理人的自认是指代理人在诉讼过程中根据代理权限所作的承认。

我国《关于民事诉讼证据的若干规定》第8条第3款规定："当事人委托代理人参加诉讼的，代理人的承认视为当事人的承认。但未经特别授权的代理人对事实的承认直接导致承认对方诉讼请求的除外；当事人在场但对其代理人的承认不作否认表示的，视为当事人的承认。"据此，代理人的自认应当以授权委托书载明的代理权限为标准，超出代理权限的承认不产生自认的效力，但当事人在场而不作否认表示的除外。

（三）自认的构成要件

由于自认一经作出就具有法律效力，因此自认必须符合法定要件。具体而言，有以下几个方面：

（1）在时间上，自认必须在诉讼程序的延续过程中作出。《关于民事诉讼证据的若干规定》第8条第1款规定："诉讼过程中，一方当事人对另一方当事人陈述的案件事实明确表示承认的，另一方当事人无需举证。但涉及身份关系的案件除外。"《关于行政诉讼证据的若干规定》第65条则规定："在庭审中一方当事人或者其代理人在代理权限范围内对另一方当事人陈述的案件事实明确表示认可的，人民法院可以对该事实予以认定。但有相反证据足以推翻的除外。”因此，自认必须是诉讼上的自认，在诉讼开始之前或诉讼结束之后所作出的承认，均不构成这里的“自认”。至于当事人在诉讼的何种阶段作出承认的意思表示，原则上并无大碍。一般而言，当事人既可以在起诉阶段或开庭审理前的准备阶段表示，如原告在起诉状中表示承认，被告在答辩状中表示承认等等，也可以在开庭审理的过程中表示承认。当然，当事人的自认应当在最后一次法庭辩论终结前作出，否则，在法院作出判决时或判决后作出，就失去了自认的意义。

（2）在指向的主体上，自认必须向审理该案的审判人员作出。当事人虽然在诉讼过程中作出了自认的意思表示，但如果该意思表示不是向审理该案的审判人员作出的，而是向其他的审判人员或者仅向对方当事人作出的，则不构成诉讼上的自认。

（3）在对象上，自认是就不利于己的案件事实所作的承认，而不是对诉讼请求的承认。事实在大陆法系被分为主要事实、间接事实和辅助事实三类。所谓主要事实是指能够引起民事权利发生、变更、消灭有直接作用的事实；所谓间接事实就是借助经验法则、理论原理能够推定主要事实存在与否的事实；辅助事实是指能够明确其证据能力和证据力的事实[①]。大陆法系诉讼理论认为，自认所产生的对法院的约束力是辩论主义的内容之一，只限于对民事权利产生、变更和消灭所必需的主要事实。“自认具有裁判上的效力也是辩论主义的内容之一。因此，判例也把本人的

① 参见张卫平著：《诉讼构架与程式——民事诉讼的法理分析》，清华大学出版社 2000 年版，第 176～177 页。

自认的对象限于主要事实，而对于间接事实的自认和辅助事实的自认则对法院和作出自认的当事人没有拘束力。”①

（4）在表示方式上，自认以明示为原则，以默示为例外。自认对诉讼具有相当的约束力和影响力。为了确保自认的真实性和自愿性，各国都要求自认必须以积极、明确的方式表示。默示即对另一方当事人的陈述既不承认也不否认，必须在法定的例外情形下方可构成自认。《关于民事诉讼证据的若干规定》第8条第2款规定：“对一方当事人陈述的事实，另一方当事人既未表示承认也未否认，经审判人员充分说明并询问后，其仍不明确表示肯定或者否定的，视为对该项事实的承认。”这表明，在我国民事诉讼中，审判人员行使说明、询问等释明义务是默示自认成立的必要条件。

（四）自认的效力及其范围

具备上述构成要件的自认便会产生法律上的效力。自认的效力包括以下两个方面的内容：第一，对当事人的拘束力。首先，作出自认者的相对方对自认的事实不再承担举证责任；其次，自认者在自认后不得随意撤回自认，也不得在同一诉讼中再次就自认的事实进行争执或主张与自认事实相反的事实。第二，对法院的拘束力。一旦当事人对事实作出自认，法院必须视自认事实为真实，以其作为裁判依据，而不得再动用职权对自认事实进行调查，更不得作出与自认事实相反的事实认定。

自认之所以具有并且必须具有上述效力，应该说与自认制度设立的目的密不可分。各国之所以设立自认制度，就是基于充分

---

① 〔日〕兼子一、竹下守夫著：《日本民事诉讼法》，白绿铉译，法律出版社1995年版，第104～105页。

尊重当事人意思自治和处分权原则、减轻当事人和法院的负担和提高诉讼效率和效益等价值考虑的。

然而，自认的效力并不是绝对的，或者说，自认的效力及自认的适用是有范围的。根据立法与司法实践，以下几种情形下自认不产生效力：

(1) 民事诉讼中涉及身份关系的案件。它主要包括婚姻案件和亲子关系的案件。因为身份关系的案件不仅涉及当事人双方的私人利益，更关乎多数关系人的利益，甚至影响社会秩序和国家的利益。如离婚案件中女方为争子女的抚养权，称子女非为自己与丈夫所生，此时若丈夫恰巧不希望抚养子女，于是对女方主张的事实表示承认。如果该情形下也承认自认的效力，显然将损害第三人利益。因此，在涉及身份关系的案件中，自认不能生效。但对于身份关系案件中与身份关系无关的事实，自认仍然有效。如离婚诉讼中，当事人一方对另一方陈述的关于夫妻共同财产的自认，依法应当予以确认。

(2) 民事诉讼中涉及国家利益、社会公共利益或他人合法权益的事实。《关于民事诉讼证据的若干规定》第13条规定："对双方当事人无争议但涉及国家利益、社会公共利益或者他人合法权益的事实，人民法院可以责令当事人提供有关证据。"出于对社会整体利益的考虑，人民法院对当事人涉及国家利益、社会利益或他人合法权益的处分权进行必要的限制是合理的。因此，对这些事实的自认能否生效，应由法院予以审查确定。当然，这种审查必须仅限于法定的情形，法院不得超越法律的规定随意审查，否则会动摇整个自认制度的基础。

(3) 民事诉讼调解或和解中的自认。《关于民事诉讼证据的若干规定》第67条规定："在诉讼中，当事人为达成调解协议或者和解的目的作出妥协所涉及的对案件事实的认可，不得在其后的诉讼中作为对其不利的证据。”之所以排除调解和和解中的自认的效力，主要是因为：其一，在诉讼过程中，调解与和解均是通过当事人双方的妥协与让步达到平息争端，解决纠纷的目的。因此，为达成调解协议或和解目的所作的让步表示，虽然形式上符合自认的构成要件，但其不具备自认的实质；其二，如果赋予调解或和解中的自认以证据的法律效力，有违诚信原则，也会破坏当事人之间的信赖关系，从根本上不利于达成调解或和解协议，导致目的和手段的二律背反；其三，只有法律明确规定调解与和解中的让步不具有自认的效力，当事人才愿意在诉讼中通过调解或和解解决纠纷，从而节约诉讼成本，增进社会效益①。

（4）民事、行政诉讼中属于法院主动依职权调查的事项。如对于属于诉讼成立要件的事实，诸如是否有管辖权、是否有当事人能力等；再如协议管辖，法律要求当事人必须以书面形式证明协议管辖的存在，当事人自认证明不能代替书面证明。法院主动依职权调查的事项多属于一些程序上的事项，是为保证诉讼有效进行和防止当事人滥用权利，而在程序上对当事人的处分权所作的一些必要的限制，因此，这些事项不适用自认，自认也无生效的余地。

（5）属于司法认知② 的事实。主要包括：众所周知的事实；自然规律及定理；已为人民法院发生法律效力的裁判所确认的事实；已为仲裁机构的生效裁决所确认的事实；已为有效公证文书

---

① 黄松有主编：《民事诉讼证据司法解释的理解与适用》，中国法制出版社2002年版，第340页。

② 关于司法认知，本书第十一章将作专门论述。

所证明的事实等。这些事实由于其公认的或法律上的效力，对法院和当事人有着当然的约束力，法院必须接受这些事实而排斥与之相反的事实，当事人不能对这些事实发生争议，更不得主张与之相反的事实，因此这些事实排斥自认的适用，在这些事实方面，自认自无生效的可能。

(6) 在行政诉讼中，有相反证据足以推翻自认事实的。这是《关于行政诉讼证据的若干规定》第 65 条的特有规定，反映出行政诉讼自认与民事诉讼自认的不同。

(五) 自认的撤回

自认一经作出，当事人就不得随意撤回。这是禁止反言原则 (Estoppel) 的要求和体现，也是自认效力的内容之一。但是，民事诉讼所奉行的诚实信用原则又决定了司法裁判应当建立在当事人意思真实的基础之上，如果当事人因各种原因不能抗拒或不敢抗拒时作出了违背客观事实的承认，依法应当给以矫正和救济的机会，这也是诉讼中公平正义的需要。因此，在法定情形下，自认也是可以撤回的。

《关于民事诉讼证据的若干规定》第 8 条第 4 款规定："当事人在法庭辩论终结前撤回承认并经对方当事人同意，或者有充分的证据证明其承认行为是在受胁迫或者重大误解情况下作出且与事实不符的，不能免除对方当事人的举证责任。"第 74 条规定："诉讼过程中，当事人在起诉状、答辩状、陈述及其委托代理人的代理词中承认的对己方不利的事实和认可的证据，人民法院应当予以确认，但当事人反悔并有相反证据足以推翻的除外。"可见，在我国民事诉讼中，自认在以下情况下可以撤回：

(1) 经对方当事人同意，在法庭辩论终结前可以撤回自认。自认在一定阶段经对方当事人同意后允许撤回，符合当事人意思自治的原则。自认的不可撤回性源自对当事人诉讼权利的特别保护，因为一方当事人的自认可以免除对方当事人就自认事实继续举证的义务，如果当事人随意撤回自认，就可能使对方当事人失去举证、质证的时机或条件，造成诉讼权利的不平等。但是，如果对方当事人同意撤回自认，且在法庭辩论终结以前，当事人要求撤回自认的请求应当被准许。如果当事人在法庭辩论终结以后要求撤回自认，一方面是无法组织当事人重新举证和质证，另一方面审判人员已进入合议阶段，故当事人撤回自认的请求不能成立。

(2) 当事人有充分证据证明其承认行为是在受胁迫或者重大误解情况下作出且与事实不符的，其自认可以撤回。在这里，人民法院应当审查和掌握三个条件：第一，自认是当事人在受胁迫和重大误解情况下作出的。“胁迫所为”是指另一方当事人以给公民及其亲友的生命健康、荣誉、名誉、财产等造成损害，或者以给法人的荣誉、名誉、财产等造成损害为要挟，迫使对方作出违背真实意思表示的行为。重大误解是指当事人对其自身行为的性质和后果发生错误的认识，使行为的后果与自己的意思相悖，并造成双方权利义务关系严重失衡的行为；第二，当事人必须要有充分的证据证明受胁迫和重大误解的事实。当事人对自认的翻悔给正常的审判工作带来一系列不利的影响，且使对方当事人陷入被动。因此，对当事人翻悔自认应设定严格的条件，即有“充分的”证据证明有受胁迫的事实和重大误解的事实；第三，当事人的自认必须与案件中已经形成的事实不相符合。自认与案件事实有无矛盾的判断来源于两个方面：一方面是当事人通过自己积极举证的行为证明自己的自认与事实不符；另一方面是审判人员对案件事实形成的判断。因此，如果当事人不能证明自认与案件事实不符或案件中已经形成的事实无法使法官确信当事人的自认有受胁迫或重大误解的瑕疵，则当事人的自认不得撤回。

四、当事人陈述的意义

当事人陈述是民事和行政诉讼中广泛运用的一种证据。对于人民法院迅速查明争议事实，正确处理民事或行政纠纷，有十分重要的作用。

（一）当事人陈述有利于人民法院掌握案情

由于民事或行政诉讼的当事人都是发生争议的民事、行政实体法律关系的主体，对案件的事实情况，一般都亲身经历过，比其他人更了解案件事实的真相。为了维护自己的合法权益，在诉讼提起后，总是积极地向法院提供有关案件的情况，阐述自己的主张的理由和根据。审判人员通过他们的陈述，可以迅速了解争议中的有关实体法律关系是否存在以及是如何产生的，引起争执的原因和发展过程，造成的后果等，为全面确定有关案件事实提供了重要基础。

（二）当事人陈述有利于人民法院进一步发现情况，获取证据

当事人向人民法院陈述案件事实的同时，通常要提供自己所掌握的一些证据材料，或者提供自己所了解的与案件有关的一些证据的线索。审判人员通过当事人的陈述，可以获取有关证据的信息，发现和收集应予收集的证据，为查明案情、正确判决取得充分的依据。

（三）当事人陈述中的自认有利于迅速结束诉讼

如果一方当事人对对方所主张的事实表示承认，而且该承认符合前述自认的构成要件，又不违反有关的法律法规，人民法院就可以接受，并用作定案的根据。这样有利于纠纷的及时解决，

防止诉讼拖延。

（四）有利于审判人员调整当事人之间的关系，提高审判的社会效果

通过对当事人陈述的审查、分析，审判人员可以了解争执产生的原因和发展过程以及当事人对此的认识和思想状况，从而有的放矢地进行法制教育和劝说调解，促使他们相互谅解，以协议方式解决纠纷，从而消除当事人之间的对立情绪，改善他们之间的关系，取得良好的社会效果。

第八节　鉴定结论

一、鉴定结论的概念

鉴定结论，又称“鉴定人的意见”，是指接受委托或聘请的具有专门知识的人，对诉讼中需要解决的专门性问题，运用专门知识和技能进行检测、分析、鉴别以后，所提供的结论性意见。其中，接受委托或聘请，运用专门知识和技能对专门性问题进行检测、分析、鉴别的人，即鉴定人。诉讼中需要鉴定人解决的专门性问题，叫鉴定对象（或称鉴定客体）。鉴定人对鉴定对象进行检测、分析、鉴别的活动，叫鉴定。

我国《刑事诉讼法》第 119 条规定：“为了查明案情，需要解决案件中某些专门性问题的时候，应当指派、聘请有专门知识的人进行鉴定。”《民事诉讼法》第 72 条第 1 款规定：“人民法院对专门性问题认为需要鉴定的，应当交由法定鉴定部门鉴定；没有法定鉴定部门的，由人民法院指定的鉴定部门鉴定。”《行政诉讼法》第 35 条也作了类似的规定。诉讼中需要解决的专门性问

题很多，比较常见的鉴定有：

(1) 法医鉴定。主要用于确定死亡原因、伤害情况、劳动能力等。

(2) 司法精神病鉴定。目的在于确定当事人、证人的精神状态，以便司法机关借以确定被鉴定人精神是否正常，有无行为能力和责任能力。

(3) 痕迹鉴定。对指纹、脚印、交通工具印痕、犯罪工具破坏痕迹、枪弹等痕迹进行鉴定，确认是否同一。

(4) 文书鉴定。借以确定书写人、文件伪造方法及伪造人、印刷品的出处以及不易见的文字和文件等。

(5) 化学鉴定。即确定化学物质的成分、含量、作用等。

(6) 会计鉴定。确定财务账目、单据报表是否真实，是否符合有关规定。

(7) 工程技术鉴定。常见的有航海事故鉴定、建筑工程事故鉴定、矿山事故鉴定、电业事故鉴定、铁路运输事故鉴定、航空事故鉴定等等。

(8) 其他鉴定如产品质量鉴定、物价鉴定等等。

二、鉴定结论的特征

除了主体是具有专门知识的鉴定人这一特征外，鉴定结论还具有如下特点：

(一) 从内容上看，鉴定结论是鉴定人对案件事实中专门性问题的结论性意见

这包括两层含义：其一，鉴定结论是一种分析、判断意见，而不是事实的客观记载。这与其他证据都不相同。其他证据，或者是客观事物本身，如物证和书证，或者是一定的人向专门机关

提供自己所见所知的客观事实，如证人证言、当事人陈述等，可以说是“感性认识”。鉴定结论则不同，它不是要求鉴定人提供某些现象，而是要求他对某些现象进行分析、研究，并得出鉴别和判断的结论，它应当是“理性认识”。例如，解剖尸体所作的鉴定结论，其关键是要就尸体解剖后所见到的情况，得出死亡原因的结论。其二，鉴定结论是对案件事实中某些专门性问题的结论，而不是对法律问题提供意见。如鉴定结论发表关于法律问题的意见，该部分内容应属无效。这是因为，解决案件中的法律问题是司法机关的职责，鉴定人不应对之发表意见。

（二）从形式上看，鉴定结论是以书面形式表现出来的

鉴定结论是鉴定人本人书写的书面结论，鉴定结论必须采用书面形式，而不能只是口头的陈述，因为鉴定结论中往往涉及许多专门性问题、专业术语、技术符号和相关数字，很难口头表达清楚。书面鉴定结论应当详细记载有关鉴定的事项，并由鉴定人签名，鉴定单位加盖印章。对此，我国诉讼法有明确规定。如《刑事诉讼法》第120条第1款规定：“鉴定人进行鉴定后，应当写出鉴定结论，并且签名。”《民事诉讼法》第72条第3款规定：“鉴定部门和鉴定人应当提出书面鉴定结论，在鉴定书上签名或者盖章。鉴定人鉴定的，应当由鉴定人所在单位加盖印章，证明鉴定人身份。”

当然，鉴定结论的书面形式并不影响鉴定人应当出庭，并接受当事人质询，如《刑事诉讼法》第156条规定：“公诉人、当事人和辩护人、诉讼代理人经审判长许可，可以对证人、鉴定人发问。”《关于民事诉讼证据的若干规定》第59条规定：“鉴定人应当出庭接受当事人质询。”《关于行政诉讼证据的若干规定》第47条则规定：“当事人要求鉴定人出庭接受询问的，鉴定人应当

出庭。”

(三) 从证明力上看，鉴定结论有比较强的科学性和客观性

鉴定结论是鉴定人运用专门知识，借助必要的仪器和设备及其他科学技术手段进行检测、分析、鉴别后得出的结论，可以说是“专门知识和科技手段相结合的产物”①，因而具有科学性的特点。

鉴定结论的主体即鉴定人与案件事实和处理结果没有利害关系，在诉讼开始前也不了解案件事实，没有先入之见，否则就应当回避。因而他是站在客观的角度对有关的专门性问题提供鉴定结论的，加之鉴定人具有专门知识和能力，且一般是在充分占有材料的基础上进行鉴定，因而，鉴定结论具有客观性，证明力一般比较强。

当然，鉴定结论并非“科学的判决”，其科学性和真实性只是相对的。即使是权威的鉴定，也有种种原因，造成鉴定结论不实。这些原因如鉴定人与案件有关而故意伪证，鉴定人因知识能力有限、态度马虎、不负责任而误证，鉴定材料不可靠、不充分而出现差错，鉴定设备、方法不科学而出现错误等。因此，对鉴定结论同样需要审查判断，只有查证属实，才能作为定案的根据。

三、鉴定结论与证人证言

我国与大陆法系国家一样，均将鉴定结论规定为一种独立的证据种类。然而在英美法系国家，鉴定结论被称为“意见证据”或“专家证言”，不是独立的证据形式，而属于证人证言的范畴。

---

① 江伟主编：《证据法学》，法律出版社 1999 年版，第 482 页。

因此，有必要对鉴定结论与证人证言作一比较。

鉴定结论与证人证言的共同点在于二者在证据分类上同属言词证据，具有言词证据的共同特点。二者的区别则主要体现在以下几个方面：

（一）主体不同

鉴定结论的主体是鉴定人，证人证言的提供者是证人。鉴定人和证人虽然都是诉讼参与人，在诉讼中协助人民法院和当事人查明案件事实，但他们的身份和地位不能等同。他们的区别主要有：第一，鉴定人必须具有鉴定所需的专门知识；而证人不需要有专门知识。第二，鉴定人通过鉴定才了解案情；而证人则在诉讼发生以前就直接或间接地知道了案情。第三，公安司法机关在指派和聘请鉴定人时，具有可选择性，而且在案件进行过程中，可以根据具体情况更换鉴定人；而证人属于知道案件情况的人，其资格是在特殊条件下形成的，不可选择也不能代替。第四，鉴定人如与本案存在利害关系，就应当回避；而证人不存在回避的问题。

（二）内容不同

鉴定结论是鉴定人对案件中某些专门性问题进行分析、鉴别后所作的判断结论，是一种具有科学根据的意见；而证人证言则是对案件事实的如实陈述，不是对案件事实的评断。

（三）可否替代不同

由于鉴定人具有可代替性，鉴定结论也具有可代替性；而证人证言因证人的不可代替性而具有不可代替性。

（四）形成时间不同

鉴定结论形成于案发后；而证人证言则多是形成于案件发生过程中。

四、鉴定人的条件、权利与义务

(一) 鉴定人的条件

鉴定结论解决的是案件中的专门性问题，因而鉴定人需要具备一定的条件。鉴定人的具体条件是：

(1) 具有鉴定所需要的专门知识和技术手段。这是由进行鉴定的目的决定的。指派或聘请有关专家进行鉴定，是为了解决案件中的某种专门性问题。因此，鉴定人必须具备鉴定所需的专门知识。其专门知识水平应足以达到能够对某一特定的鉴定对象作出科学的鉴定结论。与之相适应，鉴定人还必须有鉴定所需要的仪器、设备等技术手段，而且鉴定人能够熟练地掌握、运用这些技术手段。这是鉴定结论科学性和准确性的必要保证。如公安部《刑事技术鉴定原则》第4条规定，刑事技术鉴定，必须由具有鉴定员以上职称的专门技术人员担任。《刑事诉讼法》第120条第2款规定："对人身伤害的医学鉴定有争议需要重新鉴定或者对精神病的医学鉴定，由省级人民政府指定的医院进行。"

(2) 与鉴定的案件之间无依法应当回避的情形。为了使鉴定人能够客观、公正地进行鉴定，确保鉴定结论的科学性和准确性，《刑事诉讼法》第三章、《民事诉讼法》第四章、《行政诉讼法》第47条都明确规定了鉴定人应当回避的情形，即鉴定人如果与鉴定的案件及其当事人有利害关系或者其他关系，可能影响客观公正鉴定的，鉴定人应当自行回避。有关的当事人也有权申请鉴定人回避。在有应当回避的情形下鉴定人不能从事本案的鉴定工作。

此外，鉴定人不得具有其他诉讼参与人的诉讼身份，不得同时担任本案的侦查、起诉或审判人员。

(3) 由公安司法机关指派和聘请，或由双方当事人协商确定。根据我国三大诉讼法的规定，鉴定人应由公安司法机关指派和聘请才能成为鉴定人。之所以有指派和聘请之分，源于我国现行鉴定体制下，鉴定人有专职和兼职之分。专职鉴定人是在公安司法系统内专门设置的从事科学技术鉴定的人员（如法医、痕检、文检、化验等人员），他们进行鉴定由公安司法机关指派。兼职鉴定人则是公安司法系统外的鉴定人，他们进行鉴定要由公安司法机关聘请。三大诉讼法均未规定当事人可以聘请鉴定人。但《关于民事诉讼证据的若干规定》对此有所突破。其第 25 条规定："当事人申请鉴定，应当在举证期限内提出。"第 26 条规定："当事人申请鉴定经人民法院同意后，由双方当事人协商确定有鉴定资格的鉴定机构、鉴定人员，协商不成的，由人民法院指定。"在一定程度上赋予了当事人聘请鉴定人的权利。

除上述条件外，鉴定人还必须作风正派，工作认真。只有作风正派才能不为人情所动，不为权势所屈服，排除各种可能出现的干扰，客观公正地进行鉴定。只有工作认真负责，一丝不苟，才能在复杂的鉴定工作中精益求精，作出准确、科学的鉴定结论。

（二）鉴定人的诉讼权利与诉讼义务

鉴定人是诉讼参与人之一，处于独立的诉讼地位，为了保证顺利地进行鉴定，作出准确的鉴定结论，以协助司法机关查明案情，正确处理案件，法律既赋予鉴定人一定的诉讼权利，又责成其承担一定的诉讼义务。

1. 鉴定人的诉讼权利

根据我国的立法与司法实践，鉴定人的诉讼权利主要有：

(1) 鉴定人有权了解鉴定对象（如送鉴材料）的来源。必要时可以查阅勘验、检查笔录和其他有关材料。

(2) 鉴定人根据鉴定的需要，经公安司法人员许可，可以询问证人、当事人。

(3) 鉴定人有权要求提供鉴定所必需的充足的材料。当送鉴的材料不足，难以进行鉴定时，鉴定人有权要求送鉴的单位提供充足的资料。

(4) 鉴定人有发表独立见解的权利。当一个案件有几个鉴定人共同进行鉴定时，他们可以互相讨论，意见一致时，可以共同写出鉴定结论，意见不一致时，每个鉴定人都有权单独写出自己的鉴定意见。

(5) 鉴定人有权拒绝鉴定。鉴定人由于自身的原因，如工作繁忙、身体不适，专门知识有限，或因技术设备条件差难以进行鉴定，或要求鉴定的单位提供鉴定的材料不足，无法进行鉴定时，鉴定人有权拒绝鉴定。

(6) 鉴定人有权获得必要的劳务报酬和费用补偿。尽管有些鉴定人受指派进行鉴定，鉴定亦是其本职工作，但他也应当依法有权取得必要的费用补偿，如尸检鉴定费。受公安司法机关聘请参加鉴定的人有权取得必要的劳务报酬。

(7) 鉴定人有人身财产安全不受侵犯的权利。如《关于民事诉讼证据的若干规定》第 80 条规定应对鉴定人的合法权益依法予以保护，当事人或者其他诉讼参与人对鉴定人打击报复的，应依照《民事诉讼法》第 102 条的规定处理。《关于行政诉讼证据的若干规定》第 74 条则规定，鉴定人及其近亲属的人身和财产安全受法律保护。为了保护鉴定人的人身财产安全，人民法院还应当对鉴定人的住址和联系方式予以保密。

2. 鉴定人的诉讼义务

鉴定人的诉讼义务包括：

（1）认真负责，实事求是，客观鉴定；

（2）按期提出明确的鉴定结论，并签名、加盖单位印章；

（3）符合法定回避情形的应当依法回避；

（4）依法按时出庭，接受询问和发问；

（5）合理使用、妥善保管鉴定的材料，不得丢失、销毁或挪用，并在鉴定后按要求退还委托鉴定单位，或适当处理；

（6）对涉及国家秘密、商业秘密或个人隐私的鉴定事项，应当严格保密；

（7）不得索取、收受贿赂，或者接受可能影响公正鉴定的请客送礼，不得徇私舞弊，弄虚作假，否则应承担法律责任，甚至承担伪证罪的刑事责任。

五、鉴定结论的意义

鉴定结论在各类诉讼中具有十分重要的作用，主要体现在以下两个方面：

（一）鉴定结论是查明或证明案件事实的重要依据

不论是刑事犯罪，还是民事纠纷、行政争议，都发生在社会生活的各个领域，要查明有关的案件事实，必须涉及这些领域里的各门知识。办案人员不可能同时是各个领域的专家，通晓各行各业的专门科学知识和技能。因此，当案件中遇到某些专门性问题不能解决时，办案人员需要指派或聘请有关专家运用专门知识和技能进行鉴定。当事人为了证明这些事实，也需要聘请有关专家进行鉴定。这样，鉴定人就案件中的有关专门性问题作出的鉴定结论，成为查明或证明案件事实的一种必要手段。例如，刑事案件中的法医鉴定，通过对死亡原因或者身体伤害性质、程度的确定，有助于判明有无犯罪行为的发生，犯罪的性质、轻重程度；对指纹、痕迹、书法等的鉴定，有助于查获、证实犯罪人。在民事方面，通过 DNA 鉴定，可以帮助确定是否存在亲子关系；对行为人的精神状态进行鉴定，有助于确定当事人是否具有行为能力，其所为的法律行为能否发生法律效力。在行政方面，通过工程事故的技术鉴定，有助于判定行政机关对事故责任人的处理是否合法、适当等等。

（二）鉴定结论是鉴别案内其他证据的重要手段

由于鉴定结论是鉴定人运用科学知识与技术手段对专门性问题进行分析、鉴别后作出的，具有科学性特点。因此在诉讼中往往可用作审查、核实其他证据的重要手段。如鉴别物证或书证的真伪；与刑事被告人的供述和辩解、刑事被害人的陈述、民事和行政诉讼当事人的陈述以及证人证言等言词证据进行印证、判断真伪，决定取舍。

随着科学技术的高度发展，在诉讼过程中，利用科学技术知识也将更加广泛和必要。因此，司法人员应当充分注意发挥鉴定结论作用，以便案件事实的认定能够建立在科学的基础上。尽管鉴定结论在现代诉讼证明中起着十分重要的作用，但不能因此就认为它优越于其他证据，甚至把它夸大为“科学的判决”。鉴定结论仍然只是司法人员据以查明案情、诉讼当事人据以证明案件事实的证据之一，同样需要经过司法人员等审查判断、查证属实，才能作为定案的根据。

第九节　勘验、检查和现场笔录

一、勘验、检查和现场笔录的概念

（一）勘验笔录的概念

勘验笔录，是指对与案件有关的场所、物品或尸体，由特定的专门机关的办案人员依其职权和法定程序，进行勘察、检验而作的客观记载。勘验笔录不仅包括勘验过程中发现的与案件有关的一切事实情况的文字记录，而且包括绘图、照片等附件。

勘验笔录是三大诉讼共同的证据种类。诉讼的性质不同，勘验的主体和对象也有区别。

刑事诉讼中的勘验笔录，是指侦查、检察或审判人员对与犯罪有关的场所、物品、尸体进行勘察、检验的客观记载，比较常见的有现场勘查笔录、物证检验笔录、尸体检验笔录、侦查实验笔录等。勘验的对象是与犯罪有关的场所、物品和尸体等。进行勘验的主体依诉讼的阶段不同而有所区别：在侦查阶段，由侦查人员进行；在审查起诉阶段，检察机关对侦查机关的勘验如有疑问可以要求侦查机关进行复验、复查，并且可以派检察人员参加；在审判阶段的法庭审理过程中，人民法院为了调查、核实证据，也可以进行勘验。无论在哪个诉讼阶段进行勘验时，如有必要均可以指派或聘请具有相关专门知识的人在办案人员的主持下进行。

民事诉讼和行政诉讼中的勘验笔录，是指审判人员为了调查核实有争议的事实或标的物，对有关的物品、场所进行勘察、检验所作的客观记载。与刑事诉讼不同的是：勘验主体只能是审判人员，勘验的对象一般也不包括尸体，而且勘验大多是被动的，即在审查核实诉讼双方举出的证据存在矛盾并应当事人的请求时，才进行某种勘验。

(二) 检查笔录的概念

检查笔录是刑事诉讼特有的证据种类，它是指办案人员为确定被害人、犯罪嫌疑人、被告人的某些特征、伤害情况或生理状态而对他们的人身进行检查和观察而作的客观记载。检查笔录一般包括人身特征、伤害情况和生理状态检查笔录。法律规定：人身检查在必要时可以指派或聘请有相关专门知识的人参加；检查妇女的身体应当由女工作人员或医师进行；在侦查中，犯罪嫌疑人如果拒绝检查，可以强制检查。

检查笔录与勘验笔录的不同之处主要在于二者的对象不同。勘验的对象是同案件有关的场所、物品、尸体等“死”的物体；而检查的对象则是与案件有关的“活”着的人。

《民事诉讼法》和《行政诉讼法》没有将人身检查笔录列为独立证据。其原因有二：一是多数以鉴定结论来代替；二是少数以书证来代替。例如，在民事诉讼中，有些伤害赔偿的案件，伤害情况或能力损失程度，以鉴定人的鉴定结论或医院的诊断书为证据，人民法院并不直接进行检查。在行政诉讼中，工商行政管理机关因从业人员健康原因而不予颁发营业许可证的，法院认为该具体行政行为不当时，通常也会指定医院进行健康检查，由医院出具书证，而不是由法院直接进行检查。

(三) 现场笔录的概念

现场笔录是行政诉讼特有的证据种类，它是指行政机关及其工作人员在实施具体行政行为时，对有关事项当场所作的能够证明案件真实情况的书面记录。现场笔录的直接目的是为某一具体行政行为作依据。只有在当事人对该具体行政行为不服，向法院提起行政诉讼后，这种现场笔录才具行政诉讼证据意义。

虽然《行政诉讼法》将现场笔录与勘验笔录并列为同一种证据，但二者的区别还是比较明显的，主要表现为：第一，制作主体不同。行政诉讼中的现场笔录是由行政机关或其工作人员制作的；而勘验笔录无论是在刑事诉讼、民事诉讼，还是行政诉讼中，都是由侦查人员或审判人员主持制作的。第二，内容不同。现场笔录可以包含行政机关对违反行政法规的当事人进行讯问所作的笔录；而勘验笔录则只能是勘验有关场所、物品等的如实记录，不包括讯问当事人的笔录。此外，现场笔录除了被处理、处罚事件的客观真实情况，一般还包括处理或处罚的行政程序；而勘验笔录只是对客观情况的如实记载。第三，形式要求有所不同。现场笔录必须经过当事人核对无误并在笔录上签名盖章才能作为证据；而进行勘验时，并不要求刑事诉讼中的当事人到场。在民事诉讼和行政诉讼中，当事人或者他的成年家属应根据通知到达勘验现场，但如果他们拒绝到场并不影响勘验的进行。因此，没有他们签名盖章的勘验笔录并不影响其证据效力。第四，制作时间不同。现场笔录是行政机关在实施具体行政行为时制作的，在行政诉讼开始之前即已形成；勘验笔录则是在诉讼开始之后才制作形成的。第五，功能不同。现场笔录具有双重功能，它一方面是具体行政行为的真实记载和直接依据，另一方面又是行政诉讼的证据；而勘验笔录只是一种诉讼证据。

二、勘验、检查和现场笔录的特征

（一）勘验、检查和现场笔录具有综合证明能力

勘验、检查和现场笔录是公安、司法以及行政人员对与案件

有关的场所、物品、人身等进行实地调查研究和实施具体行政行为时的一种客观记载。它既记载了勘验、检查、实施行政行为的过程，又记载了勘验、检查、实施行政行为的结果，既能反映各种物品、痕迹、行政行为存在或形成的环境，又能体现它们之间的相互关系。所以勘验、检查和现场笔录是一种具有综合证明作用的证据。

（二）勘验、检查和现场笔录有较强的客观性

一方面，勘验、检查和现场笔录只能记载所观察到的事实，不允许办案人员进行分析判断。虽然为了寻找调查线索、确定调查方向，勘验、检查人员在勘验活动中对发现情况需要进行分析，但这些分析的内容并不出现在笔录中。同时，勘验、检查和现场笔录中的照片、录音、录像等材料能进一步保证笔录记载内容的客观性。另一方面，制作勘验、检查和现场笔录的人员是专门机关的办案人员，他不仅应有相应的专业知识，而且必须与案件没有利害关系或先入之见，否则就应由其他人员进行，这也保证了勘验、检查和现场笔录的客观性。

当然，勘验、检查和现场笔录的客观性只是相对的。勘验、检查和现场笔录毕竟是由人记载的，由于人的认识的局限性，可能会产生偏差和错误的现象，有时也会掺杂有反映人主观上对事物认识的内容。即便是照相和录像也可能存在由于采用方法不当而导致不能如实反映客观事物的情况。因而，对勘验、检查和现场笔录也需要进行认真的审查、判断，只有经查证属实，方可作为定案根据。

（三）勘验、检查和现场笔录的记录手段具有多样性

勘验、检查和现场笔录以文字记载为主，但也可以采用照相、录音、录像、绘图等方式，而且，随着现代科学技术的发

展，摄影、绘图、录音等方法越来越多地被用于对勘验、检查活动的记录。由于这些技术方法比之于文字记载能够更准确、全面地反映勘验、检查及现场活动中发现的实物证据及其状态、所处位置等情况，而且能动态地反映勘验、检查和具体行政行为活动的全过程，使得勘验、检查和现场笔录更能生动、形象地表现勘验、检查对象的真实情况，从而具有形象生动的特点。

三、勘验、检查和现场笔录与其他种类的证据

勘验、检查和现场笔录与其他证据有着密切的联系，但作为一种独立的证据种类又与其他证据形式在某些方面存在根本的区别。

（一）勘验、检查和现场笔录与物证

勘验、检查和现场笔录与物证有密切的联系。它客观地记录了与案件有关的现场、物品、人身、尸体等物证资料及其状态、位置、相互关系等情况，并常附加绘图、照片等，使物证的某些情况得以固定。因而，勘验、检查和现场笔录是物证的固定和保全的一种方法。但它并不是物证本身，它也不能代替物证。

（二）勘验、检查和现场笔录与书证

勘验、检查和现场笔录与书证都表现为书面形式，从证明方式上看也都以其内容证明与案件有关的事实。但二者有着本质的区别。首先，二者产生的时间不同。勘验、检查笔录是在案件发生后，诉讼进行过程中形成的，书证则一般是在案件发生之前产生的。其次，二者制作的主体不同。勘验、检查笔录是公安司法人员依法制作的一种诉讼文书，现场笔录则是行政机关制作的，而书证是由当事人和有关单位制作的一般文书。再次，二者反映的内容不同。勘验、检查和现场笔录记载的内容是对现场和物

品、人身以及具体行政行为发生过程的重新再现，其内容不能有制作人主观意思的表示，而书证是用文字、图形、符号表达内容的，是制作人主观意思的表示；最后，二者能否修改不同。勘验、检查笔录有误或不明确时，可重新勘验、检查，书证不能重新制作，也不能修改。

（三）勘验、检查和现场笔录与鉴定结论

勘验、检查和现场笔录与鉴定结论的对象，在某些情况下是相同的，如现场发现的痕迹、人体被伤害的情况等；在勘验活动中有时也需要有专门知识的人参加，这与鉴定结论也有相似之处。但二者是有区别的：首先，二者制作的主体不同。勘验、检查和现场笔录由办案的公安司法人员或行政机关的工作人员制作，而鉴定结论是由办案机关指派或聘请或由当事人协商确定的鉴定人制作。其次，二者内容不同。勘验、检查和现场笔录是对所见情况的客观记载，不具有分析、判断的因素，而鉴定结论的内容则是科学的分析判断意见。最后，二者解决的问题不同。勘验、检查和现场笔录大多是解决一般性问题，鉴定结论则是解决专门性问题。

（四）勘验、检查笔录与证人证言、当事人陈述

其主要区别在于：勘验、检查笔录是以勘验、检查人员在勘验、检查活动中感知的情况起证明作用。而证人证言和当事人陈述以证人或当事人自身对案件事实的感知起证明作用。在勘验、检查过程中对当事人或证人进行调查，了解案件发生的有关情况，对得到的情况也要进行记录，但这些内容并不属于勘验、检查笔录的内容。

四、勘验、检查笔录及现场笔录的作用

勘验、检查和现场笔录是一种具有综合证明作用的证据，对证明认定案件事实有着十分重要的意义。具体而言，其作用有以下几个方面：

（一）勘验、检查和现场笔录是确定调查方向、范围，恢复现场原状，判明案件事实的重要依据

在刑事诉讼中，由于现场、物品、尸体、特定的人身与犯罪有着某种客观的联系，并且常存有可据以了解案件真实情况的各种信息，因而科学、全面、准确的勘验、检查笔录，能为侦查人员、审判人员研究、分析犯罪的时间、地点、方法、手段、过程提供依据，从而有助于调查方向、范围和案件性质的确定。如对火灾现场的勘验笔录，可以直接查明火灾的损失情况，并可以成为判断着火原因的证据。此外，刑事诉讼中为了研究和分析案情，往往要恢复某些案件事实的原状。例如，在进行侦查实验时，就是模仿案件发生时的环境、条件。有了符合要求的勘验、检查笔录，就可以为实现这一任务提供材料和根据。民事、行政诉讼中的勘验笔录，则可以帮助审判人员查清纠纷的原因、过程，判明损害的程度、后果，确定当事人的权利与义务。如对土地使用权争议的界边勘查，可以证明原被告争议的权利义务归属。现场笔录因其是当时行政行为的实际记录，对审查行政机关及其工作人员的行为是否合法以及当时的具体情况都有着极其重要的证据价值。

（二）勘验、检查和现场笔录是固定和保全证据的重要方法

通过勘验、检查和现场笔录可以固定和保全案件的其他证据，例如通过现场的勘验可以收集遗留在现场的物体和痕迹，提

取过程在笔录中都应有记载；人身检查可以固定伤害部位和程度，发现的人身特征如病、疤痕、斑痕等，经固定和辨认，可以直接确定犯罪嫌疑人；现场笔录也可以对具体行政行为现场的物品进行固定和记载。特别是某些证据易腐烂变质，不易长期保存时，通过勘验、检查和现场笔录就可以固定和保全这些证据，以便在需要的时候使用。必要时，还可以根据笔录的内容，恢复成现场的原始状态，以便与案内其他证据对照分析，作出正确判断。

（三）勘验、检查和现场笔录是审查其他证据的重要手段

通过勘验、检查和现场笔录，可以核实其他证据的证明价值和可靠程度。比如许多物证都必须进行检验，才能发现和固定其物质属性、外部特征，发现其证明作用。例如盗窃汽车案件，区别一般汽车和赃物汽车的基本方法就是检验，发现和固定发动机的编号以及其他个体特征。再如刑事诉讼中犯罪嫌疑人、被告人的供述和辩解，民事诉讼、行政诉讼中的当事人陈述等证据中的许多事实也可以通过勘验、检查和现场笔录来审查其真实性，从而确定其证明力。

总之，重视诉讼中的勘验、检查和现场笔录，科学、全面、准确地记载勘验、检查活动和现场行政处罚行为及其他具体行政行为，既是获取、收集、固定和保全证据的基本方式，也是认定案件事实和性质，正确处理各种诉讼的重要依据。

第十节 视听资料

一、视听资料的概念及种类

视听资料是指以录音、录像、电子计算机以及其他科学技术设备所储存的音响、图像、表格和数字等信息证明案件事实的证据。

视听资料是随着近现代科学技术的发展而出现的新的证据形式。1982 年，《民事诉讼法（试行）》第 55 条将视听资料确定为一种独立的证据种类，这是我国首次以法律的形式肯定了视听资料的名称和地位。其后，1989 年《行政诉讼法》、1991 年《民事诉讼法》均规定视听资料为独立的证据种类。1979 年《刑事诉讼法》没有规定视听资料，但在 1996 年修正后的《刑事诉讼法》中增加了视听资料这一新的证据种类。至此，视听资料成为我国三大诉讼共同的证据种类。

从当前的科技水平和视听资料的实际应用情况看，视听资料包括以下几种[①]：

（一）录音资料

录音资料是指运用声学、电学、化学、机械学等方面的科学原理，把正在进行的演说、谈话、歌唱、呼叫、爆炸、机械摩擦、自然声响、电话中的对讲等声音如实地记录下来，然后经过播放再现原始声迹，以证明案件真实情况的证据。

---

① 参见汪建成、刘广三著：《刑事证据学》，群众出版社 2000 年版，第 188～190 页。

录音资料既能通过原始声音信号本身所反映的内容来证明案情，也能通过再现原始声音的物理特征来证明案情。例如谈话录音资料，一方面以其所记录的谈话内容证明讲话人说过哪些话，另一方面以其所反映的讲话人的语音、语调、音质、音色等声纹特征及讲话的环境信息特征来证明案情。当播放这些具有不同特征的录音时，熟悉情况的人能够很快作出辨认，讲话人也不容易像否认证人证言那样否认自己的声音，即使讲话人拒不承认，还可以运用声纹频率分析仪进行声纹鉴定得出是否同一的结论，其证明力远远大于其他证据。因此，人们称录音资料为“会说话的证据”。

（二）录像资料

录像资料是指运用光电效应和电磁转换原理，将事物发生、发展、运动、变化的客观真实情况原形原貌地记录下来，然后经过播放，重新显示原始的形象，用来证明案件事实的证据。

录像资料具有生动形象的内容，有连续运动着的人、物和变动着的背景，可以动态展现许多客观情况，因此有“会运动的证据”之称。

（三）电子计算机储存的信息资料

电子计算机储存的信息资料是运用电子计算机储存的图形、数据、符号和其他信息来证明案件事实的证据。主要是指磁化在存储器（包括硬盘、软盘、光盘、移动硬盘等）内的档案材料。使用时只需操纵输出设备，发出指令，计算机就会自动检索并在终端显示器上显示出文字、图像或数据，人们可以直观地进行感知，也可打印出资料的全部内容，以证明案件事实。

计算机储存的资料运用于证据领域，应充分利用计算机的存储功能和与之相联系的检索功能。运用其储存功能，可将其储存的有关资料查证属实后直接作为证据使用。例如，把犯罪记录或人的指纹、血型、年龄、职业、籍贯、履历、体貌特征以及新技术条件下的声纹、眼纹、全息照片等信息资料输入存储器内，可以供司法人员查找取证；运用计算机的检索功能，可以对与案件有关的情况检索比对，进行同一认定，如把现场提取的指纹、毛发、血型、鞋印、录音等同储存的资料进行比对，确定是否为犯罪嫌疑人所留。

（四）运用其他专门技术设备得到的信息资料

这类视听资料的范围较为广泛，主要是指利用激光技术、空间技术、红外线技术、X射线技术、遥感技术等高科技制成的专门技术设备经过其自身运转所获取并显示出来的反映案件事实的，可供人们直接判断的信息和数据资料。这种视听资料的技术含量比前三种视听资料更高，适用范围也更为广泛。

需要说明的是，视听资料的上述种类，只是就目前的科学技术发展水平而言的，随着未来科学技术的迅猛发展，视听资料会向更高级、更广阔的领域发展，它的内容也会随之更加丰富。

二、视听资料的特征

（一）视听资料具有科学性

视听资料是科学技术高度发展的产物，具有科学性，其制作和使用都需要依赖现代科学技术设备，遵守科学技术规程。首先，视听资料的制作要依赖科学技术设备和手段。各种声音、图像、数据、信息等要通过科学技术设备和手段固定在录音带、录像带、计算机存储设备、X射线探测信息存储电路等有形物质上，才能生成视听资料；其次，人们对视听资料的认识也必须依赖科学技术手段和专门的仪器、设备。各种声音、图像、数据、信息等资料，只有借助于录音机、录像机、计算机检索系统、报警装置、电视监视器等现代电子设备显示、播放出来，才能为人们所感知，才能证明案件事实。可以说，正是因为在认识对象和认识主体之间介入了某种高科技的因素，才有了视听资料。

视听资料的这一特征决定了视听资料同传统的各种证据相比，它在记录、储存和反映案件情况的过程中，因受主观因素和客观因素的影响而失真的可能性较小，因而视听资料一般比较客观和可靠。但是，视听资料的科学性也使得视听资料对科学技术设备有较强的依赖性，并具有易毁灭和删改，毁灭和删改后又不留痕迹的缺陷，特别是数据资料更是如此。音像磁带和磁盘被消磁或删改后，极难复原且不留痕迹，电子数据的删除或修改，往往只是一个简单命令或一个简单的程序就可完成，有时瞬间的操作错误或遭病毒侵蚀，数据就会全部消失，恢复十分困难。因此，既要认识到科学性对视听资料的积极作用，也要认识到其造成的负面影响。

视听资料的这一特征，要求我们在视听资料的收集和审查判断中要依靠科学技术，加大科技投入，提高技术水平，必要时还应邀请专业人员协助或鉴定。例如，在收集利用计算机犯罪的现场证据的时候，通常需要计算机硬件和软件专家参与，否则很可能导致数据的灭失。再如，如录像带是否经过剪辑，需要经有关专家进行鉴定。只有依靠科学技术，才能保障视听资料的客观性，更好地发挥其证明作用。

(二) 视听资料具有直观性

视听资料与各种言词证据相比，具有高度的直观性。各种言词证据都是以语言、文字、行为等方式来再现保存在意识中的案件情况的信息，它不能给人以直观形象和声迹来表现案件情况。

而视听资料则是通过运用一系列科技手段，将与案件有关的原始客观事实和行为进行原样复制，证明案件时所播放、显示的是原始的声音、数据和信息、动态的音像，实际上是再现原始行为和事实。比如，关于人的语言的录音资料，能够直观地反映出讲话人的音质、音高、语言习惯等；银行录像则能把当事人存取款的实际情况直观地再现在人们面前。总之，视听资料能再现原始案情，使人感到如临其境、如见其人、如闻其声。

（三）视听资料具有动态连续性

视听资料与其他实物证据相比，具有动态连续性。其他各种实物证据，包括物品、文书、痕迹，都是以静态的方式来反映案件情况的，都只能反映案件的个别的、片断的情况，使用时需要办案人员进行大量的思考和推理才能将其再现和连接进行使用。而视听资料本身则能够动态地、连续地反映案件的客观事实。比如，录音资料能够反映在一定时间范围持续的声响，录像资料则能够连续地反映某个动态过程。视听资料的动态连续性的特点，使之在证明案件事实时具有其他实物证据所无法比拟的优势。

三、视听资料与相关证据

虽然视听资料已经被世界各国广泛采用为证据，但国外立法和理论鲜有将视听资料视为一种独立的证据方法或证据形式，而是将视听资料划归某种传统证据的范畴。如《美国联邦证据规则》和《英国民事诉讼证据法》都将视听资料列为书证。如《英国民事诉讼证据法》第 10 条规定："文件除书面以外，还包括：(1) 任何地图、计划、图表或绘画；(2) 任何相片；(3) 任何收录资料、声音资料，以及能够加以复制的唱片、磁带、声迹或其他装置；(4) 任何收录一个或几个可见图像，以便能够加以复制的影片、底片、磁带或其他装置。”[①]《加拿大证据法典》则将视听资料规定为实物证据，其第 74 条规定：“实物证据是指能够提供给事实审理者查验的任何物体如文书、录音带、照片、场所、可视或可听展示物。”在我国台湾地区，有人认为视听资料属于实况证据的范畴，所谓实况证据是指使执法人员对案件事实产生直观印象的事实材料，包括证人证言、当事人陈述、照片、地图、模型和复制品，录音、录像和电影，勘验笔录等[②]。

在我国，对视听资料是否是一种独立的证据这一命题，尽管三大诉讼法已有定论，但诉讼法学界仍然存有争论。因此，有必要将视听资料与相关证据加以比较，以澄清这一问题。

（一）视听资料与物证

视听资料的声音、图像、数据、信息等只能记载在特定的载体上，其外在形式表现为录音带、录像带、计算机存储设备、X 射线探测信息存储电路等有形物质。从这一点来看，视听资料与物证有相同之处。然而，视听资料不是物证。二者的区别主要表现在证明方式不同。视听资料以其内容即其记录的声音、图像、数据、信息来证明案情，而物证则是以其外部特征、属性或存在状况来证明案件事实的。这也说明并不是所有的音像制品都能以视听资料的形式出现。有些音像制品不是以其记录的内容对案件起证明作用，而是以其存放的地点或外部特征对案件起证明作用，那么，这样的音像制品就是物证，而不是视听资料。如盗版光盘案件，查获的盗版某歌星专辑的光盘就是物证，而不是视听

① 王锡三著：《民事诉讼法研究》，重庆大学出版社 1996 年版，第 230～231 页。

② 周叔厚（台湾省）著：《证据法论》，1995 年第 3 版，转引自江伟主编：《证据法学》，法律出版社 1999 年版，第 347 页。

资料。

（二）视听资料与书证

视听资料以其记载的内容来证明案件事实，这与书证的证明方式是相同的。但视听资料不同于书证。因为书证是以文字、图形、符号所记载的内容和表达的思想来证明案情的，而视听资料是通过声音、图像、数据、信息所表现的内容来证明案件事实的，其中虽然也包括文字、图形、符号等形式，但它并非单纯运用文字、图形和符号来表达思想内容，而是独立地反映了部分或全部案件事实。

（三）视听资料与证人证言，当事人陈述，被害人陈述，犯罪嫌疑人、被告人供述和辩解

视听资料是案件事实的生动的、连贯的反映。就此而言，视听资料与证人证言，当事人陈述，被害人陈述，犯罪嫌疑人、被告人供述和辩解有相类似之处。“如果说证人证言和当事人陈述是人的大脑复写案件事实的结果，那么可以说，视听资料是科学技术设备复制案件事实的结果。”[①] 但是，视听资料有别于证人证言，当事人陈述，被害人陈述，犯罪嫌疑人、被告人供述和辩解。由于视听资料形成于案件发生前或发生的过程中，它客观地记录了案件事实情况，不存在人的主观因素。而证人证言，当事人陈述，被害人陈述，犯罪嫌疑人、被告人供述和辩解形成于案件发生后的诉讼过程中，是在诉讼过程中向办案人员所作的语言叙述，包含有叙述人的主观因素。因此，就一般意义而言，视听资料的客观性要高于证人证言，当事人陈述，被害人陈述，犯罪嫌疑人、被告人供述和辩解。

---

① 江伟主编：《证据法学》，法律出版社 1999 年版，第 352 页。

此外，在司法实践中，办案人员询问证人、被害人或讯问犯罪嫌疑人，被告人时常常要进行录音、录像。由此形成的录音、录像资料，是否属于证据？如果是证据到底是视听资料还是证人证言、被害人陈述或犯罪嫌疑人、被告人供述与辩解？对此，学术界有不同认识。有学者认为这些不是证据；有学者认为这不是独立的证据，它们与笔录没有区别，分别属于相应的陈述记录，如对证人陈述的录音属于证人证言[①]；有学者认为应属于视听资料，但该学者也指出，肯定其独立证据价值，也存在一些问题，最主要的是不能以讯问或询问的录音录像来印证陈述证据内容的真实性[②]。

我们认为，对询问或讯问时制作的录音、录像资料的性质应分开看待。一方面，录音、录像资料是固定和保存证人证言，被害人陈述，犯罪嫌疑人、被告人供述和辩解的一种形式。在此意义上，录音、录像资料并不是独立的证据，起证明作用的仍是证人证言，被害人陈述，犯罪嫌疑人、被告人供述和辩解。同时，录音、录像资料不能代替询问或讯问笔录，否则便不符合诉讼法的要求。另一方面，这些录音、录像资料还可以反映询问或讯问的程序，证人、被害人、犯罪嫌疑人、被告人陈述的环境以及其陈述的内容与笔录是否相符等等，从而用以证明询问或讯问的程序是否合法。就这个意义而言，该录音、录像资料应为视听资料。如此区分的意义在于：既可以防止以询问或讯问的录音、录像来印证陈述证据内容的真实性（特别是在只有被告人的供述而没有其他证据的时候，不能以录音录像作为另一个证据来印证认

① 参见刘金友主编：《证据法学》，中国政法大学出版社 2001 年版，第 190 页。
② 参见刘金友主编：《证据法学》，中国政法大学出版社 2001 年版，第 190 页。

定被告人有罪），又可以防止办案人员轻视该录音、录像资料的独立证据作用。

（四）视听资料与鉴定结论

视听资料与鉴定结论常常都借助于现代科学技术的最新发明和发现成果。因此，视听资料特别是电子计算机储存的资料和运用专门技术设备获取的信息资料最易与鉴定结论相混淆。但二者是不同的证据种类，其区别有以下三个方面：

（1）鉴定结论是鉴定人对案件中的专门性问题经过分析、判断后得出的科学结论，属于经过鉴定人主观思维过程加工的“理性证据”，而视听资料只是运用科学技术设备直接显现案件的事实或提示事物的本质属性，是对案件事实的简单的、机械的反映和复写，其对案件事实的反映是科学技术设备自动运行的结果，没有思维的属性。例如，当毒犯经过海关“安全门”时，安全检查装置会发出报警和图像显示，据此可查获证实犯罪。这种信号资料就是技术设备自动运行的结果，所以是视听资料，而不是鉴定结论。再如，根据计算机储存的指纹资料，借助计算机的检索功能，可以把现场提取的指纹同储存的指纹进行比对，进行同一认定。由于它是计算机智能的发现过程，是按照统一的程序自动编排储存、自动将送检材料与千百万份指纹档案进行检索比对的结果，这里面不反映任何人的主观意志，因而也是视听资料。

（2）视听资料对案件事实的反映具有直观性和动态连续性，对案件主要事实往往能起到直接证明作用，而鉴定结论不具有直观性和动态连续性，它往往只能反映案件的某一现象或局部情况，需要与其他证据特别是送鉴材料相结合才能充分证明案件事实。

（3）鉴定人要对鉴定结论负法律责任；而完全由仪器自动运

行所获取的视听资料，不需要具体的人为之承担责任。例如，前述“安全门”发出的报警和图像显示，就不需要有人为它承担责任。当然，如有人对视听资料进行篡改，或为毁灭证据进行删除、剪辑，则应承担相应责任。

四、视听资料的意义

视听资料在诉讼中的意义主要体现在以下几个方面：

(一) 视听资料是直接证明或者印证、佐证案件事实的重要依据

许多视听资料可以单独直接证明案件的主要事实，成为案件的直接证据。例如，电子监视的视听资料，不仅可以证明发生了什么样的行为，而且还可以明确地表现行为人的体貌和行为特点；在环境案件中，电子数据可以准确地表明环境被污染的各种数据；在电子商务的经济纠纷案件中，合同数据和履行合同的情况，都可以在相应的计算机存储的数据中表示出来；在计算机犯罪案件中，取得行为人输入的数据和掌握其使用的程序是关键性的证据。除可以单独直接证明案件主要事实外，视听资料还可以印证、佐证案件中的其他证据，为办案人员查明案件事实提供依据。总之，视听资料在证明案件的事实方面，发挥着越来越重要的作用。

(二) 视听资料是保障诉讼程序公正的重要手段

对侦查、检察活动的主要或者重要内容以及审判活动进行录音、录像，能够反映侦查、检察和审判活动是否依法进行。特别是在刑事侦查中，往往因侦查活动采取秘行原则，透明度不高，容易发生以刑讯、利诱、欺骗等非法方法获取犯罪嫌疑人、被告人有罪供述的情况，而在讯问犯罪嫌疑人、被告人的过程中实行

全程录像，便可以使侦查人员的非法取证的行为大为收敛，进而保障侦查活动在遵守法律规定的程序和规则的前提下进行，以实现程序公正。当然，正如上文所述的那样，此时的录音、录像资料是具有双重性质的。

（三）视听资料是推动证据收集方式和法庭举证方式革新的重要工具

视听资料作为证据广泛应用，将促进证据收集手段的变革，促使人们利用计算机、摄录像设备、电视监控系统等科技手段侦查犯罪和收集、储存，记录指纹、声纹、唇纹和与案件有关的人的活动等资料和情况。视听资料的应用，也将促进法庭举证方式的改革，包括运用音像、电视、计算机等技术设备，播放记录与案件有关的活动的音像资料，使传统的举证方式发生变化。视听资料的制作、检验和播放，都需要有相应的技术人员、技术手段、技术培训加以配合，这就需要国家专门机关提高技术装备水平和对有关人员进行专门的技术培训，促使他们培养与视听资料的制作、鉴别和播放有关的技术能力。

第七章 证据的分类

第一节 证据分类概述

一、证据分类的概念

证据的分类，是指在理论上按照不同标准从不同角度将证据划分为不同的类型。对证据进行分类，是对证据进行理论研究的一种重要方法，因而证据的分类又称为“证据的理论分类”。

一般认为，理论界最早对证据进行分类的是 18 世纪英国的法学家边沁，他在其代表作《司法证据理论》一书中将证据划分为实物证据和人的证据，自愿证据和强制证据，言词证据、宣誓证据和书证，直接证据和间接证据，原始证据和传来证据[①]。此后各国法学研究都十分注重对证据的分类，但由于采取的标准不同，划分的类型也差别较大。如法国将证据分为事前制定的证据

① 转引自樊崇义主编：《证据学》，中国人民公安大学出版社 2003 年版，第 151 页。

和事后制定的证据[1]。美国证据法学家华尔兹教授在其《刑事证据大全》一书中，将证据划分为直接证据与间接证据两种基本类型和言词证据、实物证据和司法认知三种基本形式[2]。我国学者也十分重视对证据的分类研究，多数学者主张四分法，把证据分为言词证据与实物证据、原始证据与传来证据、控诉证据与辩护证据、直接证据与间接证据；有的学者主张五分法，即在前四种分类的基础上增加本证与反证；另外，有的还增加了主要证据与补强证据，即采用六分法。

证据的分类与法律规定的证据种类不同。我国《刑事诉讼法》第 42 条把刑事证据分为七种：物证、书证；证人证言；被害人陈述；犯罪嫌疑人、被告人供述和辩解；鉴定结论；勘验、检查笔录；视听资料。《民事诉讼法》第 63 条、《行政诉讼法》第 31 条也分别规定了七种证据。证据的种类都是法律规定的，是法律上的一种分类，是立法者根据证据的存在和表现形式对证据所作的划分，具有法律效力。证据必须符合法律规定的形式，否则，就不能作为定案的根据。证据的分类则没有立法上的依据，不具有法律效力。证据的种类划分标准单一，仅依证据存在和表现形式在法律文件中以列举的方式排列出来；而证据的分类则是从多角度按照多种标准对证据进行分类研究。因此，证据的分类与法律上的证据种类区别是明显的。

二、证据分类的意义

证据的分类具有重大的理论意义和实践意义。对研究对象进

① 沈达明著：《比较民事诉讼法初论》（上），中信出版社 1991 年版，第 307 页。

② 〔美〕乔恩·华尔兹著，何家宏译：《刑事证据大全》，中国人民大学出版社 1993 年版，第 11～13 页。

行分类研究，是理论研究中常用的方法，是人们认识和研究客观事物的一种重要的逻辑思维方法，尤其是多角度的分类，可以从多个侧面研究对象的本质，分析其特点，发现其规律。因此，通过从不同的角度对证据进行分类，可以深入认识证据在形式、来源、作用与证明对象关系等方面的特点，找出运用证据的一般规律，为健全、完善我国的证据制度提供理论上的依据。同时，证据分类虽然不具有法律效力，但是证据分类仍具有法律上的意义，尤其表现在证据规则上。例如最高人民法院《关于民事诉讼证据的若干规定》和《关于行政诉讼证据若干问题的规定》都确立了最佳证据规则和补强证据规则：原始证据的证明力一般大于传来证据，直接证据的证明力一般大于间接证据，需要补强的证据不能单独作为认定事实的根据①。

第二节 言词证据与实物证据

一、言词证据与实物证据的概念

以证据的存在状况和表现形式为标准，可以把证据分为言词证据与实物证据。

言词证据是指以人的陈述为存在和表现形式的证据，因而又称为人证。言词证据包括以人的陈述形式表现出来的各种证据，如证人证言，刑事被告人陈述，犯罪嫌疑人、被告人供述和辩解，民事当事人的陈述，行政诉讼当事人陈述，鉴定结论。

言词证据的实质是有关人员就直接或间接感知的与案件有关

① 毕玉谦主编：《证据法要义》，法律出版社 2003 年版，第 292 页。

的事实作出的语言陈述，而语言陈述的具体表现形式既可以是口头的，也可以是书面的，还可以是录音、录像或电子数据。根据法律的规定，证人可以提供书面证词，犯罪嫌疑人也可以书写书面供词，在有些案件的调查中，还可以使用录音、录像的方式记录陈述人的陈述。不论具体表现形式如何，只要记载的内容是陈述人就案件事实作出的陈述，都属于言词证据。因此证人证言，刑事被告人陈述，犯罪嫌疑人、被告人供述和辩解，民事当事人的陈述，行政诉讼当事人陈述，无论是以哪种形式记载的，都属于言词证据。言词证据通常以询问或讯问的方式取得，以笔录（即记录材料）的形式记载下来，如对犯罪嫌疑人、被告人的讯问笔录，对证人的询问笔录。

鉴定结论也属言词证据，它是一种较为特殊的言词证据。它与当事人的陈述、证人证言等言词证据有所不同，其内容不是陈述人对案件事实的直接或间接的感知，而是鉴定人对司法和执法人员提交的与案件有关的专门性问题进行鉴定后作出的判断性意见。在法庭审理时，鉴定人有义务出庭，接受当事人及其代理人的质询。在英美法系国家中，鉴定结论就属于证人证言的范畴，称为“专家证言”或“专家意见”，因此，鉴定结论也属言词证据。

实物证据是指以实物形态为存在和表现形式的证据。实物证据又叫广义上的物证。物证、书证是典型的实物证据。视听资料、勘验笔录是否是实物证据，在我国理论界有争议。一般认为视听资料、勘验笔录是实物证据。勘验笔录是由司法人员对与案件有关的场所、物品、人身、尸体进行实地查看、检验、调查后所作的记录，通常表现为一定的书面材料、照片、绘图，它是对有关场所、物品、人身、尸体情况的客观记载，而不反映司法人员的主观意见或判断，因而多数人认为勘验笔录应归入实物证据。视听资料是供办案人员查明案件事实的一种特殊物品，属于实物证据。但也有学者认为，勘验笔录不能简单地归为实物证据，要具体情况具体分析，认为勘验笔录中的文字部分虽然也具有文书的实物形式，但是从内容性质上看，仍然属于言词证据，是勘验人员用书面形式记录的关于其勘验中所见所闻之事实的陈述。正因为如此，勘验检查人员在必要时应该出庭，像证人那样用语言证明自己所做笔录的真实性，或者对笔录内容作出必要的解释和说明。至于勘验检查笔录中以照相、录像等方式制作的有关物品或痕迹的记录，因为这些记录内容本身不具有言词的性质，所以应该归入实物证据的范畴[①]。对于视听资料，也要具体情况具体分析，多数视听资料属于实物证据，但如果记录犯罪嫌疑人、被告人的供述和辩解，证人的证言，被害人陈述等的视听资料则属于言词证据。

实物证据都是客观存在的物品，可以是原物，也可以是物的痕迹、模型、照片及录像材料等。美国学者将案件中实际存在的东西如现场上的手枪和足迹等称为实在证据，把具有示意和说明功能的实物材料如照片、模型等称为示意证据[②]。

二、言词证据与实物证据的特点

划分言词证据与实物证据，其目的是从证据形式的角度对证据进行分类研究，揭示不同形式证据的特点，从而指导司法人员

① 何家弘、刘品新著:《证据法学》，法律出版社 2004 年版，第 124 页。

② 〔美〕乔恩·华尔兹著，何家宏译:《刑事证据大全》，中国人民大学出版社 1993 年版，第 13～14 页。

做好证据的收集、审查和运用工作。

（一）言词证据的特点

（1）言词证据能够从动态上证明案件事实，这是言词证据的一个突出优点。言词证据是当事人、证人等对其直接或间接感知的案件事实的复述，能够较为形象生动、详细具体地反映案件的原因、过程和结果，特别是亲历案件事实的当事人和亲自耳闻目睹案件事实又能如实陈述的证人等所作的言词证据，具有较强的证明力。言词证据的这一特点是实物证据无法比拟的。

（2）言词证据的证据源不易灭失，这是言词证据的另一优点。言词证据是当事人就其所感知的案件事实所作的陈述。当人们直接或间接感知案件事实后，感知到的事实就被输入人的记忆神经中枢储存起来。由人的记忆的生理规律所决定，记忆的内容往往能够保存相当长的时间，而且感知时刺激越强烈，印象越深刻，记忆的时间就越长。当然，随着时间的推移，人的记忆会逐渐模糊以致淡忘。但是，只要在人的记忆期内，言词证据的证据源就不会灭失。

（3）言词证据容易失真，这是言词证据的突出弱点。言词证据是人所作的陈述，因此，很容易受各种主客观因素的影响而出现虚假或失真。导致言词证据失真或虚假的原因既有主观的，又有客观的。主观原因主要有某种利害关系或个人品格等，如刑事诉讼中的被害人、犯罪嫌疑人、被告人，民事、行政诉讼中的当事人等，因与案件存在着利害关系，因而可能有意作虚假陈述。证人、鉴定人员虽然一般与案件没有直接的利害关系，但也会由于证人个人的品质，或受到威胁、利诱而不如实作证、或鉴定。客观原因则主要有由于客观环境和条件所限而使陈述人感知到错误的信息，如鉴定人由于水平和条件所限作出错误鉴定结论，证人由于受案发当时的客观环境而感知到错误信息作出了失真的陈述，如有的证人是色盲，就其所见犯罪嫌疑人穿着而作的陈述就可能是错误的。

(二) 实物证据的特点

(1) 实物证据的客观性和稳定性强，不易失真，这是实物证据最突出的优点。实物证据都是客观存在的物，且往往是伴随着案件的发生而形成，不像言词证据那样易受人的主观因素的影响而出现虚假或失真；而且实物证据往往是经司法和执法人员勘验或搜查、扣押而到案的，一经收集保全后，就可以长期保持其原有形态，成为证明案件事实的有力证据。

(2) 实物证据容易灭失，这是实物证据的弱点。实物证据是客观存在之物，容易随外界条件变化而灭失；实物证据也会因人为的毁弃而灭失。

(3) 实物证据与案件事实的关联性不明显。所谓关联性不明显，是指实物证据一般不能自己证明它与案件事实的联系，而需要发挥人的主观能动性去认识它，往往需要借助检验、鉴定等方法才能揭示其证据的证明价值，因此实物证据俗称“哑巴证据”。如在刑事案件现场提取的脚印，它本身无法说明该脚印是否为犯罪人所留以及是否与犯罪活动有关。只有当提取到犯罪嫌疑人的脚印样本，经鉴定认定与现场脚印同一后，其才能揭示出该脚印的证据意义：即证明犯罪嫌疑人曾到过犯罪现场。

(4) 实物证据只能从静态上证明案件事实。所谓只能从静态上证明案件事实，是指实物证据的证据价值被揭示出来后，往往也只能证明案件事实的一个片断、一个情节，而不能像言词证据那样能反映案件的全貌，实物证据需要与其他证据构成证据链条才能完成证明任务。如在犯罪现场提取到的犯罪嫌疑人的脚印，其证明意义仅限于证明犯罪嫌疑人到过犯罪现场这一情节，而不能证明犯罪嫌疑人在现场是否实施了犯罪行为、实施了何种犯罪行为等案件的主要事实。犯罪嫌疑人在现场的脚印只有与其他证据形成了证据链时，才能充分发挥其证据价值。因此，运用实物证据时要着力揭示实物证据与案件事实的关联性。

三、言词证据与实物证据的运用

言词证据与实物证据的运用包括对它的收集、保全、审查和证明力的确定。言词证据与实物证据的划分揭示了这两类证据的不同表现形式及其不同特点。因而，司法和执法人员在实践中应当根据不同证据的特点，相应地采用不同的方法收集证据、保全证据、审查和运用证据。

（一）证据的收集

在证据的收集上，言词证据和实物证据的收集方法不同。言词证据的收集方法主要是讯问或询问。实物证据的收集，主要是通过勘验、搜查、扣押、查封、冻结、调取、当事人提供等方式进行的。

言词证据的收集因对象不同采取的方法有所区别。讯问方法适用于对犯罪嫌疑人、刑事被告人的言词证据的收集方法，也即审问；询问适用于对刑事被害人，民事、行政诉讼当事人，证人等的言词证据的收集，即问话。讯问和询问应当按照法律规定的程序进行，以保证证据收集的合法性。询问辨认人和鉴定人也是取得言词证据的方法。

收集实物证据，也必须依照法定的程序进行；对用搜查、扣押、查封、冻结、调取、当事人提供等方式收集证据的，要履行必要的交接手续（如扣押物品清单、调取证据清单等），用勘验、搜查等方法收集实物证据时，特别要注意保护现场，仔细勘验，争取收集到更多的实物证据，特别是争取提取到各种细微的痕迹物证。

无论是收集言词证据还是收集实物证据，都必须迅速及时。

（二）证据的保全

在证据的保全上，根据言词证据与实物证据的不同表现形式而分别采用不同的保全方法。

言词证据一般是以笔录的形式加以固定，也可以录音、录像的方式加以记录。证人、当事人也可以书写亲笔证词或供词；笔录应当按照规范化的要求录制；笔录和证词、供词等应按要求装订入卷，以防散失；录音、录像带应注明案别、陈述人、时间等，妥善保存。

实物证据的保全，以不损毁、不变形、不丢失为原则，特别是要注意分案别保管，以防不同案件的证据相互混淆。

（三）证据的审查判断

由于言词证据和实物证据的特点不同，因此对其审查的侧重点也不同。对言词证据，主要审查内容的真实性，对实物证据的审查，则主要是审查与案件的关联性。由于言词证据会因为主客观的原因而失真，因此，司法人员对言词证据主要审查陈述人的陈述是否属实，如陈述人感知的事实是否准确，是否存在影响陈述人如实陈述的因素，陈述人是否如实陈述，等等。由于实物证据与案件的关联性不明显，因此，审查实物证据首先是揭示其与案件是否相关，再是查明该实物证据是否真实。因此，审查实物证据主要通过审查实物证据的来源，查明该物是否来源可靠、是否确与本案有关；通过审查证据的保存情况，查明是否变形或被替换等；通过与其他证据相互印证，查明实物证据与本案有何种关联，能否证明案件事实，能证明案件事实的什么情节，等等。

（四）证据的运用

由于言词证据与实物证据各有优缺点，因此，在认定与运用证据上，应当结合言词证据与实物证据，使二者相互印证，相互补充，扬长避短。言词证据能动态证明案件事实，大多数言词证据是能直接证明案件主要事实的直接证据，因此司法和执法人员据此可直接、迅速地认识案件的主要事实。但由于言词证据容易失真，因此，必须利用实物证据的稳定性和客观性来印证。在运用实物证据时，则要充分利用言词证据挖掘实物证据与案件的关联性，充分揭示实物证据的证明力。总之，在运用证据时，必须综合运用实物证据与言词证据，充分发挥两种不同证据各自的优势，克服各自的弱点，形成实物证据与言词证据组成的牢固的证据体系。

第三节　原始证据与传来证据

一、原始证据与传来证据的概念

以证据的来源为标准，可以把证据分为原始证据和传来证据。前者又称为原生证据，通常称作“第一手材料”，后者又称为派生证据，通常称为“第二手材料”。

所谓原始证据，是指直接来源于案件事实或原始出处的证据。所谓直接来源于案件事实，是指证据是在案件发生过程中的行为或活动直接作用或影响下形成的；所谓直接来源于原始出处，是指证据直接来源于证据生成的原始环境。如在刑事犯罪现场发现并提取的各种痕迹和物品，搜查中找到并扣押的作案工具、赃物，目击证人的证言，民事诉讼当事人提供的合同原本，购物的原始发票，当事人陈述等等。

传来证据是指在原始证据的基础上经过复制、复印、传抄、转述等中间环节衍生而成的证据。传来证据不是直接来源于案件事实或原始出处，而是经过了中间环节的转手，是从原始证据派生出来的证据，因此又称为“第二手材料”或派生证据。如对无法直接提取的物证制作的模型，书证的复印件、影印件、照片，证人转述他人所知事实的证言，当事人对非直接感知的事实所作的陈述，等等。

在理解传来证据时，要注意把传来证据与传闻证据相区别。传闻证据是许多英美法系国家证据法所普遍使用的一个概念。它是指证人在法庭审判外所提供的证言，包括证人转述他人的陈述，证人以书面陈述代替到庭口头陈述以及证人在庭外陈述的笔录。传闻证据仅限于人的陈述，不包括实物证据。无论证言是否直接来源于案件事实，只要不是证人当庭所作的陈述都为传闻证据。此外，英美法系的传闻证据规则是一般性排除传闻证据，只在少数例外的情形下才可采信。因此，英美法系国家的传闻证据与我国传来证据有巨大差别。

在区分原始证据与传来证据时，应以证据是否直接来源于案件事实或原始出处为标准划分，而不能以证据本身的表现形式是否是复制品为标准。在有些情况下，证据虽然是复制品的形式，但却不是传来证据而是原始证据。如在制作、贩卖、传播淫秽物品案件中的淫秽录像带，其制作方式通常是先制成母带，再用母带成批复制后销售牟利。在此类案件中，复制带就不是传来证据，而是原始证据。又如在民事诉讼中，用复写纸复写的一式两份合同文本均是原始证据。

二、划分原始证据与传来证据的意义

从证据来源的角度对证据加以分类，其意义在于揭示不同类别证据的可靠性程度和证明力的强弱。

影响证据证明可靠性和证明力的因素有多种，而证据的来源是其中重要的一个因素。因为在信息传递过程中，信息的可靠性会因人的领会能力、转述能力、技术、设备等的影响而越来越弱，因此，证据材料被传抄、转述、复制的次数越多越容易失真。而原始证据是直接来源于案件事实的证据，没有经过传抄、转述、复制等环节，因而，原始证据比传来证据更具有可靠性，其证明力也更强。最高人民法院《关于民事诉讼证据的若干规定》第77条第（三）项规定："原始证据的证明力一般大于传来证据"，《关于行政诉讼证据若干问题的规定》则在第63条第（六）项规定："原始证据优于传来证据。"

英美法系的"最佳证据规则"，要求书面证据的提供者应尽量提供原始材料，如果提供副本、抄本、影印本等非原始材料，则必须有充足理由。这一原则确认了原始文字材料的证明力优于它的复制品。英美证据法中的这一规则，虽然其适用范围仅限于书面证据，但它所确立的"最佳证据"观念却可以为我们所借鉴。因此，最高人民法院《关于民事诉讼证据的若干规定》和《关于行政诉讼证据若干问题的规定》都规定提供证据的，应尽量提供原始证据。如《关于民事诉讼证据的若干规定》第10条规定："当事人向人民法院提供证据，应当提供原件或者原物。如需自己保存证据原件、原物或者提供原件、原物确有困难的，可以提供经人民法院核对无异的复制件或者复制品。"《关于行政诉讼证据若干问题的规定》第10条规定："根据行政诉讼法第三十一条第一款第（一）项的规定：当事人向人民法院提供书证，应当符合下列要求：（一）提供书证的原件，原本、正本和副本均属于书证的原件。提供原件确有困难的，可以提供与原件核对无误的复印件、照片、节录本。”第 11 条第 1 项规定：“提供物证，应当提供原物。提供原物确有困难的，可以提供与原物核对无误的复制件或者证明该物证的照片、录像等其他证据。”第 12 条也规定：“当事人向人民法院提供计算机数据或者录音录像等视听资料的，应当提供原始载体，提供原始载体确有困难的，可以提供复制件。”

三、原始证据与传来证据的运用

由于原始证据与传来证据在可靠性、证明力等方面有不同的特性，因此，司法和执法人员在收集和运用这两类证据方面就应有不同的运用规则。

（一）在收集证据时，要尽可能收集原始证据

对于书证，应当收集调取原件，只有当取得原件有困难或者因保守国家秘密的需要时，才可以收集调取副本或复制件。对于物证，应当收集调取原物，只有原物不便搬运、保存的，才可以拍摄足以反映原物外形或者内容的照片、录像。对于证人证言，应当尽可能寻找到原始证人，获得亲自耳闻目睹案件事实发生的证人证言。对于当事人的陈述，应当面询问或讯问。在无法取得原始证据的情况下，应尽可能地获取最接近案件事实的传来证据。

（二）不能忽视传来证据的作用

司法、执法人员在重视原始证据的同时，也要重视传来证据的收集和运用。虽然传来证据在可靠性、证明力方面不及原始证

据，但我国法律并未否定传来证据的证据力，因此，传来证据也是证据，事实上传来证据在司法实践中也发挥着重要的作用。传来证据的作用主要表现在以下几个方面：第一，可以作为发现原始证据的线索。传来证据是从原始证据派生而来的，收集到传来证据，则可以寻根溯源，找到原始证据。第二，可以作为审查核实原始证据的材料。传来证据可以与原始证据相互印证、核实，增强原始证据的证明力。第三，在难于收集到原始证据的情况下，可以用传来证据证明案件事实。第四，对不易保存、无法移动的原始证据，可以用传来证据固定、保全。

（三）根据原始证据与传来证据不同特点认真审查其真实性

无论是原始证据还是传来证据，都需要审查其真实性。但由于二者的来源不同，因此，审查原始证据与传来证据的侧重点不同。对原始证据，虽然原始证据比传来证据的可靠性大，但司法人员也必须审查提供者的情况和提取的过程，看其来源是否可靠。对传来证据，针对传来证据因传抄、转述、复制等环节而有可能失真的特点，审查传来证据时，重点是审查其来源，查明是否有确切的出处，审查其在复制、复印、传抄、转述过程中有无失误、失真。如果判明传来证据来源可靠，确实与案件事实有联系，可以用来证明案件事实；而对于没有确切来源，无法判明是否可靠的传来证据，如纯属道听途说、街谈巷议等，不得用以证明案件事实。

第四节 直接证据与间接证据

一、直接证据与间接证据的概念

以证据与案件主要事实之间的关系为标准，可以把证据分为直接证据与间接证据。直接证据是指能直接证明案件主要事实的证据；间接证据是指不能直接证明案件主要事实而需要与其他证据结合经过逻辑推理才能证明案件主要事实的证据。直接证据又称为单独证据，间接证据又称为旁证。所谓案件主要事实是指对确定案件争议或解决诉讼纠纷具有关键意义的事实。在不同的诉讼中，案件的主要事实是不同的。在刑事诉讼中，案件的主要事实是犯罪事实是否发生以及犯罪由谁实施等事实；在民事诉讼中，案件的主要事实是民事诉讼当事人之间争议的民事法律关系发生、变更、消灭的事实；在行政诉讼中，案件的主要事实是行政机关的具体行政行为是否合法的事实。

直接证据与间接证据的划分，依据的是单个证据与案件主要事实的证明关系。直接证据与案件主要事实的证明关系是直接的，即单独一个直接证据可以不依赖于其他证据，直接证明案件主要事实。如借据可以直接证明双方当事人之间存在借贷关系，房产证可以直接证明房屋的所有权关系等。

在司法实践中，直接证据主要有：

（1）当事人的陈述。包括刑事被害人陈述，犯罪嫌疑人、被告人供述和辩解，民事诉讼当事人的陈述，行政诉讼当事人的陈述等。因为当事人是案件的亲历者，其陈述大多能直接证明案件主要事实，通常是直接证据。但是，并非所有的当事人陈述都是直接证据，只有能单独直接证明案件主要事实的当事人的陈述，才是直接证据。如刑事被害人陈述，如果被害人指认某人实施了对其的侵害行为时，该陈述即为直接证据，即可以直接证明某人是实施犯罪行为的嫌疑人。被害人仅描述犯罪受害情况而不能指认是谁实施了侵害行为的陈述，则不是直接证据，而是间接证据。

（2）能证明案件主要事实的证人证言。如目睹案件事实经过的证人证言。

（3）能证明案件主要事实的书证。如果书证记载的内容能直接证明案件主要事实，就成为直接证据，如民事诉讼中的借据、合同书；行政诉讼中行政机关开具的超过法定标准的罚款单，制造、贩卖的淫秽书刊，等等。

（4）能证明案件主要事实的视听资料。如录有某人实施犯罪全过程的监控录像就是直接证据。

间接证据与案件主要事实的证明关系是间接的，即单独一个间接证据不能直接证明案件的主要事实，它只能证明案件事实中的某一情节或片断，要证明案件主要事实，必须与其他证据结合起来，以推论的方式起证明作用。例如，刑事诉讼理论中有“七何”之说，即把犯罪构成的各个方面概括为：何人、何因、何时、何地、何罪、何果、何种手段等的事实和情况。凡是不能直接证明案件主要事实，而只能证明上述某一情节的，都叫局部情况或个别片断，这样的证据，就是间接证据。在司法实践中，间接证据的范围是相当广泛的，物证是典型的间接证据，勘验检查笔录、鉴定结论、不能直接证明案件主要事实的当事人陈述、不能直接证明案件主要事实的证人证言等等，都是间接证据。

直接证据和间接证据的划分，并非表明二者在证明力方面有大小强弱之分，它仅仅揭示出二者单个证据与案件主要事实的关系方面的特点，从而可以确定其不同的运用规则。因此，要特别注意直接证据和间接证据的划分标准与原始证据和传来证据的划分标准是不同的，不能将直接证据等同于原始证据，间接证据等同于传来证据。

二、直接证据与间接证据的特点

划分直接证据与间接证据，从证据与案件主要事实的证明关系的角度对证据进行分类研究，目的是揭示直接证据与间接证据的不同特点。

（一）直接证据的特点

（1）直接证据的证明方法、过程简单。直接证据是能够单独直接证明案件主要事实的证据，因此，其显著的特点是它对案件主要事实的证明关系是直接的，无需借助于其他证据，也无需采用逻辑推理方法来证明，就可以直接证明案件的主要事实，一经查证属实便可用作认定案件事实的主要依据。

（2）直接证据容易失真。直接证据大多表现为言词证据，容易受主客观因素的影响而出现虚假或失真，如大多数冤假错案都是由于轻信口供这种直接证据造成的。

（3）直接证据的收集和审查判断较为困难。由于直接证据是人的言词证据，因此，直接证据来源较窄，不易取得，在有些案件中甚至无法取得直接证据。如某些刑事案件没有目击证人而被害人死亡时，如果犯罪嫌疑人、被告人拒不供述，就无法取得直接证据。同时，由于言词证据容易出现虚假，其客观真实性较难确定。

（二）间接证据的特点

（1）证明关系的间接性。间接证据的间接性是指间接证据与案件主要事实的证明关系是间接的。任何一个间接证据都只能证明案件的某一局部事实或个别片断，而不能单独直接证明案件主要事实。

（2）证明过程的依赖性。间接证据的依赖性是指间接证据对案件主要事实的证明，必须与其他证据相结合，形成一个相互依赖、相互联结的证据体系，大家通常形象地将这个证据体系称之为证据链。在这个证据链中，必须是一环扣一环，环环相扣，如果缺少其中的某些环节，就无法证明案件的主要事实。

（3）证明作用的隐蔽性。证明作用的隐蔽性是指间接证据在证明案件事实方面有无作用、有何作用不明确。只有通过与案件中其他证据联系起来，其证明作用才会表现出来。如在杀人的犯罪现场发现了一把刀，孤立地看，这把刀与案件事实有无证明作用、有何证明作用，都不能回答。但当与其他证据联系时，就能看出其证明作用。如在刀上提取到了指纹，并且鉴定得出的结论是刀上的指纹正是犯罪嫌疑人的指纹；刀上血迹的血型与被害人的血型相同。这时作为间接证据的刀在案件中的证明作用就表现出来了。

（4）证明方式的推理性。证明方式的推理性是指间接证据对案件主要事实的证明是以逻辑推理的方式进行的。由于间接证据不能直接证明案件主要事实，它只能证明案件事实的某一个情况事实或个别情节，它对案件主要事实的证明，只能是把各个间接证据所证明的具体事实结合起来，通过逻辑推理，从一个事实推论出其他事实，彼此协调一致，没有破绽，排除了其他可能性，从而最终证明案件主要事实。

此外，间接证据还有范围广、数量多、容易收集的优势。在证明案件事实的证据中，大量存在的是各种形式、能证明案件各种情节的间接证据，只有极少数的是直接证据。因此，在证明案件事实时，如果没有直接证据，凭间接证据也可以定案。

三、直接证据与间接证据的运用规则

直接证据与间接证据有不同的特点，在证明过程中的证明作用、证明方式不同，因此，在运用直接证据与间接证据证明案件事实时，其运用规则也不同。因此，在司法实践中，要充分发挥直接证据与间接证据的优势，克服各自的弱点，使二者相互印证，相互补充，组成牢固的证据体系，最终证明案件事实。

（一）直接证据的运用规则

直接证据对案件主要事实的证明关系是直接的，一旦收集到直接证据，案件的主要事实便可得到证明。然而，由于直接证据最大的弱点是容易失真，可靠性差，因此，运用直接证据，其关键问题是审查其真实性和可靠性，以防出现错误。为了保证直接证据的正确运用，运用直接证据时，必须遵守以下规则：

（1）严禁刑讯逼供和以威胁、引诱、欺骗以及其他非法的方法收集证据。司法实践中，使用刑讯逼供和以威胁、引诱、欺骗等非法方法收集证据的目的往往是想要从犯罪嫌疑人、被告人、证人等口中获取直接证据，然而，使用非法方法获取的直接证据，显然缺乏真实性和可靠性，因此，我国刑事诉讼法明确规定禁止使用上述非法方法获取证据。

（2）所有直接证据必须经过质证、询问等方式查证属实才能作为定案的根据。直接证据主要是被告人的供述和辩解、被害人的陈述、证人的证言等。由于客观原因，这些直接证据可能是错误的、不真实的，甚至可能是陈述人的谎言。因此，必须在法庭上经过控辩双方的询问、质证，并经过查实以后，才能作为定案的根据。

(3) 孤证不能定案。只有一个直接证据，而没有间接证据印证的情况，不能据以认定案件事实。因为，只有一个直接证据，该证据的真实性无法确定，如果仅凭一个直接证据定案，其结论必然是不可靠的。同时，一个直接证据，虽然它能证明案件主要事实，但它不能证明案件的全部事实和情节，案件主要事实以外的其他事实和情节，就需要其他证据来加以证明。因此，在司法实践中，如果获取了直接证据，也还必须广泛收集其他间接证据，以增强直接证据的证明力，达到证据确实、充分的证明要求，绝不能仅凭一个直接证据定案。我国《刑事诉讼法》第46条规定："只有被告人供述，没有其他证据的，不能认定被告人有罪和处以刑罚。"这一规定的精神，适用于各种司法和执法活动。

(4) 案件中的直接证据与间接证据必须相互印证，彼此之间没有矛盾或矛盾得到合理排除。在司法实践中，如果既收集到大量的间接证据，又收集到直接证据的情况下，就要求将直接证据与间接证据相互结合，相互印证，相互补充，使直接证据与间接证据之间没有矛盾或矛盾得到合理的排除，从而形成完整、严密的证据体系。在既有直接证据又有间接证据的情况下，证据体系的组成一般是以直接证据为主干，以间接证据为补充。在作为主干的直接证据的真实性得到确认后，要运用大量的间接证据对直接证据的各个事实要素和各个情节进行印证核实，对案件的各个事实要素和各个具体情节逐一进行证明，最终达到证据确实充分的程度。

(二) 间接证据的运用规则

由于间接证据只能间接证明案件事实，这一特征决定了运用间接证据证明案件事实是一个复杂的过程，如果稍有不慎，就有可能出现偏差和失误。因此，在运用间接证据特别是完全依靠间接证据定案时，必须遵守以下规则：

(1) 间接证据必须真实可靠。在运用间接证据前，必须查证每一个间接证据，未经过查证属实的间接证据，不得纳入证据体系，这是证据本质属性的要求。因此，对每一个间接证据，都必须查证属实。

(2) 间接证据必须与案件存在客观联系。证据与案件事实是否有客观联系，是该证据是否具有证明力的关键。只有与案件存在客观联系，才能作为间接证据纳入证据体系。因此，在审查间接证据与案件事实有无客观联系时，必须深入分析，发现间接证据与案件的客观联系，防止被表面现象和假象迷惑，牵强附会。

(3) 间接证据之间必须协调一致，不得存在矛盾。如果发现有矛盾，就说明必定存在不真实的证据材料，必须继续收集证据，进行深入的分析研究。在矛盾排除前，不能勉强定案。

(4) 间接证据必须形成一个完整的证据体系。每个间接证据，只能证明案件的某个事实要素或情节，而只有案件中的每个事实要素或情节都有间接证据予以证明，形成了一个证据链，才能构成一个完整的证据体系。如果间接证据相互不能结合，或者虽有联系，但仍不能证明案件中某些必须证明的情节，无论有多少间接证据，也不能据此定案。

(5) 依据间接证据组成的证据体系进行逻辑推理，足以对案件事实得出肯定的、唯一的结论。间接证据的证明体系不仅要表明这一结论是有根据的，而且还要表明这一结论是唯一的。在这一点上，刑事诉讼与民事诉讼的证明要求有所不同。就刑事诉讼而言，依据间接证据体系得出的结论必须具有排他性；而民事诉讼，不要求有排他性结论，只要得出排除了合理怀疑的结论即可。

第五节　本证与反证

一、本证与反证的概念

以证据对主张事实的证明作用是肯定还是否定为标准，可将证据分为本证和反证。本证是指肯定当事人主张的事实存在的证据。反证，是指否定当事人主张的事实存在的证据。反证俗称相反证据。在我国法学理论中，通常将本证与反证视为民事诉讼证据和行政诉讼证据的分类；而在刑事证据学中，则有控诉证据与辩护证据、有罪证据与无罪证据、有利于被告人的证据与不利于被告人的证据的类似划分。也有学者认为本证与反证既适用于民事诉讼和行政诉讼证据的分类，也适用于刑事诉讼证据的分类①。我们将本证与反证限于民事与行政证据的分类，而刑事诉讼证据的相应分类为有罪证据与无罪证据。

本证与反证是以证据对诉辩双方所主张的事实是否成立的证明作用来划分的。支持己方事实主张的证据是本证，反驳对方事实主张的证据是反证。因此，诉辩双方都可以提出支持己方主张的本证，也可以提出反驳对方主张的反证。因此，不能将原告、被告的诉讼地位与本证、反证的划分简单地等同起来，即不能认为原告提出的证据都是本证，被告提出的证据都是反证。如原告

① 何家弘、刘品新著：《证据法法学》，法律出版社 2004 年版，第 144 页。

主张被告应归还其欠款 5000 元，并出示了有被告签名的借据，这个借据即为支持原告主张的本证。而被告主张虽有借款事实，但欠款已还，并出示了原告出具的收条，这个收条即为证明被告主张其借款已还事实的本证。如果被告否认有借款事实，提出原告出具的借条是伪造的，并出具了借条是伪造的鉴定结论，则该鉴定结论是否认原告主张的反证。

本证与反证的划分和举证责任的分配是基本一致的。根据“谁主张，谁举证”的规则，凡是主张某项事实的一方，负有提出证据证明己方的主张的义务，提出的证据为本证；而反驳对方事实主张的一方不负举证责任，但有权利提出反驳对方事实主张的证据，提出反驳对方主张的证据是反证。可见，本证与反证是针对一方所主张的同一事实，诉辩双方提出了两种证明作用完全相反的证据，一方提出了肯定其主张的证据，而反驳方提出了否定其主张的证据。本证与反证的划分虽然同举证责任的分担基本一致，但却是不同范畴的问题，不能将二者混淆：本证与反证是一种证据分类方法，而举证责任是当事人在提供证据上的责任分配。

二、本证与反证划分的意义

由于划分本证与反证的标准是证据在支持或反驳诉辩双方事实主张中的证明作用，因此，本证与反证的划分，对于诉讼中调动当事人的举证积极性以及人民法院运用证据等方面都有重要意义。

（1）有利于调动诉辩双方举证的积极性。根据举证规则，主张某项事实的一方负有举证责任，有义务提出证据证明自己的事实主张，并应达到法律所要求的证明标准，如果不能提出足够的证据证明自己的主张，则要承担败诉的风险。因此，在各种诉讼中，负有举证责任的一方要积极地提出支持自己主张的本证，构筑完整的本证体系，从而达到法定的证明标准。而不负有举证责任的一方，有权利提出反驳对方的证据，用反证去否定对方的主张，其所提出的反证一经查证属实，即可被采纳。因此，被告方要积极收集和使用反证，使己方的反证能够足以否定对方主张的程度，从而击败对方。因此，划分本证与反证，可以使诉辩双方当事人根据自己在诉讼中的地位和责任，积极地收集有利于自己主张的本证或反证，使案件事实在本证与反证的对抗中越辩越明，从而最大限度地实现诉讼的客观公正。

(2) 有利于审判人员了解诉辩双方的事实主张及提供的证据情况。诉辩双方都有各自的事实主张，并且在双方都积极收集和提供正反两方的证据的情况下，审判人员可以查明案件的真实情况，不仅可以做到兼听则明，还可以提高诉讼效率。

(3) 有利于审判人员审查运用证据。诉讼具有对抗性质，其表现是双方的事实主张具有对抗性，双方提出证明其主张的证据也是相互对抗的。往往对同一事实双方提出了不同的主张，并提出了内容不同甚至完全相反的证据。但在同一诉讼中，案件的真实情况只能是客观的一个，因此，当对同一事实同时存在着肯定或否定两种证据时，就应对诉辩双方提出的证据进行认真的审查，或者本证成立，或者反证成立。而本证与反证的划分有利于审判人员审查与判断证据。因为，本证与反证的证明标准是不同的，本证是负有证明责任的一方提出的，其证明力必须强于反证的证明力。如果反证的证明力与本证大致相当时，即可使案件事实难以认定，从而否定本证。《最高人民法院关于民事诉讼证据的若干规定》第 72 条规定："一方当事人提出的证据，另一当事人认可或提出的相反证据不足以反驳的，人民法院可以确认其证明力。”第 73 条规定：“双方当事人对同一事实分别举出相反的证据，但都没有足够的依据否定对方证据的，人民法院应当结合案件情况，判断一方提供证据的证明力是否明显大于另一方提供证据的证明力，并对证明力较大的证据予以确认。”

第六节 有罪证据与无罪证据

一、有罪证据与无罪证据的概念

有罪证据是指能够证明犯罪事实存在，犯罪嫌疑人、被告人有罪或加重犯罪嫌疑人、被告人刑事责任的证据。无罪证据是指能够证明犯罪事实不存在或证明犯罪嫌疑人、被告人无罪、罪轻或减轻其刑事责任的证据。在刑事诉讼中，由于存在着控诉与辩护两大对抗的职能，控诉犯罪嫌疑人、被告人有罪或加重其刑事责任的证据一般是由控诉人提出的；而反驳控诉，提出证明犯罪嫌疑人、被告人无罪或罪轻以及减轻其刑事责任的证据通常是由辩护方提出的，因此，有罪证据又称为控诉证据，无罪证据又称为辩护证据。

有罪证据与无罪证据的划分，是根据证据在证明犯罪嫌疑人、被告人有罪、罪重还是犯罪嫌疑人、被告人无罪、罪轻或减轻刑事责任的作用来区分的。凡是能够证明犯罪嫌疑人、被告人有可能实施犯罪或应当加重其刑事责任的证据都是有罪证据。如在犯罪现场提取到了犯罪嫌疑人的脚印、犯罪嫌疑人有作案的时间的证人证言、犯罪现场有犯罪嫌疑人的物品、被告人属于累犯等，都属于有罪证据。凡是能够证明犯罪嫌疑人、被告人无罪、罪轻或减轻其刑事责任的一切证据，都属无罪证据，如犯罪嫌疑人不在现场的证据、犯罪嫌疑人有精神病的鉴定结论、犯罪嫌疑人有自首情节的证据等。

无罪证据与有罪证据，是根据证据的内容和作用划分的，不能认为有罪证据是控诉方提出的证据，无罪证据就是辩护方提出的证据，虽然通常是如此，但有时控诉方提出的证据也可能是无罪证据，辩护方提出的证据是有罪证据。如犯罪嫌疑人承认犯罪的供述即为辩护方提出的有罪证据。

二、划分无罪证据与有罪证据的意义

（1）有利于促使办案人员全面收集证据。将刑事诉讼中的证据分为有罪证据与无罪证据，就要求司法人员在办案过程中既要收集证明犯罪嫌疑人、被告人有罪、罪重的证据，也要收集证明犯罪嫌疑人、被告人无罪、罪轻的无罪证据，不能只收集有罪证据，也不能只收集无罪证据，而应做到兼收并蓄，从而保障无罪的人不受刑事追究，使有罪的人受到应有的惩罚。

（2）有利于防止司法人员在认定案件事实时的主观片面性。司法人员在办案过程中既收集有罪证据，又收集无罪证据。在认定案件事实时，就要根据刑事诉讼的证明要求，综合审查有罪证据与无罪证据，要肯定犯罪嫌疑人、被告人有罪，必须有罪证据确实充分，如果无罪证据查证属实，使有罪证据与无罪证据的矛盾得不到合理排除时，就必须进一步收集证据，直至所有矛盾都得到解决，否则，就只能按疑罪从无的原则作无罪处理。

三、有罪证据与无罪证据的运用规则

在运用有罪证据与无罪证据时，要坚持以下规则：

（1）在证据的收集过程中，要全面收集、审查有罪证据与无罪证据。特别是在刑事诉讼中行使侦查权、检察权的公安机关、检察机关，全面收集证明犯罪嫌疑人有罪或者无罪、犯罪情节轻重的各种证据是他们的法定职责，其任务是追究犯罪人的刑事责任，保障无罪的人不受刑事追究，因此，全面收集有罪证据与无罪证据，是防止错拘、错捕、错诉等冤假错案的关键。在证据的审查过程中，侦查人员、检察人员、审判人员对于犯罪嫌疑人说明自己无罪或罪轻的辩解，应当认真地审查核实，不能先入为主地认为犯罪嫌疑人、被告人是狡辩，是拒不认罪。如果无罪证据查证属实，证明犯罪嫌疑人无罪，应当及时作出撤销案件或不起诉的决定。

（2）在证据的运用和证明标准上，有罪证据必须有一定的数量要求，形成一个彼此之间没有脱节、没有矛盾的证据链，构成一个完整的证明体系。而无罪证据则没有数量上的要求，无需形成证据链条。因为无罪证据是从否定的角度起证明作用，只要查证属实，与案件存在关联，就可以成立。有时一个无罪证据就可以起到彻底否定有罪证据的作用，出现四两拨千斤的奇效。如犯罪嫌疑人不在犯罪现场、犯罪嫌疑人是完全无刑事责任能力的精神病人的鉴定结论等证据。一个刑事案件中，只要有这样一个无罪证据，即可完全推翻所有的对犯罪嫌疑人不利的有罪证据。因此，审判人员在运用有罪证据与无罪证据定案时，一定要根据有罪证据与无罪证据的证明要求，综合审查运用证据，做到案件事实清楚，证据确实充分。

（3）在证明过程中，如果有罪证据与无罪证据同时存在，谁也否定不了谁的情况下，只能按疑罪从无的原则，宣告无罪。

第八章 证据的收集与保全

第一节 收集与保全证据的概念和意义

一、收集证据的概念和特征[①]

收集证据是查明案件事实的基础和前提，是正确处理案件和解决纠纷的首要工作。所谓收集证据，是指公安司法机关、当事人及其辩护人、诉讼代理人，为了查明特定的案件事实或证明自己诉讼中的事实主张，运用法律许可的方法和手段，发现、采集、提取证据的活动。

收集证据具有以下特征：

（一）收集证据的主体是公安司法机关、当事人及辩护人、诉讼代理人

我国三大诉讼立法对收集证据的主体作了明确的规定，包括

① 在非诉讼法律事务中，如行政执法、仲裁等活动中，均存在证据收集的问题。但鉴于本书研究的重点是狭义证据法学即诉讼证据法学，所以本章重点讨论诉讼中的证据收集。

公安司法机关、当事人及辩护人、诉讼代理人。为了维护社会主义法制，切实保障公民的人身权利、民主权利和其他权利免遭侵犯，立法还对他们收集证据的权利进行了界定。

（1）公安司法机关是收集证据的主体。在刑事诉讼中，公安机关、人民检察院、人民法院有责任收集证据、查明案情。《刑事诉讼法》第 43 条规定："审判人员、检察人员、侦查人员必须依照法定程序，收集能够证实犯罪嫌疑人、被告人有罪或者无罪、犯罪情节轻重的各种证据。"可见在刑事诉讼中，收集证据的主体主要是公安司法机关及其工作人员。但是，应当注意的是，人民法院收集证据的权力是有限的。1996 年修正的《刑事诉讼法》取消了庭前审查阶段法院可以收集证据的规定。对法庭审判过程中法官的调查取证权也进行了限制。《刑事诉讼法》第 158条规定："法庭审理过程中，合议庭对证据有疑问的，可以宣布休庭，对证据进行调查核实。"最高人民法院《关于执行〈中华人民共和国刑事诉讼法〉若干问题的解释》第 55 条规定："人民法院对公诉案件依法调查、核实证据时，发现对认定案件事实有重要作用的新的证据材料，应当告知检察人员和辩护人。必要时可以直接提取、复制后移送检察人员和辩护人。"可见，法院只有在对控（原告）辩（被告）双方提出的证据有疑问的情况下，才能对证据进行调查核实，而不能主动收集新的证据。民事诉讼法对人民法院的调查取证权也进行了限制。《民事诉讼法》第 64 条规定："当事人及其诉讼代理人因客观原因不能自行收集的证据，或者人民法院认为审理案件需要的证据，人民法院应当调查收集。"

在民事诉讼中，虽然收集证据的主体主要是当事人及其诉讼代理人，但是人民法院在特定情形下，也应当调查收集证据。这些情形包括以下两种：第一，人民法院依职权主动收集“认为审理案件需要的证据”。根据《关于民事诉讼证据的若干规定》第15条的规定，这些证据有两类：一是涉及可能有损国家利益、社会公共利益或者他人合法权益的事实的证据；二是涉及依职权追加当事人、中止诉讼、终结诉讼、回避等与实体争议无关的程序事项的证据。第二，人民法院依当事人的申请收集证据。《关于民事诉讼证据的若干规定》第17条规定：“符合下列条件之一的，当事人及其诉讼代理人可以申请人民法院调查收集证据：（一）申请调查收集的证据属于国家有关部门保存并需人民法院依职权调取的档案材料；（二）涉及国家秘密、商业秘密、个人隐私的材料；（三）当事人及其诉讼代理人确因客观原因不能自行收集的其他材料。”第18条规定：“当事人及其诉讼代理人申请人民法院调查收集证据，应当提交书面申请。申请书应当载明被调查人的姓名或者单位名称、住所地等基本情况、所要调查收集的证据的内容、需要由人民法院调查收集证据的原因及其要证明的事实。”可见在民事诉讼中，人民法院虽然也是收集证据的主体，但其收集证据的职权和范围是有限的，只有在当事人及其代理人因客观原因确实无法提供证据，或者对当事人提供的证据存在疑问，以及双方当事人所举证据相互矛盾需要进一步查实时，人民法院才调查收集证据。而在行政诉讼中，作为被告的行政机关有责任对争议的具体行政行为的合法性提出证据，举证不能，则承担败诉结果；且规定在诉讼中不得自行向原告及证人收集证据。而人民法院只有在其认为必要的情况下，才收集证据。《行政诉讼法》第34条第2款规定：“人民法院有权向有关行政机关以及其他组织、公民调取证据。”由此可见，在行政诉讼中，收集证据也是法律赋予人民法院的职权。但是，与民事诉讼一样，人民法院收集证据的职权是有限的。《关于行政诉讼证据的若干规定》第22条规定："根据行政诉讼法第三十四条第二款的规定，有下列情形之一的，人民法院有权向有关行政机关以及其他组织、公民调取证据：（一）涉及国家利益、公共利益或者他人合法权益的事实认定的；（二）涉及依职权追加当事人、中止诉讼、终结诉讼、回避等程序性事项的。"第23条规定："原告或者第三人不能自行收集，但能够提供确切线索的，可以申请人民法院调取下列证据材料：（一）由国家有关部门保存而须由人民法院调取的证据材料；（二）涉及国家秘密、商业秘密、个人隐私的证据材料；（三）确因客观原因不能自行收集的其他证据材料。人民法院不得为证明被诉具体行政行为的合法性，调取被告在作出具体行政行为时未收集的证据。"

（2）辩护律师和诉讼代理律师是收集证据的主体。《中华人民共和国律师法》第30条规定："律师参加诉讼活动，依照诉讼法律的规定，可以收集、查阅与本案有关的材料，同被限制人身自由的人会见和通信，出席法庭，参与诉讼，以及享有诉讼法律规定的其他权利。"其中，"诉讼法律的规定"主要是指：第一，《刑事诉讼法》第37条规定："辩护律师经证人或者其他有关单位和个人同意，可以向他们收集与本案有关的材料，也可以申请人民检察院、人民法院收集、调取证据，或者申请人民法院通知证人出庭作证。""辩护律师经人民检察院或者人民法院许可、并且经被害人或者其近亲属、被害人提供的证人同意，可以向他们收集与本案有关的材料。"第二，《民事诉讼法》第61条规定："代理诉讼的律师和其他诉讼代理人有权调取收集证据，可以查阅本案有关材料。查阅本案有关材料的范围和办法由最高人民法院规定。"第三，《行政诉讼法》第30条规定："代理诉讼的律师，可以依照规定查阅本案有关材料，可以向有关组织和公民调查、收集证据。”这些法律规定及相关的司法解释为参与诉讼的律师享有收集证据的权利提供了法律依据和保障。

律师收集证据与公安司法机关收集证据相比，具有其明显的特征：第一，时间受限。这主要体现在刑事诉讼中。由于律师参与刑事诉讼始于案件移送审查起诉之日，因而与侦查机关、检察机关相比，其时间受到限制。这也决定了律师收集证据必然会与分析、审查、判断和运用证据在短时间内穿插进行；第二，条件受限。律师调查收集证据，应持律师调查介绍信、律师执业证书，并由两名以上律师进行。如一名律师单独进行调查，必须有一名见证人在场见证并在律师调查笔录上签名；第三，权利有限。如在刑事诉讼中，辩护律师向被害人收集证据，应经法院或检察院许可，并需被害人同意；第四，依照《民事诉讼法》的规定，律师作为代理人，在案件起诉前，应积极收集证据，促使法院及时立案。受理后应承担举证责任，支持委托人的主张；第五，我国民事、行政诉讼证据制度规定了当事人举证与人民法院调查取证相结合的制度。因此，密切关注法院的收集证据工作，随时阅卷，随时就证据的分析、判断和运用与审判人员交换意见是律师收集证据的重点之一。

(3) 当事人也是收集证据的主体。根据《民事诉讼法》第50条和第61条的规定，当事人及其代理诉讼的律师和其他诉讼代理人有权收集证据。这一规定便于他们履行举证责任。同样，《刑事诉讼法》第171条规定了刑事自诉案件中自诉人负举证责任，因此，其有举证权利。《刑事诉讼法》第43条规定：“必须保证一切与案件有关或者了解案情的公民，有客观地充分地提供证据的条件。除特殊情况外，还可以吸收他们协助调查。”这说明我国刑事诉讼法并不限制公民在和犯罪行为斗争中采取有效措施截获有关证据。在行政诉讼中，根据《行政诉讼法》第 32 条规定："被告对作出的具体行政行为负有举证责任，应当提供作出该具体行政行为的证据和所依据的规范性文件。"被告在行政诉讼中的特殊情况和诉讼地位决定了其特殊的举证责任。同时，根据《行政诉讼法》第 33 条规定："在诉讼过程中，被告不得自行向原告和证人收集证据。"此外，根据《关于行政诉讼证据的若干规定》第 4 条的规定："公民、法人或者其他组织向人民法院起诉时，应当提供其符合起诉条件的相应的证据材料。"行政诉讼的原告也有权收集证据。

上述主体收集证据的立足点不尽相同，因此可据之将收集证据分为两类：一是基于职权或者职责进行的证据收集。公安司法机关收集证据即属此种；其二，基于权利或者证明责任进行的证据收集。律师、当事人收集证据则属此类。

（二）收集证据的目的是证明特定的案件事实

对于公安司法机关来说，收集证据的目的在于按照法定证据认定案件事实，即"查明"特定的案件事实；对于当事人及其辩护人或诉讼代理人来说，目的则是证明案件事实或者证明本方的诉讼主张。但无论是公安司法机关还是当事人及其诉讼代理人，收集证据的目的都是使特定的事实得到证明。

（三）收集证据的客体是证据材料

无论是公安司法机关还是当事人或是诉讼代理人，其收集到的"证据"都还不能直接成为定案根据，还需要经过法定程序查证属实之后，才能作为定案的证据。因此，通过收集获得的还不是严格意义上的"证据"，而是"证据材料"。虽然我国立法未明确区分"证据"与"证据材料"，但对收集证据的客体仅为"证据材料”还是有相应规定的。如《刑事诉讼法》第 90 条规定：“公安机关经过侦查，对有证据证明有犯罪事实的案件，应当进行预审，对收集、调取的证据材料予以核实。”再如，1998 年《最高人民法院、最高人民检察院、公安部、国家安全部、司法部、全国人大常委会法制工作委员会关于刑事诉讼法实施中若干问题的规定》第 13 条第 2 款规定：“在法庭审理过程中，辩护律师在提供被告人无罪或者罪轻的证据时，认为在侦查、审查起诉过程中侦查机关、人民检察院收集的证明被告人无罪或者罪轻的证据材料需要在法庭上出示的，可以申请人民法院向人民检察院调取该证据材料，并可以到人民法院查阅、摘抄、复制该证据材料。”鉴于此，我们认为，“调查收集证据的客体包括证据和证据材料”[①] 的提法值得商榷。

明确收集证据的客体是证据材料而非证据至少有两点意义：一是提醒当事人特别是公安司法机关在收集证据时要全面细致，不要轻易放弃对有关证据材料的收集；二是防止司法机关以调查收集证据代替审查判断证据。

二、保全证据的概念和特征

证据保全，是指对可能灭失或以后难以取得的证据，执法机关根据当事人的申请或依职权主动采取措施加以固定和保护，以保持其证据作用的一种取证措施和诉讼行为。证据保全有以下特征：

（一）证据保全的主体是行政机关、公证机关和司法机关

在行政执法程序中，行政机关认为证据可能灭失或者以后难

---

① 江伟主编：《证据法学》，法律出版社 1999 年版，第 249 页。

以取得的，可以依职权或者应申请采取先行登记保存措施。如《行政处罚法》第 37 条第 2 款规定："行政机关在收集证据时，可以采取抽样取证的方法；在证据可能灭失或者今后难以取得的情况下，经行政机关负责人批准，可以先行登记保存，并应当在七日内及时作出处理决定。在此期间，当事人或者有关人员不得销毁或者转移证据。"行政机关在采取先行登记保存措施时，必须填写先行登记保存通知书或者履行其他书面手续，并且送达有关的当事人或者证人。应当事人的申请，公证机关可以实施证据保全。为此，《中华人民共和国公证暂行条例》第 4 条第 11 项将证据保全规定为国家公证机关的业务之一。《民事诉讼法》第 74 条规定："在证据可能灭失或者以后难以取得的情况下，诉讼参加人可以向人民法院申请保全证据，人民法院也可以主动采取保全措施。"《行政诉讼法》第 36 条作了同样的规定。可见，在民事诉讼和行政诉讼中，人民法院可以采取证据保全，以固定证明一定案情的证据，确保诉讼的顺利进行。但是，其他任何机关和个人不能采取证据保全措施，否则会妨害公民的人身权或者财产权，而且可能构成妨害诉讼的行为。在刑事诉讼中，公诉的案件都是经过公安机关或者检察机关的侦查、检察机关的审查起诉，才由法院进行审判，如果证据可能灭失或者以后难以取得，公安机关或检察机关就应当行使职权，采取侦查措施予以保全。至于刑事自诉案件，刑事诉讼法没有规定人民法院是否可以采取证据保全措施。我们认为，人民法院受理刑事自诉以后，认为必要的，可以依职权或者应申请进行证据保全。

(二) 证据保全以证据可能灭失或者以后难以取得为前提

只有在证据可能灭失或者以后难以取得的情况下，行政机关或者司法机关才能采取证据保全措施，因为，证据保全是一种在紧急情况下采取的特别措施，如果证据没有灭失的危险或者以后难以取得的情形，就没有必要采取这样的措施，而应当采取法律规定的一般的调查取证措施。具体来说，采取证据保全，必须具备下列条件之一：

（1）证据可能灭失。这是指证据以后有可能不存在或者提供证据的人有可能不存在。例如，作为证据的物品即将腐烂、变质、变形，证人因年迈、疾病有可能死亡，当事人有毁灭证据的危险等。

（2）证据以后难以取得。这是指如失去某种机会或超过一定的时间，以后就难以取得的情况。如证人将要出国留学或到国外定居，证明案情的物品因将要转让而以后难以取得等。

（三）证据保全可以依职权实施或者应申请采取

在符合法定条件时，行政机关和司法机关可以依职权实施证据保全。当事人认为具有采取证据保全措施必要性的，可以向行政机关、公证机关或者司法机关提出申请，但该申请对行政机关、公证机关或者司法机关没有约束力。是否采取证据保全措施，仍然由行政机关、公证机关或者司法机关单方面决定。这就产生了一个问题，即当事人对证据保全的申请未被行政机关或司法机关接受时，他是否可以申请复议？对此法律无规定。我们认为，申请证据保全本是一件好事，它对于诉讼的顺利推进应当说是有益处的。当行政机关或司法机关拒绝进行证据保全时，应说明理由，当事人对理由不服时可以申请复议[①]。由于民事诉讼和行政诉讼中，证据收集主要是当事人的责任，因此，民事诉讼和行政诉讼的证据保全主要是依申请采取。因此，《关于民事诉讼

---

① 参见田平安著：《民事证据初论》，中国检察出版社 2002 年版，第 166 页。

证据的若干规定》和《关于行政诉讼证据的若干规定》对当事人申请保全证据作了重点规定。其主要内容有三：一是规定了证据保全申请的期限，即当事人应不得迟于举证期限届满前7日提出申请；二是规定了申请保全证据的要求，即应以书面形式提出，并说明证据的名称和地点、保全的内容和范围、申请保全的理由等事项；三是规定人民法院可以要求其提供相应的担保。

（四）证据保全的时间是在诉讼中或诉讼前

诉讼前的证据保全主要是指行政机关采取的证据保全和公证机关采取的证据保全，人民法院在诉讼开始前一般不进行证据保全。但在特殊情况下，当事人也可以向人民法院提出证据保全的申请，由人民法院决定是否采取证据保全措施。对此，相关立法已有明确规定。如2001年10月27日修正的《中华人民共和国商标法》第58条第1款、第2款规定："为制止侵权行为，在证据可能灭失或者以后难以取得的情况下，商标注册人或者利害关系人可以在起诉前向人民法院申请保全证据。人民法院接受申请后，必须在四十八小时内作出裁定；裁定采取保全措施的，应当立即开始执行。"2001年10月27日修正的《中华人民共和国著作权法》第50条第1款、第2款也规定："为制止侵权行为，在证据可能灭失或者以后难以取得的情况下，著作权人或者与著作权有关的权利人可以在起诉前向人民法院申请保全证据。人民法院接受申请后，必须在四十八小时内作出裁定；裁定采取保全措施的，应当立即开始执行。"《关于民事诉讼证据的若干规定》第23条第3款规定："法律、司法解释规定诉前保全证据的，依照其规定办理。"《关于行政诉讼证据的若干规定》第27条第3款也作了相同规定。可见，人民法院也可以依申请采取诉前证据保全。

诉讼中的证据保全包括刑事自诉中的证据保全、民事诉讼中的证据保全和行政诉讼中的证据保全。诉讼中的证据保全一般由人民法院采取，但行政机关和公证机关也可以进行证据保全。其中，人民法院和行政机关采取证据保全措施，既可以根据当事人的申请，也可以依职权主动进行；而公证机关采取证据保全，则应以当事人的申请为前提，不得直接采取保全措施。

三、收集与保全证据的意义

证据的收集与保全在诉讼活动中具有重要意义，主要表现为：

（一）证据的收集与保全是正确认定案件事实的基础

要对案件进行正确处理，必须全面获得证据，正确认定案件事实。显而易见，没有证据或者证据不足，就不能够正确认定案件事实，在刑事诉讼中，就不能使国家刑罚权得到落实；在民事诉讼中，就不能按照客观事实正确处理纠纷，使权利受到侵害的当事人得到救济。在行政执法活动中，没有证据，就不能正确判断是非，作出正确的行政处理决定。所以，要正确认定案件事实，不能不认真对待收集证据的问题。特别是一些证据的获得具有紧迫性，如果不能及时收集和固定，证据就可能灭失或者难以提取，从而给认定事实带来困难，因此在收集证据时还必须高度重视对证据的保全。

（二）证据的收集与保全是保证当事人的实体权益的手段

在现代社会，刑事案件发生以后或者纠纷形成以后，有关的当事人为了维护自己的合法权益，应当积极提供证据或者证据线索，在法律允许的前提下，还应当主动地收集并提供证据。向法庭提供证据是承担证明责任的当事人为了避免败诉后果的发生而进行的理性行为，不承担证明责任的当事人为了切实维护自己的合法权益，也应当积极主动地提供有利于己的证据或者证据线索。当存在需要进行证据保全的情形的时候，当事人往往能够更加积极地发现苗头和掌握情况，他们主动申请证据保全是当事人提供证据的救济方法，有利于保护当事人的合法权益和诉讼活动的顺利进行。

第二节 收集与保全证据的基本要求

证据是诉讼活动的基础和核心，而收集与保全则是证据运用的前提和基础。因此，收集与保全证据是一项重要的诉讼活动，为了保证收集与保全证据的顺利进行，保证收集与保全证据目的的实现，为证明案件事实提供可靠的根据，公安司法机关及其工作人员、当事人和律师在收集证据时必须要遵循相应的要求。

一、收集与保全证据必须合法

合法性是证据的重要属性，合法性的要求之一就是证据的收集与保全要合法。因为“在当代诉讼活动中，查明案件事实并非唯一的诉讼价值，维护公民个人的自由权利也是一项重要的诉讼价值”①。为了维护公民的合法权益，防止损害或者不必要地损害公民的自由权利，同时也为了保证一切与案件有关或者了解案情的公民有客观地充分地提供证据的条件，防止可能出现的偏差和错误，使收集与保全证据工作能够有效地进行，我国三大诉讼法都对收集和保全证据的主体、权限和程序作了明确规定，并且就收集和保全证据的具体行为规定了方式、方法等。例如：根据

---

① 卞建林主编：《证据法学》，中国政法大学出版社 2002 年修订版，第 284 页。

《刑事诉讼法》第二编第二章第二节、第三节规定，在侦查阶段，讯问犯罪嫌疑人必须由人民检察院或者公安机关的侦查人员负责进行。讯问的时候，侦查人员不得少于两个人；而侦查人员询问证人，可以到证人的所在单位或住处进行，但是必须出示人民检察院或者公安机关的证明文件。在必要的时候，也可以通知证人到人民检察院或者公安机关提供证言，询问证人应当个别进行，应当告知其应当如实地提供证据、证言和作伪证、隐匿罪证应负的法律责任，等等。又如，根据《民事诉讼法》第一编第六章规定，勘验物证或者现场，勘验人必须出示人民法院的证件，并邀请当地基层组织或者当事人所在单位派人参加。当事人或者当事人的成年家属应当到场，拒不到场的，不影响勘验的进行。有关单位和个人根据人民法院的通知，有义务保护现场，协助勘验工作。勘验人应当将勘验情况和结果制作笔录，由勘验人、当事人和被邀参加人签名或者盖章。另外，根据《行政诉讼法》第五章规定，被告对作出的具体行政行为负有举证责任，应当提供作出该具体行政行为的证据和所依据的规范性文件。在诉讼过程中，被告不得自行向原告和证人收集证据。而在诉讼过程中，人民法院认为对专门性问题需要鉴定的，应当交法定鉴定部门鉴定；没有法定鉴定部门的，由人民法院指定的鉴定部门鉴定。

公安司法机关进行证据的收集和保全活动，必须严格遵守法定的权限、程序和方式方法。当事人和律师进行收集和保全活动，也必须遵守法律所作出的相关规定，如果违反了法律的规定，则不仅收集和保全的证据不能作为定案根据使用，而且相关人员还需要承担相应的法律责任。《刑事诉讼法》第 43 条规定：“审判人员、检察人员、侦查人员必须依照法定程序，收集能够证实犯罪嫌疑人、被告人有罪或者无罪、犯罪情节轻重的各种证据。严禁刑讯逼供和以威胁、引诱、欺骗以及其他非法方法收集证据。……”最高人民法院《关于执行〈中华人民共和国刑事诉讼法〉若干问题的解释》第 61 条进一步规定：“严禁以非法的方法收集证据。凡经查证确实属于采用刑讯逼供或者威胁、引诱、欺骗等非法的方法取得的证人证言、被害人陈述、被告人供述，不能作为定案的根据。”最高人民检察院在 1999 年修订的《人民检察院刑事诉讼规则》中也作了类似的规定。此外，《刑法》第 247 条还规定了刑讯逼供罪和暴力取证罪。刑事诉讼是如此，民事诉讼、行政诉讼也是这样。有这样一个案件：王某开设一家餐厅，卫生局的两名执法人员到餐厅检查卫生时，发现该饭店销售腐烂饭菜，制作现场笔录，要求王某签字，王某拒绝；要求证人签字，证人也拒绝。检查人员只好自己签字，并根据《食品卫生法》第 9 条和第 41 条的规定作出责令停止销售和罚款 50 元的决定。第二天王某到法院起诉，称没有销售腐烂食品而是执法人员找麻烦，人民法院决定开庭审理，卫生局只能提供现场笔录。但由于笔录制作时没有当事人或证人签字，是一个不符合法定形式的笔录，不能作为定案的证据使用①。本案执法人员在收集证据的过程中，在遇有当事人等拒签情形时，依法本可以通过对当事人等拒签情节做一记录来补救，但执法人员没有这样做，而是自己签字了事。这充分说明，收集保全证据应当合法，如不依法进行，收集与保全的证据也不能作为定案根据。

二、收集与保全证据必须及时

及时是对收集与保全证据时间方面的要求。收集与保全证据

① 谢玉童著：《证据法学案例教程》，中国人民公安大学出版社 2001 年版，第 26 页。

必须及时，首先是证据自身的内在需要。根据马克思主义的一般原理，世界上的任何事物都处于不断的变化之中，稳定性只是相对的，证据也不例外。证据表现为特定的物品、痕迹或语言文字，随着时间的推移，物品、痕迹就会变化甚至灭失，当事人或者证人对案件事实的记忆就会变得模糊，有些犯罪行为人或当事人为了逃避责任，还会想方设法对这些物品、痕迹或语言文字进行毁坏、隐匿或伪造。如不及时加以收集、保全，证据就可能会变形、湮灭，直接影响案件事实的正确认定。正如法国刑侦学者艾德蒙·罗加尔所说的那样，犯罪行为发生后的前几个小时其重要性是不可估量的，失去时间就等于失去了真理[①]。相反，如果办案人员能做到积极主动、迅速及时，这些物品、痕迹就容易查找，当事人或者证人对案件事实的记忆就比较清晰，表达就会清楚，犯罪行为人或当事人就来不及隐匿证据、伪造证据，案件就容易查清。有一年，上海市嘉定县有一家供销店遭一名歹徒行凶抢劫，县公安局及时赶到现场，从被害人处了解到犯罪分子的体貌特征，又从现场取得犯罪分子遗留的痕迹物证，当即作出犯罪分子可能就近从黄渡车站逃跑的判断，及时驱车赶到黄渡，果然发现有一名外来人员慌慌张张奔到车站，偷偷爬上货车，企图潜逃，被我侦查人员及时查获。经过查证，从他身上携带的赃物赃款、身上的血迹、现场遗留的痕迹物证及其体貌特征，都可以证实他就是行凶抢劫的犯罪分子，从而及时破了案[②]。本案的侦破充分说明了迅速、及时地收集与保全证据的重要性。

---

① 肖胜喜著：《刑事诉讼证明论》，中国政法大学出版社 1994 年版，第 175 页。

② 《刑事证据纵横谈》，上海社会科学院出版社。转引自谢玉童：《证据法学案例教程》，中国人民公安大学出版社 2001 年版，第 29～30 页。

收集保全证据必须及时也是举证时限制度的要求。所谓举证时限，是指民事、行政诉讼中负有举证责任的当事人应当在法律规定和法院指定的期限内提出证明其主张的相应证据，逾期不举证则应承担证据失效的法律后果。我国相关的司法解释已经确立了举证时限制度。《关于民事诉讼证据的若干规定》第33条规定："人民法院应当在送达案件受理通知书和应诉通知书的同时向当事人送达举证通知书。举证通知书应当载明举证责任的分配原则与要求、可以向人民法院申请调查取证的情形、人民法院根据案件情况指定的举证期限以及逾期提供证据的法律后果。举证期限可以由当事人协商一致，并经人民法院认可。由人民法院指定举证期限的，指定的期限不得少于三十日，自当事人收到案件受理通知书和应诉通知书的次日起计算。"第34条规定："当事人应当在举证期限内向人民法院提交证据材料，当事人在举证期限内不提交的，视为放弃举证权利。对于当事人逾期提交的证据材料，人民法院审理时不组织质证。但对方当事人同意质证的除外。当事人增加、变更诉讼请求或者提起反诉的，应当在举证期限届满前提出。"《关于行政诉讼证据的若干规定》第1条规定："根据行政诉讼法第三十二条和第四十三条的规定，被告对作出的具体行政行为负有举证责任，应当在收到起诉状副本之日起十日内，提供据以作出被诉具体行政行为的全部证据和所依据的规范性文件。被告不提供或者无正当理由逾期提供证据的，视为被诉具体行政行为没有相应的证据。被告因不可抗力或者客观上不能控制的其他正当事由，不能在前款规定的期限内提供证据的，应当在收到起诉状副本之日起十日内向人民法院提出延期提供证据的书面申请。人民法院准许延期提供的，被告应当在正当事由消除后十日内提供证据。逾期提供的，视为被诉具体行政行为没有相应的证据。”根据举证时限的要求，当事人及其诉讼代理人应当及时收集证据并及时向法院提供证据，否则，一旦逾期，就将导致证据失效。此外，根据《行政诉讼法》第33条的规定：“在诉讼过程中，被告不得自行向原告和证人收集证据。”行政机关在作出具体行政行为的时候，必须及时收集证据，如果行政机关不及时收集证据，而等到诉讼开始后才自行收集证据，经人民法院查证属实，即使行政管理的相对人确有违法行为，被告也必须承担败诉后果。

收集与保全证据必须及时，要求在刑事诉讼中，司法人员在发案后应尽快赶赴现场，抓住有利时机，及时进行勘验、检查、扣押、询问受害人、证人等证据收集和保全工作。在行政执法过程中，行政执法人员在受理案件后，同样应当及时调查收集证据，在现场执法的执法人员应当及时制作现场笔录，并采取相应措施保全相关证据。在民事诉讼和行政诉讼中，当事人也应及时收集相关证据①，如果确实无法收集，应及时申请法院调查收集证据，需要采取证据保全措施的，应及时向有关机关提出申请。人民法院对需要依职权调查收集或保全的证据，也应及时采取收集和保全措施。

三、收集与保全证据必须客观、全面

客观、全面是对收集与保全证据内容方面的要求。所谓客观，是要求公安司法人员、律师及当事人在收集与保全证据的过程中，应当尊重客观事实，应当从案件的实际情况出发，收集与

① 当然，行政诉讼的被告应遵循“在诉讼中，不得自行调查收集证据”的规定。

保全客观存在的证据材料。司法人员及当事人、律师对收集到的书证、物证、视听资料等，一定要保持原状；勘验、检查及现场笔录一定要忠实于现场实际；对当事人及证人的陈述一定要如实记录。不能只凭主观想象，先入为主，更不能弄虚作假，歪曲事实真相，这直接关系到收集与保全的证据是否具备真实性的问题。

所谓全面，是要求相关人员在收集证据时应注意收集的范围和内容两方面，对于能够反映案件真实情况的一切证据材料都应收集。《刑事诉讼法》第 43 条规定："审判人员、检察人员、侦查人员必须依照法定程序，收集能够证实犯罪嫌疑人、被告人有罪或者无罪、犯罪情节轻重的各种证据。严禁刑讯逼供和以威胁、引诱、欺骗以及其他非法的方法收集证据。必须保证一切与案件有关或者了解案情的公民，有客观地充分地提供证据的条件，除特殊情况外，并且可以吸收他们协助调查。"根据《民事诉讼法》第 64 条第 2 款的规定，人民法院应当全面、客观地调查收集证据。收集与保全证据要做到全面，就应注意三点：一是注意围绕证明对象、围绕基本事实全面收集证据，不要有遗漏。二是控诉证据、辩护证据、本证、反证都要收集，对证明有罪的证据要收集，对证明无罪的证据也要收集；对当事人有利的证据要收集，对当事人不利的证据也要收集。三是要注意排除其他可能性方面的证据。这样才能从不同种类、正反方面、多种角度的证据上入手，综合判断，真正了解案件的真实情况，为进一步确定案件性质，正确处理案件奠定基础。我们说收集证据应当全面，主要是针对公安司法人员的，但对于当事人及其律师来说，也并非毫无意义。虽然当事人和律师由其诉讼目的或诉讼职能决定，应当主要围绕自己的诉讼主张或围绕有利于犯罪嫌疑人、被告人的事实来收集证据，但是，一方面，当事人及律师也应当全面地收集有利于当事人诉讼主张或有利于犯罪嫌疑人、被告人的证据；另一方面，为了对案件事实有个客观、全面的了解以根据事实提出相应的诉讼对策，同时更为了对对方的诉讼意图做到心中有数，当事人及律师还应当注意收集其他证据。

四、收集与保全证据必须深入、细致

收集与保全证据本身是一项深入、细致的调查研究工作。在刑事案件中，大多数犯罪分子在实施犯罪后都要伪造、破坏现场或毁灭、转移罪证。有的刑事案件随着时间的推移、自然条件的变化或其他原因，现场可能出现复杂的情况，影响侦查和定性。在民事、行政案件中，也往往会由于自然条件变化、时间推移及人为破坏等原因，给收集证据的工作带来很大困难。因此，要做到深入细致必须注意：第一，凡是与案情有关的地方都要认真检查勘验，凡是与案情有关的物品和痕迹都要提取，凡是与案情有关的一切单位和个人都应调查、询问，不放过任何细微的情况和线索。第二，避免粗枝大叶、不求甚解。应对每一个证据认真弄清来龙去脉，既要知道它的现在、又要了解它的过去；既要看清它的现象，又要认清它的本质，以做到既不遗漏证据，又不盲目收集。第三，收集证据深入细致，不仅指实物证据的收集，而且包括言词证据的收集。收集言词证据时，问得要深，问到要害处、实质处；问得要细，具体到时间、地点、行为、对象、情节、后果等，尤其是关键情况更要过细。过深、过细包括正反两方面的证据，这样可以防止伪造证据，去伪存真，有利于证据的查证。反之则会收集证据不全面甚至错误，不利于查明案情甚至产生冤假错案。有一起凶杀案，侦查人员根据尸体伤口的形状推断凶器是军用刺刀，怀疑在死者隔壁刚刚转业回家 9 天的石某作案。侦查人员迅速搜查了石某的住所，发现带有血迹的衣服，法医检验确认血迹是O型和A型，而死者的血型是A型。于是对石某进行突击审讯，石某开始否认，但在30个小时的突击审讯并且失落三颗门牙之后终于招供了。此后历经中级人民法院、高级人民法院两次审判和两次核准，石某被判处死刑缓期两年执行。在石某服刑两年半后，一起抢劫案件中的犯罪嫌疑人为了主动赎罪，检举前述案件的杀人行为不是石某干的，而是另一个人干的。后经重新侦查发现，照片表明尸体的创口系双刃刀造成，而认定的凶器却是一把单刃水果刀；血衣口袋中有被扯掉的3枚纽扣，而凶杀发生在夜晚，如果纽扣是在凶杀过程中扯掉的，石某根本不可能找回失落的纽扣并将其装在口袋里；而且死者的血型是AB型，却被错误地检验为A型①。本案由于收集证据不深入不细致，最终酿成了冤假错案。这样的教训是非常惨痛的。

五、收集与保全证据必须充分运用现代科技手段

当今时代是科学技术时代，科学技术已日益渗透到社会生活的各个领域，各种案件都出现高科技化的趋势。在刑事案件中，犯罪分子越来越多地利用高科技手段进行犯罪活动或掩盖罪行，如运用微波传送机密文件，运用化学药品书写信件，运用网络技术进行盗窃、诈骗，先利用计算机系统犯罪后又用病毒破坏计算机系统反侦查，等等。在民事行政案件中，有些案件也直接涉及到科学技术问题，如确定发现权、发明权、环境保护、医药卫生等案件。面对这些案件，单靠传统的方法是无法收集和保全证据的，必须运用科学技术的最新成果，运用现代科学技术手段。如

---

① 何家弘主编：《证据调查》，法律出版社1997年版，第5~6页。

运用紫外线检验法判断被检查物的发光性能，恢复被掩盖或消退的文字和血迹，辨别伪造的钞票、证券、票证，鉴别肉眼看不见的印迹、被洗掉或刮掉的文字、辨别商品的真伪、纸张、墨水、胶水等的种类，还可以用紫外线摄影来收集、保全这些证据。这些都要求公安司法机关、当事人以及律师应当注意：凡属技术问题，要请专业技术人员协助解决；凡属专门知识问题，应通过鉴定予以解决；凡涉及不懂的专业、技术知识，应请教有关专家学者，千万不可主观臆断。

六、收集证据要注意保密

在收集证据的过程中要注意保守国家秘密、商业秘密和个人隐私。收集证据要保守国家秘密可分为两个方面：其一是所收集的证据本身是涉及《保守国家秘密法》规定的文件、事项、物品，司法人员必须遵守《保守国家秘密法》的规定，不得扩散。其二是按照《国家保密法》第 8 条规定，追查刑事犯罪中的秘密事项也属于《保守国家秘密法》中规定的国家秘密。办理刑事案件，在收集证据时必须保守国家秘密，否则不利于侦破案件。另外，在办理民事、行政案件中，凡收集到涉及单位的商业秘密和公民的个人隐私的证据材料，司法人员应注意保密。

第三节　收集与保全证据的方法

收集、保全证据的方法即公安司法机关、当事人和律师收集、保全证据的手段。我国三大诉讼立法对证据收集与保全的方法作了明确规定。如《刑事诉讼法》第二编第二章规定了很多收集证据的侦查措施，包括讯问犯罪嫌疑人，询问证人、被害人，勘验、检查，搜查，扣押物证、书证，鉴定等。《公安机关办理刑事案件程序规定》以及《人民检察院刑事诉讼规则》还规定了查询、冻结存款、汇款，侦查实验、辨认等收集证据的方法。《关于民事诉讼证据的若干规定》第 24 条规定："人民法院进行证据保全，可以根据具体情况，采取查封、扣押、拍照、录音、录像、复制、鉴定、勘验、制作笔录等方法。人民法院进行证据保全，可以要求当事人或者诉讼代理人到场。"《关于行政诉讼证据的若干规定》第 28 条也作了类似规定。此外，《民事诉讼法》、《行政诉讼法》也规定了诸如调取、鉴定、勘验等收集证据的方法。

具体来说，收集与保全证据的方法主要包括：

一、提取原物

提取与案件有关的物品或者文书，主要适用于可以并且便于移动的物证、书证和视听资料。提取这些证据时，应当尽可能提取原物。这是因为，复制件与原物相比，容易在复制过程中发生歪曲，影响对案件事实的正确判断。而原物只要保存方法得当，提取、固定和使用及时，一般能够基本保持原貌，正确反映与案件有关的事实情况。所以，收集物证、书证和视听资料，都应当以提取原物为原则。对此，我国立法也有相应规定。如《最高人民法院关于执行〈中华人民共和国刑事诉讼法〉若干问题的解释》第 53 条规定："收集、调取的书证应当是原件。只有在取得原件确有困难时，才可以是副本或者复制件；收集、调取的物证应当是原物。只有在原物不便搬运、不易保存或者依法应当返还被害人时，才可以拍摄足以反映原物外形或者内容的照片、录像。"《民事诉讼法》第 68 条规定："书证应当提交原件。物证应当提交原物。提交原件或者原物确有困难的，可以提交复制品、照片、副本、节录本。”《关于民事诉讼证据的若干规定》第21条规定：“调查人员调查收集的物证应当是原物。……”第22条规定：“调查人员调查收集计算机数据或者录音、录像等视听资料的，应当要求被调查人提供有关资料的原始载体。提供原始载体确有困难的，可以提供复制件。提供复制件的，调查人员应当在调查笔录中说明其来源和制作经过。”另外，根据《关于行政诉讼证据的若干规定》第10条第（一）项、第11条第（一）项、第12条第（一项）的规定，在行政诉讼中，书证应提供原件，物证应提供原物，视听资料应提供原始载体，只有在特定情形下才可以提供复制件。

二、询问

询问是指公安司法机关或者律师要求当事人（刑事案件的犯罪嫌疑人、被告人除外）、证人或者鉴定人陈述自己了解的案情，主要适用于收集与保全证人证言、当事人陈述、被害人陈述以及鉴定结论。询问是任何案件中都经常使用的证据收集与保全的方法，是收集与保全证据的“常规武器”和“基本功”[①]。

询问应当遵循法定的程序和要求。综合三大诉讼法的规定，询问的规则主要包括：

（1）办案人员不得少于2人；

（2）询问前办案人员应出示证明文件，表明身份；

（3）应当个别进行；

（4）地点应为证人、被害人、当事人所在单位、住处或公安机关、人民检察院、人民法院的办公地点；

---

① 参见江伟主编：《证据法学》，法律出版社1999年版，第273页。

(5) 应告知其相应的权利与义务；

(6) 应当制作笔录，并交其核对或向其宣读，允许补充或者改正，确认无误后，由其签名或者盖章；

(7) 对未成年人应有其父母或监护人在场，对盲、聋、哑人，应有通晓手势的人参加，并在笔录中记明。

三、讯问

讯问是执法机关要求违法行为人、犯罪嫌疑人或刑事被告人如实交代案情的方法。讯问的对象限于行政处罚案件中的违法行为人和刑事案件中的犯罪嫌疑人、被告人。

讯问的规则主要包括：

(1) 讯问的主体限于执法机关，不包括当事人或者律师；

(2) 犯罪嫌疑人、被告人已羁押的，应当在看守所内讯问，如未被羁押可以将其传唤到其所在的市、县的指定地点或其住处进行讯问，但是应当出示人民检察院或者公安机关的证明文件；

(3) 讯问人员不得少于 2 人；

(4) 讯问应个别进行；

(5) 先予告知被讯问人申请回避权和聘请律师权；

(6) 应当首先讯问犯罪嫌疑人是否有犯罪行为，让他陈述有罪的情节或者无罪的辩解，然后向他提出问题

(7) 拘捕后必须在 24 小时内进行讯问；

(8) 侦查中传唤讯问的时间最长不得超过 12 小时；

(9) 讯问聋、哑的犯罪嫌疑人，应当有通晓聋、哑手势的人参加，并且将这种情况记明笔录；

(10) 应当制作讯问笔录，并交犯罪嫌疑人核对或向其宣读，允许补充或者改正，确认无误后，由其签名或者盖章；讯问人员

也应当在笔录上签名。经请求并经办案人员同意或要求，违法行为人或犯罪嫌疑人也可亲笔书写供词。

四、勘验

勘验是指国家专门机关的人员对与案件有关的场所、物品、尸体等进行勘查和检验，以发现、收集和固定能够证明案件事实的各种痕迹和物品的侦查活动。勘验是三大诉讼共有的收集与保全证据的方法，勘验笔录也是三大诉讼共同的证据种类。勘验的对象是现场、物品和尸体，包括现场勘验、物证检验、尸体检验和侦查实验等。其中，侦查实验是一种比较特殊的勘验形式。所谓侦查实验，是指为了确定和判明与案件有关的某些事实或者行为在某种条件下能否发生或者怎样发生，而由侦查人员进行的按照原有条件进行重演的一种活动。侦查实验可以验证案件发生或者证据的某些特定情况，实验的结果即制作的笔录可以作为证据使用。

勘验应遵循的规则主要有：

（1）勘验主体限于国家专门机关的人员，律师或当事人无权勘验；

（2）勘验时必须持有国家专门机关的证明文件；

（3）邀请见证人见证，通知民事、行政诉讼当事人或者其成年家属到场；

（4）在刑事诉讼中，对于死因不明的尸体，公安机关有权决定解剖，并且通知死者家属到场；

（5）应制作笔录，由参加勘验的人和见证人等签名或者盖章；

（6）必要时，应当按照现场勘查规则的要求拍摄现场照片；

(7) 侦查实验需经公安局长批准，在必要的情况下进行，并要禁止一切足以造成危险、侮辱人格或者有伤风化的行为。

五、检查

检查是指国家专门机关的人员为了确定被害人、犯罪嫌疑人的某些特征、伤害情况或者生理状态，依法对人身进行查验的活动。检查是刑事诉讼中特有的证据收集与保全方法，其对象限于活人的人身。

检查的规则有：

(1) 应由国家专门机关的人员主持。必要的时候，可以指派或者聘请具有专门知识的人参与检查；

(2) 检查时必须持有国家专门机关的证明文件；

(3) 犯罪嫌疑人如果拒绝检查，侦查人员认为必要的时候，可以强制检查；

(4) 检查妇女的身体，应当由女工作人员或者医师进行；

(5) 检查的情况应当写成笔录，由参加检查的人和见证人签名或者盖章。

六、搜查

搜查是侦查人员、检察人员依法对犯罪嫌疑人以及可能隐藏罪犯或者罪证的人的身体、物品、住所和其他有关地方进行搜寻、检查的行为。搜查的目的不仅仅局限于收集犯罪证据，有时也是为了查获犯罪嫌疑人。搜查的对象和范围既包括犯罪嫌疑人，也包括其他可能隐藏犯罪证据的人员，既可以搜查人身，也可以搜查犯罪嫌疑人的住处、物品或者其他有关场所。

根据《刑事诉讼法》第二编第二章第五节的规定，搜查时应注意：

（1）必须向被搜查人出示搜查证，在执行逮捕、拘留的时候，遇有紧急情况，不另用搜查证也可以进行搜查；

（2）应当有被搜查人或者他的家属、邻居或者其他见证人在场；

（3）搜查妇女的身体，应当由女工作人员进行；

（4）搜查的情况应当写成笔录，由侦查人员和被搜查人或者他的家属、邻居或者其他见证人签名或者盖章。如果被搜查人或者他的家属在逃或者拒绝签名、盖章，应当在笔录上注明。

七、扣押

扣押是侦查人员、检察人员依法强行提取、扣留和封存与案件有关的物品、文件的行为。扣押的目的是为获取和保全证据。及时进行扣押，可以防止能够作为证据使用的物品、文件被隐匿、毁弃或者丢失，从而发挥其证据作用。

根据《刑事诉讼法》第二编第二章第六节的规定，扣押时应注意：

（1）在勘验、搜查中发现的可用以证明犯罪嫌疑人有罪或者无罪的各种物品和文件，应当扣押。与案件无关的物品、文件，不得扣押；

（2）对于扣押的物品、文件，要妥善保管或者封存，不得使用或者损毁；

（3）对于扣押的物品和文件，应当会同在场见证人和被扣押物品持有人查点清楚，当场开列清单一式两份，由侦查人员、见证人和持有人签名或者盖章，一份交给持有人，另一份附卷备查；

(4) 侦查人员认为需要扣押犯罪嫌疑人的邮件、电报的时候，经公安机关或者人民检察院批准，即可通知邮电机关将有关的邮件、电报检交扣押。不需要继续扣押的时候，应即通知邮电机关；

(5) 人民检察院、公安机关根据侦查犯罪的需要，可以依照规定查询、冻结犯罪嫌疑人的存款、汇款。犯罪嫌疑人的存款、汇款已被冻结的，不得重复冻结；

(6) 对于扣押的物品、文件、邮件、电报或者冻结的存款、汇款，经查明确实与案件无关的，应当在三日以内解除扣押、冻结，退还原主或者原邮电机关。

八、鉴定

鉴定是鉴定人运用专门技术和设备，就案件中某些专门性问题进行鉴别和判断，并作出鉴定结论的一种活动。鉴定既能够揭示证据的特性（如书证的形成时间）、印证证据的真伪，其结论本身也是独立的证据种类。鉴定的对象范围十分广泛，与案件有关的各种物品、文件、痕迹、人身、尸体等都可以进行鉴定。

九、辨认

辨认是要求当事人或者证人在若干类似的物品、场所或者人中，挑选出自己曾经所见所闻的部分。辨认具有双重性，它可以作为验证案件证据的方法，也可以作为收集证据的方法。前者如在法庭调查过程中，当事人对于出示的物证是否与案件有关进行的辨认，起到的就是验证证据真伪的作用；后者如被害人从许多物品中辨认出与犯罪行为有关的物证，就是将辨认作为收集证据的一种方法来使用的。辨认的主体可以是案件中的当事人和证人；辨认的对象可以是案件中的当事人或者与案件有某种关联的人，也可以是与案件有关的物品或场所；辨认人的陈述和辨认过程的笔录，可以作为证据使用。

十、录音、录像

录音、录像是视听资料证据的主要收集方法，也是其他证据如证人证言、犯罪嫌疑人、被告人供述与辩解等证据的固定方法之一。录音就是用一定的设备将事件发生过程中产生的音响记录下来；而录像则是使用一定的设备将一定的活动影像记录下来。录音资料、录像资料既可以产生于案件发生过程中，如案件发生时录制的声响、影像；也可以产生在诉讼过程中，如在诉讼过程中对当事人陈述的录制、摄像。在刑事诉讼中，侦查人员对重大案件的现场进行勘验时，应当录像。

十一、调取

调取是侦查机关、检察机关和审判机关向持有能够证明与案件有关的事实的证据的单位、个人发出通知要求其限期交出或者前往索取要求其立即交出的行为。《刑事诉讼法》第45条规定："人民法院、人民检察院和公安机关有权向有关单位和个人收集、调取证据。有关单位和个人应当如实提供证据。"《行政诉讼法》第34条第2款也规定："人民法院有权向有关行政机关以及其他组织、公民调取证据。"

十二、复制

复制是通过一定的方法或者使用一定的设备，按照原物的各种特征制作仿制品的行为。复制包括摹写、复印、翻拍、转录

(视听资料)等方法。复制是收集证据的重要方法，也是保全证据的常用方法，如为防止视听资料被伪造或者破坏，或者使用中磨损，往往采取转录复制的方法进行保存。

上述各种方法都有法定的适用对象和条件，特定的形式和内容，办案人员及当事人要根据案件的具体情况选择使用。对不同的证据，收集与保全的方法不同，如对于人证，通常采取询问、讯问和制作询问、讯问笔录的方法，有时也辅以录音、录像等方法；对于书证，通常采取复制、拍照的方法；对于物证，通常采取提取封存的方法，也可以由人民法院进行勘验、制作勘验笔录，或者拍照、绘图、摄像等方法。不同的主体，其收集证据的方法也不相同，如公安司法机关收集与保全证据的方法，在刑事诉讼中主要是现场勘验，尸体检验，物体检验，询问证人，讯问犯罪嫌疑人、被告人，询问被害人，检查，搜查，扣押和鉴定等；在民事和行政诉讼中主要是询问当事人和证人，调取书证、物证、视听资料，进行勘验和鉴定等。律师收集证据的基本方法则是调查研究。其具体手段包括会见、访问、座谈、制作记录；复印、抄录资料；拍照；录音、录像；鉴定；实验等。

第九章　证据的审查判断

第一节　审查判断证据的概念和意义

一、审查判断证据的概念

审查判断证据，是指司法人员、当事人及其辩护人或诉讼代理人对证据材料进行分析、研究和判断，以鉴别其真伪，确定其有无证据力和证明力以及证明力的大小，并据之认定案件事实的诉讼活动。我国《刑事诉讼法》第 42 条第 3 款、《民事诉讼法》第 63 条第 2 款、《行政诉讼法》第 31 条第 2 款都规定，各种证据只有经过查证属实，才能作为定案的根据。而《关于民事诉讼证据的若干规定》和《关于行政诉讼证据的若干规定》则将“证据的审核认定”单列为一个部分（第五部分），进一步明确了审查、判断证据的基本原则和具体规则。其主要内容如《关于民事诉讼证据的若干规定》第 64 条：“审判人员应当依照法定程序，全面、客观地审核证据，依据法律的规定，遵循法官职业道德，运用逻辑推理和日常生活经验，对证据有无证明力和证明力大小独立进行判断，并公开判断的理由和结果。”第 65 条：“审判人员对单一证据可以从下列方面进行审核认定：（一）证据是否为原件、原物，复印件、复制品与原件、原物是否相符；（二）证据与本案事实是否相关；（三）证据的形式、来源是否符合法律规定；（四）证据的内容是否真实；（五）证人或者提供证据的人与当事人有无利害关系。”第 66 条：“审判人员对案件的全部证据，应当从各证据与案件事实的关联程度、各证据之间的联系等方面进行综合审查判断。”《关于行政诉讼证据的若干规定》第 54 条：“法庭应当对经过庭审质证的证据和无需质证的证据进行逐一审查和对全部证据综合审查，遵循法官职业道德，运用逻辑推理和生活经验，进行全面、客观和公正地分析判断，确定证据材料与案件事实之间的证明关系，排除不具有关联性的证据材料，准确认定案件事实。”第 55 条：“法庭应当根据案件的具体情况，从以下方面审查证据的合法性：（一）证据是否符合法定形式；（二）证据的取得是否符合法律、法规、司法解释和规章的要求；（三）是否有影响证据效力的其他违法情形。”第 56 条：“法庭应当根据案件的具体情况，从以下方面审查证据的真实性：（一）证据形成的原因；（二）发现证据时的客观环境；（三）证据是否为原件、原物，复制件、复制品与原件、原物是否相符；（四）提供证据的人或者证人与当事人是否具有利害关系；（五）影响证据真实性的其他因素。”等等。

除了审查判断证据这一概念之外，在我国诉讼立法及理论上，还经常使用“认证”与“查证”这两个概念。

《刑事诉讼法》第 42 条与《民事诉讼法》第 61 条均使用的是“查证”一词。所谓证据的查证，是指司法人员和诉讼当事人等证明主体，对收集的证据进行审查判断、鉴别其真伪，确定其能否作为定案根据的诉讼活动[①]。由此可见，查证与证据的审查判断是同一个概念。

所谓认证，是指法官在诉讼过程中，尤其在庭审过程中，就当事人举证、质证、法庭辩论过程中所涉及的与待证事实有关联的证据加以审查认定，以确认其证据力的大小与强弱的诉讼行为与职能活动[②]。可见，认证的主体限于司法人员，是司法人员审查判断证据的专门活动。

二、审查判断证据的特征

审查判断证据具有以下几个特征：

（一）审查判断证据的主体是司法人员、当事人及其辩护人或诉讼代理人

在诉讼中，除了司法人员为了确定案件事实要对证据进行审查判断外，当事人及其辩护人或诉讼代理人也要对证据进行审查判断，以便通过举证与质证，向司法人员提出如何认定事实的意见，使司法人员能够对案件事实作出正确认定，并在此基础上正确地适用法律作出公正处理。因此，审查判断证据的主体不仅包括司法人员，也包括当事人及其辩护人或诉讼代理人。

对审查判断证据的主体，学术界素有争议。有学者认为，审查判断证据的主体仅限于司法人员或执法人员[③]，当事人及其辩护人或诉讼代理人应被排除在审查判断证据的主体之外。然而，持此观点的学者要么认为，“双方当事人以及他们的诉讼代理人，

---

① 刘金友主编：《证据法学》，中国政法大学出版社 2001 年版，第 443 页。

② 何家弘主编：《新编证据学》，法律出版社 2000 年版，第 423 页。

③ 参见陈一云主编：《证据学》，中国人民大学出版社 2000 年第 2 版，第 247 页；江伟主编：《证据法学》，法律出版社 1999 年版，第 279 页。

对庭审中调查的各种证据，均有权进行质证，就其真实性和证明力发表意见”；要么认为“之所以将审查判断证据的主体限定为执法机关，是因为只有执法人员的审查判断证据的活动才具有法律效果，才能对公民、法人或其他组织的权益产生决定性的影响，因而才具有法律调整的必要性。当事人及其代理人包括律师可以对已知的证据或者证据材料进行审查判断，但是这种判断没有法律效果和约束力，只是事实行为而不是法律行为，不构成法律规范的调整对象。当然，审查判断证据的原理和标准是相通的，适用于执法人员的原理和标准也适用于当事人及其代理人”①。由此可见，这些学者同样认为当事人及其辩护人或诉讼代理人也要对证据进行审查判断，只不过从法律效果及原则通用性的角度考虑，将其排除在研究的范围之外罢了。因此，可以说，关于审查判断证据的主体的争论实质上是假争论。

司法人员审查判断证据与作为诉讼参与人的当事人等审查判断证据，既有相同之处，也有不同的地方。其共同之处主要表现为：(1) 内容相同。司法人员和当事人等审查判断证据，都是通过对证据材料进行分析、鉴别以确定其真伪，判断其有无证据能力和证明力以及证明力的大小。(2) 原理、方法等基本相同。其不同之处主要表现在：(1) 行为性质不同。司法人员审查判断证据是一种职权行为，即基于侦查权、检察权和审判权而进行的活动；而当事人、辩护人、诉讼代理人等审查判断证据则属于非职权行为。(2) 目的不同。司法人员审查判断证据，是为了正确地处理案件，维护国家、社会利益和当事人合法权益；而当事人等审查判断证据，主要是为了维护自身或委托人的利益。(3) 法律

---

① 江伟主编：《证据法学》，法律出版社 1999 年版，第 279 页。

效果不同。专门机关审查判断后认定具有证据力和证明力的，即可直接作为定案的根据，产生法律效果；而当事人等对证据的审查判断，通常只是提出证据的前提，不能直接产生法律约束力。该证据能否作为定案的根据，还取决于司法人员是否采信该证据。

（二）审查判断证据的本质是一种思维活动

如果说收集证据是认识过程（即诉讼证明过程）的第一阶段，即感性认识阶段的话，那么审查判断证据则是认识过程的第二阶段即理性认识阶段。这一阶段的活动方式，比起第一阶段的调查、收集证据的方式，是不一样的，它是对已经收集到的证据，通过人们的大脑，运用概念、判断和推理的思维形式来进行的，因而，属于一种思维活动。从这一点来看，审查判断证据效果的好坏，取决于主体主观能动性的发挥程度，取决于他的经验、专业知识水平和敬业精神①。

当然，审查判断证据与收集证据虽然是两个不同的认识阶段，但两者是相互联系的。收集证据是进行审查判断的前提和基础，如果没有对证据的收集，证据的审查判断就无从进行。对收集到的证据如果不进行审查判断，也就无法分辨出证据的真、伪及其对案件事实的证明作用。此外，在司法实践中，对证据的调查收集和审查判断，往往是相互结合、交替进行的。司法人员、当事人等首先要从调查收集证据入手，在收集证据中及时进行初步审查判断。对证据的初步审查判断，又指导着对证据的进一步

① 江伟主编：《证据法学》，法律出版社 1999 年版，第 280 页。

调查收集，如此反复[①]。正是在收集证据，审查判断证据，再收集证据，再审查判断证据的活动中，司法人员、当事人等对案件事实的认识不断趋于正确。

（三）审查判断证据的目的是确定证据是否具有证据力和证明力以及证明力大小，并根据具有证据力和证明力的证据证明或认定案件事实

司法人员、当事人等通过对证据进行分析、研究和鉴别，其目的一是为了确定证据是否具有证据力和证明力，因为证据只有具有证据力和证明力，才能作为定案的根据；二是为了确定证据与案件事实联系的紧密程度，联系越紧密，其证明力越大，反之，其证明力就越小；三是为了根据所有这些已查证具有证据力和证明力的证据，证明或者认定案件事实。

（四）审查判断证据的任务既包括对单个和多个证据的审查判断，也包括对全案证据的审查判断

司法人员、当事人等对单个或多个证据进行审查判断，其目的是为了审查核实某一证据或某几个证据是否具有证据力和证明力。而对全案证据进行审查判断，其目的则是为了判明所有已查证具有证据力和证明力的证据能否对案件事实作出证明或认定。

三、审查判断证据的意义

审查判断证据是诉讼证明活动的关键环节。这是因为，不论是在刑事诉讼、民事诉讼还是行政诉讼中，由于各种各样的原因，通过各种方式调查收集的证据，往往是有真有假，鱼龙混

① 参见陈一云主编：《证据学》，中国人民大学出版社 2000 年第 2 版，第 248 页。

杂、真假难辨。如果不对之进行认真细致的审查判断，不去粗取精，去伪存真，不把案件中的证据联系起来进行由此及彼、由表及里的分析研究，证据有无证据力、证明力以及证明力的大小，就无法确定，更谈不上运用确实、充分的证据去查明或证明案件事实，诉讼中的证明任务就不可能实现。因此在诉讼证明活动中，审查判断证据具有十分重要的意义。具体体现为以下几个方面:

（一）审查判断证据是检验收集证据成效的唯一方法

只有经过对证据的审查判断，才能确定已收集到的证据是否真实可靠，是否足以认定案件事实。如果对收集到的证据的真实性还有疑问或认为已收集到的证据尚不足以认定案情，则必须继续收集证据，直至没有疑问或遗漏为止。

（二）审查判断证据是确定证据的证据力和证明力的根本手段

某一证据材料是否具有证据力，需要审查判断。对于证据的真伪、证据与案件事实有无联系以及证据证明力的强弱等，也必须由司法人员、当事人及其辩护人、诉讼代理人通过分析、研究和鉴别才能确定。

（三）审查判断证据是完成证明任务的必经程序

诉讼证明的任务就是运用证据证明案件事实。然而，证据与案件事实之间的联系及其紧密程度，并不是证据本身可以自动证明的，加上任何一种证据都没有天然的真实性，都有各种原因导致伪证或误证。因此，必须通过审查判断，通过司法人员、当事人及其辩护人、诉讼代理人对证据的鉴别、查实与分析研究，才能够确认证据，并根据确实、充分的证据认定案件事实，完成证明任务。

第二节 审查判断证据的任务和内容

审查判断证据的目的是确定证据是否具有证据力和证明力以及证明力大小，并据之证明或认定案件事实。因此，审查判断证据的任务有二：一是要分析、研究、确定证据是否具有证据力、证明力以及证明力的大小；二是要判明所有已查证具有证据力和证明力的证据能否对案件事实作出证明或认定。前者是对单个或多个证据的审查判断，后者是对全案证据的审查判断。

如本书第五章所述，证据的证据力与证据的合法性密切相连，证据的证明力与证据的客观性和关联性息息相关，因此，对审查判断证据的任务，也可从证据的属性角度加以理解。具体而言，审查判断证据的任务包括以下四项：

一、审查判断证据的客观性

客观性是证据的本质特征，定案证据首先必须具有客观性。然而，不论是在刑事诉讼、民事诉讼还是行政诉讼中，通过各种方式收集到的证据，总是有真、有假，鱼龙混杂、真假难辨的，因此，唯有通过审查判断，才能确定其是否真实可靠即是否符合案件的实际情况。我国三大诉讼法均明确规定，证据必须经过查证属实，才能作为定案的根据。因此，审查判断证据的真实性，就成为审查判断证据的首要任务。

《关于行政诉讼证据的若干规定》第56条规定："法庭应当根据案件的具体情况，从以下方面审查证据的真实性：（一）证据形成的原因；（二）发现证据时的客观环境；（三）证据是否为原件、原物，复印件、复制品与原件、原物是否相符；（四）提供证据的人或者证人与当事人是否具有利害关系；（五）影响证据真实性的其他因素。”根据该条规定，结合司法实践经验，审查判断证据的真实性，一般应从以下三个方面进行：

（一）审查判断证据的来源

任何证据都有一定的来源。不论是采取科学方法提取的证据，还是通过调查方法收集的证据；也不论是当事人提出的证据，还是其他人提供的证据，都有其各自的来源。证据的来源不同，其真实可靠程度也会有所差异。为此，我国相关司法解释根据证据的不同来源，规定了证据证明力认定的一般原则。如《关于民事诉讼证据的若干规定》第 77 条规定：“人民法院就数个证据对同一事实的证明力，可以依照下列原则认定：（一）国家机关、社会团体依职权制作的公文书证的证明力一般大于其他书证；（二）物证、档案、鉴定结论、勘验笔录或者经过公证、登记的书证，其证明力一般大于其他书证、视听资料和证人证言；（三）原始证据的证明力一般大于传来证据；（四）直接证据的证明力一般大于间接证据；（五）证人提供的对与其有亲属或者其他密切关系的当事人有利的证言，其证明力一般小于其他证人证言。”《关于行政诉讼证据的若干规定》第 63 条规定：“证明同一事实的数个证据，其证明效力一般可以按照下列情形分别认定：（一）国家机关以及其他职能部门依职权制作的公文文书优于其他书证；（二）鉴定结论、现场笔录、勘验笔录、档案材料以及经过公证或者登记的书证优于其他书证、视听资料和证人证言；（三）原件、原物优于复制件、复制品；（四）法定鉴定部门的鉴定结论优于其他鉴定部门的鉴定结论；（五）法庭主持勘验所制作的勘验笔录优于其他部门主持勘验所制作的勘验笔录；（六）原始证据优于传来证据；（七）其他证人证言优于与当事人有亲属关系或者其他密切关系的证人提供的对该当事人有利的证言；（八）出庭作证的证人证言优于未出庭作证的证人证言；（九）数个种类不同、内容一致的证据优于一个孤立的证据。”需要明确的是，立法的规定只是一般规则，司法人员在运用这些规则时，还应当具体情况具体分析，以确保每个证据都客观真实，具有证据效力。具体来说，应着重从以下角度审查判断证据的来源：

（1）证据是否有准确的来源。证据只有来源合理，才能查明它与案件事实有无关系，才能探明它的真伪。一切来历不明的物品、痕迹，道听途说的言词，捕风捉影的议论，或者没有出处的匿名信等，都只能是仅供参考的“线索”，不能作为定案的证据使用。

（2）提供证据者的动机。证据提供者的动机直接影响证据的客观性，如果证据提供者动机不良，其提供的证据的客观性就值得怀疑。例如，当事人因与本案有利害关系而提供伪造的物证、书证、视听资料；证人、被害人、刑事犯罪嫌疑人、被告人、民事、行政诉讼当事人因与案件有利害关系，或因受到威胁、引诱、欺骗及刑讯，而提供虚假陈述、伪证和伪供。因此，审查判断证据的客观性应当注意审查提供证据者的动机。动机是主观因素，司法人员、当事人及其辩护人或诉讼代理人在审查时，应当考虑提供证据人与本案是否存在利害关系、是否诚实信用，从其外在的言行举止进行判断。

（3）提供证据者自身的客观情况。提供证据人可能会因生理上、心理上、认识上、记忆上、表达上等自身原因，而影响证据的真实性。例如，因年幼无知、生理缺陷、紧张情绪、感知、记忆、表达上的差误或有关方面知识水平所限，产生错觉，提供的证据与事实不符。例如，有一刑事案件，民事受害人将肇事汽车的牌照上的“A”错认为“4”；有的经济纠纷当事人将对方“营业执照”错当成“企业法人营业执照”等。有关人员审查判断证据时，应当认真审查提供证据者的自身情况，必要时甚至要借助科学技术鉴定等手段。

（4）发现证据时的客观环境。客观环境往往直接影响证据的客观性。例如，证人，被害人，刑事犯罪嫌疑人、被告人，民事、行政诉讼当事人因感知有关证据事实时的客观环境、距离较远、空间障碍、发生时间久远、光线太暗、音响太小、事件发生的突然和短暂等等，影响其感知的客观性；现场情况或检查、鉴定的对象，如有关物质痕迹、伤害情况及人们的生理状态随时间的推移，因自然或人为的原因而发生变化，被送检的对象（血迹、脚印、指纹、文书）因质量太差或数量太少而影响有关证据的客观性。因此，有关人员还应结合发现证据时的客观环境，审查判断证据的客观性。

（5）收集、固定、保全证据的方法。审查证据是否因司法人员或当事人及其辩护人、代理人收集、固定保管证据方面的不科学或不慎重或不合法等原因，而影响证据的真实性。例如，询问证人、被害人及讯问同案共同刑事犯罪嫌疑人、被告人不是个别进行，询问未成年证人、被害人方法不当，或以威胁、引诱、欺骗、刑讯等非法方法收集证据，记录上的错漏，固定证据时由于技术上、设备上、方法上的不当，保管不善等。此外，鉴定人也会因缺乏有关方面的专门知识、设备不齐全、方法不科学等原因，而影响其结论的客观性、科学性。

（6）证据本身的特性。每一种证据、每一类证据其形成或来源都有很强的个性。例如，物证是“哑巴”证据，形成后比较稳定，但容易被伪造、变造；视听资料形成时具有科学性，但容易被删改、剪辑；言词证据容易受陈述人主观因素的影响；传来证据中间经过了复制、传抄或转述容易出现差错、失实等。因此，审查判断时，应当具体问题具体分析，根据各种各类证据的不同特点，有针对性地进行审查，确定其是否客观可信。

（二）审查判断证据的内容

审查判断证据是否客观真实，除了要审查证据是否有可靠的来源，更重要的是要从证据本身的内容出发，判断其是否客观真实。具体而言，围绕证据的客观性，应注意从以下两个方面审查判断证据的内容：

（1）证据的内容是否明确、详细、具体。有些证据过于含糊，而使其失去证据的证明力。例如，证人、被害人辨认说："这人是不是那个犯罪分子不敢肯定，因为当时没有看清"，作为书证的医院诊断书的内容为："是否骨折，待排除"，鉴定结论的内容为："衣服上的痕迹疑似血迹，但不能肯定"，这些证据由于过于含糊，缺乏作为证明根据的条件。有些证据过于笼统，例如，刑事被告人说："反正是我犯的罪，你们杀了我吧，具体别问了"，证人证明："肯定是他杀的人，至于根据，我也说不清。"这样的证据，如果不加以具体化，就毫无证据价值。

（2）证据的内容是否合理、有无矛盾。证据的内容明显违背常理或前后矛盾，其客观性就值得怀疑，需要认真审查判断。例如，有一离婚案件，被告提出其家中使用的冰箱、洗衣机是其妹妹的，说其妹妹买了准备结婚之用，但当时其妹妹尚未处对象。而且既为准备结婚用的，为何买后一直由其哥、嫂（原、被告）使用，被告一会儿说是借用，一会儿说是暂存。这里，被告的陈述内容不仅违背常理，而且前后矛盾，故应结合其他证据审查判断其客观真实性。再如，一个被害妇女证实，犯罪分子于5月2日上午，将其拽到苞米地里强奸。而5月上旬，刚刚开始种地，田地里并没有庄稼作屏障，拽到苞米地里强奸有可能吗？该证言的内容显然不合情理。

二、审查判断证据的关联性

作为证据的事实必须是与案件事实存在着某种联系，即能够证明案件的某一真实情况的事实。如果证据事实与案件事实之间没有这种关联性，就起不到证明作用，也就不能成为诉讼证据。因此，审查判断证据的关联性，就成为审查判断证据的一项重要任务。

根据司法实践经验，审查判断证据的关联性，一般应从以下三个方面进行[①]。

（一）分析判断证据与案件事实之间有无客观联系

凡是与案件事实无关的事实或材料，由于它们本身并不能证明案件的什么问题，因而即使它们是真实的，也不能作为诉讼证据加以使用。例如，在强奸案件中，从被告人家中搜出了一台彩电，尽管这台彩电不是被告人自己的，这是真实的，但由于这与被告人的强奸犯罪没有联系，不能当证据使用。但如果从被告人家中搜出一支猎枪，被告人就是利用这只猎枪威胁被害人，实施强奸犯罪的。由于这支猎枪与案件有联系，能证明案件事实，这支猎枪就能当作证据来使用。

（二）分析判断证据与案件事实之间联系的形式和性质

证据与案件事实之间的联系多种多样，十分复杂。要想准确

① 参见卞建林主编：《证据法学》，中国政法大学出版社2002年修订版，第202～203页。

地弄清证据证明作用的大小，就必须认真地分析它们之间联系的形式和性质。首先，证据与案件事实之间联系的形式具有多样性，既有直接联系也有间接联系，既有必然联系也有偶然联系，既有肯定联系也有否定联系，既有时间联系也有空间联系。其次，证据与案件事实之间由于联系程度不同而表现出不同的证明价值。虽然与案件事实具有客观联系的证据都能反映一定的案件事实，但由于联系的程度不同，因而反映的程度就不同，其证明价值也就不同。一般来说，直接联系的证明价值高于间接联系，必然联系的证明价值高于非必然联系。因此，必须查明各种证据与案件事实之间的联系是什么性质的联系，它们能证明案件中的什么问题，以及证明价值的大小等等。司法实践中，还可能出现收集的证据是类似的物品或是偶合现象这种情况。所谓类似，是指一些事务看起来很相近，但实际上不是该事物。所谓偶合，是指基于巧合而与案件发生的时间、地点或当事人有交叉或符合的现象。所以，在审查判断证据中还应当将类似物品、偶合现象辨别清楚，以免受它们的影响或干扰，妨碍作出正确的结论。

（三）分析判断证据与案件事实之间联系的确定性程度

一般地说，证据与案件事实之间联系的确定性程度是由证据的确定性程度决定的。而判断证据的确定性程度主要依据以下两个因素：第一，证据的种类属性。通常来说，某一种证据的确定性程度可能高于另一种证据的确定性程度。以人身同一认定为例，指纹鉴定结论与辨认结果都可以作为认定人身同一与否的证据，但指纹鉴定由于采用精密的仪器和科学的方法，因而其确定性程度较高，而辨认结果由于受人的主观因素的影响较大，因而相对于鉴定结论，其确定性程度较低。第二，每个证据的具体情况。如前例，如果某个指纹不太清晰而且纹线数量较少，那么其鉴定结果的确定性程度就较低；反之，如果辨认主体对辨认对象非常熟悉，那么其辨认结果的确定性程度就较高。一般地说，证据的确定性程度与其证明价值成正比，即证据的确定性程度高，其证明价值就大；证据的确定性程度低，其证明价值就小。因此，确定性程度高的证据往往可以单独作为认定某一案件事实的证据，而确定性程度低的证据必须与其他证据结合在一起，才能作为认定某一案件事实的证据。

三、审查判断证据的合法性

作为认定案件事实依据的证据必须符合法律规定的形式和要求，具有合法性，否则可能因不符合证据力方面的要求而丧失证据资格，不能作为诉讼证据采纳。因此，审查判断证据的合法性，也是审查判断证据的一项重要任务。

《关于行政诉讼证据的若干规定》第55条规定："法庭应当根据案件的具体情况，从以下方面审查证据的合法性：（一）证据是否符合法定形式；（二）证据的取得是否符合法律、法规、司法解释和规章的要求；（三）是否有影响证据效力的其他违法情形。"根据该条规定，结合其他法律规定和司法实践经验，审查判断证据的合法性，一般应从以下三个方面进行：

（一）审查判断证据法定形式是否具备，手续是否齐全

三大诉讼法各规定了七种证据形式，任何证据都必须具备上述形式之一，否则不能作为诉讼证据。另外，法律还对各种证据应具备的手续作了明确规定。例如，对于犯罪嫌疑人供述和辩解、被害人陈述应制作讯问或询问笔录，并由陈述人和侦查人员签名或盖章；用作证据的合同要经过双方当事人的签名盖章；鉴定结论必须以书面形式作出；勘验笔录必须依照法定程序制作并

由勘验人、见证人等签名或盖章。手续不全的证据不具有合法性，不能作为定案证据使用。

（二）审查判断收集证据的程序是否合法

我国三大诉讼法对各种证据的收集、调取都规定了具体的程序。无论是公安司法机关还是当事人、律师，收集证据都必须符合法定程序，否则，就会因程序不合法而直接影响其证据力。审查判断收集证据的程序是否合法，一般可先从法律文书入手。通过审查法律文书，可以发现收集证据的行为是否合法。如侦查人员进行搜查有无搜查证，进行勘验是否邀请见证人参加，讯问犯罪嫌疑人有无两人以上进行，侦查实验是否经过公安局长批准，扣押邮件、电报是否经过人民检察院或公安机关负责人批准等等。在发现疑点之后，要深入实际，进一步调查取证。如通过向犯罪嫌疑人、被告人、证人了解情况，可以发现刑讯逼供或诱供、骗供的线索或证据并可通过人身检查或法医鉴定来认定侦查人员是否实施了刑讯逼供行为，侦查人员询问证人是否个别进行，行政诉讼被告有无自行向原告和证人收集证据的行为等等。

（三）审查判断证据的运用是否合法

三大诉讼法对证据的运用作了许多具体的规定。例如，证据必须经过查证属实，才能作为定案的根据；证人证言必须经过质证；在刑事侦查中，用作证据的鉴定结论必须告知犯罪嫌疑人、被告人；在刑事审判中，只有被告人供述，没有其他证据的，不能认定被告人有罪和处以刑罚，没有被告人供述，证据确实充分的，可以认定被告人有罪和处以刑罚；证据应当在法庭上出示，并由当事人互相质证，等等。司法人员、当事人及其辩护人或诉讼代理人应当根据这些规定，审查判断证据的运用是否合法。

四、审查判断全案证据是否达到证明标准

确认证据的客观性、关联性、合法性，还只是解决了哪些证据可以作为定案根据的问题，还只是完成了证据审查判断的前期工作。审查判断证据的最终目的是根据具有客观性、关联性和合法性的证据，对案件事实作出证明或认定，这就需要审查判断全案证据是否达到证明标准。因此，审查判断全案证据是否达到证明标准，是对全案证据审查判断的最后一项重要任务。

审查判断全案证据是否达到证明标准，应当在对单个或多个证据审查判断，确定其客观性、关联性和合法性的基础上，从案件证据与证据之间，证据与案件事实之间的联系入手，对全案证据进行综合判断，以确定全案证据是否确实、充分，案件事实是否确已查清，对案件事实应作出何种结论。关于证明标准，本书第十三章将作专门论述，此不赘言。

第三节　审查判断证据的步骤和方法

一、审查判断证据的步骤

审查判断证据是一种认识活动，应当由浅入深，由表及里，遵行相应的程序，循序渐进地进行。虽然不同案件审查判断证据的过程各有特点，但一般来说都应经过以下步骤：

（一）明确需要证明或查明的案件事实

审查判断证据必须目标明确，有的放矢，而案件事实正是审查判断证据的目标所在。案件事实就是诉讼证明对象。关于证明对象，本书第十一章有专门讨论，此不赘述。

(二) 确立证明和认定案件事实的标准

在明确需要查明的案件事实的基础上，应当进一步根据法律规定明确证明和认定相应案件事实的标准。申言之，就是要明确司法人员对案件事实的认定，当事人对案件事实的证明，需要达到哪一种程度为止，实际上就是指证明或认定案件事实的证明标准。

(三) 审查判断现有的证据材料

在明确审查判断证据的目标和标准的基础上，司法人员、当事人及其辩护人或诉讼代理人就应当着眼于本案现有的证据材料，审查判断现有证据材料是否具有证据力，确定其证明力的大小。为此，相关人员首先应当从单个证据本身的审查判断着手，即审查判断每一个证据的来源、内容及其与案件事实的联系等情况，看其是否真实可靠，是否具有证据力，是否具有证明价值。对于那些明显虚假、毫无证明价值或者因其他原因依法不具有证据力的证据材料，经进行单个证据的审查判断即可筛除。单个证据的审查判断，也就是对单个证据的真实性、关联性和合法性的审查判断。其次应当将两个或两个以上的证据材料进行比较和对照，不仅要找出他们之间的相同点和差异点，而且更要分析这些相同点和差异点，看其是否合理，是否符合客观实际，以及能否合理地共同证明该案件事实。对两个或两个以上证据进行比对审查一般可采取两种方式：一是纵向比对审查，即对同一个人就同一案件事实提供的多次陈述做前后对比，看其陈述的内容是否前后一致，有无矛盾。二是横向比对审查，即对证明同一案件事实的不同证据作并列对比，看其内容是否协调一致，有无矛盾。

审查判断现有的证据材料，相关人员不仅要确定其证据力和证明力，还应当明确其能够或者初步证明的案件事实，然后以此为基础，将其和已经查明的案件事实与法定的案件事实相比较，确定有哪些事实没有查明或者需要进一步查明，为此还需要哪些证据。

（四）进行全案综合审查判断

进行全案综合审查判断是指将法律规定、本案全部案件事实和证据联系起来，进行全面的分析研究，从而作出总体的最终的认定结论。为此，相关人员应当对本案所有的证据联系起来进行分析、研究与鉴别，审查它们之间是否一致，有无矛盾。既要区分案件中的不同种类和分类的证据，审查各个证据所反映的事实是否一致、协调，它们之间是否存在矛盾，又要把案内所有的证据与案件事实联系起来进行。只有当审查结果，不但证据与证据之间，而且证据与案件事实之间都协调一致，没有矛盾，才能就案件事实作出结论。

对全案证据进行审查判断，最基本的方法就是将案件中的各个证据进行比较，看其能否相互印证。有比较才有鉴别，只有将各个证据加以对照比较，才能辨别其真伪，从中发现矛盾。例如，在杀人案件中，要把法医关于被害人死亡情况的检验报告、查获的杀人凶器和被告人有关杀人经过的口供联系起来进行分析。如果内容一致，能够相互印证，就可以确认上述证据的可靠性；如果内容不一致，出现矛盾，则其中必然有真有假。要善于从细微之处发现不同证据之间的矛盾之处，然后认真分析这些矛盾的性质和形成的原因，以便对案件中的证据材料作出整体性评价。如有必要，还应通过进一步收集证据去排除矛盾，确定其真伪。

对全案证据进行审查判断，要求相关人员既要注意防止主观主义，防止片面性和倾向性，杜绝随意取舍证据和认定案情，也要注意不能为证据之间、证据与案件事实之间的表面一致、吻合所迷惑。

二、审查判断证据的方法

要正确地审查判断证据，除了遵循审查判断证据的基本步骤外，还有一个方法问题。只有采用正确的方法，才能取得较好的审查判断效果。根据立法和司法实践经验，审查判断证据通常采用以下几种方法。

（一）甄别法

甄别法是对证据进行认证的常见形式，它通常作为对有关证据加以初步筛选、审查和判断的必要手段。所谓甄别法，是指司法人员、当事人及其辩护人或诉讼代理人对于当事人提供和法定职能机关收集到的与案件事实有关的证据逐一地进行单个审查，判断其证据力和证明力的方法。这种方法要求认证主体针对单一证据的特征、性质、表现形式等是否符合客观事物的产生、发展和变化的一般过程，是否符合人之常理，是否有违自然定律加以识别和判断，从而得出相关认证结论。其常用的做法有：

（1）审查证据本身的内容前后有无矛盾现象，如果证据内容本身前后存在矛盾，这个证据的真实性就值得怀疑。

（2）审查证据的内容和表现形式有无矛盾，如一个少年证人采取成人化的语言表述证言，或者其所写的证言，整篇都用繁体字，就是反常现象。

（3）运用已经确定的案件事实对证据进行审查，如案件明明是晚上发生的，而证人却说下午看到犯罪嫌疑人作案，这个证言的可靠性就有问题。

（二）比较法

比较法，又称比对法或对比法，是指对两个或两个以上证明同一案件事实的证据进行比较或对照，以判断其是否具有证据力和证明力的方法。例如，某厂一女职工赵某在宿舍被一蒙面男子强奸并抢走金项链一条，检察机关对犯罪嫌疑人黄某提起公诉所依据的主要证据包括：（1）现场遗留的指纹经鉴定与黄某的指纹相同；（2）现场勘查中提取罪犯两只鞋印，经查为黄某所有的一双鞋子所留；（3）罪犯遗留在现场的毛发、精斑，经鉴定血型为B型，与黄某的血型相同；（4）从黄某处搜查出一条金项链和面具，经被害人辨认，系自己被抢去的金项链和罪犯作案时所戴用的面具[①]。本案通过对相关证据的比较对照，确认现场遗留的指纹、鞋印、毛发、精斑等，均为黄某所留，结合本案其他证据，可以认定是黄某实施了犯罪行为。

需要说明的是，用以进行比较的证据之间必须具有“可比性”。这种“可比性”，是由证明对象的同一性所决定的。也就是说，用来进行比较的诸证据，都是用来证明同一事实或事物。如果相比较的证据之间不具有这种“可比性”，就不能进行比较，实际上也无法比较，否则，就会引出错误结论。如现场提取的是一个左手食指指纹，而犯罪嫌疑人左手断残，就不能拿其右手指纹来进行比对。

（三）印证法

印证法是指将若干证据所分别证明的若干事实结合起来进行印证，以考察它们之间是否相互呼应、协调一致的方法。按照事物互相联系的辩证原理，案件发生后，证据和一定的案件事实，

① 何家弘主编：《新编证据学》，法律出版社2000年版，第435页。

以及证据事实与证据事实之间必然存在一定的联系。这样，为判明一定证据的真伪及其是否具有证明力，就可以把该证据与其他有关的证据结合起来，考察它们之间能否相互证实或协调一致。例如，从现场上收集到一把带血的匕首，为了判明它是否为作案凶器，除了对匕首的来源进行研究外，还要审查刀上的血迹与死者的血在血型上是否相符，刀的形状和伤口形状是否吻合等。如果经过鉴定，结果相符，就说明认定该匕首是作案的凶器，死者身上的伤口为这把匕首所造成，能得到印证。

印证法同比较法相比，它不要求证明对象的同一，只要求与需要证明的事实之间存在着客观联系，因而可以在更广泛的范围内运用。例如，有一件强奸杀人案，在审讯中犯罪嫌疑人承认是自己作的案，并供称：强奸时，女方拼命哭喊，为了制止女方哭喊，遂从女方的裤子口袋中掏出一块白底红点小方手巾塞进女方嘴中，因手巾太小，塞进去后又被吐了出来，遂用棍子使劲将手巾向喉管里塞，结果女方再也叫不出来了。这块手巾事后也没有拿出来。这一情况，侦查人员事先没有掌握。在检查、解剖女尸的当时，也没有注意往女尸口腔深处观察、检查。为了证实犯罪嫌疑人的口供是否属实，遂重新开棺验尸。在被害人的喉腔深处，果然发现了一块白底红点方形小手巾。这对犯罪嫌疑人的口供就起了印证作用，这些证据都成了定案的有力根据[①]。

（四）辨认法

辨认法是指在对某一辨认对象（人、物、场所、尸体等）不能确定的情况下，由司法人员主持，由与该辨认对象接触过的有关人员进行辨别和确认的方法。为了查明某个人是否与案件有

① 陈一云主编：《证据学》，中国人民大学出版社 2000 年第 2 版，第 259 页。

关，或者有关的物品是否属于某个人所有，或者某一个场所是否是案件现场，就需要采取辨认方法。辨认广泛应用于刑事案件、民事案件和行政案件中，如上述黄某强奸抢劫案中即采用了辨认法，由被害人对从黄某处搜查出的一条金项链和面具进行辨认，确认系自己被抢去的金项链和罪犯作案时所戴用的面具。为了使辨认能收到应有的效果，司法人员组织辨认时应当注意以下问题：

（1）事先应向辨认人详细问清被辨认对象的特征，尤其是固有的特征，并应记录在案。

（2）除尸体和整容照片外，辨认前不能使辨认者见到被辨认的对象，以防止辨认产生先入为主的偏差。

（3）对人或物进行辨认时，应采取混杂原则，即将需要辨认的人或物，混杂在若干人或若干相类似的物品中，令其辨认。

（4）组织二人或二人以上的人进行辨认时，必须分别单独进行，以免互相影响。

（5）主持辨认的司法人员在组织辨认过程中，不得用任何方式向辨认人暗示，或诱导其按自己的意图进行辨认。

（6）对辨认的过程与结果，应详细记入笔录，并由参加辨认的人和主持人签名。对于各个辨认人对辨认对象所发表的辨认意见，司法人员必须结合案情进一步分析研究。

（五）实验法

实验法主要是指侦查实验措施，是侦查机关为了审查判断某一现象在一定的时间内或情况下能否发生，而依法将该现象发生的过程加以重演或再现的一种活动和方法。例如，一盗窃案，某被告人在受审中为了掩护自己的同伙，硬说盗窃行为是他独自一个人实施的。于是，就进行侦查实验。侦查人员让他把盗运赃物的过程，按发案当时的情况再试验一遍。结果，这个被告人怎么也搬运不走那么多的赃物。这说明他的供述中有假，不能全信。经过进一步调查，发现参与盗窃作案的还有被告人的父亲和弟弟。

通过侦查实验进行审查判断证据，一般适用于以下场合：确定在一定条件下能否听到某种声音或看清某种事物；确定在某种条件下能否发生某种现象或完成某种行为；确定在某种条件下使用某种工具是否可能留下或不留下痕迹，留有什么样的痕迹，等等。进行侦查实验，必须经公安局长批准，并应遵守下列规则：

(1) 侦查实验的时间、条件，必须与事件发生的时间、条件相应。

(2) 尽量使用原有物品和工具，在原来的地点或相同情况下进行。

(3) 实验的过程中禁止一切足以造成危险、侮辱人格或者有伤风化的行为。

(4) 实验应邀请一定的见证人参加。

(5) 要坚持同一条件下的多次重复实验，以避免实验结果的偶然性。

(6) 实验的结果应予记录并保密。

需要强调的是，侦查实验仅仅是审查判断证据的一种方法。通过实验加以再现，证实为不可能的事情，未必就一定是假的，而通过实验证明可能的事，未必就是真的。因此，还必须结合案件的其他证据和案情，进行深入细致的分析研究，才能得出正确的结论。

(六) 鉴定法

鉴定法是指对于案件中的某些专门性问题，由具有专门知识的人进行鉴别判断并作出结论性意见的方法。有些物品或者物质痕迹，只凭司法人员的感官是无法判明其性质和特征的，只有运用各种科学的鉴定方法才能认定其对案件的证明作用。如化学药品的性质需要通过化学鉴定；犯罪嫌疑人的指纹与现场所留指纹是否一致需要进行指纹鉴定；某成人与小孩是否有亲子关系可以通过DNA鉴定，等等。因此，鉴定就成了审查判断某些物证、书证的必不可少的手段。

（七）质证法

对质是指司法人员依法组织了解该事实的两个或两个以上的人，就特定的案件事实或者证据进行互相询问、反驳和辩论的方法。我国三大诉讼法都对质证作了明确规定。《刑事诉讼法》第47条规定："证人证言必须在法庭上经过公诉人、被害人和被告人、辩护人双方讯问、质证，听取各方证人的证言并且经过查实以后，才能作为定案的根据。法庭查明证人有意作伪证或者隐匿罪证的时候，应当依法处理。"《民事诉讼法》第66条规定："证据应当在法庭上出示，并由当事人互相质证。对涉及国家秘密、商业秘密和个人隐私的证据应当保密，需要在法庭出示的，不得在公开开庭时出示。"此外，《关于民事诉讼证据的若干规定》"质证"部分（共16条）和《关于行政诉讼证据的若干规定》"证据的对质辨认和核实"部分（共18条），系统地规定了质证的基本原则和具体规则，其主要内容包括：

（1）总体原则。未经质证的证据，不能作为认定案件事实的依据。但民事、行政诉讼中，当事人在庭前证据交换过程中没有争议并记录在卷的证据除外。

（2）形式。一般应当在开庭时公开进行，但涉及国家秘密、商业秘密和个人隐私或者法律规定的其他应当保密的证据，不得在开庭时公开质证。

(3) 内容。当事人应当围绕证据的真实性、关联性、合法性，针对证据证明力有无以及证明力大小，进行质疑、说明与辩驳。

(4) 方法。经法庭准许，当事人及其代理人可以就证据问题相互发问，也可以向证人、鉴定人或者勘验人发问。当事人及其代理人相互发问，或者向证人、鉴定人、勘验人发问时，发问的内容应当与案件事实有关联，不得采用引诱、威胁、侮辱等语言或者方式。

(5) 顺序。质证按下列顺序进行：原告出示证据，被告、第三人与原告进行质证；被告出示证据，原告、第三人与被告进行质证；第三人出示证据，原告、被告与第三人进行质证。人民法院依照当事人申请调查收集的证据，作为提出申请的一方当事人提供的证据。人民法院依照职权调查收集的证据应当在庭审时出示，听取当事人意见，并可就调查收集该证据的情况予以说明。案件有两个以上独立的诉讼请求的，当事人可以逐个出示证据进行质证。

(6) 对相关证据及证据提供者的要求。证人、鉴定人、勘验人等应当出庭接受质询，书证、物证和视听资料应当出示原件或者原物，视听资料应当当庭播放或者显示，特殊情形下可出示复制件 。

(7) 记录。质证情况应当记入笔录，并由当事人核对后签名或者盖章。

总之，无论是刑事诉讼还是民事诉讼、行政诉讼，质证均具有重要的地位。对司法机关来说，质证是审查判断证据的一种方法和必经程序；对当事人来说，质证是法定的诉讼权利。对本案的定案证据，当事人有权要求质证，司法机关有义务为当事人提供充分的质证条件。质证是直接言词原则和辩论原则的具体体现。

第四节　各种证据的审查判断

一、物证的审查判断

物证具有较强的客观性和稳定性，但物证同时又是“哑巴证据”，其对案件事实的证明作用具有间接性和不明显性，而且物证也可能被伪造或变造。因此，对物证要认真审查判断。在司法实践中，对物证的审查判断一般从以下几个方面进行：

（一）审查判断物证的来源

对定案的物证，要追本求源，查明它的原始出处，做到来源清楚，防止将疑似的物品、痕迹或者伪造的物品、痕迹误当证据。首先，要审查物证是否是原物。我国三大诉讼立法均明确规定物证应当是原物。例如，最高人民法院《关于执行〈中华人民共和国刑事诉讼法〉若干问题的解释》第53条第2款规定：“收集、调取的物证应当是原物。只有在原物不便搬运、不易保存或者依法应当返还被害人时，才可以拍摄足以反映原物外形或者内容的照片、录像。”该条第3款规定：“书证的副本、复制件，物证的照片、录像，只有经与原件、原物核实无误或者经鉴定证明真实的，才具有与原件、原物同等的证明力。”《关于民事诉讼证据的若干规定》第49条规定：“对书证、物证、视听资料进行质证时，当事人有权要求出示证据的原件或者原物。但有下列情况之一的除外：（一）出示原件或者原物确有困难并经人民法院准许出示复制件或者复制品的；（二）原件或者原物已不存在，但有证据证明复制件、复制品与原件或原物一致的。”《关于行政诉讼证据的若干规定》第 40 条也作了类似规定。经审查，如果物证不是原物的，要努力取得原物，确实不能取得原物的，也要将其照片或复制品同原物加以比较，以查清其是否一致。如果出现不一致，要查明原因。对于原物已毁灭的，要查明毁灭的原因和具体情况。其次，要审查物证是何人收集、提供的，发现的时间和地点，物证形成的原因、经过，是否经正当途径获取，是否因疏忽而搞错，是否为非法所得。在刑事案件中，还应特别注意审查有无栽赃陷害的情况，如犯罪分子杀人后将凶器丢在别人的后院里，或偷来别人的工具，作案后故意遗留在现场等。

（二）审查判断物证是否有伪造、变造和有无发生变形、变色或变质的情况

首先，应注意审查物证是否系伪造或变造。伪造或变造物证可能是出于逃避罪责或责任，或者对他人栽赃陷害，或者为了欺骗司法人员以便在诉讼中获取非法私利。其次应审查物证是否因自然的原因而发生变化。例如立体脚印因风吹雨淋而变形，伤口因愈合而变化，货物因自然原因而损耗等。最后要审查物证是否因提取、固定、保管方面的不科学或不慎而发生变化。例如提取时方法不当使脚印发生了变形，保管不善与其他物证相混淆等。

（三）审查判断物证与案件有无客观联系，有何客观联系

如犯罪现场上的指纹、脚印是否与案件有关；犯罪嫌疑人、被告人身上的血迹究竟是否为被害人被杀害时所溅的血迹；该物证是否为民事诉讼的标的物，行政诉讼中作为行政处罚根据的有关物证是否与案件确有关联，例如假烟、假酒是否确为相对人所贩卖等。

审查判断物证的方法主要有：

（1）辨认法。将物证交由有关人员进行识别、分辨，说明其来源，与案件是否有关等。

（2）鉴定法。对物证的性质、特征通过鉴定加以确定，是认定物证与案件有无关联，有何种关联的最重要方法。

（3）实验法。为了确定物证有关痕迹形成的原因，侦查中可做侦查实验，侦查之外，可做现场实验。如，为了证明现场门窗的撬压痕迹是否为某一作案工具所形成，可以当场进行实验。

（4）质证法。在开庭审判案件时，出示物证，经双方当事人质证。

（5）比较和印证法。将物证与案内其他证据和与其所证明的案件事实进行比较印证，发现矛盾、鉴别真伪，并进一步认真查证，以消除矛盾。

二、书证的审查判断

书证具有稳定性和直接证明性，但书证也可能不真实，可能被伪造、变造。因此，对书证也要进行审查判断。关于书证的审查判断，我国《刑事诉讼法》第 157 条和《民事诉讼法》第 124 条、127 条均作了规定，强调在法庭审判的过程中，对于作为判决根据的书证，一要出示，二要经过双方质证和辩论。除了这些规定外，我国民事诉讼法关于书证的审查判断，还有一些专门的规定。例如，《民事诉讼法》第 65 条第 2 款规定："人民法院对有关单位和个人提出的证明文书，应当辨别真伪，审查确定效力。"《民事诉讼法》第 67 条规定："经过法定程序公证证明的法律行为、法律事实和文书，人民法院应当作为认定事实的根据。但有相反证据足以推翻公证证明的除外。"根据这些规定，结合司法实践经验，应当从以下方面对书证进行审查判断：

(一) 审查判断书证的制作人及其制作情况

首先应查明制作人是否制作了该文件，如果查明制作人并没有制作该文件，则表明该文件是被人伪造的，这一文件就不具有证明作用；其次应审查制作人的身份是否合法，如侵权纠纷中的伤情诊断书是否为医生制作；再次，应审查书证的制作过程，查明制作人是在什么情况下制作的，是否是在暴力、威胁、欺骗等情况下作成。如查明书证（如离婚协议书、遗嘱、合同、遗书、信件等）是在暴力、威胁或欺骗的情况下做成的，则该书证不具有真实性，不能作为定案证据使用；最后，审查书证的制作手续是否完备。如，书证中的签名是否为本人亲自所为，有关书证是否按照特有的格式进行制作，有关单位制作的书证上有无加盖单位公章，等等。

(二) 审查判断书证的获取情况

应查清是由谁收集或提供的，或者是在什么情况下获取的，对书证采取了何种固定或保管措施。例如，应审查收集书证的人员有无搜查、勘验、扣押书证的权力，他们在搜查、勘验、扣押书证时是否履行了合法的手续。

(三) 审查判断书证的内容与形式

应注意审查书证的内容表述的是什么含义，是否是制作人的真实意思表示，与待证事实之间有无联系，有什么样的联系；书证的形式是否符合法律规定，如买卖合同是否有双方当事人的签名盖章；双方当事人约定必须经公证的合同是否经过公证；不在我国领域内居住的外国人、无国籍人寄给中国公民的授权委托书，是否经所在国公证机关证明并经我国驻该国使、领馆认证，外国发往中国的证明某人婚姻状况的证明书是否经过公证及认证等。对于内容含糊不清、意思表示不真实、与案件事实没有联系和不具备法定形式的书证，不得用作定案的证据。

（四）审查判断书证本身所属的类型

一般情况下，书证的原件比抄件、复印件更为可靠，公文书证比私文书证更为真实。特别是经过公证的文书，除非有相反证据足以推翻外，其合法性、真实性在诉讼过程中应予承认。对此，《民事诉讼证据规定》第77条有明确规定："人民法院就数个证据对同一事实的证明力，可以依照下列原则认定：（一）国家机关、社会团体依职权制作的公文书证的证明力一般大于其他书证；（二）物证、档案、鉴定结论、勘验笔录或者经过公证、登记的书证，其证明力一般大于其他书证、视听资料和证人证言；（三）原始证据的证明力一般大于传来证据；……。"此外，《关于行政诉讼证据的若干规定》第63条也作了类似规定。

审查判断书证的方法主要有：

（1）辨认法。将书证交其制作人辨认，确认是否由其制作，其内容到底如何，与案件事实有何联系。

（2）鉴定法。通过对书证的笔迹、印章的鉴定，确认书证是否为相关人员制作，有无伪造、变造的痕迹。

（3）质证法。通过当事人之间的庭审质证或辩论来判断、查明和认定有关书证内容原本的、确切的以及完整的意思表示。

（4）比较印证法。即把书证同案内其他证据和案件情况联系起来进行比较分析，看其是否一致，能否相互印证，以辨别其真伪。

三、证人证言的审查判断

证人证言一般比较客观真实、生动形象，但也具有不稳定性和多变性。因此，应重视对证人证言的审查判断。最高人民法院《关于执行〈中华人民共和国刑事诉讼法〉若干问题的解释》第58条规定："证据必须经过当庭出示、辨认、质证等法庭调查程序查证属实，否则不能作为定案的根据。对于出庭作证的证人，必须在法庭上经过公诉人、被害人和被告人、辩护人等双方询问、质证，其证言经过审查确实的，才能作为定案的根据；未出庭证人的证言宣读后经当庭查证属实的，可以作为定案的根据。法庭查明证人有意作伪证或者隐匿罪证时，应当依法处理。"《关于民事诉讼证据的若干规定》第78条也规定："人民法院认定证人证言，可以通过对证人的智力状况、品德、知识、经验、法律意识和专业技能等的综合分析作出判断。"根据这些规定，结合证人及其证言的特点，对证人证言的审查判断应注意以下几个方面：

（一）审查判断证人证言的来源

《民事诉讼证据规定》第77条第（三）项规定："原始证据的证明力一般大于传来证据"。《关于行政诉讼证据的若干规定》第63条第（六）项亦规定："原始证据优于传来证据"。因此，审查证人证言的来源，首先要审查证人所证实的内容是原始证据还是传来证据。如果是间接得来的传来证据，就要考虑在转告中有可能失实，甚至是面目全非。因此应当查清听谁讲的，在什么时间、什么地点讲的，有没有在场人等，并应尽量找到讲述人调查核实。如果证言来源于证人的主观想象、猜测或者道听途说，则不能作为案件的证据使用。此外，还要意识到其证明力一般弱于原始证据。其次，对直接听到、见到的原始证据，也不能直接作为定案根据，还要进一步审查当初证人的视觉、听力是否受到外界客观条件的影响，在记忆上，是否出现差错。

（二）审查判断证人与本案当事人有无利害关系

一般而言，如果证人与当事人无任何恩怨关系，其提供的证言真实性、客观性就强，反之，如果证人与案件当事人存在着亲属、朋友、恩怨、恋爱、同学等关系，他就有可能从维护亲情、友情、报恩或发泄怨恨等思想出发，故意提供不真实或不完全真实的证言，夸大或缩小自己所知道的案件情况。因此，《民事诉讼证据规定》第77条第（五）项规定："证人提供的对与其有亲属或者其他密切关系的当事人有利的证言，其证明力一般小于其他证人证言。"《关于行政诉讼证据的若干规定》第63条第（七）项亦有相同规定。

（三）审查判断证人的资格和品质

应注意审查作证者是否知道案件情况，作证者是否具有辨别是非和正确表达的能力，作证者是否同时又是案件的当事人或其他诉讼参与人（如鉴定人）。如果作证者不知道案件情况，不具备辨别是非和正确表达的能力，或者同时又是案件的当事人的，则该作证者便不具备证人的资格，不能作为证人。同时，还应注意审查证人的个人品质。证人的品质好，其如实作证的可能性就大；证人的品质不好，其证言就容易出现不真实甚至虚假的情况。有些国家甚至将证人品质的优良与否作为证人证言是否具有可采性的标准之一①。当然，品质好坏与是否如实作证没有绝对的联系。因此，证人的品质只能作为审查证人证言的参考因素，而不能作为判断其真假的主要依据。

（四）审查判断证人作证的收集方法是否科学合法

最高人民法院《关于执行〈中华人民共和国刑事诉讼法〉若

① 江伟主编：《证据法学》，法律出版社1999年版，第384页。

干问题的解释》第 61 条规定："严禁以非法的方法收集证据。凡经查证确实属于采用刑讯逼供或者威胁、引诱、欺骗等非法的方法取得的证人证言、被害人陈述、被告人供述，不能作为定案的根据。"为此，应当查清有无用威胁、引诱、欺骗或收买、胁迫、指使以及其他非法方法收集证人证言；证言是否是个别询问、有无用暗示、诱导性的手法进行询问的问题；询问幼年证人的方式方法是否得当；证言是否交由证人真正核对无误，并签名等。

(五) 审查判断证人证言形成的具体情况

证人证言的形成要经过感知、记忆、表达三个阶段，在这三个阶段中，证人对案件事实的认识和反映要受到一系列主客观条件和因素的影响。主要包括：(1) 证人感知能力和感知环境等的影响。如证人的感觉器官是否正常；证人的知识和经验；感知案件情况时客观环境和条件的好坏（如天气、光线、距离、方位、声音强弱等）；感知案件情况的心理状态（如恐惧、不安、冷静、注意力是否集中等）等等。(2) 证人记忆能力的影响。证人的记忆能力因人而异，它与证人的年龄、健康状况、文化程度以及知识经验都有一定关系，特别是和时间长短有密切关系；从感知案件情况到提供证言相距的时间越短，证人的记忆越清楚；时间越长，证人越容易忘记或发生记忆模糊。(3) 证人表达能力的影响。证人的表达能力亦因人而异，有的表达能力强，能抓住要点，讲得清楚、生动；有的人表达能力差，知道案件情况却讲不出来或表达不准确，使人不容易理解甚至无法理解。总之，影响证人证言客观性、准确性的因素很多，审查时必须认真分析，以作出正确的判断。

(六) 审查判断幼年证人证言与其本人情况是否相符

我国诉讼立法并未限制证人年龄，相反，《关于民事诉讼证据的若干规定》第 53 条第 2 款还规定："待证事实与其年龄、智力状况或者精神健康状况相适应的无民事行为能力人和限制民事行为能力人，可以作为证人。"当然，对幼年的人，同样也要遵循"不能辨别是非、不能正确表达的人，不能作证人"的原则。因此，对幼年证人，应首先审查其是否能辨别是非、正确表达。此外，判断幼年证人的证言时，还应特别注意幼年证人的特点。幼年证人由于年龄小，智力发育程度低，因而往往富于幻想，凡事都比较好奇，容易受成年人影响，且表达能力比较差，因此在审查其证言时，应注意有无夸大事实，用成年人口气说话等情况。例如，幼年证人所讲的话如果是一口大人腔调，就可能是受成年人指使而提供的虚假证言。

对证人证言的审查判断，可以采用实验（如侦查实验）、检查（如人身检查）、质证的方法，但最重要的是把证人证言与其他证据和案件情况联系起来进行对比分析，审查其与其他证据是否吻合，有无矛盾，证言前后是否有矛盾，是否合情合理，能否自圆其说，以判断其真假。

四、被害人陈述的审查判断

被害人陈述的证明作用比较复杂，一方面，它具有真实性和直接性；另一方面，由于被害人与案件事实和处理结果有直接利害关系，其陈述虚假、错误的可能性也比较大。因此，对被害人陈述应认真审查判断。对被害人陈述的审查判断，应着重注意以下几个方面：

（一）审查判断被害人与犯罪嫌疑人、被告人的关系

如果被害人与犯罪嫌疑人、被告人素不相识，被害人陈述的真实性就比较大。反之，如果双方平素关系很好，或者旧有宿

怨，则被害人作虚假陈述的可能性就比较大。审查时要特别注意有无因此而导致被害人故意捏造事实、诬告陷害或者夸大犯罪事实的情况，或者导致隐瞒犯罪事实，为被告人开脱罪责的情况。

（二）审查判断被害人陈述的来源

这主要是审查被害人提供的情况是怎样得知的，是直接感受的，还是别人转告的，或是推测的。如果是直接感受的，还要了解感知、记忆、表述有关情况的主、客观诸因素对其陈述真实性的影响；如果是他人转告的，应追根溯源，查明来源的可靠情况；如属推测，应问明推测的根据，根据事实可靠，可将根据事实作为其陈述内容。比如，被害人说，犯罪分子是湖南人，根据是说话带有明显的湖南口音，如音调如何如何，常用的口头语如何如何等，这些根据事实可以作为陈述内容。如纯系无根据的推测，或系道听途说，则不能作为定案的根据。

（三）审查判断被害人陈述的动机、目的

如果陈述是被害人自己积极、主动、自愿提供的，其真实性相对较好；如果是被他人领到司法机关，或者是追查别的问题追查到了被害人，甚至是在他人指使、劝说或者强迫下提供的，则其真实性就相对较差，甚至完全是虚假的。

（四）审查判断被害人陈述的内容

要注意审查被害人陈述的内容是否合情合理，是否自相矛盾。如发现不合情理或前后矛盾或多次陈述内容不同，应有针对性地进一步询问有关情况，让其作出具体解释，被害人如不能作合理解释，对有矛盾的陈述，就要进一步调查核实，排除矛盾，否则不能作为定案根据。

（五）审查判断被害人思想、作风和道德品质

被害人思想、作风和道德品质是影响其陈述真实可靠程度的

一个重要因素，但又不能仅根据这一点，就简单地对其陈述作出肯定或否定的结论，而是应结合其陈述的来源与内容以及案件情况，具体问题具体分析。

（六）审查判断被害人陈述时有无思想顾虑

这主要是要查明被害人有无受到威胁、引诱或欺骗，或者考虑自身名誉、利害关系，而不敢或不愿陈述真实情况。发现可疑情况，应及时做好思想工作、解除其思想顾虑，并进一步做好调查核实工作。

审查判断被害人陈述，可以采用实验、辨认、质证等方法，但最重要的是应结合案内其他证据进行综合对比分析，发现矛盾，调查核实，辨明真伪。

五、犯罪嫌疑人、被告人供述和辩解的审查判断

由于犯罪嫌疑人、被告人供述和辩解具有虚实并存、真假难辨的显著特点，因此在审查判断时必须特别仔细和认真，切不可草率从事。《刑事诉讼法》第46条规定："对一切案件的判处都要重证据，重调查研究，不轻信口供"，这是审查判断口供应严格遵守的基本原则。在当前"口供至上"的影响还不同程度存在的情况下，强调这一原则更具有实际意义。根据这一原则，结合口供的特点，应从以下方面对口供进行审查判断：

（一）审查判断犯罪嫌疑人、被告人供述、辩解的动机

从其供述来说，有的可能在政策感召下，主动投案自首，如实交代有关罪行；也可能在证据面前，感到无法抵赖，被迫交代罪行；有的往往存在侥幸心理，只交代轻罪，不交代重罪，只交代暴露的罪行，不交代比较隐蔽的罪行，只交代个人的罪行，不交代同伙的罪行等；也可能出于各种动机，而承认并不是自己所

犯的罪行。如，由于受到刑讯，而承认并不是自己所犯的罪行；承认一个并不是自己所犯的轻罪，以掩盖自己的另一个重罪；希望为亲人好友承担罪责；也可能怀有其他利己的或特殊的动机等。检举他人共同犯罪行为，有的是真实的，有的是虚伪的，目的是为了逃避或减轻法律对自己的制裁，以及报复他人。从辩解来看，有的犯罪嫌疑人、被告人往往利用辩护权，进行狡猾抵赖，但狡猾抵赖中也可能有部分真实的情节，而有的辩解则可能完全是真实的。总之，犯罪嫌疑人、被告人供述和辩解的动机对其口供的真实性有着很大的影响，切不能简单地认为凡是犯罪嫌疑人、被告人的供述就是真实的，凡是犯罪嫌疑人、被告人的辩解都是不真实的，而必须一一审查，辨明真假。

（二）审查判断犯罪嫌疑人、被告人供述和辩解的收集是否合法

犯罪嫌疑人、被告人供述罪行必须完全出于自愿，否则不具有证据效力。因此，要审查司法人员讯问犯罪嫌疑人、被告人时，是否严格遵循法定的诉讼程序，犯罪嫌疑人、被告人的诉讼权利是否得到了保障。要审查在讯问中有无刑讯逼供、指供、诱供、威胁、引诱、欺骗等非法现象。凡用刑讯逼供和其他严重违法手段获取的犯罪嫌疑人、被告人口供因不仅违法，而且很容易造成口供虚伪，所以不能作为定案根据。此外，还应注意查清犯罪嫌疑人、被告人事先有无互相串供、订立攻守同盟或受到外界影响等情况。

（三）审查判断犯罪嫌疑人、被告人供述和辩解是否合理，有无矛盾或反复

首先，对于犯罪嫌疑人、被告人供认的犯罪事实或提出的辩解要根据各个案件的具体情况，从犯罪的时间、动机、目的、手

段和结果等各个方面分析犯罪嫌疑人、被告人有无实施犯罪的可能，其供述和辩解是否符合案件的实际情况和事物发展的规律。如一起强奸案，被害人拿出了犯罪嫌疑人遗留的短裤，指控犯罪嫌疑人犯有强奸罪，犯罪嫌疑人矢口否认犯罪。侦查人员让其试穿短裤，发现根本穿不下，从而否定其犯罪嫌疑。其次，要注意审查犯罪嫌疑人、被告人的口供是否前后一致，有无矛盾。如发现犯罪嫌疑人、被告人的口供前后矛盾，漏洞百出，不能自圆其说，或者犯罪嫌疑人、被告人时供时翻、反复无常，则必有虚伪的情况，对此，需要有针对性地加以讯问，以便暴露矛盾，抓住矛盾症结所在，通过查证质证，达到明辨真伪的目的。

对犯罪嫌疑人、被告人供述和辩解的审查判断，可以采用实验、辨认、质证的方法，但最常用而有效的方法还是结合全案证据进行综合审查判断，看证据之间是否协调一致，有无矛盾。首先，审查犯罪嫌疑人、被告人的口供与同案其他犯罪嫌疑人、被告人的口供有无矛盾。如有矛盾，要看矛盾具体表现和产生的原因，即是因为推诿罪责而产生的矛盾，还是因为参与犯罪的程度不同，了解情况的差异而产生的矛盾。对于这些矛盾应当结合本案中的其他口供和其他证据进行分析判断。必要时进一步收集证据排除矛盾。其次，审查犯罪嫌疑人、被告人的口供与物证、书证、勘验检查笔录、鉴定结论、视听资料以及证人证言、被害人陈述等其他证据有无矛盾。如有矛盾，应当认真分析矛盾的具体表现形式及其产生的原因，必要时进一步收集证据，排除矛盾。如果口供与其他证据相互一致，也要分析这种一致性是表面的联系，还是客观联系，是假象上的一致，还是事实上的一致。

六、当事人陈述的审查判断

当事人陈述对查明民事、行政案件的事实真相具有重要意义，但当事人因与案件有直接利害关系，双方的利益是对立的，因此，其陈述具有利益性，证明力上表现出虚实相间的特点。为此，《民事诉讼法》第71条第1款规定："人民法院对当事人的陈述，应当结合本案的其他证据，审查确定能否作为认定事实的根据。"这一规定，既确立了对当事人陈述"不能轻信"的审查判断原则，也指明了对当事人陈述审查判断的基本方法。具体而言，审查判断当事人陈述应主要从如下几方面进行：

（一）审查判断当事人陈述的动机和目的

在民事、行政诉讼中，当事人为了证明自己的主张的正当性和合理性，他们常常会自愿地积极地向法院陈述他们知道的有关案件的真实情况。同时，为了争取有利于自己的判决，他们往往会千方百计地隐瞒对自己不利的有关事实和证据，而夸大甚至编造对己有利的事实和证据，向法院作虚假的陈述。其动机和目的直接影响当事人陈述的客观性和证明力。因此，应注意审查当事人是否因不良动机、目的而提供虚伪陈述。

（二）审查判断当事人陈述是否受到外界的压力或主客观条件的影响

应审查当事人是否因受到另一方当事人威胁、压制、欺骗或者因感受、记忆、表述方面主、客观诸因素的影响，导致陈述不实。特别是行政诉讼原告所作的陈述，应注意审查是否受到被告的威胁或欺骗而作出不符合案件事实情况的陈述。经审查发现当事人陈述是基于重大误解，或是受到他人的威胁、欺诈而违背自己真实意思作出的，或与对方通谋以损害国家、集体或他人的利益为目的而作出的，便不能作为认定案件事实的根据。对于当事人在法庭审理中所作的自认，一般应作为定案的根据。但自认若是在调解或和解中作出的，或者自认的事项属于涉及身份关系的事实或涉及国家利益、社会公共利益或他人合法权益的事实等，人民法院应认真审查，不能据之直接认定案件事实。

（三）审查判断当事人陈述的内容是否合情合理，有无矛盾

首先，应注意审查判断当事人陈述的内容是否符合案件情况。对当事人陈述的审查判断，要特别注意核对、查实其与案件真实情况是否相符，即是否符合本案实体法律关系发生、发展、变化和消灭的客观情况，是否合情合理，其来龙去脉是否清楚，有无可疑之处。其次，要注意审查判断双方当事人陈述的内容是否一致。一般地说，经过审查，如果确认一方当事人陈述的某个事实与对方当事人陈述一致又无相反证据推翻的，即可认定其陈述真实可靠。

对当事人陈述的审查判断，一般可以采取甄别、实验、质证等方法，但最重要的是应当结合本案的其他证据进行综合分析、审查，研究它们所反映的情况是否一致，有无矛盾。发现矛盾时，应当认真分析矛盾的具体表现形式及其产生的原因，必要时进一步收集证据排除矛盾。

七、鉴定结论的审查判断

鉴定结论有比较强的科学性和客观性。但是，鉴定结论并非“科学的判决”，对鉴定结论同样需要审查判断。为此，《关于民事诉讼证据的若干规定》第 29 条规定：“审判人员对鉴定人出具的鉴定书，应当审查是否具有下列内容：（一）委托人姓名或者名称、委托鉴定的内容；（二）委托鉴定的材料；（三）鉴定的依

据及使用的科学技术手段；（四）对鉴定过程的说明；（五）明确的鉴定结论；（六）对鉴定人鉴定资格的说明；（七）鉴定人员及鉴定机构签名盖章。”《关于行政诉讼证据的若干规定》第32条也有类似规定。此外，《关于行政诉讼证据的若干规定》第62条还规定：“对被告在行政程序中采纳的鉴定结论，原告或者第三人提出证据证明有下列情形之一的，人民法院不予采纳：（一）鉴定人不具备鉴定资格；（二）鉴定程序严重违法；（三）鉴定结论错误、不明确或者内容不完整。”根据这些规定，对鉴定结论的审查判断，一般应从以下几个方面进行：

（一）审查判断鉴定人是否具备鉴定资格

首先，应审查鉴定人是否具有解决专门性问题所应具备的知识、技能和经验。具体可以从鉴定人接受的专业教育、从事鉴定的年限、专长、经历以及专业技术职称和科研成果等方面来考察。其次，应审查鉴定人是否合法。鉴定人应由司法机关指派或聘请，在民事诉讼中也可由当事人协商确定；鉴定人应隶属于法定鉴定部门，或人民法院指定的鉴定部门。有些专门问题，法律规定必须由法定的鉴定机构鉴定，如《刑事诉讼法》第120条第2款规定：“对人身伤害的医学鉴定有争议需要重新鉴定或者对精神病的医学鉴定，由省级人民政府指定的医院进行。”对这些专门问题的鉴定必须由相应的法定鉴定机构进行，其他专业鉴定部门无权鉴定；只有在法定鉴定机构不存在或者该机构因主客观原因无法解决专门性问题时，才能由法院委托其他的机构或人员进行鉴定。另外，对于一些涉及特定的鉴定事项，我国法律法规明确限定只能由指定的鉴定机构从事鉴定活动。例如，对于某些药品、农药、毒品等等这些涉及民众生命健康的物品，国家在管理中本身就有严格的、特殊的要求，因此对涉及此类物品的鉴定，只能由特别授权的鉴定机构和人员进行。最后，应审查鉴定人与案件的当事人有无亲属或其他利害关系，如有，该鉴定人应当回避，如未回避的，其所作出的鉴定结论就不具有证据力，不能作为定案的根据。

（二）审查判断鉴定材料是否充分、可靠

鉴定所依据的材料充分、可靠，是鉴定结论正确的一个重要前提条件。如果鉴定材料不充分如数量太少，或质量太差，如血迹量太少、鞋印非常模糊不清，或者鉴定材料不可靠，如调换了应予鉴定的材料等，就必然会影响鉴定结论的真实可靠性。为此，应审查鉴材的发现、提取、处理、固定方法是否符合科学要求；鉴材提取的部位是否准确，在储存、传递过程中有无遭到损坏，鉴材有无变形、伪造及鉴材在其性状、数量、质量上是否符合有关要求。

（三）审查判断鉴定的设备和方法是否先进和科学

科学的鉴定方法、先进的仪器设备、优良的工作条件，是做好鉴定工作的重要保证。如果方法不科学、设备不先进、工作条件差，鉴定结论的正确性就值得怀疑。因此，在审查鉴定结论时，必须对鉴定的方法、设备和其他条件进行仔细分析，以判明鉴定结论的准确性。

（四）审查判断鉴定人进行鉴定时是否受到外界的影响，工作是否认真负责

这是因为，鉴定人主观上所存在的不利因素有时比客观上所存在的缺陷和限制更具有危害性；换言之，即便鉴定人在专业知识和技能上是多么的丰富和高超，其鉴定条件多么优越，其鉴材是多么充分和可靠，但是如果鉴定人受外界影响，将足以对鉴定结论客观性、真实性和可靠性造成实质性的危害。因此，在这种

情形下的鉴定结论将失去应有的证明效力。因此，应认真审查鉴定人进行鉴定时，是否仔细、认真，是否有责任心，责任心是否强，有无受到外界影响，有无徇私、受贿或者受到威胁、引诱、欺骗甚至是故意作虚伪鉴定的情况。

（五）审查判断鉴定结论内容是否全面，是否符合逻辑和事理

如前所述，《关于民事诉讼证据的若干规定》第29条和《关于行政诉讼证据的若干规定》第32条规定了鉴定结论应具备的内容。因此，审查鉴定结论的内容首先要审查其是否内容齐备。其次，还应进行逻辑和情理判断，审查鉴定结论是否有科学根据，论据是否可靠，论证是否充分，论据与结论是否矛盾，结论是否明确、肯定。例如，有一鉴定结论，作为论据的诊断书，有的诊断为“骨折待排除”；有的诊断为“有裂纹骨折”；有的诊断为“无骨折”，在此情况下，鉴定人不作任何分析，即作出“鉴定人认为确有骨折”的结论。这里不仅论据之间、论据与结论之间有矛盾，而且论证很不充分，结论缺乏说服力，这样的鉴定结论需作补充说明，以排除矛盾、充分论证结论的科学性，否则不能作为定案根据。至于不明确、不肯定的鉴定结论，如“痕迹疑似撬痕”，“是否为人血不能认定”，因其本身的不确定性，而不可据以认定案情。对于只有结论，而无论据与论证的鉴定结论，必须要求鉴定人补充论据并作充分论证，否则不可作为定案根据。例如，某建筑工程承包合同纠纷案，对于工程造价，法院交法定鉴定部门鉴定，但鉴定结论，只有结论而无论据和论证，其科学性可靠性无法确定。为此法院要求其作出具体说明，经具体说明，才暴露出有多处在计算和估价上有根本性错误。对这样的鉴定结论应要求鉴定部门作补充鉴定或重新鉴定。

（六）审查判断鉴定结论的形式是否合法

鉴定结论需具备法定的形式，且最后要有鉴定人签名或盖章，不具备法定形式与要求，便影响其合法性，不具备证据力。

对鉴定结论的审查判断，除了采取质证法之外，更主要的是应当采取综合审查的方法，即要综合全案证据与案件事实结论，加以综合对照分析，以便发现矛盾、调查核实。对鉴定结论有怀疑或已证实有明显不实的，应根据情况，要求其补充鉴定或重新鉴定。对此，我国相关立法有明确规定。如《刑事诉讼法》第121条明确规定："侦查机关应当将用作证据的鉴定结论告知犯罪嫌疑人、被害人。如果犯罪嫌疑人、被害人提出申请，可以补充鉴定或者重新鉴定。"又如，《关于民事诉讼证据的若干规定》第27条规定："当事人对人民法院委托的鉴定部门作出的鉴定结论有异议申请重新鉴定，提出证据证明存在下列情形之一的，人民法院应予准许：（一）鉴定机构或者鉴定人员不具备相关的鉴定资格的；（二）鉴定程序严重违法的；（三）鉴定结论明显依据不足的；（四）经过质证认定不能作为证据使用的其他情形。对有缺陷的鉴定结论，可以通过补充鉴定、重新质证或者补充质证等方法解决的，不予重新鉴定。"《关于行政诉讼证据的若干规定》第30条也有类似规定。另外，《关于民事诉讼证据的若干规定》第28条还规定："一方当事人自行委托有关部门作出的鉴定结论，另一方当事人有证据足以反驳并申请重新鉴定的，人民法院应予准许。"根据这些规定，在必要时应补充鉴定或重新鉴定。

八、勘验、检查与现场笔录的审查判断

勘验、检查和现场笔录虽是公安司法机关或行政机关依法行使职权而当场制作的，具有重要的证明作用，但由于主、客观多

种因素的影响，同样可能出现差错，为此，对其同样需要进行认真的审查判断。具体而言，对勘验、检查与现场笔录的审查判断，应主要从如下几个方面进行：

（一）审查判断勘验、检查和现场笔录是否合法

首先，应审查制作勘验、检查和现场笔录的主体是否合法。即审查勘验、检查笔录是否为承办该案的侦查人员、检察人员、审判人员及其主持下的专门工作人员所制作，现场笔录是否确为有权作出该项具体行政行为的国家行政工作人员依法行使职权所制作。应当注意的是，即便是合法的制作主体制作的笔录，其证明力也可能会有差别，如《关于行政诉讼证据的若干规定》第63条第（五）项规定："法庭主持勘验所制作的勘验笔录优于其他部门主持勘验所制作的勘验笔录。"其次，审查是否邀请见证人见证，通知民事、行政诉讼当事人或者其成年家属到场。最后，还要审查勘验、检查笔录是否有制作笔录的人员和见证人、当事人和被邀请参加人签名或盖章；现场笔录是否经过当事人核对无误并在笔录上签名或盖章。发现有违法现象应要求予以补正或纠正，否则不能作为定案的根据。

（二）审查判断勘验、检查和现场笔录记载是否客观、全面、准确

凡发现有关笔录不是客观记载而是无根据的推测，或遗漏重要的勘验、检查或询问内容的，应当要求说明情况并予以补正或进行重新勘验、检查、询问等。

（三）审查判断现场的保护情况

主要是审查判断笔录中记载的现场情况有无伪造或破坏、人身情况有无伪装，现场笔录中有关行政工作人员的询问和当事人的陈述等，有无违法或越权现象和虚伪陈述情况，笔录是否有伪

造、篡改现象。犯罪分子为了逃避侦查和审判，常常在犯罪过程中将内盗伪装成外盗，将与案件无关的人的物品留在现场，借以嫁祸他人；民事、行政纠纷的当事人也有可能伪造现场或物证；行政机关在实施具体行政行为过程中也可能遇到伪造的现场、物品以及相对人的虚假陈述；笔录本身也可能被伪造、篡改。因此，在审查勘验、检查与现场笔录时，应注意识别其中记载的现场、物证等情况以及笔录本身有无伪装、假造的问题。

（四）审查判断制作笔录人员的业务水平和工作态度

勘验、检查及现场执法是一项非常严肃而且常常还是艰苦的工作，时间性强，常常需要采用先进的科技手段和设施。因此，勘验、检查人员必须有对工作高度负责的精神和完成此项工作的业务、技术水平，才能制成符合要求的勘验、检查笔录。相反，如果笔录制作人员水平不过关，态度不认真，勘验、检查及现场笔录就不准确、不完全甚至与事实相距甚远。因此，应认真审查判断笔录人员是否具备相应的业务能力，对于一些专门性问题，他们是否具有这方面的专门知识，勘验、检查、询问当事人是否认真、负责、周到、细致等等，并注意判断笔录制作人员的这些情况对勘验、检查与现场笔录客观性和证明力的影响。

在审查判断的方法上，勘验、检查与现场笔录应当当庭宣读，接受双方当事人质证。质证时应注意原原本本宣读笔录，不能对内容进行挑选，宣读片言只语，要认真听取双方当事人、辩护人、代理人的意见，并保障他们的申请重新勘验、检查的权利，法庭认为必要，应当主动重新进行勘验、检查或进行调查核实。同时，对勘验、检查笔录的审查判断，也不能孤立地进行，而应联系本案的其他证据综合判断，对比分析。如审核记录中记载的内容与从现场提取的实物情况是否相符，与证人证言、当事人陈述是否存在矛盾等。一旦发现矛盾和疑点应有针对性地进行调查核实。

九、视听资料的审查判断

作为现代科学技术的产物，视听资料具有很强的科学性，其证据效力是其他任何证据所不能代替的。但视听资料的科学性，同时也决定了它容易被伪造或篡改，而且在被伪造、篡改后往往难以发现。因此，对视听资料这一高科技证据，必须进行认真的审查判断。审查判断视听资料，主要从以下几方面进行：

（一）审查判断视听资料的制作是否合法

如是司法人员直接录取的，则要审查其是否依法履行了必要的审批手续，程序是否违法。如系司法人员擅自以违背法定程序的方式秘密录取的，因不具有合法性，所以不可作为定案的根据。如属在刑事侦查中，出于与重大犯罪行为作斗争的必需，履行了必要的审批手续，且不违背法定程序，而秘密录取的视听资料，经查证属实，可以作为定案根据。对于公民、法人或其他组织自行录取的视听资料，只要其录制的行为不违反法律的禁止性规定或者侵害公民、法人或其他组织的合法权利，且经查证属实，应确认其合法有效；其行为如果违反法律禁止性规定或者属于侵害公民、法人或其他组织合法权利的行为，如以偷拍、偷录、窃听等手段获取侵害他人合法权益的视听资料等，则没有证据效力。这里应特别注意的是未经对方当事人同意私自录制的视听资料的证据力问题。1995 年 3 月 6 日，最高人民法院《关于未经对方当事人同意私自录制其谈话取得的资料不能作为证据使用的批复》中明确指出："证据的取得必须合法，只有经过合法途径取得的证据才能作为定案的根据。未经对方当事人同意私自录制其谈话，系不合法行为，以这种手段取得的录音资料，不能作为证据使用。”这一批复存在两个问题：一是“未经对方当事人同意私自录制其谈话”是否是不合法行为，事实上，采用私自录音方式录制与他人之间进行民事活动的谈话，与有关立法并无抵触，不属于违法行为；二是这一规定过于严格，不利于保护正常经济交往中权利人的合法权益。针对这一问题，《关于民事诉讼证据的若干规定》对证据的合法性范围进行了重新解释，其第68条规定：“以侵害他人合法权益或者违反法律禁止性规定的方法取得的证据，不能作为认定案件事实的依据。”《关于行政诉讼证据的若干规定》第58条也有相同的规定。此外，《关于行政诉讼证据的若干规定》第57条第（二）项进一步明确“以偷拍、偷录、窃听等手段获取侵害他人合法权益的证据材料”不能作为定案依据。因此，对于未经对方同意私自录制的视听资料，只要不侵害他人的合法权益，不违反法律的禁止性规定，就不能视为非法证据。

（二）审查判断视听资料的制作是否科学，技术设备是否精良

视听资料对科学技术有很强的依赖性，其真实可靠性的程度的大小及证明力的强弱，与制作方法、操作程序和技术设备有直接的关系。因此，唯有采取科学的制作方法，依照科学的操作规程，借助性能可靠、品质优良的技术设备，才能获得真实性高、可靠性强的视听资料。因此，应重视对视听资料制作方法、制作程序及技术设备的审查判断。

（三）审查判断视听资料有无伪造或篡改

视听资料既可以通过技术手段获得，也可以通过技术手段改变原貌，以致失实。因此，在诉讼中要特别注意审查所录制的有关人员的语言和行为是否是在受到威胁、引诱或欺骗的情况下说

出或作出的；有无通过剪接、洗擦录音录像磁带或光盘，或利用技术进行仿音、叠音、移像或篡改计算机储存程序等手段，伪造、篡改视听资料的情况。另外，还应审查判断视听资料是原始证据还是传来证据。作为原始证据，一般不存在删节、剪接和篡改的可能，但特殊的，在原始录制过程中也有有选择地进行录制、拼凑的可能性。而对传来证据，就应查证转录、转拍过程有无删节、剪接和篡改现象。

（四）审查判断视听资料的内容有无矛盾，与案件事实有无联系

由于视听资料以其记载或反映的声音、图像或者信息来证明案件事实，因此应注意审查该声音、图像或信息所表达的内容前后是否一致，有无破绽之处，或其内容与案件事实有无客观联系。如果其内容前后矛盾或者有破绽，则应进一步调查核实；如果其内容与案件事实毫无联系，则不能作为定案的根据。

在方法上，审查判断视听资料要与全案证据进行对照分析。发现疑点，应组织有关人员对视听资料进行视听，视听时，可以采用重播、定格、慢放、放大等技术方法，必要时还应进行技术鉴定，如声纹鉴定等。在法庭上，应播放或出示视听资料，听取双方当事人、辩护人、代理人的意见，确认属实后，再作为定案的根据。当然，如果是涉及淫秽内容的，应当在不公开法庭上以适当的方式出示，以避免产生不良影响。

第三编

证明论

第十章　证明概述

第一节　诉讼证明的概念和特点

一、证明与诉讼证明

（一）证明

证明，一般是指用可靠的材料来表明或断定人或事的真实性，或者说用可靠的材料或事实来表明某一命题的可靠性或真实性的活动。比如，甲对乙说丙和丁在谈恋爱，乙质问甲何以见得，甲则说他某日看见丙和丁牵着手进电影院了。再如甲对乙说他做得一手好菜，乙质疑之，甲当日便做了一顿饭菜给乙吃，乙吃后赞口不绝。

证明是作为行为主体的人通过借助一定的材料、事实来作出判断和推理以说明某一命题可靠真实的理性思维活动。在证明活动中，总是存在证明材料（或一定事实）和某一待证命题，然而，我们要对命题的真实可靠作出结论则必须依赖于我们的判断和推理即我们通常所说的论证，比如说一乞丐说他是某大学的学生，因为父母双亡，以至于无任何经济来源，现辍学乞讨以筹集学费生活费。在这个案例中，在你决定是否予以施舍前，你可能要去判断该乞丐的陈述是否是真实的，因为在我们生活中以这种方式出来行骗的人不少。为了探明其真实性，你也许会推敲该青年求助书中所陈述的内容是否足以为信，也许你还会仔细看看其学生证是否系伪造，当然你还可以仔细观察其衣着、神态表情，在对这些信息材料的真实可靠性作出判断之后，进而你可以把这些信息进行综合分析，最后作出其是否系行骗的结论。也许有人会说他（她）凭直觉就可以判断行为人是在行骗，然而直觉判断本身也不是无源之水、无本之木，直觉的形成也总是依赖于判断者固有的知识经验及对待证事实本身所获取的直观感受（或称感性认识）等材料的，故直觉判断也不是纯粹非理性的。因此，可以说“人对某类事物的证明活动属于一种高级的理性认识形态，它是以感性认识阶段所能提供的信息、材料作为依据，经过分类、比较分析、综合、抽象、概括等思维方式对已知的现象、信息和既已认识到的规律、经验对于未知或未然的事物作出符合事物发展规律的判定与认识。也就是得出符合逻辑和经验的结论，从而实现证明价值和目的的”①。

根据不同的标准，我们可以把证明划分为不同的种类。

根据证明目的不同，可以将证明分为证明和反驳，这里的证明是指说明命题的真实性的证明，而反驳是说明命题虚假性的证明。

根据证明方法的不同，可以将证明分为直接证明和间接证明，直接证明是指依靠与待证命题具有直接关联的材料或其他事实证明某一命题的证明活动，而间接证明则是依赖与直接材料或

① 毕玉谦主编：《证据法要义》，法律出版社2003年版，第308页。

事实有关的证明材料来证明某一命题的证明。

根据是否把直接经验材料引入证明过程，可以把证明分为数学证明和经验证明，数学证明是以公理为基础，以一系列的公式按照严格的逻辑推理对命题展开的证明活动，比如证明三角形的内角和等于180度，三角形两边之和大于第三边等。而经验证明则是指人们以其所积累的各种经验知识为依据对命题作出真伪的判断，如夜晚皓月当空，人们就会判断第二天是个晴天等。

根据证明要说服的对象，我们还可以把证明分为向己证明和对他证明。向己证明是证明主体以一定的材料或事实证明某一命题的可靠真伪性，以使自己确信某一事实，如甲为了证明在考试方面自己不比别的同学差，通过精心准备，甲果然独占鳌头。对他证明则相反，它是证明主体要向别人证明某一命题的可靠真伪性，如有人说甲考试不行，甲深感不服，通过精心准备最后一举夺魁。

根据待证明的命题是否已经存在，我们可以把证明划分为回溯性证明（或历史性证明）和前瞻性证明。回溯性证明，所要证明的对象是已经存在但需要证明其真实可靠性的证明，如秦始皇陵修建于何时，其地宫究竟在何处，有多大面积等。前瞻性证明则是要证明在将来可能会发生某一事实，如地震何时会发生，火山何时会爆发等。

（二）诉讼证明的概念和特点

证明，尽管在我们生活的各个领域都会存在，但并不是所有领域的证明活动都是一样的。诉讼证明，系存在于诉讼活动领域的一种特殊的证明。这也是我们在证据法这一语境下所讲的证明。

诉讼是人们解决纠纷的一种活动或方式，是在法官主持下，双方当事人的参加下通过对案件事实的认定，由法官依据所认定的案件事实适用法律以对争议双方当事人的实体权利作出裁判的活动。在诉讼活动中，包含着两大活动，一是事实认定，一是适用法律，而后者的展开以前者的实现为前提，这可以从审判活动是一种三段论的推理活动中看出。从二者的这种关系中，可以说事实认定是诉讼的核心内容。然而，事实的认定则毫无疑问是依赖于证明的，没有证明就不可能解决事实认定问题。如果说事实认定是诉讼的核心，无疑可以将证明比作诉讼的“内核”。可见诉讼证明问题在诉讼中的重要地位，当然这也彰显了我们学习研究诉讼证明的重要意义。

诉讼证明，是指在诉讼活动中，特定的机关和诉讼参与人提出并运用证据以证明案件事实的活动。诉讼证明具有如下特点：

(1) 诉讼证明活动境域具有特定性，即它是发生在诉讼这一特殊的社会活动中的一种证明活动。

(2) 诉讼证明的目的具有特定性。诉讼是解决纠纷的活动，解决纠纷是诉讼最直接的功能，或者说最为直接的目标，因此，凡是被称之为诉讼的活动可以说都是围绕着解决纠纷而展开的。如前所说，纠纷的解决是以认定案件事实为前提的，案件事实的认定又是通过证明实现的，因此可以说证明是以案件事实的认定为指向，以解决纠纷为依皈的。故就诉讼证明而言，它的目的是特定的，即以认定案件事实为直接目的，以解决纠纷为间接目的。

(3) 诉讼证明主体具有特定性。首先，只有参与诉讼活动的人才可能成为诉讼证明的主体，其他不参与诉讼活动、与诉讼毫无关系的人则不负有任何证明义务。其次，并不是所有的诉讼参加者都能成为证明主体。证明主体，是指在诉讼活动中对自己所主张的事实或者待确定的事实负有或者为查明案件事实而负有证明义务的人或特定的国家机关。其中证明主体不包括不提供任何证据资料的诉讼参加人，如翻译人员，也不包括不负有举证责任但为证明案件事实提供证据资料的诉讼参加人，如证人、鉴定人员等。就刑事诉讼而言，证明主体包括了人民法院、人民检察院、被害人、自诉人、犯罪嫌疑人、被告人、附带民事诉讼的原告人和被告人。在民事诉讼和行政诉讼中，则包括了人民法院、原告、被告、第三人以及在民事诉讼中提起抗诉的人民检察院。

（4）诉讼证明的根据具有特定性。证明主体要证明自己所主张的事实必须依赖于一定的材料或事实。而在诉讼中，证明主体所提供的材料或事实并不一定都可以作为认定案件事实的依据，即认定案件事实的必须是被界定为证据的那些材料或事实。根据法律的规定，只有那些具有真实性、相关性和合法性的证明材料才可以作为认定案件事实的根据即证据使用。

（5）诉讼证明活动的程序具有特定性。诉讼活动本身就是依照法定的程序进行的，故作为诉讼活动之一的证明活动也不例外。在诉讼活动中，要证明诉讼活动中一定的争议事实，通常要经过证据调查收集、证据交换、出示证据、质证和认证这样几个阶段。而这几个阶段的活动也都受一定的程序制约，被要求按照一定的程序进行。比如说，在证据收集阶段，《最高人民法院关于民事诉讼证据若干问题的规定》中就明确规定："原告或者第三人不能自行收集，但能够提供确切线索的，可以申请人民法院调取下列证据材料：（一）由国家有关部门保存而须由人民法院调取的证据材料；（二）涉及国家秘密、商业秘密、个人隐私的证据材料；（三）确因客观原因不能自行收集的其他证据材料。"在行政诉讼中，根据《行政诉讼法》第 33 条的规定："在诉讼过程中，被告及其诉讼代理人不得自行向原告和证人收集证据。”

（6）诉讼证明的对象具有特定性。认定案件事实是法官裁判的前提，作为裁判者，法官和亲身经历争议发生的当事人是不同的，他（她）是依靠当事人提供的证据来对争议事实作出认定。其中，诉讼证明的对象就是那些有争议的案件事实，而这些事实都是在特定的争议事实之前就已经确定存在的，从这层意义上讲，诉讼证明是一种回溯性的证明，是依据案件发生时遗留或存在的证据来证明过去已经存在或发生的事实。不过，证明对象的特定性集中表现在它所要证明的事实不仅是已经存在的事实，而且是那些与解决纠纷有关的事实。比如说一个刑事案件，通常需要运用证据证明的案件事实就包括：（一）被告人的身份；（二）被指控的犯罪行为是否存在；（三）被指控的行为是否为被告人所实施；（四）被告人有无罪过，行为的动机、目的；（五）实施行为的时间、地点、手段、后果以及其他情节；（六）被告人的责任以及与其他同案人的关系；（七）被告人的行为是否构成犯罪，有无法定或者酌定从重、从轻、减轻处罚以及免除处罚的情节；（八）其他与定罪量刑有关的事实。因此，诉讼证明的对象仅仅是那些已经存在且与解决纠纷有关的事实。

（7）诉讼证明的证明要求具有特定性。诉讼证明是一种回溯性的证明，由于受到众多主客观条件的限制，以至于我们有时很难发现过去的事实本身，因此，在法官不得拒绝裁判作为解决纠纷的诉讼中，诉讼必须设定相应的证明要求，即诉讼证据在何种说明状态下法官可以对案件事实作出明确的判断。对诉讼证明设定证明要求，是人认识能力的相对性、诉讼公正的价值观和诉讼的目的等因素共同作用的结果。就目前的诉讼证明要求来看，存在“高度的盖然性”、“优势证据”、“确实、充分”、“排除合理怀疑”等诉讼证明要求。然而，日常生活中的其他证明与诉讼证明相比，则相对缺乏诉讼证明严格的理性化证明色彩，而受主观意识的影响较大。就欲说服对象而言，被说服者对命题的认定受其主观因素的影响也很大。比如，某天甲看见同学乙男和丙女在一起散步，甲就此认为二人是在谈恋爱，甲告诉丁，丁则断言二者不是在谈恋爱。在这个例子中甲和丁对乙和丙是否在谈恋爱的判断，除了依据“甲和乙在一起散步”这个事实外，可能还根据各自对乙和丙在平时生活中的关系来作出判断，然而对一个陌生人而言，他（她）也许见了乙和丙走在一起的形色就会断言二人是不是在谈恋爱。像这样的证明，它是没有明确的证明要求的，它也不是要求证明该事实以解决某些问题，即使是要解决某些问题，如甲乙两人打赌，证明的要求也可以由当事人双方去约定。可见，这样的证明有别于诉讼证明。

当然，在强调诉讼证明的客观性的同时，也不能否认诉讼证明的主观性，如诉讼证明中对证据证明力的判断往往是以“自由心证”为主的，但我们对此也不能够夸大诉讼证明的主观性，原因在于这种主观认定完全是以一系列的客观条件限制为前提的，首先法律对诉讼证据的证据资格（证据能力）可作明确的限制，其次，即使是在自由心证阶段，也还是存在相应的证明规则的。如《最高人民法院关于民事诉讼证据的若干规定》就规定：“人民法院就数个证据对同一事实的证明力可以依照下列原则认定：（一）国家机关、社会团体依职权制作的公文书证的证明力一般大于其他书证；（二）物证、档案、鉴定结论、勘验笔录或者经过公证、登记的书证其证明力一般大于其他书证、视听资料和证人证言；（三）原始证据的证明力一般大于传来证据；（四）直接证据的证明力一般大于间接证据；（五）证人提供的对与其有亲属或者其他密切关系的当事人有利的证言其证明力一般小于其他证人证言。”

(8) 诉讼证明方法具有特定性。诉讼证明方法是逻辑推断、事实推断和客观验证的结合。诉讼证明必须遵守逻辑规则，但它与单纯的逻辑推断不同，从证明对象来看，它是各种诉讼案件事实，而不是科学猜想和假说；从证明手段来看，它是依法收集和提出的各种证据事实，而不是一般的科学原理或相关事实；从论证方法来看，是根据已知的证据事实和公认的理论及生活经验推断未知的待证事实，而不是根据已知的逻辑命题进行单纯的逻辑推演。另外，法律上的事实需要事实推断，但又不同于自然科学证明和社会科学中的历史证明。自然科学证明以自然现象为证明对象，所使用的论据是各种实验数据和资料，不存在社会因素。历史证明以历史上出现的各种社会现象为证明对象，所使用的论据是经过考证的史料，不存在是否合法的问题。而法律上的证明，以法律上的待证事实为证明对象，所使用的证据材料是依法收集获取的与案情相关的有关证据，诉讼证明程序必须合法。诉讼证明活动也不是单纯的思维活动，更重要的是还包括有实践验证的过程[①]。

二、与证明相关的几个概念

(一) 证明与说明

说明，通常有三层含义，一是解释明白，如说明原因；二是具有解释意义的话，如图片下附有说明；三是证明，如事实充分

① 刘金友主编：《证据法学》，中国政法大学出版社 2003 年版，第 168 页。

说明这种做法是正确的[1]。在我们的实际生活中，这三种意义上的说明可以说都很常见。第一种含义和证明区分是比较明显的。解释，其含义是分析阐明或者说明含义、理由、原因等，这层意义上的说明系侧重于说明主体就已经确定存在的某一命题或事实向一定的主体阐释清楚，它并不要求证明主体提供证据证明该已然事实的可靠性和真实性，如甲要求乙说明开会迟到的原因，对于乙迟到这个事实是确定存在，甲要求乙说明并不是要求乙证明它没有准时到会，而是要乙对其迟到的原因予以阐明。说明的第二层含义与第一层含义接近，不过，它所侧重的是就某一对象中存在的要素或与该对象有关的一些事实予以表达陈述或提示，如药品的说明书，有药品名称、成分、性状、功能主治、注意事项等。当然，如果说从其第三层含义来理解，说明也就是我们所说的证明了。

在诉讼活动中，从证明和说明这两个概念的具体使用来看，二者是具有不同内涵的。凡是对某一尚未得出其可靠真实性而且必须对其真实可靠性作出认定的事实予以说明时，我们使用的是“证明”这个概念，而凡是对某些已然且确定的诉讼事实作出解释时，我们使用“说明”这一概念。如《最高人民法院关于民事诉讼证据的若干规定》和《最高人民法院关于行政诉讼证据若干问题的规定》都规定，当事人向人民法院提供的在中华人民共和国领域外形成的证据，应当说明来源，经所在国公证机关证明，并经中华人民共和国驻该国使领馆认证，或者履行中华人民共和国与证据所在国订立的有关条约中规定的证明手续。在这个例子

① 中国社会科学院语言研究所词典编辑室编：《现代汉语词典》，商务印书馆1996年版（修订第3版），第1190页。

中，“域外形成的证据”已经确实存在了，对于它的来源当事人只要予以说明就行了，然而，对于其合法真实性的判断不是要求当事人的说明就够了的，而是要经特定的材料予以证明才能确定其真伪的。再如，《人民检察院实施〈中华人民共和国刑事诉讼法〉规则（试行）》中规定，当事人及其法定代理人的回避要求，应当书面或者口头向人民检察院提出，并说明理由。人民检察院经过审查或者调查，符合回避条件的，应当作出回避决定；不符合回避条件的，应当驳回申请。当事人提出了回避申请是已经存在了的事实，检察院是否批准，不是说要当事人证明其理由符合回避的要求，而是要由检察院来判断申请人所陈述的理由是否符合法律所规定的回避的条件。

（二）严格证明与自由证明（释明）

严格证明与自由证明是大陆法系证据法上的概念，最早系德国学者在上世纪初提出，后传到日本及我国台湾。

证明，有广狭义之分，广义的证明包括狭义的证明和释明，而狭义的证明是指除释明外的证明。证明与释明，是按法律上所要求之心证程度的不同来划分的。证明，是裁判官因就某种事实得确信之心证，而释明则以裁判官得从而推定之程度为已足。一般所说的证明，是狭义的证明，要证明的事实不仅包括实体法上的事实，同时也包括诉讼（程序法）上的事实。而释明的对象仅局限于诉讼（程序法）上的事实。另外在证明原因事实时，当事人只要陈述其证明的方法而不用提出证据，相反，证明不仅要求指出证明方法，而且还要提出证据①。

作为严格证明，其“严格性”表现在两个方面，一是用以严

① 陈朴生著：《刑事证据法》，（台湾）三民书局 1979 年版，第 156 页。

格证明的证据形式必须合法且必须具有证明能力，二是其证明程度必须是要达到“确信”、“确定”或“确凿无疑”，而不是自由证明“基本确信”的程度。当然，二者最根本的区别是在第二个方面，即证明程度上。

在区分严格证明和自由证明的前提下，通常情况凡涉及案件的发生过程，与实体法有关的事实的证明都必须适用严格证明，如在刑事诉讼活动中，对于被告人的身份、被指控的犯罪行为是否存在、被指控的行为是否为被告人所实施、被告人有无罪过，行为的动机、目的、实施行为的时间、地点、手段、后果以及其他情节、被告人的责任以及与其他同案人的关系、被告人的行为是否构成犯罪，有无法定或者酌定从重、从轻、减轻处罚以及免除处罚的情节，以及其他与定罪量刑有关的事实，都必须予以严格证明。而像申请回避、采取某种刑事强制措施、申请证据保全、申请财产保全和先予执行等，对于这些事实的证明，只要达到“基本确信”的证明程度即可。不过，在程序法事实中，在特定的情况下有的则是要求严格证明的，如根据《刑事诉讼法》第191条的规定，第二审人民法院发现第一审人民法院的审理有违反有关公开审判的规定的或者违反回避制度的应当裁定撤销原判，发回原审人民法院重新审判，像这些程序法事实是应当予以严格证明的。

三、诉讼证明的构成要素和逻辑结构

作为一种特殊的证明活动，诉讼证明具有自身的构成要素。诉讼证明由证明主体、证明责任、证明对象（证明的客体）、证明手段和证明标准几个要素构成。

证明主体，是指在诉讼活动中对自己所主张的事实（或者待

确定的事实)，或者为查明案件事实负有证明义务的人或特定的国家机关。由于诉讼活动是裁判者认定案件事实以解决纠纷的活动，故对案件事实最终作出认定的主体是裁判者，在这层意义上说，在整个诉讼活动中所有的证明活动都是为了使裁判者对当事人所主张的争议事实作出认定为轴心的。裁判者在证明活动中无疑还扮演着被说服者的角色。不过，诉讼证明还主要是一种向他(她)证明。虽然在诉讼中，提供证据的责任主要在当事人双方，但由于我们长期以来实行的职权主义的诉讼传统以及追求实体正义的传统价值观在不小的范围内影响仍然存在，故裁判者依职权调查证据的做法在一定范围内还存在，因此诉讼证明还包含着裁判者自己说服自己的对己证明的成分。就当事人双方在诉讼证明中的地位而言，总体上双方是证实者与反驳者的关系。一方欲证实或证伪一定的命题，另一方则极力证伪或证实一定的命题。在诉讼证明上，二者也是争斗的双方。

证明责任，是指诉讼证明主体基于举证义务或法定职责在诉讼证明上所承受的负担，它不仅包括当事人双方对其主张或反驳的案件事实需要提供证据予以证明的负担，而且还包括了作为裁判者的证明主体应当为查清案件事实所承受的证明负担。当然，证明责任也包括举证责任在内，即依法应当对自己提出的诉讼主张提供证据证明的当事人所承担的提供和运用证据证明自己的主张以避免对自己不利的诉讼结果的责任。

证明对象(证明客体)，是指证明主体欲证明的主张或事实。

证明手段，是指证明主体证明其主张或事实的根据。

证明标准，是指对一定的案件事实作出真实性认定所要达到的程度。

在以上几个要素间，承担证明责任的证明主体凭借一定的证明手段对证明对象予以证明，当证明达到证明标准时，证明主体的主张即成立，这便是上述要素之间的逻辑关系。

四、证明主体

（一）证明主体概述

1. 证明主体的概念及其特征

证明主体，是指在诉讼活动中对自己所主张的事实负有证明义务或者对案件事实负有查明义务的人或特定的国家机关。诉讼证明主体具有以下特点：

（1）诉讼证明主体是参加诉讼活动的主体，但只有那些直接承担了证明义务的诉讼参加者才是证明主体。

（2）诉讼证明主体是在诉讼证明活动中承担了收集、提供、查证、认证等义务的诉讼参加者。作为诉讼证明主体，总是在诉讼证明活动中承担了一定证明责任的诉讼主体，如当事人要承担对自己的主张提供证据证明的责任，法官要对当事人提供的证据进行查证和认证，或者要为查清案件事实主动收集调查证据。

（3）诉讼证明主体在诉讼中承担的诉讼证明责任受诉讼模式的影响。采用当事人主义诉讼模式的国家强调当事人的证明责任，主张证据的收集、提供完全是当事人自己的事，而法官的职责仅仅在于主持诉讼证明活动，对证明的内容与方法加以指导，对证据进行审查判断。采用职权主义诉讼模式的国家则强调法官的主导性，如《俄罗斯苏维埃联邦社会主义共和国民事诉讼法典》第 14 条就规定："法院必须采取法律规定的一切措施，全面、充分和客观地查明真实案情以及当事人的权利义务，不受已经提出的材料和陈述的限制。"在采用当事人主义与职权主义相结合的诉讼制度的国家，如日本、意大利和我国台湾地区，在证据的收集和提供方面主张以当事人为主，法院为辅；调查证据责任在日本、意大利，以当事人为主，法院为辅，在我国台湾地区则以法院为主，当事人为辅。

2. 证明主体的范围

在参加诉讼的人中，并不是所有的主体都是诉讼证明的主体，其中证明主体不包括不提供证据资料的诉讼参加人，如翻译人员，也不包括不负有举证责任但为证明案件事实提供证据资料的诉讼参加人，如证人、鉴定人员等。具体来说，诉讼证明主体包括以下参与诉讼活动的主体：

(1) 司法机关。诉讼，是在国家司法机关主持参与下解决纠纷的专门活动。司法机关在诉讼中具有重要的地位，它不仅是纠纷解决活动的主持者、裁判者，而且也是诉讼证明的主体。首先，从提出主张的当事人与审判机关的关系而言，法官是被说服的对象。如前所说，诉讼证明主要是向他（她）证明，而在向他（她）证明中，自然也就离不开要说服的对象，因此被说服的对象也是证明的主体；其次，从审判机关的职责来看，法官担负着查清案件事实的职责，尽管在采用当事人主义诉讼模式的国家，法官不承担收集证据的责任，但法官也无可避免地要承担主持诉讼证明、查证、认证的职责；再次，就侦查、检察机关而言，在刑事案件中，侦查机关无疑确实地承担着收集犯罪嫌疑人是否犯罪的各种证据，而且检察机关还担负着证明被告人犯罪的证明责任。因此，司法机关是诉讼证明的主体，这是确定无疑的。

(2) 当事人。在诉讼活动中，当事人是指与案件具有直接的利害关系，并且承担诉讼结果的公民、法人或其他组织。在诉讼证明上，当事人往往要提出证据证明自己所提出的主张，或者依据法律的规定就某些事实提供证据予以证明。可以说，当事人是诉讼证明中最主要的证明主体。在刑事诉讼中，当事人包括了犯罪嫌疑人、被告人、被害人、自诉人、附带民事诉讼的原告人和被告人。在民事诉讼和行政诉讼中则包括了原告、被告、第三人和共同诉讼人。

（3）法定代理人、诉讼代理人、辩护人。法定代理人，是依据法律的规定，代理当事人参加诉讼具备诉讼主体资格的人。虽然诉讼的结果由被代理人承担，但他（她）具有与被代理人同等的诉讼权利，同时也承担着与当事人同等的诉讼义务，他（她）需要收集、提供证据证明被代理人的诉讼主张。诉讼代理人虽然不当然具备法定代理人的代理权限，但他们和法定代理人一样，在诉讼证明上都需要收集、提供证据证明当事人所提出的诉讼主张。同样，接受委托或指派担任辩护人的人，他们也应当为当事人或自己所提出的事实收集、提供证据予以证明。当然，如果要将这三类证明主体的证明责任和司法机关以及当事人的证明责任区别开来，可以从行为意义上的证明责任与结果意义上的证明责任这个基点上来区分他们。法定代理人，诉讼代理人和辩护人，他们只是行为意义上的证明责任的主体，即仅仅承担的是提出证据证明的责任，而结果意义上的证明责任只能由当事人承担[①]。

第二节　证明的过程和方法

一、证明的过程

证明过程是指证明主体收集、提交证据（举证）、审查证据

---

① 参见李浩著：《民事证明责任研究》，法律出版社2003版，第31～32页。

(查证) 以及认证确定争议事实真伪的活动的总和。

(一) 收集证据

收集证据，是指证明主体为了证明一定的事实而寻找证据资料的活动。收集证据是证明活动的前提，也是证明主体为了使自己所主张的事实得到认定的必然要求。当然，对法官而言，也是其准确认定事实以作出公正裁判的要求。如在民事诉讼活动中，原告向人民法院起诉或者被告提出反诉应当附有符合起诉条件的相应的证据材料；当事人因客观原因不能自行收集的证据，可申请人民法院调查收集；人民法院认为审理案件需要的证据，人民法院应当调查。在刑事诉讼中，审判人员、检察人员、侦查人员必须按照法定程序，收集能够证明犯罪嫌疑人、被告人有罪或者无罪、犯罪情节轻重的各种证据。辩护律师经证人或者其他有关单位和个人同意，可以向他们收集与本案有关的材料，也可以申请人民检察院、人民法院收集、调取证据，或者申请人民法院通知证人出庭作证。辩护律师经人民检察院或者人民法院许可，并且经被害人或者其近亲属、被害人提供的证人同意，可以向他们收集与本案有关的材料。

(二) 提交证据 (举证)

提交证据，是指证明主体在特定的期限内向法庭提供证据。提交证据是审查证据的前提，通常情况下，只有在特定的期限内提交的证据材料才可能作为认定事实的证据使用，因此提交证据关键是在特定的期限内完成。对于提交证据的期限，主要采用法院指定式、当事人协商制两种形式，如在民事诉讼中，《最高人民法院关于民事诉讼证据的若干规定》第 33、34 条就规定，人民法院应当在送达案件受理通知书和应诉通知书的同时向当事人送达举证通知书。举证通知书应当载明举证责任的分配原则与要求、可以向人民法院申请调查取证的情形、人民法院根据案件情况指定的举证期限以及逾期提供证据的法律后果；由人民法院指定举证期限的，指定的期限不得少于三十日，自当事人收到案件受理通知书和应诉通知书的次日起计算；举证期限可以由当事人协商一致，并经人民法院认可；当事人应当在举证期限内向人民法院提交证据材料，当事人在举证期限内不提交的，视为放弃举证权利。对于当事人逾期提交的证据材料，人民法院审理时不组织质证。但对方当事人同意质证的除外；当事人增加、变更诉讼请求或者提起反诉的，应当在举证期限届满前提出。在刑事诉讼活动中，人民检察院向人民法院提起公诉，应当向人民法院移送起诉书、证据目录、证人名单和主要证据复印件或者照片。在行政诉讼活动中，被告对作出的具体行政行为负有举证责任，应当在收到起诉状副本之日起十日内，提供据以作出被诉具体行政行为的全部证据和所依据的规范性文件。被告不提供或者无正当理由逾期提供证据的，视为被诉具体行政行为没有相应的证据。被告因不可抗力或者客观上不能控制的其他正当事由，不能在规定的期限内提供证据的，应当在收到起诉状副本之日起十日内向人民法院提出延期提供证据的书面申请。人民法院准许延期提供的，被告应当在正当事由消除后十日内提供证据。逾期提供的，视为被诉具体行政行为没有相应的证据。

从以上法律的实际规定我们可以看出，承担证明责任的当事人不能在特定的时间内提供证据的，无疑将丧失自己提供证据证明自己所主张事实的机会。

在提交证据阶段，需要引起注意的是在我们国家逐渐对国外的证据交换制度予以肯定，而且在诉讼实践中也开始采用。如在目前的民事诉讼活动中，经当事人申请，人民法院可以组织当事人在开庭审理前交换证据；人民法院对于证据较多或者复杂疑难的案件，应当组织当事人在答辩期届满后、开庭审理前交换证据；交换证据的时间可以由当事人协商一致并经人民法院认可，也可以由人民法院指定；人民法院组织当事人交换证据的，交换证据之日举证期限届满；当事人申请延期举证经人民法院准许的，证据交换日相应顺延，证据交换应当在审判人员的主持下进行；在证据交换的过程中，审判人员对当事人无异议的事实、证据应当记录在卷；对有异议的证据按照需要证明的事实分类记录在卷并记载异议的理由。通过证据交换以确定双方当事人争议的主要问题；当事人收到对方交换的证据后提出反驳并提出新证据的，人民法院应当通知当事人在指定的时间进行交换；证据交换一般不超过两次，但重大、疑难和案情特别复杂的案件，人民法院认为确有必要再次进行证据交换的除外。证据交换制度，在诉讼中的意义应当说是比较明显的，它对于查清案件事实、正确适用法律、实现司法公正以及提高诉讼庭审效力都具有积极的意义。相信随着我国诉讼制度改革的深入，三大诉讼证据交换制度会被确立和完善，而且将成为证明活动过程中一个独立的制度或过程。

（三）查证和认证

查证，是指证明主体为对证据材料作为证据使用的资格以及其证明力的大小作出判断而进行的活动。我国《民事诉讼法》、《刑事诉讼法》和《行政诉讼法》对证据审查都作出了明确的规定，即各种证据只有经过查证属实，才能作为定案的根据。作为一种证明活动，它是法官和当事人共同协作的活动，因此查证的主体包括了诉讼中所有的证明主体；查证的目的，对当事人而言，是以主张自己所提供的证据材料可以作为证据使用为直接目的的，而对于法官而言则是以确定哪些证据材料可以作为定案根据为直接目的的；对当事人提交的证据材料是否能作为证据使用是围绕着证据材料是否真实、与待证事实是否相关以及形式和来源是否合法即通常所说的证据所具备的三个特征客观性、关联性和合法性而展开的。

当事人所提供的证据材料是否能够作为证据使用，这一问题主要是在庭审过程中通过质证程序解决的。质证，是指在法庭审判阶段，在庭审法官的主持之下当事人双方就其当庭出示的证据进行说明、解释、咨询、质疑、辩论以影响法官采证、采信和心证形成的诉讼活动。质证活动的直接或主要目的在于确定当事人所提交的证据材料的可采性，即根据证据的三个特征来判断是否将其作为认定事实的根据。可以说质证是查证活动的核心环节。

认证，是指法官对经过质证的证据材料是否可以作为证据使用以及证据的证明力大小所进行的判断活动。查证和认证是可以区别开来的：首先，查证是前提，认证是后续结果，或者说查证是过程，认证是最后作出判断；其次，查证主要解决的是证据材料作为证据使用的资格，而认证是确定证据资格和证据证明力并重；最后，认证直接和待认定的案件事实相联系，通过认证即可对案件事实作出相应的判断。与判断证据材料的证据能力不同，对证据证明力的大小，通常是由法官通过自由心证予以判断的。当然，也不是说法官的自由心证是不受限制的。一方面在立法上或司法实践中也存在一些认证的规则，另一方面法官也不能不考虑认证的说服力（当事人或生活的可接受性）而恣意判断。如在我们的民事诉讼司法解释中，就有认证规则的规定，人民法院就数个证据对同一事实的证明力可以依照下列原则认定：（一）国家机关、社会团体依职权制作的公文书证的证明力一般大于其他书证；（二）物证、档案、鉴定结论、勘验笔录或者经过公证、登记的书证其证明力一般大于其他书证、视听资料和证人证言；(三）原始证据的证明力一般大于传来证据；（四）直接证据的证明力一般大于间接证据；（五）证人提供的对与其有亲属或者其他密切关系的当事人有利的证言其证明力一般小于其他证人证言。

二、证明的方法

证明方法，是指证明主体采用的如何证明待证事实的方式的总称。关于证明方法可以从两个层面来认识，一是从思维方式的层面来讲，一是从具体的行为活动方式来讲。前者主要指证明主体所采用的逻辑思维方式，后者则是指证明主体所采取的具体的证明方法。

从思维层面讲，证明方法可以从不同层次划分为证实和证伪，个别证明与系统证明，归纳和演绎、历史和逻辑的方法等。这里仅就前两类作简单的介绍。

证实，是指通过证据证明待证事实的可靠性和真实性。证伪，是指通过证据证明待证事实的虚假性或非真实性。在诉讼活动中，承担证明责任的当事人为了使自己的主张得到法院的支持总要证明自己主张事实的真实性，而另一方当事人则可以通过证明对方当事人所主张事实的虚假性来反驳对方，从而使自己胜诉。因此，证实与证伪的方法是诉讼证明中常用的方法之一。

个别证明，是指证明主体就整个待证事实中的单个事实要素予以证明的活动，如单纯对嫌疑人身份的证明、单纯对作案时间的证明等。系统证明，是指证明主体依靠对一系列事实的证明最终证明某一待证事实的证明活动，如证明被告的行为是否构成犯罪或构成某一犯罪等，在民事诉讼中证明被告行为构成违约或侵权等。在诉讼中，对于承担证明责任的证明主体而言，个别证明和系统证明无疑都是其常常采用的方法，通过对个别事实的证明形成证明锁链最终证明其所主张的事实。而对于其他证明主体而言，则可以采用个别证明也可以采用系统证明对其他主体所主张的事实予以反驳。就两种方法的证明效果来看，通常系统证明更具有说服力，不过系统证明离不开个别证明，它依赖于对一系列的个别事实的证明来支持某一待证事实。然而，需要注意的是在特殊情况下，个别证明将成为影响系统证明的关键因素，如在合同纠纷中，一方当事人要求履行合同，而另一方当事人否认该合同存在，那么关键就要证明双方是否签订了该合同，该合同的签章是否系伪造的。

就证明的具体行为方式而言，证明方法主要包括调查、举证、质证和认证几种。

（一）调查

调查，是指证明主体收集证据的活动，同时也是收集证据的方法。在刑事诉讼中，侦查机关调查证据的活动也就是侦查活动。在诉讼中，证明主体要证明一定的待证事实就必须以提供证据为前提条件，而要提供证据则自然离不开对证据的调查，换言之，通过调查收集证据的方法是证明的前提之一。

（二）举证

举证是一种证明活动，同样也是一种证明方法。它是指证明主体将其收集的证据向法院提供以证明自己的主张。

（三）质证

质证是查证和认证的重要方法，通过当事人对庭上所提供的证据资料的说明、解释、质疑和论辩，以核实和判断当事人所提供的证据的真实性、合法性和证明力。证据的资格和证明力问题通常都是通过质证这一方法来解决的，因此可以说质证是诉讼证明方法中极为重要的一种方法。

(四) 认证

虽然认证是法官的职责或专属于法官的活动，但一定程度上它也是诉讼证明的方法。法官如何判定案件事实，最终要通过认证这一方法来完成。

第三节 证明的意义

证明是诉讼活动的核心环节，在诉讼活动中具有多重意义。对此，我们可以从多个角度或层次予以说明。

一、证明是查清案件事实的唯一途径

诉讼证明是一种回溯性的证明，它要证明的是一种已经存在的事实，这就决定了对案件事实的认定不可能依照人的主观臆断妄加断定。而且，有了证据材料还不行，还需要作为主体的人发挥主观能动性，运用理性思维能力去把证据和待证明的案件事实联系起来，用证据说明事实，即如果缺乏了证明，即使有证据，我们也不能对争议的事实作出客观的认定。因此，诉讼需要证明。

诉讼不仅需要证明，而且为了很好地证明、查清案件事实，法律还设定了规范化的证明制度，如证明主体是谁、证明的对象是什么、采用什么证明方法、要证明到什么样的程度才可以对事实作出认定等等。总之，案件事实一旦离开了证明，诉讼也就陷入了非理性的泥潭和主观臆断的深渊。

二、证明是证据发挥作用的唯一途径

证据是认定事实的根据，认定事实需要证据，就如证明对证据的意义一样，证据也离不开证明。证据最终是为作为主体的人服务的，尽管客观材料或事实本身是能证明某些事实是客观存在的，但没有认识主体去认识（证明），它的意义也只是潜在的、而尚未转换为一种现实性。这好比要将冰变为水或气一样，只有加热才能实现这种转换，如果没有加热，即使有冰的存在，它也不会变为水或气，尽管存在那种可能性。因此，在诉讼中，提供证据的证明主体，要使自己所主张的事实得到认定，他（她）必须借助于判断、推理等思维活动去实施提供、说明、解释、质疑、反驳等现实的行动，否则证据与待证事实之间的鸿沟就无法逾越。

三、证明是适用法律裁判的基础

裁判是在认定的案件事实基础上适用法律的诉讼活动，认定案件事实也就是裁判的前提，而我们在上面也说到，运用证据去证明案件事实是认定案件事实的唯一途径。从“证据→证明→案件事实→裁判”这四者间的逻辑关系中，我们不难发现裁判离不开证据，离不开认定的案件事实，自然也离不开证明。公正的裁判离不开对案件事实准确的认定，而案件事实的认定也自然离不开科学合理的证明。

四、证明是确定裁判合法性和合理性权威的必须手段

不经证明的证据是不能帮助人们准确认定案件事实的，同时以主观臆断的方式来认定事实是一种纯粹的非理性的认知方式。

在诉讼的历史上，即使被认为系非理性的证明方式它也在追求某种理性的因素。比如《梁书》就有这样的记载，“扶南国，……国法无牢狱，有罪者先戒齐三日，……于城沟中养鳄鱼，门外圈猛兽，有罪者，辄以喂猛兽和鳄鱼，鱼兽不食为无罪，三日放之”[①]。可见，借助于证明来确定裁判的合法性在以前就为人们所认识。这里讲的裁判的合法性不是泛指诉讼程序的合法性，而是指裁判所依据的事实必须是诉讼程序中依靠诉讼证据所认定的事实，而合理性则是指作为裁判基础的案件事实必须具有可接受性，能够为一般的社会公众所接受。然而，要实现合法性和合理性的目标，无疑也只有从证明上入手，如前所说，缺乏了证明的证据是没有意义的，故仅有证据，我们也是不能证明裁判的合法性与合理性权威的。我们常常说，诉讼可以吸收当事人的不满，实际上，这正是诉讼证明的魅力所在。

① 夏之乾著：《神判》，中华书局（香港）有限公司1989年版，第74页。

第十一章　证明对象

第一节　证明对象的概念

一、证明对象的概念

证明对象，是指在诉讼中与当事人的诉讼主张相联系的，为正确处理案件必须用证据予以证明的事实。实体法事实属于证明对象，这在证据法学理论上是没有争议的，但对程序法事实是否属于证明对象学界争议则比较大。另外对证据事实是否属于证明对象也有一些争议。

（一）程序法事实是否属于证明对象

程序法事实，是指引起诉讼关系发生、变更和消灭的事实，它包括诉讼行为和诉讼事件，前者是诉讼主体和其他诉讼参与人实施的能够引起一定诉讼上的法律后果的行为，如当事人的撤诉行为、中途退庭行为，法官裁定驳回起诉、中止审理的行为等。诉讼事件则是指不以人们的意志为转移的、同时也能够引起一定诉讼法律后果的客观事实，如当事人在诉讼中突然死亡、丧失行为能力等。对于程序法事实是否属于证明对象主要存在三种不同的观点[①]。

1. 肯定说

肯定说认为程序法事实是证明对象。其依据是：第一，诉讼法是实体法的实施法，查明程序法事实有利于监督司法机关遵守法定的程序，保证实体法正确公正地实施。第二，当事人可能对程序法事实产生争议，从而使程序法事实有必要用证据来证明。第三，在诉讼过程中，有关司法机关，尤其是人民法院对争议的程序事实，要在查清的基础上作出决定或裁定，其中，有的决定或裁定依法可以申诉或申请复议，有的裁定尚可上诉或申请再审。

2. 否定说

该观点认为，程序法上的事实不能成为证明的对象。其依据是：第一，证明对象是一种特殊的诉讼制度，正确地确定诉讼中的证明对象，就是要使整个收集、调查证据的活动过程具有明确的方向，以利于案件事实的查明。因而，作为诉讼中的证明对象，自然仅仅指那些具有实体法意义的事实，即只包括那些如不查明就不能对案件正确进行实体处理的事实；只有这样理解证明对象，才有利于司法机关、特别是人民法院在诉讼过程中分清主次，将注意力集中在那些如不查明就不能对案件正确适用实体法规范的事实。第二，程序法事实，特别是一些据以作出决定、裁定的事实，虽然有一个查明的问题，但这与证明对象不能等同，因为程序法上有许多属于不查自明的、或者司法机关即可认知的事实。同时，程序法上的事实并不是每个案件都会遇到，若没有

---

① 罗玉珍主编：《民事证明制度与理论》，法律出版社 2003 年版，第 101～102 页。

发生某些程序问题，就不需要对有关的事实加以证明，所以说严格意义上的证明对象不包括程序法上的事实。

3. 折衷说

这种观点主张证明对象包括程序法事实，但举证责任分配问题的研究仅以实体法事实为对象。理由是：第一，程序法事实上的举证责任分配问题根据“谁主张，谁举证”的一般原理即可解决。第二，实体法事实直接关系到当事人之间法律关系的产生、变更和消灭。

将程序法事实纳入证明对象的范围的观点其理由是充分的。这对规范诉讼活动，增强诉讼的严肃性和促进司法的“精密化”具有积极意义。同时作为与诉讼有关的事实，二者是有共同点的：首先，二者通常都是须依赖一定的证据予以证明且在诉讼过程中所要解决的事实，当然无论是实体性事实还是程序法事实也并不都需要证明，只有对这些事实存在争议或处于未明朗无法确定的状态才需要证明，如当事人双方对一些实体法事实没有争议的，通常就不需要再予以证明。就程序法事实而言，像法院发传票、开庭通知书等事实是不需要证明的。其次，无论是对实体法事实还是程序法事实的认定，其目的都是为了解决某些问题。如确定死亡的被害人是否为被告所杀，它是要解决被告人是否构成杀人罪这一问题，而法官针对当事人的回避申请，他（她）是要根据申请人提出的理由判断该申请是否合乎法律所规定的回避条件，然后作出是否准许的决定。

不过，程序法事实与实体法的事实是有差别的：首先，二者产生的法律规范的依据不同，前者为实体性法律规范，后者为程序性法律规范；其次，二者对解决案件纠纷的意义是不同的。实体性法律事实与纠纷的解决具有直接的关系，通常都与待认定的案件事实具有直接的关系，而程序法事实则和待认定的案件事实不具有直接的关系；最后，在证明的要求方面二者存在差别，这种差别集中表现在刑事诉讼证明中。在刑事诉讼活动中，无论是以“确实、充分”、“确凿无疑”还是以“排除合理怀疑”为证明要求，都表明了对实体性事实的证明的极高要求，就程序法事实而言，以适用逮捕的条件来看，根据《刑事诉讼法》第 60 条的规定，要对犯罪嫌疑人、被告人逮捕的，必须同时满足这样几个条件：第一，有证据证明有犯罪事实，可能判处徒刑以上刑罚的；第二，犯罪嫌疑人、被告人，采取取保候审、监视居住等方法，尚不足以防止发生社会危险性；第三，有逮捕必要的。如何来判定对犯罪嫌疑人、被告人是否予以逮捕，从法律的规定来看，并不要求将“可能判处徒刑以上刑罚”、“取保候审、监视居住等方法，尚不足以防止发生社会危险性”等事实证明至“确凿无疑”、“无合理怀疑”的程度。总的来说，对实体法事实的证明要求一般是高于对程序法事实的证明要求的。

折衷说认为举证责任分配问题的研究仅以实体法事实为对象，否认在程序法事实中存在举证责任的分配问题。这一观点值得进一步探讨，但它并不否认程序法事实也属于证明对象的范畴这一基本的看法。

（二）程序法事实是否属于证明对象

除了在程序法事实是否也属于证明对象的范畴存在争议外，对证据事实是否属于证明对象也存在一定的争议。证据事实，是指那些欲用来证明案件事实的证据材料或事实。对证据事实能否成为证明对象总体上也存在三种观点[①]：

1. 肯定说

这种观点认为证据事实也是证明对象。其理由是，所有的证据都必须查证属实，才能作为定案的根据。所以任何证据的真实性都需要其他证据确证，而当某一证据成为其他证据确证的客体时，它便由证明手段一跃而成为证明对象。这样在证据事实与案件事实、证据事实与证据事实之间存在着手段和目的的因果链条，处于中间事实的证据事实，具有证据事实和证明对象的双重身份，是证明手段和证明对象的统一体。

2. 否定说

该观点认为证据事实只是证明手段，不能列为证明对象。理由是：第一，证明对象与证明手段之间是目的与手段的关系，不能将目的与手段混同，证明对象是有证据事实来探知、认识和推导的案件事实，是未知事实，而证据是查明案件事实的手段，是已知事实。证明手段和证明对象之间存在着明显的界限，把证据事实也作为证明对象，必然会模糊上述界限，致使证明理论混乱。第二，证据需要查证属实，但并非需要查明的所有事实都能成为证明对象；查证属实只是证据作为证明手段的资格条件，而不是其作为证明对象的充分条件。证明对象之所以成为证明对象包含着诸多确定的标准，需要查明只是其中之一。法律规定的“证据必须经查证属实才能作为定案的根据”，只是强调只有查证属实的证据才能作为证明案件事实的手段。查证属实只是证据事实可以作为证明手段的条件，而不是转换为证明对象。同时，无

① 参见罗玉珍主编：《民事证明制度与理论》，法律出版社 2003 年版，第102～103 页。

论是直接证据还是间接证据要想成为证明手段，都必须具有法定的资格，这就是法律对证据的要求：客观性、关联性、合法性，任何证据最终要成为有效的证明手段都必须具备三个属性。当某个证据因其合法性、关联性或客观性发生争议，需要其他证据印证时，在这种印证与被印证的关系中，存在着目的与手段的关系，但这仍然是证明手段范围内的关系，并没有突破证据与证明对象之间的更高层次的关系。第三，将证据事实排除在证明对象之外，有助于证据法学理论揭示证据和证明对象各自的特殊规则。由于证据事实关涉证据概念、采用标准和种类问题，而证明对象是要确定取证、举证、质证和认证等证明活动的目标问题。将两者区别开来，认识其不同的规律和规则，将有助于证据法学的研究，也有助于推动司法实践的科学化。

3. 折衷说

该观点从证据可以划分为直接证据和间接证据的角度出发，认为直接证据能够直接反映和证明案件的主要事实，与案件的主要事实存在着重合关系，故尽管是证明对象，但也不必单独列出。而间接证据必须与其他的间接证据相结合才能对案件主要事实起到证明的作用，不能单独证明案件的主要事实。既然间接证据本身需要说明，所以它便成为证明对象。

此外，还有一种“折衷说”认为，对于证据事实能否成为证明对象，不能一概而论，和“肯定说”所持的理由基本一样，这种“折衷说”反对在一般意义上将证据事实作为证明对象。但该主张认为，并不是说证据事实在任何情况下都不可能成为证明对象。在诉讼中，某一案件事实作为证明案件真实情况的关键，而成为诉讼中主要系争点时，这一证据事实就可以成为证明对象。这种应作为证明对象的证据事实主要反映为这样三种情况：一是对证据的证据能力或证明力发生争议需要证据加以证明时；二是将习惯或特定法规作为证据事实的，需要先将该习惯和特定的法规作为证明对象加以举证证明时；三是某些专门性理论原理作为证据时，需要当事人举证证明其原理的权威性、科学性及与本案的关联性[①]。

证据事实是否属于证明对象，我们认为应当从这样几个方面予以思考：第一，不能离开“证明”本身的含义来理解诉讼证明的对象。证明，是指运用证据材料或事实证明某一（某些）事实可靠性和真实性的活动，因此，凡是可靠性及真实性尚未确定的有争议的事实都有予以证明的必要，这就包括有争议的证据事实在内。第二，质证活动的存在表明证据事实属于证明对象。质证活动的客体是证据是否具有真实性、关联性和合法性。当事人的辨认、解释、反驳等活动无疑是以证明其所提出的证据材料是可以作为证据使用或者对方所提出的证据材料不具备证据资格而展开的。因此，不能否定证据事实是证明对象。第三，和所有的实体法事实和程序法事实一样，在一个诉讼中证据事实也并不都会成为具体的（现实的）证明对象，即在一个诉讼中，有的证据事实是不需要予以证明的，如当事人间没有争议的证据事实。对于需要证明的证据事实，第二种“折衷说”的见解值得肯定，即对证据的证据力或证明力发生争议需要证据加以证明时，将习惯或特定法规作为证据事实时以及某些专门性理论原理作为证据使用时。当然，对这三类情况，也可以将其分为必须予以证明、应当予以证明两类。第一种就属于必须予以证明的一类。第二、三种

① 刘金友主编：《证据法学》（新编），中国政法大学出版社 2003 年版，第 190～191 页。

原则上应当予以证明，但如果当事人对此有争议，则必须予以证明。第四，不能因为证据事实本身属于证明手段，就将对它的证明从证明对象中割离出来，如果那样做无疑会破坏诉讼证明的完整性。证据事实是证明对象不可分割的有机组成部分。第五，认为将证据事实排除在证明对象之外，有助于证据法学理论揭示证据和证明对象各自的特殊规则，有助于证据法学的研究，有助于推动司法实践的科学化的解释是不充分的。事实上，把证据事实界定为证明对象的范畴和证据理论的研究并无多大关系。说有关系也不是不可的，而且对证据法理论的研究倒是有积极的促进作用。另外，从价值层面的角度讲，将证据事实作为证明对象，对增强诉讼证明的说服力，裁判的合法性和合理性权威都是有积极意义的。司法裁判的可接受性不仅依赖于合法性，而且最深层次的因素还在于其合理性根源，这种合理性在诉讼证明上则集中表现在证明手段、证明方法的合理性上。要求作为证明手段的证据事实也属于诉讼证明的对象，这对于确立案件事实认定的权威性、可接受性和合理性是具有直接意义的。

二、证明对象的特征

探讨证明对象的特征对于认识证明对象的含义以及把握证明对象的一般范围具有重要的意义。证明对象的特征可以归纳为以下几个方面：

（1）证明对象的范围具有特定性。在诉讼活动中，能够成为证明对象的必须是与案件事实关联的并对正确处理案件具有影响的实体法事实、程序法事实以及一些证据事实。要成为证明对象，必须满足这样一些条件：第一，是在诉讼过程呈现出来的事实，或者说在诉讼过程中存在（或已经存在）的事实。第二，对诉讼而言具有法律意义的事实，即通过对该事实的证明能够解决诉讼过程中所需解决的问题。该法律事实至少具有三种含义：其一，它是导致启动诉讼程序的直接动因；其二，它是推进诉讼进程的动力所在，即特定法律事实的存在与否，通常会成为作为对立的诉讼主体之间所争执的焦点，对此，表明法律上的根据和运用相应的证据进行论证、对抗或质辩是推进诉讼进程以及使诉讼上的法律事实不断明朗化的常规途径；其三，它是决定诉讼归宿的原因所在，即通过对立的诉讼主体之间的辩论式的抗争，使得案件事实逐渐显现，从而作为法官最终裁决的必要前提，而为法官所最终在裁判上所确认的法律事实才是最终的案件事实①。第三，一般要求是具有争议即需要确定其真实性可靠性的事实。如果是没有争议的事实，在具体诉讼活动中一般则不必再列为证明对象。

（2）作为证明对象的事实，一般为法律规范所调整，其中涉及案件实体处理的事实，由实体法规范确定，而只涉及诉讼程序及证据事实的则由程序法所规定。

（3）作为证明对象的事实必须是运用证据加以证明确认的事实。证明对象，既然作为一种待证事实，就必须用相应的证据予以证明，即使是证据事实也需要提供相应的证据对其可采性予以充分的证明。证明始终离不开证据。

（4）证明对象与证明责任和证明要求紧密相关。证明对象是要求承担一定证明责任的诉讼证明主体提供证据予以证明的事实，而且要使其主张的事实得到肯定还要求其证明达到一定的程度，否则，其主张的事实将得不到支持。

---

① 参见毕玉谦主编：《证据法要义》，法律出版社2003年版，第332页。

三、证明对象的分类

根据不同的标准，我们可以把证明对象划分为不同的种类。

(一) 实体法事实、程序法事实

这一划分的标准是规范这些事实的法律规范性质的不同。实体法事实是由实体法予以规定，而在诉讼中需要予以证明的事实，如刑事诉讼中在需要对有关犯罪构成要件事实、有关罪刑轻重量刑情节事实的证明就属于需要证明的实体法事实。而程序法事实，则是由诉讼法律规范规定应当予以证明的事实，如立案、受理、申请回避、采取强制措施等，这些都是由诉讼法律规范来规定的。由于二者在证明要求上存在区别，因此我们在诉讼实践中就可以遵循相应的证明标准来展开诉讼证明活动，比如说在刑事案件中，对被告人的犯罪构成要件事实就需要采取严格的证明方式，而对被告人申请取保候审我们则采用自由证明则可。当然，这对于提高诉讼效率也是有意义的，对于一些对案件的解决不是很重要的事实采用相对低的证明标准即可，以免设置过高的证明标准而增加了诉讼成本。

就这一分类而言，需要注意的是，证据事实可以把它归为程序法事实的范畴，因为证据法规范实质上也属于程序法规范的范畴。当然，如要强调证据事实也是证明对象的时候，我们也可以把它和实体法事实、程序法事实相提并论。

（二）抽象存在的证明对象、具体化的证明对象以及需要证据证明的证明对象[①]

这种划分的标准是证明对象是否具有现实性以及实际意义。抽象存在的证明对象，也称之为法律规范层面上的证明对象，是指法律所规定的证明对象，这一层次上的证明对象解决了哪些问题可能会成为现实的证明对象。抽象的证明对象一般包括三个方面：法律构成要件；经验法则；法律法规。具体化的证明对象，是根据具体的生活事实被具体化为与诉讼活动密切相连的实际存在的证明对象，在诉讼活动中此一层面上的诉讼对象对当事人的权利义务关系具有更直接、更现实的意义。它确定了裁判者应予以认定的事实范围。需要证据证明的证明对象，是除了那些毋庸证明的对象外的需要举陈证据加以证明的要证事实。在这三者之间，抽象存在的证明对象是前提条件，它直接决定着实然的证明对象，诉讼层面上具体化的证明对象是连接法律规范与社会生活事实的桥梁。具体存在的证明对象和要证事实都是具有现实意义的证明对象，但二者所指向的问题则不同。就实体证明对象而言，具体存在的证明对象指向的是裁判者和裁判活动，其价值在于事实认定：只有具体证明对象的所有内容均达到法定的程度，裁判者才能作出证明对象所述内容成立的裁判；而另一方面，裁判者所认定的事实亦应当包括具体证明对象的所有内容。要证事实指向的是当事人之间用证据进行的证明活动：一方面，要证事实的证明必须依靠证据，另一方面，负有说服义务的当事人只需

---

① 根据逻辑学上划分的规则，划分所得的各子项的外延之和应等于母项的外延，且划分所得各子项应互相排斥，因此严格地说，这种划分仅仅属于一种层次上的划分。这种划分采用了吴宏耀、魏晓娜两位研究者的成果，参见吴宏耀、魏晓娜著：《诉讼证明原理》，法律出版社 2002 年版，第 75～89 页。

证明要证事实，就解除了证明的责任。

将证明对象研究区分为抽象的证明对象和诉讼意义上的证明对象具有一定的意义。对于抽象的证明对象的研究主要是实体法学的任务，对于诉讼意义上的证明对象的研究，则必须结合具体的诉讼制度加以讨论。一般而言，原告方没有必要对所有的抽象存在的证明对象进行证明，而只需要证明具体化了的那部分内容；而在司法被动与不告不理原则的约束下，法院裁判的范围应当以具体化的证明对象为限，而不是由抽象的证明对象来界定。

四、研究证明对象的意义

研究证明对象的意义是多元的。具体可以归纳为以下几个方面：

(1) 研究证明对象，科学地确定证明对象，有助于准确地认定案件事实，解决纠纷，提高诉讼效率。证明对象为诉讼证明活动指明了方向。诉讼证明总是围绕着一定的证明对象展开的，只有对一定的证明对象予以证明，案件事实才能得以认定，法官才能裁判，纠纷才能解决，因此，研究证明对象，将那些影响案件事实认定、需要证明的事实纳入证明对象的范畴，将那些不需要证明的事实排除在证明对象之外，或者对其不再予以证明，同时也确定那些需要严格证明的事实，不需要严格证明的事实，确定哪些是实体法事实，哪些是程序法和证据法事实，而相应地采取有差异的证明方式，有区别地予以对待，这些研究不仅对案件事实的科学认定有重大的帮助，而且对于提高解决纠纷的效率，节约诉讼成本都具有现实的积极作用。

(2) 研究证明对象，是完善和丰富证据法学的内在要求，也是证据立法科学化的内在要求。以往的证据法学，尚未成为一个独立的法学学科，但随着人们对证据法研究的深入，逐渐认识到对其进行研究的重大意义，同时也渐渐认识到证据法自身也具有特定的研究对象和领域，因而赋予证据法相对独立学科的地位。证明对象，是诉讼证明这个系统中极为重要的一个构成部分，它与证明主体、证明责任、证明要求等共同构成了诉讼证明这个有机系统，因此，完整的证据研究是不能不对证明对象进行研究的，证明对象这个阵地是不能残缺的。反过来，证明对象的研究无疑对丰富和发展证据法也就具有直接的意义。同时，具体的诉讼证明作为一种实践活动，它离不开理论的指导。然而，证据立法要科学化也就自然离不开科学的证据法理论的指导，因此研究证明对象，对丰富和发展证据学，对证据立法的科学化无疑具有现实的指导意义。

第二节　刑事诉讼中的证明对象

一、刑事诉讼证明对象概述

刑事诉讼中的证明对象，是指需要运用证据加以证明的刑事案件事实，它是为了解决犯罪嫌疑人、被告人是否构成犯罪以及应当承担何种刑事责任问题而需要证明或者与诉讼程序有关的事实的总和。

二、我国刑事诉讼中的主要证明对象

（一）实体法事实

1. 有关犯罪构成要件的事实

犯罪构成要件，是指由刑法所规定的某一具体行为成为某种

犯罪所必须具备的主客观要件的总和。犯罪构成要件，包括四个方面的要件：

(1) 犯罪主体，它是指达到刑事责任年龄具备刑事责任能力的，实施了犯罪行为并对自己的犯罪行为承担一定刑事责任后果的自然人或单位。

(2) 犯罪主观方面，是指行为人在实施犯罪时对危害行为及其危害结果所持的心理态度，即行为人是故意还是过失，是直接故意还是间接故意，是疏忽大意的过失还是过于自信的过失等。

(3) 犯罪客体，即刑法所保护的而为犯罪行为所侵害的法益。

(4) 犯罪客观方面，它是犯罪行为的客观外在表现，说明犯罪行为的事实特征，如犯罪的时间、地点、手段、危害结果等。

在诉讼理论上，通常把构成要件事实概括为这七个方面或要素：①何人（犯罪的主体）；②何时（犯罪的时间）；③何地（犯罪的地点）；④何种动机和目的（行为人的主观心理特征）；⑤何种手段（行为人行为的方式）；⑥何种行为（行为人所实施行为的种类，哪一种危害行为）；⑦何种危害结果（行为所造成的危害后果）。在英、美证据理论上，则概括为 7 个“W”，即 Who（何人）；When（何时）；Where（何地）；Why（为什么）；How（如何实施犯罪）；Which（侵害何对象）；What（产生何种危害结果）。

在刑事诉讼中，根据《最高人民法院关于执行〈中华人民共和国刑事诉讼法〉若干问题的解释》的规定，在构成要件上就是要证明以下事实：①被告人的身份；②被指控的犯罪行为是否存在；③被指控的行为是否为被告人所实施；④被告人有无罪过，行为的动机、目的；⑤实施行为的时间、地点、手段、后果以及其他情节；⑥被告人的责任以及与其他同案人的关系；⑦被告人的行为是否构成犯罪。

在有关犯罪构成要件事实的证明中，对于严格责任的犯罪，公诉人对于行为人的主观罪过可不予证明。所谓严格责任的犯罪，是指行为人如果实施了法律禁止的行为，或者处于法律规定的状态中，或导致了法律否定的结果，公诉机关无需证明行为人的主观心理状况，即可使其负刑事责任，如刑法中所规定的持有毒品，持有使用假币罪等。如《刑法》第 172 条规定："明知是伪造的货币而持有、使用，数额较大的，构成持有、使用假币罪。"而在诉讼实践中，要证明持有人、使用人明知其所持的是假币时是非常困难的，公诉人只要证明行为人所持有或使用的是假币即可。

2. 有关量刑情节的事实

量刑，是指人民法院在查明犯罪事实，认定犯罪性质的基础上，依法对犯罪分子裁量确定刑罚的审判活动。量刑情节则是指在某种行为已经构成犯罪的前提下，人民法院对犯罪分子裁量确定刑罚时应当考虑的，据以决定量刑轻重或者免除刑罚的各种情况。以刑法有无明文规定为标准，可以将量刑情节分为法定情节与酌定情节。前者是刑法明文规定在量刑时应当予以考虑的情节；后者是刑法未作明文规定，根据刑事立法精神与有关刑事政策，由人民法院从审判经验中总结出来的，在量刑时需要考虑的情节。作为量刑情节，法官在量刑过程中予以考虑时，应当以和这些情节有关且获得证明的事实作为基础。

（1）法定量刑情节的事实。第一，应当免除处罚的事实：没有造成损害的中止犯。（《刑法》第 24 条第 2 款前段）第二，可以免除处罚的事实：犯罪较轻的且自首的，可以免除处罚（《刑法》第 67 条第 1 款后段）；非法种植罂粟或者其他毒品原植物，在收获前自动铲除的。（第 351 条第 3 款）第三，应当减轻或免除处罚的事实：防卫过当（第 20 条第 2 款）；避险过当（第 21 条第 2 款）；胁从犯（第 28 条）；犯罪后自首又有重大立功表现的，应当减轻或者免除处罚。（第 68 条第 2 款）第四，应当减轻处罚的事实：造成损害的中止犯。（第 24 条第 2 款后段）第五，可以免除或减轻处罚的事实：在国外犯罪，已在国外受过刑罚处罚的。（第 10 条）第六，可以减轻或者免除处罚的事实：有重大立功表现的（第 68 条第 1 款后段）；在被追诉前主动交代向公司、企业工作人员行贿的（第 164 条第 3 款）；个人贪污数额在 5000 元以上不满一万元，犯罪后有悔改表现、积极退赃的（第 383 条第 1 款第 3 项）；在被追诉前主动交代向国家工作人员行贿行为的（第 390 条第 2 款）；在被追诉前主动交代介绍贿赂行为的。（第 392 条第 2 款）第七，应当从轻、减轻或者免除处罚的事实：从犯。（第 27 条第 2 款）第八，可以从轻、减轻或者免除处罚的事实：又聋又哑的人或者盲人犯罪（第 19 条）；预备犯。（第 22 条第 2 款）。第九，应当从轻或者减轻处罚的事实：已满十四周岁不满十八周岁的人犯罪。（第 17 条第 3 款）第十，可以从轻或者减轻处罚的事实：尚未完全丧失辨认或者控制自己行为能力的精神病人犯罪的；（第 18 条第 3 款）未遂犯；（第 23 条第 2 款）被教唆的人没有犯被教唆的罪时的教唆犯；（第 29 条第 2 款）自首的；（第 67 条第 1 款中段）有立功表现的。（第 68 条第 1 款前段）第十一，不得判处死刑的事实：犯罪的时候不满十八周岁的人和审判的时候怀孕的妇女。（第 49 条）第十二，应当从重处罚的事实：教唆不满十八周岁的人犯罪的；（第 29 条第 1 款）累犯；（第 65 条第 1 款）策动、胁迫、勾引、收买国家机关工作人员、武装部队人员、人民警察、民兵进行武装叛乱或者武装暴乱的；（第104条第2款）与境外机构、组织、个人相勾结，实施刑法第103条、第104条、第105条规定之罪的；（第106条）掌握国家秘密的国家工作人员犯叛逃罪的；（第109条第2款）武装掩护走私的等。（第157条第1款）

（2）有关酌定量刑情节的事实。第一，犯罪的手段；第二，犯罪的时空及环境条件；第三，犯罪的对象；第四，犯罪造成的危害结果；第五，犯罪的动机；第六，犯罪后的态度；第七，犯罪人的一贯表现；第八，前科。

3. 排除行为的违法性、可罚性和行为人刑事责任的事实

（1）排除行为违法性的事实。有些行为，虽然在客观上造成了或可能造成一定的损害结果，且客观上是与某些犯罪的客观方面相似，但由于具有特别原因，刑法并不对之予以禁止，因此并不符合刑法规定的犯罪构成，进而将这类行为排除在犯罪之外，如正当防卫、紧急避险以及依职权实施的行为。对于这类行为，一旦涉及诉讼，法官要将行为人的行为界定为排除违法性的行为，必须对之予以证明。

（2）排除行为可罚性的事实。在实体法上，有的行为被认定为犯罪的行为，但根据实体法的规定，由于存在一定的事实，基于一定的原因而不对这类行为进行处罚和追究刑事责任。

（二）程序法上的事实

如前面已经指出的，程序法上的事实通常是由程序法所调整的只引起程序法上法律后果的事实。在刑事诉讼中，程序法上的事实可以说贯穿于整个诉讼活动。具体来讲，刑事诉讼中需要证明的程序法事实主要包括以下类别：

（1）有关管辖的事实。如案件应当由哪个机关立案侦查，应

当由哪一级别的法院行使刑事审判权，应当由同一级别的哪一法院行使一审审判权等。

(2) 有关回避的事实。如审判人员、检察人员、侦查人员是否存在《刑事诉讼法》第 28 条规定的应当回避的情形，审判人员、检察人员、侦查人员是否存在接受当事人及其委托人的请客送礼，违反规定会见当事人及其委托人的事实等。

(3) 有关辩护与代理及其他影响当事人权利的事实。如担任辩护人的人是否具备辩护人资格的事实，被告人是否属于未成年人的事实，其中是否存在可能被判处死刑而没有委托辩护人的事实，诉讼参与人是否系不通晓当地通用的语言文字的人等。

(4) 有关证据的事实。如证据是否属于法定种类的事实，证据的来源是否合法的事实，是否经查证属实等。

(5) 有关侦查的事实。如犯罪嫌疑人是否系聋哑人的事实，是否存在《刑事诉讼法》第 51 条所规定的可以对犯罪嫌疑人、被告人采取取保候审或监视居住强制措施的情形，是否存在拘留或者逮捕的情形等。

(6) 有关附带民事诉讼的事实。如对法院而言是否存在可以查封或者扣押被告人的财产的情形，是否存在为避免审判过分延迟而决定在刑事案件审判后，由同一审判组织继续审理附带民事诉讼的事实等。

(7) 有关期间和送达的事实如对当事人而言，是否存在由于不能抗拒的原因或者有其他正当理由而耽误期限，可以申请继续进行应当在期满以前完成的诉讼活动的事实，在送达中收件人本人或者代收人是否存在拒绝接收或者拒绝签名、盖章的事实等。

(8) 有关提起公诉的事实。如《刑事诉讼法》第 137 条所规定的，检察院须查明的事实：犯罪事实、情节是否清楚，证据是否确实、充分，犯罪性质和罪名的认定是否正确；有无遗漏罪行和其他应当追究刑事责任的人；是否属于不应追究刑事责任的；有无附带民事诉讼；侦查活动是否合法。再如是否存在需要补充侦查的事实等。

（9）有关审判组织的事实。如是否存在可以适用独任审判的事实，是否属于疑难、复杂、重大的案件，合议庭可以提请院长决定提交审判委员会讨论决定的等。

（10）有关第一审程序的事实。如案件是否属于关涉国家秘密或者个人隐私而不公开审理的事实，被告人是否属于十四至十六周岁的未成年人而应当一律不公开审理的事实，是否存在延期审理的事实等。

（11）有关自诉案件的事实。如是否属于应当开庭审理的情形，自诉人中途退庭的，是否应当按撤诉处理等。

（12）有关简易程序的事实。如是否属于《刑事诉讼法》第174条规定的可以适用简易程序审理的情形，法院在审理过程中，是否出现不宜适用简易程序而应当改用普通程序审理的情形等。

（13）有关第二审程序的事实。如当事人是否在法定的上述期限内提出上诉，是否存在《刑事诉讼法》第191条规定的，二审法院应当裁定撤销原判、发回重审的情形等。

（14）有关死刑复核程序的事实。如中级人民法院判处死刑的第一审案件，被告人是否提起上诉，案件是否是中级人民法院判处死刑缓期二年执行的等事实。

（15）有关审判监督程序的事实。如当事人及其法定代理人、近亲属的申诉是否符合《刑事诉讼法》第204条所规定的人民法院应当重新审判情形的，各级人民法院院长是否发现本院已经发生法律效力的判决和裁定在认定事实上或者在适用法律上确有错误，必须提交审判委员会处理的事实等。

(16) 有关执行的事实。如第一审人民法院判决被告人无罪、免除刑事处罚的，被告人是否在押，是否在宣判后应当立即释放，是否存在《刑事诉讼法》第 211 条规定的应当立即停止死刑执行的情形等。

第三节　民事诉讼中的证明对象

一、民事诉讼中的证明对象概述

民事诉讼中的证明对象，是指根据民事实体法和程序法的规定，在民事诉讼活动中需要运用证据证明的案件事实。同样，实体法事实也是民事诉讼证明中的主要证明对象。

如何确定民事诉讼的证明对象，是研究民事诉讼证明对象的重要内容。对于如何确定民事诉讼的证明对象，目前主要形成了三种观点[①]。

第一种分类是以诉讼理由即原告提起诉讼所根据的事实和理由，将证明对象分为两个方面：一是引起当事人之间法律关系发生、变更或消灭的事实。二是民事权益受到侵害或者权利义务关系发生争议的事实。

第二种分类是英美法系国家的学者比较倾向于采用的，即根据所要证明的事实与案件事实之间的联系程度，确定证明对象的

① 参见罗玉珍主编：《民事证明制度与理论》，法律出版社 2003 年版，第 104 ~105 页。

划分。具体分为四种事实：一是要件事实或主要事实，即当事人为了使自己的主张成立所必须证明的事实，这类事实构成案件的实质部分，当这些事实成立时，当事人的司法救济请求便予以满足；二是伴随系争事实之发生的情况事实或相关事实；三是与系争事实有关的背景事实，在本质上其属于间接事实或环境事实的范畴；四是用来确定比较标准的事实。在四类证明对象中，第一类事实即系争事实构成了证明对象的主体部分，也是诉讼中证明活动的中心内容。

第三种观点是大陆法系国家学者采用的，把证明对象与证明责任的分担联系起来，研究民事诉讼证明对象的构成，这种方法从两个不同的角度研究民事诉讼证明对象的构成：一是根据事实本身的性质将主张事实分为积极事实与消极事实或者外在事实与内在事实两类，积极事实或外在事实比消极事实和内在事实更容易证明，因此前者属证明对象，而后者则不列为证明对象。二是以实体法规范的性质作为标准，将民事诉讼证明对象分为：权利发生事实，又称“基本事实”，“请求权事实”或“通常事实”；权利妨碍事实，即导致权利不能成立的事实；权利消灭事实，即使现有权利消灭的事实；权利受制事实，即限制当事人行使民事权利的事实。

我国大多数学者认为民事诉讼的证明对象由以下几部分构成：一是民事法律关系发生、变更和消灭的事实；二是民事争议发生过程中的事实；三是当事人主张的民事诉讼程序的事实；四是有关外国的法律规范的事实。也有学者认为法院以职权调查的事项，不为法院所知的习惯和地方法规以及经验法则等也应包括在内。

二、我国各类民事诉讼中的证明对象

(一) 侵权诉讼中的证明对象

侵权诉讼是指一方当事人向法院提起并参加的要求另一方当事人承担侵权责任的诉讼。根据侵权行为构成要件的不同，通常将侵权行为分为一般侵权行为和特殊侵权行为。由于两种侵权行为的构成要件不同，故在证明对象上二者也有一定的区别。

1. 一般侵权诉讼的证明对象

一般侵权行为，是指行为人基于主观过错实施的，应适用侵权责任一般构成要件和一般责任条款的致人损害行为。一般侵权行为的构成要件包括四个方面：一是有损害事实存在；二是行为本身具有违法性；三是违法行为与损害事实之间具有因果关系；四是行为人主观上具有过错。由于一行为构成侵权要求必须同时满足以上四个要件，因此上述四个要件无疑都是民事诉讼中的证明对象。只有在四个方面都予以证明后，才能肯定行为的侵权性。

2. 特殊侵权的证明对象

特殊侵权行为，是指由法律直接规定，在侵权责任的主体、主观构成要件、举证责任的分配等方面不同于一般侵权行为，应适用民法上特别责任条款的致人损害行为。这类行为在《民法通则》中主要就是民法通则里第 121～127 条所规定的行为。在构成要件上，特殊侵权行为大多数并不要求行为人主观上有过错。因此，当事人只要对损害事实、行为和违法性以及损害事实和违法行为之间的因果关系进行证明即可。

(二) 合同诉讼中的证明对象

当事人间因合同纠纷所提起并参加的诉讼活动称为合同诉

讼。根据我国合同法的规定，总共有 15 类有名合同。由于这些合同之间都存在着不同程度的差别，因此因不同种类的合同纠纷所引起的诉讼在证明对象上也就存在一定的差别。但根据合同纠纷产生的原因，我们可以将合同纠纷划分为以下种类，并以此确定各种合同纠纷的证明对象。

1. 因合同订立与否发生纠纷时的证明对象

具体来说这些证明对象就包括：(1) 要约是否附有条件的事实；(2) 要约、承诺是否撤回的事实；(3) 承诺是否在有效期内达到的事实等。

2. 有关合同效力发生纠纷时的证明对象

通常情况下，对合同效力发生纠纷往往涉及到以下事实的证明：(1) 有关合同订立者有无行为能力或处分能力的事实；(2) 有关行为人有无代理权、是否滥用或超越代理权订立合同的事实；(3) 一方当事人是否以欺诈、胁迫的手段订立合同的事实，是否损害国家利益的事实；(4) 当事人双方是否具有恶意串通损害第三人或国家利益的事实；(5) 当事人是否以合法形式掩盖非法目的和损害第三人或公共利益的事实；(6) 合同内容是否违反法律、行政法规的强制性规定的事实；(7) 当事人是否具有重大误解的事实；(8) 合同是否具有显失公平的事实；(9) 当事人一方是否具有乘人之危的事实；(10) 合同是否附条件或附期限的事实，当事人是否实施了促成条件成就或阻止条件成就的事实等。

3. 有关合同内容发生纠纷时的证明对象

一是合同的性质发生纠纷时的证明对象，一是合同条款发生纠纷时的证明对象。对于前者，合同的性质属于应当予以证明的对象，如原告主张是借贷合同，而被告主张是赠予合同，原告则应当举证证明合同属于借贷合同。对于合同条款发生纠纷的，纠纷条款所涉及的事实存在与否也是证明的对象。

4. 有关合同履行发生纠纷时的证明对象

这时的证明对象一般包括：(1) 有关行使同时履行抗辩权的事实；(2) 有关行使先履行抗辩权的事实；(3) 有关行使不安抗辩权的事实；(4) 有关行使债权人代位权的事实；(5) 有关行使债权人撤销权的事实等。

5. 因合同的变更和转让发生纠纷时的证明对象

这时的证明对象一般包括：(1) 合同是否可以变更的事实；(2) 合同如何变更的事实；(3) 合同是否可以转让的事实；(4) 合同如何转让的事实等。

6. 因合同的终止发生纠纷时的证明对象

这时的证明对象主要是那些引起合同终止的事实，具体而言，一般包括：(1) 合同是否按约定履行完毕的事实；(2) 因不可抗力以致合同无法履行的事实；(3) 预期违约的事实；(4) 一方迟延履行债务，经催告后在合理期限内仍然不履行合同的事实；(5) 因一方违约致使不能实现合同目的的事实；(6) 法定抵消的事实；(7) 提存的事实；(8) 免除的事实；(9) 混同的事实等。

7. 违约纠纷中的证明对象

这时的证明对象一般包括：(1) 合同成立并生效的事实；(2) 当事人不履行合同的事实；(3) 法定或约定违约金存在的事实等。

(三) 有关婚姻诉讼中的证明对象

离婚诉讼，是解除当事人之间婚姻关系、确定子女抚养问题以及夫妻财产分割问题的诉讼活动。在离婚诉讼中，由于解决问题的不同，在证明对象上也存在一定的差异。

1. 主张婚姻无效或申请撤销婚姻的诉讼中的证明对象

在主张婚姻无效的诉讼中，证明对象通常包括：(1) 一方重婚的事实；(2) 有禁止结婚的亲属关系的事实；(3) 婚前患有医学上认为不应当结婚的疾病，婚后尚未治愈的事实；(4) 未到法定婚龄的事实等。

申请撤销婚姻的诉讼中的证明对象一般包括：(1) 受胁迫结婚的事实；(2) 诉讼是在结婚登记之日起一年内提出的事实。对被非法限制人身自由的，诉讼的提出是在恢复人身自由之日起一年内提出的事实等。

2. 解除婚姻关系时的证明对象

在我国，人民法院是否准许当事人解除夫妻关系是以夫妻双方感情是否破裂为条件的。对于当事人而言，要达到解除婚姻关系的目的，就必须向法院证明当事人双方感情确实已经破裂。而法院如何认定当事人双方感情已经破裂，通常是以一定的事实作为衡量标准的。根据《婚姻法》第 32 条的规定，这些事实通常包括：(1) 重婚或有配偶者与他人同居的事实；(2) 实施家庭暴力或虐待、遗弃家庭成员的事实；(3) 有赌博、吸毒等恶习屡教不改的事实；(4) 因感情不和分居满两年的事实；(5) 其他导致夫妻感情破裂的事实。

对于一方被宣告失踪，另一方提出离婚诉讼的，一方被宣告失踪的事实也属于证明的对象。现役军人的配偶因军人一方有重大过错而请求解除婚姻关系的，军人一方有重大过错的事实也是证明的对象。

3. 因子女抚养问题发生纠纷时的证明对象

这些证明对象一般包括：(1) 哺乳期内的子女，不宜由母亲抚养的事实；(2) 子女由己方抚养更有利于子女抚养的事实等。

4. 因财产分割问题发生纠纷时的证明对象

这些证明对象一般包括：(1) 部分财产属于婚前财产的事实；(2) 部分财产属于个人财产或个人债务的事实；(3) 属于夫妻共同财产的事实；(4) 一方生活确有困难的事实；(5) 一方有转移或隐匿财产的事实等。

5. 因离婚过错赔偿发生纠纷时的证明对象

这些证明对象一般包括：(1) 重婚的事实；(2) 有配偶者与他人同居的事实；(3) 实施家庭暴力的事实；(4) 虐待、遗弃家庭成员的事实等。

(四) 有关继承诉讼中的证明对象

1. 因继承权发生纠纷时的证明对象

这些证明对象一般包括： (1) 属于法定继承人的事实；(2) 放弃继承权的事实；(3) 丧失继承权的事实；(4) 丧偶儿媳或女婿对公婆或岳父母尽了主要赡养义务的事实等。

2. 因遗嘱和遗赠发生纠纷时的证明对象

这些证明对象一般包括三大类：(1) 遗嘱和遗赠的内容和形式是否合法的事实；(2) 遗嘱和遗赠是否真实的事实；(3) 在遗赠抚养协议纠纷中，受遗赠人是否按协议承担了抚养义务等。

3. 因遗产分割发生纠纷时的证明对象

这些证明对象一般包括：(1) 遗产中的有关部分按照法定办理的事实；(2) 胎儿出生时是否是死体的事实；(3) 有关影响遗产分配份额的事实等。

(五) 其他民事诉讼中的证明对象

1. 不当得利中的诉讼证明对象

不当得利的构成要件包括：(1) 一方获得利益；(2) 他方遭

受损失；(3) 一方获利与他方受损之间具有因果关系；(4) 获利没有法律或约定的根据。在不当得利的诉讼中，以上四个要件所表现的事实都必须予以证明，因此它们均为证明对象。

2. 无因管理

无因管理的构成要件是：(1) 有为他人管理事务的事实；(2) 管理人具有为他人管理事务的意思；(3) 管理人没有法定或约定的为他人管理事务的义务。当事人必须对上述三个事实予以证明，否则不构成无因管理。

第四节　行政诉讼中的证明对象

一、行政诉讼中的证明对象概述

行政诉讼中的证明对象，是指在行政诉讼活动中依法应当予以证明的事实。由于行政诉讼活动本身与刑事诉讼和民事诉讼存在较大的差别，故在证明对象上行政诉讼也表现出自己独有的特点。根据我国行政诉讼法的规定，人民法院审理行政案件，对具体行政行为是否合法进行审查；被告对作出的具体行政行为负举证责任，应当提供作出该具体行政行为的证据和所依据的规范性文件。因此，从法院审理的具体职责来看，法院的审理活动主要是围绕具体行政行为的合法性而进行的，对于被告而言无疑就是要证明自己具体行政行为的合法性以免于败诉；对于原告而言，则可以通过证据证明被诉具体行政行为的违法性，以更好地保障自己的合法权益。这样一来，无疑可以说整个行政诉讼证明都是围绕着具体行政行为的合法性来展开的，因此有关具体行政行为合法与否的事实都可以说是行政诉讼证明的对象。

在行政法上，一个合法的具体行政行为要求：(1) 行使职权的主体合法；(2) 合乎法定职权范围；(3) 作出具体行政行为的证据确凿；(4) 适用法律法规正确；(5) 符合法定程序；(6) 行为的目的应当是正当的。

对具体行政行为的合法性进行审查是行政诉讼的基本原则之一，但在特殊情况下，人民法院也把对具体行政行为的审查作为例外。行政合理性原则是行政法的基本原则，根据我国《行政诉讼法》第 54 条的规定，行政处罚显失公正的，法院可以判决变更。

行政赔偿诉讼是一种特殊的行政诉讼，在行政赔偿诉讼中，有关引起行政赔偿的事实也是行政诉讼的证明对象。

二、行政诉讼中的证明对象

(一) 作出具体行政行为的主体和权限是否合法的事实

在行政法上，有权作出行政行为的主体包括行政机关和法律法规授权的组织，也就是说只有这些主体才能实施一定的行政行为。然而，在具体的行政诉讼实践中，对行为主体合法性的争议实质上是反映在行为主体的权限是否合法这一问题上的，可以说行为主体合法与否与行为主体的权限是一个问题的两个方面。因此我们要证明行为主体的合法性，也就是要证明行为主体的权限是否合法。要证明行为主体的权限是否合法，最终也就是要证明行为主体所作出的具体行政行为是否在法律所界定的权限范围内，授权组织实施的具体行政行为是否在法律法规授权的范围内。比如说，派出所是否有权作出罚款 100 元的治安管理处罚决定，工商管理机关是否有权采取扣留或查封等强制方式等。

(二) 有关作出具体行政行为的证据是否确凿的事实

合法的具体行政行为要求具备确实可靠的证据，这就要求做出具体行政行为前首先要有一定的事实存在，即存在需要行使行政职权的客观事实，而这种事实的客观存在必须是有证据予以证明确实存在的。如果作出具体行政行为的证据不确凿，那么行政行为即使满足其他合法要件也是非法的。因此，有关作出具体行政行为的证据是否确凿的事实也是行政诉讼证明中的证明对象。这些证明对象比如说就有对行政相对人予以行政处罚，是否存在相对人有行为违法的事实，实施行政许可的，申请人是否具备许可的条件等。

（三）有关适用法律法规是否正确的事实

作出具体行政行为是国家行政管理活动的具体体现之一，它也是适用法律的活动。合法的具体行政行为要求行政主体依据一定的事实，准确地根据法律作出，准确地选择适用的法律，并按照法律所规定内容行事。在行政诉讼实践中，适用法律法规是否正确的问题则直接表现为对一定的事实，究竟应当选择适用什么样的规范性文件或者某一种规范性文件中的哪一种具体的规范性文件。作为实施具体行政行为依据的规范性文件主要包括宪法、法律、行政法规、地方性法规、部门规章和地方政府规章和国际条约等，一个具体行政行为它应当适用地方政府规章还是地方性法规，还是该适用行政法规或者其他，在证明具体行政行为是否合法时，也就应当将在上述规范性文件中选择某一具体的规范性文件是否恰当作为证明对象的部分。

（四）有关具体行政行为作出的程序是否合法的事实

具体行政行为所作出的程序是否合法是影响具体行政行为合法性的一个重要方面。行政程序，是行政管理活动的主体在实现行政管理目标过程中所采用的方法和形式。在法律对行政程序有明确规定的情况下，行为主体必须严格按照法定的程序实施行政行为，在法律没有明确规定的情况下，行为主体应当遵循行政法的基本原则和不得违背行政法上的禁止性规定。如果说一个具体行政行为在程序上违法，那么该行政行为也是违法的。在行政诉讼中，被告要证明其具体行政行为合法，它也就要同时证明其采取的程序是合法的，法院在对行政行为的合法性进行审查时，也必须对该行为的程序予以审查，判断被告以法定程序实施行政行为的事实是否存在。比如，在行政处罚中，行为主体采用的是简易程序还是一般程序，而应当是采用简易程序还是一般程序，作出责令停产停业、吊销许可证或执照的处罚，是否告知当事人有要求举行听证的权利这样的事实存在等。

（五）有关具体行政行为目的是否正当，是否滥用职权的事实

目的的正当性也是行政行为合法性的一个要件，它要求行政行为以实现特定的公共利益为目标，因此同时也就要求行为主体在行使权力时必须以该目标为宗旨，而不是脱离该宗旨，不得借公共权力对相对人予以打击报复，即不得滥用职权。如果说行政行为目的缺乏正当性，行为主体滥用了权力，那么该行政行为即是违法的。因此，在判断行政行为违法与否的时候，也就可以通过证明其目的正当与否，行为主体滥用了职权的事实是否存在来证明之。

（六）有关具体行政行为是否合理的事实

在我国行政诉讼法当中，对于行政处罚显失公正的，法院可以判决变更。这是法院审查范围的例外。也就是说，原告认为具体行政行为显失公正的，它可以请求法院裁判变更，而法院是否予以裁判变更则必须以行政行为是否存在显失公正的情形，即显失公正的事实是否存在而定。其中，显失公正主要表现为，处罚相对于行为的违法性而言明显过重，或者是对同一违法行为或情

节相当的违法行为采用不同的处罚种类或者对不同的行政相对人予以轻重程度不同的处罚。

（七）行政赔偿诉讼中的有关赔偿构成要件的事实

根据我国宪法的规定，由于国家机关和国家工作人员侵犯公民权利而受到损失的人，有依照法律规定取得赔偿的权利。在《国家赔偿法》里则明确规定，行政机关及其工作人员在行使行政职权时有法定的侵犯人身权和财产权情形的，受害人有取得赔偿的权利。行政赔偿的成立是以行政侵权的存在为前提的，因此，必须要证明有行政侵权事实的存在。而行政侵权行为又必须要满足以下几个要件：第一，侵权行为是由行政主体实施的；第二，行政主体违法行使了行政职权；第三，对相对人造成了损害的客观事实；第四，行政主体的违法行为和损害之间具有因果关系。因此，有关上述四个方面的事实都需要予以证明。

由于国家赔偿法对国家行政赔偿的范围作出了限制性规定，故要取得国家赔偿除了要证明有侵权行为存在外，还应当证明赔偿属于《国家赔偿法》第 3、4 条所规定的赔偿的范围，而不属于《国家赔偿法》第 5 条所规定的国家不予赔偿的范围，如因受害人自己的行为或第三人的过错致使损害发生的，行政机关工作人员实施的与行使行政职权无关的个人行为等情形。因此，是否属于国家赔偿的范围也是需要予以证明的事实。

第五节 免证事实与司法认知

一、免证事实

（一）免证事实的概念和特征

总的来说，诉讼证明活动就是对案件事实或争议事实予以认定的活动，而对案件事实或争议事实的认定往往要依靠证据，然而这并不意味着所有的事实都必须由证明主体中的当事人举证予以证明。在诉讼法上，我们将与当事人主张有关的而不需要当事人举证证明的事实称之为免证事实。免证事实的特征为：第一，它不需要当事人举证予以证明，法院可以直接认定；第二，免证事实之所以不用举证证明是因为已经有确凿的证据证明它存在的客观真实性，或者是根据毋庸置疑的知识信息能够确定它的客观存在。

（二）免证事实的范围

对于免证事实的范围，在我国民事证据和行政证据的司法解释中有所规定，《最高人民法院关于适用〈中华人民共和国民事诉讼法〉若干问题的意见》第 75 条和《最高人民法院关于民事诉讼证据的若干规定》第 9 条规定："下列事实当事人无需举证证明：（1）一方当事人对另一方当事人陈述的案件事实和提出的诉讼请求，明确表示承认的事实；（2）众所周知的事实；（3）自然规律及定理；（4）根据法律规定或者已知事实和日常生活经验法则能推定出的另一事实；（5）已为人民法院发生法律效力的裁判所确认的事实；（6）已为仲裁机构的生效裁决所确认的事实；（7）已为有效公证文书所证明的事实。"上述事实中除了"自然规律及其定理”外，当事人有相反证据足以推翻的则必须举证予以证明。《最高人民法院关于行政诉讼证据若干问题的规定》第68条也规定：“众所周知的事实、自然规律及定理、按照法律规定推定的事实、已经依法证明的事实、根据日常生活经验法则推定的事实，法庭可以直接认定。”

1. 当事人自认的事实

当事人的自认，是指在诉讼中，一方当事人对对方当事人所主张的事实予以承认的行为。当事人自认的事实可能存在于诉讼之前，但此处所讲的当事人自认的事实仅仅是为当事人在诉讼中所承认的事实，只有这种事实才不需要当事人提供证据证明。需要注意的是，只有在民事诉讼中法院才可以对当事人自认的事实予以认定，对于在行政诉讼和刑事诉讼中当事人自认的事实，法院还必须予以调查核实。

2. 众所周知的事实

众所周知的事实，是指为一定范围内的绝大多数人所知悉的事实，即一定的事实不是为个别或少数人的而是为一定范围内的绝大多数人所了解其存在的事实。判定一定的事实是否属于众所周知的事实没有具体的量的标准，而只能用程度予以衡量，即只要该事实为事实发生地的人所普遍知晓或者经过客观可信的传播渠道为其他人所普遍知晓，则可以认定为众所周知的事实。当然，作为众所周知的事实，还必须是法官也知晓的事实。

3. 自然规律及定理

自然规律是指自然界物质运动的确定性，即自然界物质运动的不断重复，在一定条件下经常起作用，并且决定着事物必然向着某种趋势发展的法则。定理，是指已经证明具有正确性、可以作为原则或规律的命题或公式。由于规律和定理都是客观存在的不以人的意志为转移的，并且规律和定律规定了事物变化发展的确定性和必然性，因此对于由它所规定的事实无需另举证证明。

4. 根据法律规定或者已知事实和日常生活经验法则能推定出的另一事实

根据法律的规定推定出一定的事实，通常称之为法律上的推定，如《民法通则》中规定的宣告失踪、宣告死亡，再如《继承法》第25条的规定："继承开始后，继承人放弃继承的，应当在遗产处理前，作出放弃继承的表示。没有表示的，视为接受继承。"法律上的推定，它以存在法律所规定的某一事实为前提，同时法律规定所推定的事实为其特征。只要存在相关的法律规定和法律所规定的前提事实，即可以依法肯定某一事实的存在。因此，毋庸当事人再举证予以证明。根据已知事实和日常生活经验法则所能推定出的事实也能免除当事人的另举证证明的责任。这类免证事实之所以免证是因为只要根据某确定的事实或者根据生活中所积累的经验，法官自己就能够认定某事实的存在，而且这种推定本身具有较大的说服力。与法律上的推定不同，事实上的推定不是由法律予以规定的。

5. 已为人民法院发生法律效力的裁判所确认的事实

法院的裁判是指法院在认定案件事实的前提下，适用法律的活动或者对当事人权利义务关系所作出的最终结论。对已经发生法律效力的判决所确认的事实，（一般称之为预决事实）由于它已经在其他诉讼中经过证明或法院的查明，故在其他诉讼案件中就没有必要再举证予以证明，这是符合诉讼效率要求的。因此，在其他诉讼中这类事实当事人就不用另举证予以证明，而由法官直接予以认定。根据诉讼性质的不同，可以将预决事实分为生效民事裁判所预决的事实、生效刑事裁判所预决的事实和生效行政裁判所预决的事实三类。预决事实不论属于上述三类中的哪一种，在其他诉讼中都不需再要求当事人举证证明。

6. 已为仲裁机构的生效裁决所确认的事实

仲裁裁决，是指由仲裁机构对当事人之间所争议的事项进行审理后作出的终局权威性判定。仲裁裁决也是在认定争议事实的基础上作出的，因此在一个诉讼活动中所涉及的事实如果是在生效的仲裁裁决里已经予以认定了的，那么在诉讼中当事人也毋庸对该事实再举证予以证明。

7. 已为有效公证文书所证明的事实

公证是国家公证机关对申请人提出的事实依照法定程序、经过严格审查后作出的确定性结论。对于当事人提出公证文书证明其所主张的事实时，也不需要当事人再提供其他证据予以证明。

通常情况下，上述事实免除当事人另举证证明的责任，但对于除了“自然规律及其定理”外，当事人如果有相反证据足以推翻的，则必须举证予以证明。这是例外规定。

二、司法认知

（一）司法认知的概念

司法认知，是指法官在诉讼上就众所周知的事实以及属于职务上已显著的事实，无需当事人举证或法庭调查而直接加以确认的审判职务行为。司法认知的特征表现为：第一，司法认知在性质上属于法官的认证行为，它是专属于法官的职责；第二，认知的对象具有特定性，仅仅局限于“众所周知的事实”和“法官职务上显著的事实”；第三，属于司法认知范围的事实，当事人无须另举证予以证明。

司法认知与免证事实是两个不同的概念，二者有区别也有联系。二者的区别表现为：第一，就两种事实所针对的主体而言，免证事实主要是针对当事人而言的，而司法认知是针对法院而言的，法官是司法认知的主体。第二，二者的范围并非完全一致。在刑事诉讼和行政诉讼中当事人自认的事实法院不能直接予以认定，还必须予以调查核实。第三，免证事实主要是立足于证明对象而言的，它在于将一些案件事实排除在证明范围之外，无需当事人举证予以证明法院就可以直接予以认定，而司法认知是立足于法官对事实如何予以认定的层面来讲的，它所要解决的问题是对哪些事实法官可以不需要当事人予以举证或法庭调查即可作出认定。免证事实与司法认知的联系表现为，免证事实通常也就是司法认知的事实。

（二）司法认知的意义

司法认知的意义表现为两个方面：

（1）司法认知影响举证责任的分配。由于对某些事实法官可以采取司法认知，因此也就不需要当事人再提供证据予以证明。从一定意义上讲，它减轻了当事人的证明责任，也可以说是对承担举证责任的当事人的一种救济措施。

（2）司法认知有利于提高诉讼效率。效率是诉讼程序内在价值目标的一部分。在诉讼中，并不要求所有与案件事实有关的事实都必须予以举证证明，司法认知作为一种诉讼证明方式，它省略或简化了当事人的诉讼证明行为，以及当事人之间就某一待证事实所需要的提供证据和质证等环节，而直接由法官在一定信息事实的基础上对某一案件事实作出认定。这不仅节约诉讼时间，而且对节约人力、财力等诉讼资源都具有积极的意义。

（三）司法认知的分类

根据不同的标准，可以将司法认知分为以下种类：

1. 必须认知与可予认知

这是以司法认知的事实是否为法律所强行规定为标准所进行的分类。必须认知，是指法律规定必须予以的认知，如本国宪法、法律等。可予认知，是指法院可以依其自由裁量权酌情予以认知。可予认知不具有强制性，而由法官自由裁量。

2. 对案件事实的司法认知和对证据事实的司法认知

这是以司法认知的客体为标准所进行的分类。对案件事实的司法认知是指法院对法定的事实要件所采取的司法认知，而对证据事实的司法认知是指法院对证据事实所采取的司法认知。经过司法认知的证据事实可以直接作为定案的根据，而经过司法认知的案件事实则可以直接作为当事人主张成立的事实予以认定。

3. 对事实的司法认知和对法律的司法认知

这是英美法中对司法认知的分类，分类的标准是司法认知内容的不同。对事实的司法认知也就是对证据事实或案件事实的认知，而对法律的司法认知就是对法律规范的存在和效力所作的司法认知。

4. 刑事诉讼中的司法认知、民事诉讼中的司法认知和行政诉讼中的司法认知

这是以司法认知应用的诉讼程序为标准所进行的分类。刑事诉讼中的司法认知，是指在刑事诉讼活动中对特定的案件事实所采取的司法认知。民事诉讼中的司法认知，是指在民事诉讼活动中对特定的案件事实所采取的司法认知，而行政诉讼中的司法认知也就是指在行政诉讼活动中对特定的案件事实所采取的司法认知。

5. 依职权的司法认知和依申请的司法认知

这是以司法认知启动的原因作为标准所进行的分类。依职权

的司法认知，是指法院基于查清案件事实的需要而主动采取的司法认知。依申请的司法认知，是指基于当事人的申请法院采取的司法认知。

6. 口头司法认知和书面司法认知

这是以司法认知的外在形式为标准所进行的分类。法院在审理过程中以口头裁定方式认定的事实，是口头的司法认知，而以书面裁定的方式直接认定某一事实的，是书面司法认知。从司法认知的简便性来看，司法认知以口头认知为原则，而以书面认知为例外。法院以口头裁定采取司法认知的，应当载明于笔录。

(四) 司法认知的范围

关于司法认知的范围，我国立法尚未对之作明确的规定，一般所理解的司法认知是从免证事实这个角度来理解的。根据有关司法解释对免证事实的规定，法院依职权采用司法认知的事项包括：(1) 众所周知的事实；(2) 按照自然规律或科学定理所能确认的事实；(3) 已经发生法律效力的法院裁判所确认的事实；(4) 已为生效公证文书所证明的事实；(5) 已为仲裁机构的生效裁判所确认的事实；(6) 根据不能合理提出质疑的普通常识所确认的事实。(7) 国家的宪法和法律。

另外，经当事人申请，法院可以对以下事项进行司法认知：(1) 对我国产生法律约束力的国际条约以及在国内公布过的国际法；(2) 行政法规、部委规章和地方性法规；(3) 行业习惯、地方习俗等。

当事人申请法院对上述事项作出司法认知时，可以要求当事人予以说明和提供相关材料[①]。

---

① 参见毕玉谦主编：《证据法要义》，法律出版社 2003 年版，第 350～360 页。

（五）司法认知的过程

司法认知是法院认定事实的一种活动，作为一种活动它包含着一系列的要素或过程。

1. 司法认知的启动

司法认知的启动，一种是基于法官主动展开，一种是基于当事人的申请而被动展开。法官主动展开司法认知的目的是为了查清案件事实。对于当事人而言，当事人则希望通过法官的司法认知以免除自己对特定事实的证明责任。才能决定是否启动司法认知，如果当事人的申请不属于司法认知的范围，法官则不能采取司法认知，也就意味着当事人应当提供证据予以证明。对于当事人申请的，法官可以要求当事人提供相应的资料。

2. 认知

认知，是法官对一定事实的具体认定活动。这一环节所要解决的问题是能否根据一定的事实作出对某一事实的认定。其中的关键就是判断司法认知的前提事实是否客观存在，其要件是否满足法律所作的要求，如一定的事实是否系“众所周知的事实”，是否是“按照自然规律或科学定理所能确认”等。

3. 认知结果的告知

无论是法官主动还是依当事人的申请而进行的认知，法官都必须将认知结果告知当事人。告知的方式可以是口头的，也可以是书面的，口头告知的，应当作笔录记载。司法认知的告知，不仅是诉讼证明公开的基本要求，而且也是保障当事人辩论或辩护权的重要方式。对于法官司法认知的结果，当事人一方不服的，可以予以反驳、辩论。

（六）司法认知的效力

司法认知的效力，是指司法认知产生的后果，这种后果集中表现为对法院和当事人所引起的后果。

1. 对当事人的效力

对当事人的效力集中表现为它免除承担举证责任的当事人对该司法认知事实的举证责任。

2. 对法院的效力

法院一旦作出司法认知，在其没有被推翻的前提下，它即成为认定案件事实的基础或者裁判的依据，即法院必须将司法认知的事实作为案件事实的认定或裁判依据的基础。

第十二章　证明责任

第一节　证明责任概述

一、证明责任含义的历史考察

（一）大陆法系的证明责任

古罗马的法律对后世的影响是巨大的，这种影响不仅表现在私法方面，而且也反映在诉讼程序、诉讼制度上。在诉讼制度中，证明责任制度也萌芽于古罗马时期。例如，公元前 450 年颁布的《十二铜表法》第 6 表第 2 条就明确规定："凡主张缔结'现金借贷'或'要式买卖'契约的，负举证之责。"不过，在古罗马的法律制度中，不仅仅是提出了证明责任的概念，而同样重要的是已经对证明责任的分配问题进行了极有价值的初步研究和实践。在古罗马，法律就已强调双方当事人的对抗以及对所主张事实的证明。后人将古罗马时期的证明责任问题归纳为两个方面共五句话："主张之人负有证明义务，否定之人则无之"，"是物质之性质上，否定之人无须证明"，"原告不举证证明，被告即获胜诉"，"原告对于其诉，以及以其诉请求之权利，须举证证明之,"“若提出抗辩，则就其抗辩有举证之必要”。古罗马的证明制度为证明制度的发展奠定了基础[1]。

到了德国普通法时期（自德国继承罗马法起到公元 1900 年的国民法典的颁行），证明责任制度取得了新的发展。即德国引进了化解疑案的宣誓制度，并将它作为法官审理疑难案件的配套和补充机制，从而使证明责任制度与裁判宣誓制度结合在一起。1847 年汉诺威王国的《一般民事诉讼法》第 170 条规定，当时盛行的裁判宣誓制度被称为“通常必要”的宣誓。这种“通常必要的宣誓”又分为补充宣誓和雪冤宣誓。补充宣誓适用于负担证明义务的当事人，如果该当事人提供的证据虽不充分，但在证明程度上已超过一半，则他（她）便取得了补充宣誓权，经过补充宣誓以后，法官即认定该待证事实为真。与此相对应的雪冤宣誓则适用于不负担证明义务的当事人，如果负有证明义务的当事人所提供的证据没有达到证明程度的一半，不负担证明义务的当事人便取得了雪冤宣誓的权利。经过雪冤宣誓以后，法官则认定该待证事实为假。这种裁判宣誓制度的引进结束了古罗马时期法官各行其是的做法，为他们断定是非、解决疑难案件提供了明确可寻的统一规则。然而此时的证明责任制度仅仅是从提供证据的角度来考虑的，是主观的证明责任，尚不涉及客观的证明责任。

证明责任制度发展到 19 世纪，德国学者率先提出了证明责任概念的分层理论。这种分层理论把证明责任分为两个层次：一是形式上的或主观上的证明责任，一是实质的或客观的证明责任。前者是涉及行为意义上的证明责任，是当事人对其主张的事

---

① 罗玉珍主编：《民事证明制度与理论》，法律出版社 2003 年版，第 122～123 页。

实提供证据证明的活动。因为这层意义上的证明责任不涉及到诉讼结果，仅仅强调当事人举出证据的问题，故又称为行为责任。后者涉及结果意义上的证明责任，是为法官遇到事实真伪不明的疑难案件时为确定案件的胜败结果所提供的一种依据。客观证明责任的提出取代了宣誓制度在解决疑难案件中所起的作用，提高了证明责任问题在诉讼中的地位和作用。

变革传统观念的最初尝试是由德国法学家尤利乌斯·格拉查（Julius Glaser）进行的。他于 1883 年首次提出了客观证明责任概念，这一新概念经莱昂哈德（Leonhard）和罗森贝克（Rosenberg）等人的大力提倡，在德国理论界逐渐占了上风。

尤利乌斯·格拉查等人在研究证明责任时，不再沿袭以当事人的举证活动为基点进行分析研究的旧方法，而是另辟蹊径，将审理终结时争议真伪不明状态与法院在此种情况下应如何适用实体法进行处理联系起来，并以此为基点来分析证明责任。他们将争议事实不明看作诉讼中存在的一种客观状态，并认为这种状态的发生，与当事人的举证活动并无必然联系。甚至完全排除当事人的举证活动，证据完全由法官来收集的情况下，同样也会发生事实真伪不明的情况。他们进一步分析说，即使真伪不明，法官仍然不可避免地要对案件作出裁判。法官在作出裁判之前，必须确定由哪一方当事人负担因事实真伪不明而产生的实体法上的不利后果，以判决其承担不利的诉讼结果，这才是证明责任的实质。

日本近代的法律制度是在仿效德国法律制度的基础上建立的。1917 年，日本的雉本郎造博士发表了长篇论文《证明责任之分配》，首次将客观证明责任概念介绍到日本，并为大多数人所接受。但在日本法学界，仍然存在主观证明责任说与客观证明责任说并存的情况。

持主观证明责任观点的学者认为，证明责任就是当事人为了得到有力的裁判，对其主张的、特定的、重要的事实，而且是以证据为必要的事实，应该证明的责任。因为是从当事人提供证明案件事实的行为来解释证明责任，所以主观的证明责任又被称之为“提出证据的责任”、“行为责任”。在持客观证明责任观点的学者看来，当事人在诉讼中负担的提供证据的责任是在客观证明责任的基础上发生的，这种责任充其量不过是客观证明责任在诉讼中的投影而已，所以他们又将主观证明责任称为“形式的证明责任”。

持客观证明责任观点的学者认为，关于诉讼上进行裁判的重要事实，真实或虚伪不能得到心证时，规定其真伪不明的结果，由哪一方当事人承担，就是证明责任。客观证明责任被认为是主观证明责任发生的基础，并且与事实真伪不明引起的法律后果紧密相关，所以它又被称之为“实质的证明责任”、“结果责任”。

(二) 英美法系的证明责任

在英美证据法中，证明责任写作“Burden of Proof”。英美法系的证明责任概念发展与大陆法系一样，最初均未对证明责任作不同层次意义上的划分。对证明责任作多层次的理解是19世纪美国著名的法学家赛耶（Thayer）首先提出来的。他指出，证明责任具有两层含义，第一层含义是指，提出任何事实的人，如果该事实为对方所争执，他就有承担特殊责任的危险——如果在所有的证据都提出后，其主张仍不能得到证明，他就会败诉；第二层含义是，在诉讼开始时，或是在审判或辩论过程中的任何阶段，首先对争议事实提出证据的责任。前者意义上的证明责任由哪一方当事人负担，取决于实体法对争议事实的规定，所以也称之为“法定的证明责任”或“法定的责任”。后者因当事人依据他们在起诉或者答辩时提出的主张而确定，通常也被称为“依据诉状而发生的证明责任”。

对证明责任的不同理解是存在的，但不管对证明责任理解如何多样，就证明责任有两层基本含义这点却是基本达成了共识的。证明责任包括两层基本的含义：一是当事人在案件结束时，就一定的事实主张说服陪审员的义务；二是当事人一方向法官举出充分证据，以使对方当事人作出答辩的义务。

（三）苏联和东欧社会主义国家的证明责任理论

苏联和东欧社会主义各国的民事诉讼制度是一种新型的民事诉讼制度。这种诉讼制度是在摈弃资本主义民事诉讼制度的基础上建立起来的。在诉讼证明上，客观真实原则被公认为是最能反映民事诉讼的社会主义性质的原则。各国的民事诉讼法典都在显著的位置规定了这一原则。例如《俄罗斯苏维埃联邦社会主义共和国民事诉讼法典》第14条规定：“法院必须采取法律规定的一切措施，全面、充分和客观地查明真实案情以及当事人的权利和义务，不受已经提出的材料和陈述的限制。”由于法院积极主动地介入调查、收集证据的活动，一些人对证明责任在民事诉讼中的作用产生了怀疑。匈牙利布达佩斯大学教授居拉·约尔斯认为，“证明责任在社会主义法律中并无十分重要的意义。在社会主义国家，法院或仲裁机构总是积极主动地查明那些当事人在法庭上未能提出证据的事实。”由于对证明责任的这类看法的存在，一定程度上妨碍了苏联和东欧社会主义国家法学理论对证明责任问题的深入研究。

在苏联，无论是20世纪50年代出版的高等法学教材，还是70年代出版的法学教材，都将证明责任解释为提供证据的责任。

其标准的定义是，“每一方当事人，都应当证明那些他所举出的作为自己请求或者反驳理由的事实情况，也就是说，原告人应当证明那些作为他提起诉讼理由的情况，而被告人应当证明那些作为他的反驳理由的事实情况。当事人这种提供证据的责任，通常就成为证明的负担”①。

二、证明责任的含义

证明责任，在英语中表达为“Burden of Proof”，有的也将它译为“举证责任”，通常二者是在同一意义上使用的。但还是有学者主张证明责任与举证责任是两个不同的概念。如有的教材就认为，证明责任总体上是指证明主体需依法收集或提供认定或阐明案件事实的责任。而举证责任，是指当事人对自己提出的诉讼主张，需提供证据证明，否则将承担不能依其主张进行裁判的危险②。这种观点是将证明责任置于整个诉讼证明活动来理解的，其主张凡是证明主体所负担的收集证据、提供证据、审查证据、认定证据的责任都是证明责任，而通常意义上讲的证明责任应称为举证责任，它是整个证明责任的一个组成部分。我们认为，这种观点看到了诉讼证明活动不仅仅是当事人的活动，而且也清楚地指明了司法机关也是诉讼证明活动的主体，在诉讼证明活动中也承担着一定的收集证据查明案件事实的责任，它弥补了传统的单纯就当事人的证明责任来谈整个诉讼证明问题的缺陷，从而有机地把司法机关在证明活动中所承担的职责与当事人的证明责任

---

① 参见李浩著：《民事证明责任研究》，法律出版社 2003 年版，第 9～11 页。

② 参见刘金友主编：《证据法学》，中国政法大学出版社 2003 年版，第 194、205 页。

联系了起来。不过，这种观点的主要缺陷是它扩大了传统的证明责任的含义，在证明责任的传统含义已经被人们广泛接受的情况下，要改变这种传统其难度是可想而知的。对此，我们倒是主张在沿用传统的证明责任概念的同时，也强调司法机关在诉讼证明活动中也承担着一定的证明责任，但这种责任和当事人的举证责任却是不同的责任。对于司法机关在诉讼证明中所承担的责任，我们不妨将之称为查清案件事实的责任①。当事人的举证责任和司法机关查清案件事实的责任的区别是明显的：（1）两种责任的主体不同。前者是当事人，后者是公安机关、检察院及法院。（2）责任的性质不同。前者是当事人的义务，当事人一旦不履行该义务将承担相应的法律后果，即败诉的风险。而后者则是公安司法机关的职责，这种责任同时也是权力。（3）承担两者责任的意义不同。前者承担责任的意义在于支持自己的主张，避免自己败诉，后者承担责任的意义在于查清案件事实，寻求司法公正。

对证明责任含义的理解，在国内主要存在三种不同的观点②：

一种是行为责任说。该学说认为证明责任就是当事人提供证据证明自己主张的责任。这种观点在我国民事诉讼理论中仍然占据主导地位。

一种是结果责任说。该学说认为在不同诉讼体制中证明责任的含义大同小异。法院在作出终局裁决以前，在一定事实是否存在难以确定的情况下，例如一定行政处理的要件是否充足的事实

① 检察机关一旦提起了公诉，它则多了一层诉讼身份，即同时也是证明责任的主体，故此处所讲的司法机关不包括作为证明责任主体身份的检察机关。

② 参见李浩著：《民事证明责任研究》，法律出版社 2003 年版，第 14～15 页。

不明，是假定有关事实存在而承认处理决定的效力呢，还是假定有关事实不存在而否认处理决定的效力？是对原告人作出不利判决，还是对被告作出不利判决？对于这些问题法律必须预先作出规定，否则，法院将无从判决。这种由法律预先规定，在事实的真假虚实难以确定的情况下，由一方当事人承担风险及不利后果的法律假定，叫做证明责任。对于这种观点，还可以表达为，由法律规定的，当作为裁判基础的法律要件事实在诉讼中处于真伪不明的状态时，一方当事人因此而承担的诉讼上的不利后果。

最后一种是双重含义说。该观点认为应当从行为和结果两个方面来解释证明责任。行为意义上的证明责任，是指当事人对自己的主张负有提供证据证明的责任。结果意义上的证明责任，是指在事实处于真伪不明状态时，主张该事实的当事人所承担的不利诉讼结果。这种不利的诉讼结果表现为实体法上的权利主张得不到人民法院的确认和保护，又通常表现为败诉而承担诉讼费用。

通常认为，证明责任由这样四个部分构成：

(1) 主张责任。主张责任，是指当事人负有提出主张事实的责任，若不加以主张，便有不利判断的危险。当事人提出一定的诉讼主张是诉讼的前提，通常在原告提起诉讼时，就需要在诉状中提出作为诉讼请求和根据的事实，被告则需要在答辩状中提出反驳诉讼请求所依据的事实。在接下来的诉讼活动中，诉讼主要就是围绕着诉讼主张而展开的。当事人根据法律所分配的提供证据的责任提供证据证明自己所主张的事实，以求自己的主张得到法院的支持。

(2) 提供证据的责任。提供证据的责任，是指当事人对自己所提出的诉讼主张需要提供证据加以证明的责任。由当事人负担提供证据是有理由的：有利于保障当事人诉讼主体的地位；有利于发挥当事人举证的主动性；有利于使当事人对裁判中的事实负担起责任；有利于提高审判工作的效率；有利于实现法院在证明活动中的职能；有利于防止滥行诉讼和保障当事人正确行使诉讼权利[①]。

（3）说服责任。说服责任，是指负有证明责任的诉讼方承担的运用证据对案件事实进行说明、论证以使法官对案件事实形成确信心证的责任。如果说主张责任和提供证据的责任是前提的话，那么说服责任则是证明责任的关键，在诉讼证明中，庭审中的出示证据、询问、说明、解释、质疑等证明活动无一例外的都是围绕着影响法官心证而展开的，当事人双方激烈争斗的直接目的就是为了说服法官，使法官支持己方所主张的事实。说它关键，最主要的原因自然在于它直接影响当事人诉讼的成败。如果说一方当事人能够举证说服法官认可己方所主张的事实，那么将意味着该方当事人胜诉，而对另一方当事人而言则将承担败诉的后果。

（4）不利后果负担责任。不利后果负担责任，是指承担证明责任的当事人，在不能提供证据证明其主张的事实达到证明要求时，基于法律的规定而应当承担的法律后果。这种后果集中表现为承担败诉的风险。

在理解证明责任的时候，应当注意这样一个问题，即结果意义上的证明责任在何种情况下发生法律效力？通常认为，在两种情况下结果意义上的证明责任会发生法律效力。一是承担证明责任的当事人，其提供证据对自己主张的事实予以证明，但尚未达

① 参见李浩著：《民事证明责任研究》，法律出版社 2003 年版，第 80～83 页。

到证明标准（要求）时，该当事人应当承担败诉的风险；二是案件事实处于真伪不明的情况下，承担证明责任的当事人应当承担败诉的风险。从这两种情况来看，结果意义上的证明责任和证明标准息息相关。第二种情况即案件事实真伪不明，是一种较为特殊的情况，它是指对一定的待证事实虽然提供证据予以证明，但最终仍然不能判断其真实性，即处于“悬而不能决”的状态。在这里需要注意的是，认为案件事实真伪不明这种情况存在，实质上是离开了证明标准来考虑案件事实的。如果说，不考虑证明标准自然会得出案件经过证明后即存在为真、为假和真假不明这三种状态，但将证明置于证明标准下考虑的话，实际上证明的最后结果不是真就是假，无所谓“真伪不明”的状态。因此，结果意义上的证明责任发生法律效力的前提就是承担证明责任的当事人不能提供证据将其主张的事实证明到证明标准的程度。如果说不这样理解的话，则很难回答在所谓的案件事实真伪不明与尚未达到证明标准这种情况之间，法院是如何来认定事实和裁判的。

综合以上论述，可以将证明责任定义为：法律所规定的，当事人提供证据证明其主张并将其主张证明到一定证明程度的责任；如果不能履行这一义务，其将承担不利的诉讼结果。

三、证明责任在诉讼中的意义

证明，是一定主体的活动，有证明，就有由谁来证明的问题。在诉讼中，证明是作为一种制度而存在的，对诉讼而言，它具有重要的意义。其意义可以归纳为这样三个方面：

（1）明确证明责任，是诉讼证明的前提。诉讼中，当事人均有一定的主张，而对其中的主张应当由谁来证明，解决这个问题是证明活动展开的前提。证明是一种耗费时间、精力、甚至财物的活动，如果说不分配证明责任，当事人恐怕都会互相推诿，要当事人对对方的主张予以证明那更是极其不寻常的事。因此，必须通过法律对证明责任进行分配，确定由谁承担证明责任，诉讼证明活动才能得到顺利展开，有条不紊地进行。

（2）证明责任制度的存在，为法官的裁判提供了制度的支撑，并使法院的裁判具备了合法性和合理性。法院的裁判要以事实为基础，然而客观事实并不总是能够查清的，而且在诉讼中也没有必要对案件事实都要予以查清，因此这在诉讼上才有了证明标准的制度。就证明责任与证明标准的关系而言，承担证明责任的当事人必须将其主张的事实证明到证明标准所要求的程度。这里存在的问题是，承担证明责任的当事人不能将其主张的事实证明到证明标准所要求的程度时法官应当如何裁判？而法官又不得拒绝裁判。在这种情况下，正是通过证明责任制度的设定，规定由承担证明责任的当事人承担不利后果的责任，从而为法官的裁判提供了法律上的依据。这种制度的设置不仅解决了法官裁判的合法性问题，同时也为法官的裁判提供了合理性的支撑。

（3）明确证明责任，就当事人而言，对其证明活动具有重大的指导意义；对其他公民、法人或其他组织而言，通过了解证明责任，可以提高民事活动中的安全意识，懂得去收集和存留证据材料，并且在发生纠纷时可以根据证明责任的分配来权衡是否提起诉讼。

四、司法机关查清案件事实的责任

（一）司法机关查清案件事实的责任概述

司法机关是证明主体，它在诉讼证明中承担着一定的证明责任，但司法机关所承担的证明责任和当事人所承担的证明责任是有区别的。在三大诉讼中，法院是恒定的司法机关。在刑事诉讼中，司法机关还包括侦查机关和检察机关。在民事抗诉案件中，也包括人民检察院。在以上这些司法机关中，除了人民检察院在提起公诉时具备证明责任的主体资格外，他们都担负着查明案件事实的责任。“以事实为根据，以法律为准绳”是司法机关诉讼活动的基本原则，诉讼证明作为查清案件事实的唯一方法，它是由当事人提出证据证明自己的主张，以及司法机关查清或认定两大部分所构成。对于司法机关而言，它的活动始终是以查清一定的案件事实为轴心的。

司法机关查清案件事实的责任，是指在诉讼证明活动中，司法机关为查清案件事实依法所承担的职责。对于司法机关查清案件事实的责任，我们可以将它概括为以下几个方面：

1. 收集证据的责任

无论是在民事诉讼、行政诉讼，还是在刑事诉讼活动中，司法机关都承担着这一最基本的义务。

2. 责令当事人提供证据，并为当事人的举证活动提供保障

虽然当事人提供证据的责任一般是由法律予以规定了的，但诉讼的当事人也不尽然了解，而且为了保障诉讼的有效进行，司法机关应当告知负证明责任的当事人提供证据对自己的主张予以证明。如《最高人民法院关于民事诉讼证据的若干规定》第33条就规定，人民法院应当在送达案件受理通知书和应诉通知书的同时向当事人送达举证通知书。举证通知书应当载明举证责任的分配原则与要求、可以向人民法院申请调查取证的情形、人民法院根据案件情况指定的举证期限以及逾期提供证据的法律后果。

3. 保全证据的责任

在诉讼过程中，为了不使证据灭失或避免失去取得证据机会

时，法院根据当事人的申请或依职权主动采取对证据加以固定和保护的措施。

4. 组织证据交换、质证，并进行查证和认证活动

为了实现当事人双方的平等，提高诉讼效率，根据需要在庭审前进行证据交换是必要的。需要进行证据交换的，应当由法院予以主持，如在我国的民事诉讼活动中，经当事人申请，人民法院可以组织当事人在开庭审理前交换证据；人民法院对于证据较多或者复杂疑难的案件，应当组织当事人在答辩期届满后、开庭审理前交换证据。在庭审过程中，法庭应当组织当事人质证，并且通过质证活动对证据进行审查判断，从而最终对案件事实作出认定。

司法机关的上述职责，可以分为两大类，一是基于当事人的权利而应当承担的职责，一是司法机关自身基于查清案件事实的本来义务所承担的责任。前者如基于当事人的申请而采取的证据保全措施，基于当事人的申请而组织庭前证据交换活动等；后者就比较多了，如司法机关自己承担的收集证据的责任，根据需要采取证据保全措施的责任，组织质证，进行认证等。

就当事人而言，其承担提供证据证明自己主张的责任，如果其提供证据或提供的证据不能证明其主张的事实，那么他（她）就要承担败诉的风险。对于承担查清案件事实责任的司法机关，如果未尽其职责，同样也要承担一定的法律后果。不过，司法机关并非像当事人未尽证明责任那样要承担败诉的风险。司法机关承担的法律后果往往是其所作的决定或裁判，将会依法定程序被推翻、改变。当然，对于错案，司法机关则有可能承担赔偿的责任。比如就公安机关而言，其对犯罪嫌疑人进行了拘留，然而，根据后来收集到的证据证明某犯罪行为并非被拘留的人所实施。

再如错将某一行为当成是犯罪予以立案侦查。就检察机关而言，如检察机关的错误批捕、立案等。就人民法院而言，如法院对当事人财产的错误查封、存款的错误冻结、错误的逮捕决定、错误的审判等。

(二) 刑事诉讼中司法机关所承担的查清案件事实的责任

1. 侦查机关的责任

侦查机关的查清案件事实的责任，是指公安机关、国家安全机关、军队保卫部门、监狱以及实施侦查权的检察院所承担的查明案件事实的责任。具体来讲，侦查机关在诉讼证明中承担了如下具体的责任：

(1) 依法全面收集、调查证据。公安机关对已经立案的刑事案件，应当进行侦查，收集、调取犯罪嫌疑人有罪或者无罪、罪轻或者罪重的证据材料。(《刑事诉讼法》第 89 条前段)

(2) 依法查证。公安机关必须对自己所收集的证据予以调查核实，只有经调查核实才能作为认定事实的依据。如《刑事诉讼法》第 129 条就规定，公安机关侦查终结的案件，应当做到犯罪事实清楚，证据确实、充分，这就明确了公安机关所调取的证据必须是经查证属实的，而且认定案件事实的证据还必须是全面的。

(3) 提供庭审证据及根据需要补充侦查。根据我国《刑事诉讼法》的规定，公安机关侦查终结的案件，应当做到犯罪事实清楚，证据确实、充分，并且写出起诉意见书，连同案卷材料、证据一并移送同级人民检察院审查决定。(《刑事诉讼法》第 129 条)

另外，人民检察院审查案件，可以要求公安机关提供法庭审判所必需的证据材料。人民检察院审查案件，对于需要补充侦查的，可以退回公安机关补充侦查，也可以自行侦查。对于补充侦查的案件，应当在一个月以内补充侦查完毕，补充侦查以两次为限。补充侦查完毕移送人民检察院后，人民检察院重新计算审查起诉期限。（《刑事诉讼法》第140条）

2. 审查起诉机关查清案件事实的责任

人民检察院是国家的公诉机关，它除了在公诉活动中承担着证明责任的身份外，它也担负着查清案件事实的责任。在诉讼证明上，它承担的责任具体有：

（1）全面审查证据的责任。人民检察院审查案件的时候，必须查明：（一）犯罪事实、情节是否清楚，证据是否确实、充分，犯罪性质和罪名的认定是否正确；（二）有无遗漏罪行和其他应当追究刑事责任的人；（三）是否属于不应追究刑事责任的；（四）有无附带民事诉讼；（五）侦查活动是否合法。（《刑事诉讼法》第137条）

（2）要求侦查机关提供所需证据、履行补充侦查和自行补充侦查的责任。人民检察院审查案件，可以要求公安机关提供法庭审判所必需的证据材料。人民检察院审查案件，对于需要补充侦查的，可以退回公安机关补充侦查，也可以自行侦查。（《刑事诉讼法》第140条）

3. 审判机关查清案件事实的责任

"检察院和公安机关进行刑事诉讼，必须依靠群众，必须以事实为根据，以法律为准绳。"（《刑事诉讼法》第6条）人民法院在诉讼证明上的责任，首先是督促当事人承担证明责任；其次是保障当事人的举证权利；最后是自己所承担的查清案件事实的责任，如收集证据、查证等。

（1）督促、保证控方履行举证责任。"人民法院对公诉案件依法调查、核实证据时，发现对认定案件事实有重要作用的新的证据材料，应当告知检察人员和辩护人。必要时，也可以直接提取，复制后移送检察人员和辩护人。”（《最高人民法院关于执行〈中华人民共和国刑事诉讼法〉若干问题的解释》第55条，以下简称《刑事诉讼法解释》）“人民法院对人民检察院提起的公诉案件，应当在收到起诉书后，指定审判员审查以下内容是否附有起诉前收集的证据的目录；是否附有能够证明指控犯罪行为性质、情节等内容的主要证据复印件或者照片；是否附有起诉前提供了证言的证人名单；证人名单应当分别列明出庭作证和拟不出庭作证的证人的姓名、性别、年龄、职业、住址和通讯处。”（《刑事诉讼法解释》第116条）“人民法院通知公诉机关或者辩护人提供的证人时，如果该证人表示拒绝出庭作证或者按照所提供的证人通讯地址未能通知到该证人的，应当及时告知申请通知该证人的公诉机关或者辩护人。”（《刑事诉讼法解释》第119条第2款）“人民法院向人民检察院调取需要调查核实的证据材料，或者根据辩护人、被告人的申请，向人民检察院调取在侦查、审查起诉中收集的有关被告人无罪和罪轻的证据材料，应当通知人民检察院在收到调取证据材料决定书后三日内移交。”（《刑事诉讼法解释》第158条）“合议庭在案件审理过程中，发现被告人可能有自首、立功等法定量刑情节，而起诉和移送的证据材料中没有这方面的证据材料的，应当建议人民检察院补充侦查。”（《刑事诉讼法解释》第159条）“对于公诉人在法庭上宣读、播放未到庭证人的证言的，如果该证人提供过不同的证言，法庭应当要求公诉人将该证人的全部证言在休庭后三日内移交。”（《刑事诉讼法解释》第152条）

（2）保障辩方的证明权利。“辩护律师自人民法院受理案件之日起，可以查阅、摘抄、复制本案所指控的犯罪事实的材料，可以同在押的被告人会见和通信。其他辩护人经人民法院许可，也可以查阅、摘抄、复制上述材料，同在押的被告人会见和通信。”（《刑事诉讼法》第36条）“辩护律师经证人或者其他有关单位和个人同意，可以向他们收集与本案有关的材料，也可以申请人民检察院、人民法院收集、调取证据，或者申请人民法院通知证人出庭作证。辩护律师经人民检察院或者人民法院许可，并且经被害人或者其近亲属、被害人提供的证人同意，可以向他们收集与本案有关的材料。”（《刑事诉讼法》第37条第2款）“人民法院应当为辩护律师查阅、摘抄、复制本案所指控的犯罪事实的材料提供方便，并保证必要的时间，其他辩护人经人民法院准许，可以查阅、摘抄、复制本案所指控的犯罪事实的材料。”（《刑事诉讼法解释》第40条）“辩护律师申请向被害人及其近亲属、被害人提供的证人收集与本案有关的材料，人民法院认为确有必要的，应当准许，并签发准许调查书。”（《刑事诉讼法解释》第43条）“辩护律师向证人或者其他有关单位和个人收集、调取与本案有关的材料，因证人、有关单位和个人不同意，申请人民法院收集、调取，人民法院认为有必要的，应当同意。”（《刑事诉讼法解释》第44条）“辩护律师直接申请人民法院收集、调取证据，人民法院认为辩护律师不宜或者不能向证人或者其他有关单位和个人收集、调取，并确有必要的，应当同意。人民法院根据辩护律师的申请收集、调取证据时，申请人可以在场。人民法院根据辩护律师的申请收集、调取的证据，应当及时复制移送申请人。”（《刑事诉讼法解释》第45条）“法庭审理过程中，如果辩护方提出对新的证据要作必要准备时，可以宣布休庭，并根据具体情况确定辩护方作必要准备的时间。确定的时间期满后，应当继续开庭审理。”（《刑事诉讼法解释》第155条）“被告人在最后陈述中提出了新的事实、证据，合议庭认为可能影响正确裁判的，应当恢复法庭调查。”（《刑事诉讼法解释》第168条）“人民法院对律师、其他辩护人和诉讼代理人查阅、摘抄、复制本案所指控的犯罪事实的材料，只收取复制材料所必需的工本费用。”（《刑事诉讼法解释》第51条）

（3）依法收集、调查证据的责任。虽然证据的收集和提供的责任在于公诉机关和辩方，但在我国的刑事诉讼活动中，仍然强调法院自行收集证据查清案件事实的责任。“审判人员必须依照法定程序，收集能够证实犯罪嫌疑人、被告人有罪或者无罪、犯罪情节轻重的各种证据。”（《刑事诉讼法》第43条）“人民法院对公诉案件依法调查、核实证据时，发现对认定案件事实有重要作用的新的证据材料，应当告知检察人员和辩护人。必要时，也可以直接提取，复制后移送检察人员和辩护人。”（《刑事诉讼法解释》第55条）“对鉴定结论有疑问的，人民法院可以指派或者聘请有专门知识的人或者鉴定机构，对案件中的某些专门性问题进行补充鉴定或者重新鉴定。”（《刑事诉讼法解释》第59条）

（4）对证据进行查证和认证。“证据必须经过查证属实，才能作为定案的根据。”（《刑事诉讼法》第42条）在诉讼证明活动中，当事人提供证据是为了证明自己的主张，人民法院收集或调查证据其目的在于查清案件事实，以作出正确的裁判。因此，人民法院是查证和认证的主体。它要对证据的资格和证据的证明力作出判断，最终对案件事实作出认定。对于法院的这些责任，法律作了明确的规定。对一切案件的判处都要重证据，重调查研究，不轻信口供。“只有被告人供述，没有其他证据的，不能认定被告人有罪和处以刑罚。”（《刑事诉讼法》第46条）“证人证言必须在法庭上经过公诉人、被害人和被告人、辩护人双方讯问、质证，听取各方证人的证言并且经过查实以后，才能作为定案的根据。”（《刑事诉讼法》第47条）“证据必须经过当庭出示、辨认、质证等法庭调查程序查证属实，否则不能作为定案的根据。对于出庭作证的证人，必须在法庭上经过公诉人、被害人和被告人、辩护人等双方询问、质证，其证言经过审查确实的，才能作为定案的根据；未出庭证人的证言宣读后须经当庭查证属实的，才能作为定案的根据。”（《刑事诉讼法解释》第58条）

（5）依据证据，依法作出相应的裁判，并将证据审查和认证的基本过程反映在裁判文书中。庭审中，在被告人最后陈述后，审判长宣布休庭，合议庭应当根据已经查明的事实、证据和有关法律规定，并在充分考虑控辩双方意见的基础上，进行评议，确定被告人是否有罪，应否追究刑事责任；构成何罪，应否处以刑罚；判处何种刑罚；有无从重、从轻、减轻或者免除处罚的情节；附带民事诉讼如何解决；赃款赃物如何处理等，并依法作出判决。人民法院应当制作裁判文书，并且在裁判文书中对证据的审查和认证进行说理论证，以证明裁判的合法性和合理性。

（三）民事诉讼中人民法院所承担的查清案件事实的责任

由于民事案件是平等的民事主体之间的民事纠纷，所以在民事诉讼活动中，参与诉讼的司法机关通常只有作为裁判者的人民法院。在查清案件事实上，人民法院主要承担着以下责任：

（1）依法分配举证责任，并督促当事人提供证据证明自己的主张。在民事诉讼活动中，“当事人对自己提出的诉讼请求所依据的事实或者反驳对方诉讼请求所依据的事实有责任提供证据加以证明。没有证据或者证据不足以证明当事人的事实主张的，由负有举证责任的当事人承担不利后果。人民法院应当向当事人说明举证的要求及法律后果，促使当事人在合理期限内积极、全面、正确、诚实地完成举证。”（《最高人民法院关于民事诉讼证据的若干规定》第3条）“人民法院应当在送达案件受理通知书和应诉通知书的同时向当事人送达举证通知书。举证通知书应当载明举证责任的分配原则与要求、可以向人民法院申请调查取证的情形、人民法院根据案件情况指定的举证期限以及逾期提供证据的法律后果。”（《民事证据规定》第33条）

（2）调查、收集证据的责任。和刑事诉讼一样，民事诉讼活动中的人民法院，也承担一定的调查证据的责任。同样，它的这种责任一方面是基于当事人的依法申请，一方面是主动地基于查清案件事实而为的。“对于申请调查收集的证据属于国家有关部门保存并须人民法院依职权调取的档案材料；涉及国家秘密、商业秘密、个人隐私的材料；当事人及其诉讼代理人确因客观原因不能自行收集的其他材料，经当事人及其诉讼代理人的申请，人民法院应当予以调查收集。”（《民事证据规定》第17条）此外，“人民法院认为审理案件需要的证据，人民法院应当调查收集。”（《民事诉讼法》第64条）对此，应当注意的是，在《民事证据规定》中，对前一点作了限制，改变了以往强调法院在调查收集证据上的责任的做法。《民事证据规定》第15条规定：“《民事诉讼法》第64条规定的‘人民法院认为审理案件需要的证据’，是指以下情形：（一）涉及可能有损国家利益、社会公共利益或者他人合法权益的事实；（二）涉及依职权追加当事人、中止诉讼、终结诉讼、回避等与实体争议无关的程序事项。”这就意味着法院自行调查收集证据责任减轻了，而当事人收集证据提供证据证明自己主张的责任加重了。这是符合民事诉讼活动客观规律的。

（3）审查、认证的责任。“审判人员应当依照法定程序全面、客观地审核证据，依据法律的规定，遵循法官职业道德，运用逻辑推理和日常生活经验，对证据有无证明力和证明力大小独立进行判断，并公开判断的理由和结果。”（《民事证据规定》第 64 条）“审判人员对案件的全部证据，应当从各证据与案件事实的关联程度、各证据之间的联系等方面进行综合审查判断。”（《民事证据规定》第 66 条）最后以证据能够证明的案件事实为依据依法作出裁判。

除了以上三项主要责任之外，法院还承担着以下一些附随性的责任：

（1）保障当事人提供证据的权利。提供证据证明自己的主张，是当事人的责任，但它同时也是一方当事人实现与另一方当事人平等对抗机会的权利，诉讼程序的存在不仅仅是为了解决纠纷，其意义还在于公正地解决纠纷，在提供证据方面，公正的程序本身要能够使当事人双方具有平等对抗的手段，这就要求当事人应当享有充分提供证据的权利。对于当事人这项权利予以保障的责任，往往是由法院来承担的。“在诉讼过程中，当事人因客观原因不能自行收集的证据，可申请人民法院调查收集。”（《民事证据规定》第 3 条）

（2）保全证据的责任。在证据可能灭失或者以后难以取得的情况下，诉讼参加人可以申请法院保全证据，法院也可以主动采取证据保全措施。

（3）组织庭前证据交换的责任。经当事人申请，人民法院可以组织当事人在开庭审理前交换证据。“人民法院对于证据较多或者复杂疑难的案件，应当组织当事人在答辩期届满后、开庭审理前交换证据。”（《民事证据规定》第 37 条）证据交换应当在审判人员的主持下进行。“在证据交换的过程中，审判人员对当事人无异议的事实、证据应当记录在卷；对有异议的证据按照需要证明的事实分类记录在卷并记载异议的理由。通过证据交换确定双方当事人争议的主要问题。”（《民事证据规定》第 39 条）

（4）组织庭审质证的责任。证据应当在法庭上出示，由当事人质证。未经质证的证据，不能作为认定案件事实的依据。庭审质证，是诉讼证明的一个必需的、关键的环节，质证活动由法院组织进行。

（四）行政诉讼中人民法院所承担的查清案件事实的责任

在行政诉讼活动中，法院所承担的查清案件事实的责任与民事诉讼中法院的责任大致相同。

（1）依法分配举证责任，并督促当事人提供证据证明自己的主张。“人民法院向当事人送达受理案件通知书或者应诉通知书时，应当告知其举证范围、举证期限和逾期提供证据的法律后果，并告知因正当事由不能按期提供证据时应当提出延期提供证据的申请。”（《最高人民法院关于行政诉讼证据若干问题的规定》第 8 条，以下简称《行政诉讼证据规定》）“人民法院有权要求当事人提供或者补充证据。”（《行政诉讼法》第 34 条）

（2）调查收集证据的责任。“根据《行政诉讼法》第 34 条第 2 款的规定，有下列情形之一的，人民法院有权向有关行政机关以及其他组织、公民调取证据：（一）涉及国家利益、公共利益或者他人合法权益的事实认定的；（二）涉及依职权追加当事人、中止诉讼、终结诉讼、回避等程序性事项的。”（《行政诉讼证据规定》第 22 条）。“原告或者第三人不能自行收集，但能够提供确切线索的，可以申请人民法院调取下列证据材料：（一）由国家有关部门保存而须由人民法院调取的证据材料；（二）涉及国家秘密、商业秘密、个人隐私的证据材料；（三）确因客观原因

不能自行收集的其他证据材料。”（《行政诉讼证据规定》第 23 条）

（3）审查、认证的责任。“人民法院裁判行政案件，应当以证据证明的案件事实为依据。”（《行政诉讼证据规定》第 53 条）“法庭应当对经过庭审质证的证据和无需质证的证据进行逐一审查和对全部证据综合审查，遵循法官职业道德，运用逻辑推理和生活经验，进行全面、客观和公正的分析判断，确定证据材料与案件事实之间的证明关系，排除不具有关联性的证据材料，准确认定案件事实。”（《行政诉讼证据规定》第 54 条）“法庭应当根据案件的具体情况，从以下方面审查证据的合法性：（一）证据是否符合法定形式；（二）证据的取得是否符合法律、法规、司法解释和规章的要求；（三）是否有影响证据效力的其他违法情形。”（《行政诉讼证据规定》第 55 条）“法庭应当根据案件的具体情况，从以下方面审查证据的真实性：（一）证据形成的原因；（二）发现证据时的客观环境；（三）证据是否为原件、原物，复制件、复制品与原件、原物是否相符；（四）提供证据的人或者证人与当事人是否具有利害关系；（五）影响证据真实性的其他因素。”（《行政诉讼证据规定》第 56 条）“人民法院依职权调取的证据，由法庭出示，并可就调取该证据的情况进行说明，听取当事人意见。”（《行政诉讼证据规定》第 38 条）

此外，法院同样担负着保障当事人提供证据的权利、保全证据、主持质证等责任。这些责任和民事诉讼中法院的责任也大致相同。在此不再赘述。

第二节 证明责任的分配理论[①]

证明责任为什么需要分配？这是我们回答证明责任怎样分配所首先必须回答的问题。原告提起诉讼，是否提供证据的责任以及承担败诉风险的责任就应当完全由原告来承担？为什么不让原告承担对每个重要事实主张的不确定性的证明责任？为什么要让对方当事人分担证明不能的后果？从理论上讲，在绝大多数情况下，原告是在诉讼中主张权利或法律关系存在的一方当事人，他（她）不但应当证明权利产生的事实，而且应当进一步证明不存在妨碍权利发生的事实以及变更、消灭权利的事实，只有这一切都得到了证明之后，法院才能确信原告主张的权利和法律关系的存在。然而，这一观念或做法，实际上和国家设立诉讼的目的是不符的。国家设立诉讼的目的，是为了通过法院对权利义务纠纷的审判，一方面保护当事人合法的民事权益，一方面制裁违法行为。而诉讼总是有风险的，司法的救济则需要为当事人维护合法权益创造必要的条件。如果说全部证明责任都加在原告身上，原告则不得不负担诉讼中的全部风险，这样一来，原告胜诉的希望就会变得很渺茫。此外，如果证明责任完全由原告来分担，这与"当事人平等的诉讼权利"民诉原则和"诉讼经济原则"对民诉提出的要求也不相符合[②]。因此，"适当的、明智的证明责任分配属于法律制度最为必要的或最值得追求的内容。"[③]

---

① 传统的证明责任分配理论主要是在民事诉讼这一领域展开研究的。

② 李浩著：《民事证明责任研究》，法律出版社 2003 年版，第 109～111 页。

③ 参见〔德〕罗森贝克著，庄敬华译：《证明责任论》，中国法制出版社 2002 年版，第 97 页。引号中的观点为德国著名学者瓦赫阐述。

我们研究证明责任的概念、含义，除了把握证明责任的实质外，实际上还在于很好地解决证明责任的分配问题。如果说什么是证明责任的问题还属于理论层面上的问题的话，证明责任的分配问题则属于一个实践的问题了。证明责任是指当事人一方承担的提供证据证明自己主张的责任，在不能证明其主张时，将承担败诉的风险。然而，在诉讼中，应当由谁来承担提供证据证明的责任，应当由谁来承担败诉的风险，在理论上又是如何来为证明责任的划分设定一般的标准的呢？事实上，从责任问题产生之日起，人们一直在努力解决这个问题。

一、外国的证明责任分配学说

（一）罗马法时期的证明责任分配原则①

古罗马人最早提出了证明责任的概念，当然也最先讨论了证明责任的分配问题。罗马法初期，法学家们提出了分配证明责任的两条原则：

（1）原告负举证的义务。原告对他（她）主张的权利，应当首先举出证据证明，否则裁判官将作出其败诉的裁判。如果原告尽到举证责任，被告就应当提出反正来推翻原告的主张。

（2）提出主张的人有证明的义务，否定的人没有证明义务。这一原则后来不仅成为大陆法系中“主张消极事实的人不负证明责任”的学说的渊源，而且对英美法系国家证明责任的分配理论也产生了重大的影响。

罗马法初期的这两条原则为后来证明责任理论的研究奠定了

---

① 参见李浩著：《民事证明责任研究》，法律出版社2003年版，第112～113页。

基础。

(二) 德国和日本的证明责任分配学说

1. 待证事实分类说

待证事实分类说，主要是根据待证事实的性质和内容来分配证明责任，即根据待证事实的难易程度来分配证明责任。根据不同的划分标准，待证事实说分为两类，一是消极事实说，一是外界事实说。消极事实说将事实分为积极事实和消极事实，积极事实是指存在的发生过的事实，而消极事实是指未发生的事实，凡是主张积极事实的应负证明责任，凡是主张消极事实的则不负证明责任。外界事实说则根据当事人所主张的事实能否为人的五官所直接观察，将待证事实分为外界事实和内界事实，外界事实是指能为人的五官所直接观察到的事实，如侵权行为所造成的身体伤害或物质损害，内界事实则是指凭借人的五官所不能直接加以观察把握的事实，如侵权人主观上是故意或过失，第三人是善意或恶意的。该学说认为，凡是主张外界事实的，当事人就该事实承担证明责任；凡是主张内界事实的，当事人则不承担证明责任。

消极事实说由于划分的界线难以确定，以至于这种学说已基本被否定。外界事实说，也因存在划分标准不易把握以及在双方当事人都主张内界事实时风险负担难以确定的固有缺陷而被否定。

2. 法律要件分类说

法律要件分类说脱胎于罗马法证明责任分担理论，最早由德国学者韦伯（Weber）将产生权利的法律要件分类而来，后经德国法学家罗森贝克（Leo Roseberg）将其发展成为德国的通说，并对大陆法系的证明责任分配理论产生了较大的影响。

法律要件分类说是依据实体法规定的要件事实的不同类别来分配证明责任。它与待证事实分类说的根本区别在于不是以事实本身的内容与性质作为分配证明责任的标准，而是着眼于事实与实体法的关系，以事实与实体法要件的关系及其在实体法上引起的不同效果作为分配证明责任的理论①。

罗森贝克认为，证明责任分担的原则只有一个，即“各当事人应就其有权之规范要件为主张及举证”。他将民事规范分为基本规范（权利发生规范）和对立规范。又进一步将对立规范分为权利妨碍规范、权利消灭规范和权力制约规范。据此，他将法律要件分类说总结为：主张权利存在的当事人，应就权利发生法律要件存在的事实进行举证；凡否认权利存在的当事人，应就权利妨碍法律要件，或者权利消灭法律要件，或权利制约法律要件的存在事实负举证责任。

3. 法规分类说

法规分类说是根据实体法条文的划分来决定证明责任在当事人之间的分配问题。该学说在分析实体法条文之间的关系的基础上将实体法规范划分为原则规定与例外规定。认为，主张适用原则规定的当事人，仅就原则规定要件的事实承担证明责任，至于例外规定要件事实不存在的，则不负证明责任；如果对方当事人主张例外规定要件事实存在的，则应由其负证明责任。该学说以实体法规范都存在例外和原则，并且原则规定和例外规定都能区别开来为前提，但是事实上实体法规范并非都有原则规定和例外规定，而且也并不总是能把二者区别开来，故此种学说在实践中的局限性很大。

---

① 参见李浩著：《民事证明责任研究》，法律出版社2003年版，第114页。

4. 危险领域说

该学说是用来区别规范说的新理论，由德国学者普霍斯首倡。所谓危险领域是指当事人在法律或者事实上能支配的生活领域。在此种情况下，被害人对损害发生的主观要件都不承担证明责任，而由加害人承担证明不存在损害事实发生的责任，或者说危险领域由哪一方当事人控制，证明责任就由该方当事人承担。危险领域说的提出反映了证明责任分担方面对分配公正性和公平性的要求。但该学说的缺陷是明显的：一是危险领域的区分是困难的；二是在证明责任领域，对于以上所说的危险领域这类特殊情况，法律专门采取了证明责任倒置的制度来解决它。

5. 盖然性说

该学说也产生于德国，是对法律要件说的彻底否定。它以待证事实发生的盖然性的高低，作为分配证明责任的依据。该学说主张，法官根据人们生活经验以及统计，认为一方当事人所争议的事实的结果有利于它的可能性比有利于对方当事人的可能性要小时，该当事人就应当承担证明责任。由于盖然性的主观随意性较强，故接受该学说的人相对较少。

6. 损害归属说

该学说由德国学者瓦亨·多夫（Wahrendolf）于 1976 年提出。该学说主张以实体法确定的责任归属或损害来分配举证责任，即先就实体法对某类责任的归属进行判断，然后确定由实体法所确定的承担责任的一方承担举证责任。这种学说的缺陷主要在于首先要从实体法规范中去确定应当由哪一方来承担责任，然而就这一点而言，尽管实体法本身有明确的规定，但在具体的诉讼实践中，应当由谁来承担责任在证明责任分配时也并不总是明确的，因为诉讼往往就是要确定损害应当由谁来承担。

7. 利益衡量说

该学说是由日本东京大学民法学石田穰教授于 1973 年在批判德国证明责任分配理论的基础上提出来的。它主张以三个方面的利益衡量作为分配证明责任的标准：第一，证据的距离，即看哪一方当事人接近证据或处于易于举证的地位；第二，举证的难易，即从待证事实本身的性质来判断举证的难易，并由此决定证明责任的分配；第三，诚信原则，即看哪一方当事人的行为违反诚信原则，由违反诚信原则的一方当事人承担证明责任。其后，他又进一步提出了新的证明责任分配标准：一是立法关于证明责任分配的意义是明确的，应根据立法者的意思来确定证明责任的负担；二是在立法者的意思不够明确时，根据证据的距离来分配，由接近必要证据的一方当事人对待证事实负举证责任；三是在双方当事人与待证事实证据距离相同时，则根据举证的难易和实施存在或不存在的盖然性决定证明责任的分配[①]。

（三）英美的证明责任分配理论

在英国，司法实践中至今仍把“提出主张的人有证明义务，否定的人没有证明义务”作为分配证明责任的一般标准。

在美国，关于证明责任分配的学说主要有三种：第一种是肯定事实说。该学说认为，在诉讼中主张肯定事实或者对争点持肯定主张的当事人应承担证明责任；第二种被称为诉答责任说。该观点主张，在诉答中对某一事实承担主张责任的当事人也应当对该事实承担证明责任。第三种观点主张，某一事实对自己的主张是必需的当事人，应当对该事实承担证明责任。现代美国证明责任分配的通说认为，证明责任分配不存在一般性标准，而是在综

① 参见李浩著：《民事证明责任研究》，法律出版社 2003 年版，第 125 页。

合若干要素的基础上作个别性的决定。美国学者通过总结，认为进行证明责任分配的主要要素有：①政策；②公平；③证据所持或证据距离；④方便；⑤盖然性；⑥经验规则；⑦请求变更现状的当事人（理应承担证明责任），等等[①]。

（四）苏联的证明责任分配理论

苏联学者在证明责任分配的理论上，采取类似于法律要件说的观点。根据要件事实对民事权利和义务关系的不同作用，把作为证明对象的各种要件事实分为以下种类：产生权利和义务的事实；终止权利和义务的事实；变更权利和义务的事实；妨碍产生权利和义务的事实。对于这些要件，不论它是行为还是事实，合法还是非法，也不论它是产生、变更或终止当事人权利和义务的事实，还是妨碍产生当事人权利和义务的事实，只要它是由原告作为起诉的理由，或是由被告作为反驳诉讼要求的理由，就都会成为证明对象。每一方当事人都应当证明那些由他（她）所举出的作为自己请求和反驳理由的事实情况[②]。

第三节　民事诉讼中的证明责任

一、证明责任的分配原则

我国《民事诉讼法》第 64 条第 1 款规定："当事人对自己提出的主张，有责任提供证据。"民事诉讼法的这条规定也就是通

① 参见罗玉珍主编：《民事证明制度与理论》，法律出版社 2003 年版，第216～218 页。

② 参见李浩著：《民事证明责任研究》，法律出版社 2003 年版，第 126～127 页。

常所说的“谁主张，谁举证”原则。

对于“谁主张，谁举证”这一证明责任分配原则，在我国也存在着一些不同的看法。如一些教科书中指出，我国民事诉讼法的上述规定并不能真正解决证明责任的分配问题，而并未涉及到双方当事人各自应当对哪些案件事实负证明责任。证明责任的功能在于当事实的真伪无法确定的时候引导法官对案件作出裁判，而上述规定及对规定的解释无法解决事实真伪不明时法官如何裁判的问题。例如，在侵权纠纷引起的诉讼中，原、被告就是否存在过失发生争执，原告主张被告有过失，并陈述了有关过失的若干事实，被告则主张自己无过失，同时也提出了若干事实作为自己无过失的依据。按照民事诉讼法的上述规定和据此作出的解释，原告应当对其主张的被告有过失负证明责任，被告则应当对其主张的自己无过失负证明责任，这样一来，便出现了双方当事人对过失这一法律要件事实都负担证明责任的结果。随之而来的问题是，如果证明的结果是原告不能证明被告有过失，被告也不能证明自己无过失，过失的存在到证明终了时仍然处于真伪不明的状态，法官则应当如何裁判呢[①]？对这种观点，也有教材持反对的意见，指出，民事诉讼证明活动中的“主张”是一个特定的概念，是具有实体或程序意义的法律事实，不能被理解为一种主观的态度或意见。就同一主张，一方当事人可以提出、赞成、主张（作动词用），另一方当事人可以反对，但反对者并没有形成一种新的“主张”。例如，在侵权诉讼中，被告的过失是一种事实主张，但被告的反对意见并不形成一种新的“主张”，而是使

① 参见江伟主编：《民事诉讼法》，高等教育出版社、北京大学出版社2000年版，第167页。

原来的"主张"(即过失)不成立或处于真伪不明状态。也就是说，在侵权诉讼中，被告的过失是原告必须主张的(作动词)，而被告不必主张(作动词)。故根据民事诉讼法第64条第1款的规定，一旦出现被告的过失真伪不明的情况，则由负有提出主张并证明义务的原告承担不利后果①。事实上，将"谁主张，谁举证"作为民事诉讼证明责任分配的一般原则是可取的，不过，作为原则性概括性的标准它并不能完全解决证明责任的分配问题，或者说它并不是证明责任分配的具体标准，而证明责任的具体分配还需要一些具体的标准。

二、我国民事诉讼中的证明责任分配标准

关于证明责任的分配，现行《民事诉讼法》第64条仅作了原则性的规定，即"当事人对自己提出的主张，有责任提供证据。"而具体的分配证明责任的标准立法尚未规定。我国民事诉讼证明责任的分配应当采用什么样的标准，理论上也未达成一致意见，始终存在不同的看法。但通常认为，我国应当采用以法律要件分类说为主，危险领域说、盖然性说、损害归属说和利益衡量说为补充的分配标准。采用综合标准的原因在于，一是法律要件分类说具有"强有力的逻辑分析，以精细的法律规范分析作为依据，具有很强的操作性"的特征②，故将其作为基本标准是妥当的，二是因为以上标准在存在合理性的同时也或多或少地存在着一定的缺陷，故不可能说证明责任的分配完全机械地适用其中

① 卞建林主编:《证据法学》，中国政法大学出版社2002年版，第248页。

② 张卫平著:《证明责任论代译序》，莱奥·罗森贝克著，庄敬华译:《证明责任论》，中国法制出版社2001年版，第7页。

的一个标准。

三、常见民事诉讼中证明责任的分配[①]

（一）离婚诉讼中的证明责任分配

离婚诉讼，是以解除当事人之间婚姻关系、确定子女抚养问题，以及夫妻财产分割问题的诉讼活动。对于离婚诉讼，证明责任原则上由原告一方承担。

1. 主张婚姻无效或申请撤销婚姻的诉讼中的证明责任分配

在主张婚姻无效的诉讼中，原告应当就其主张的导致婚姻无效的事实承担证明责任。通常包括：第一，一方重婚的事实；第二，有禁止结婚的亲属关系的事实；第三，婚前患有医学上认为不应当结婚的疾病，婚后尚未治愈的事实；第四，未到法定婚龄的事实等。

申请撤销婚姻的原告应当就引起婚姻可撤销的事实承担证明责任，通常包括：第一，受胁迫结婚的事实；第二，诉讼是在结婚登记之日起一年内提出的事实。

2. 感情是否破裂的证明责任分配问题

根据我国婚姻法的规定，法院是否准予夫妻间离婚的标准是“感情是否破裂”，而法院认定夫妻感情破裂与否的可操作的标准通常是是否存在一方重婚或一方与他人同居的事实，一方实施家庭暴力或虐待、遗弃家庭成员的事实，一方有赌博、吸毒等恶习屡教不改的事实，双方因感情不和分居满两年的事实，其他导致夫妻感情破裂的事实。夫妻双方一方提出离婚的，提出离婚的一

① 参见李浩著：《民事证明责任研究》，法律出版社2003年版，第250～281页。

方必须对上述事实承担证明责任，证明双方的感情确已破裂，否则其主张将得不到法院的支持，法院将判决不准予离婚。

但作为例外的是，在某些特殊情况下，被告方也可能承担相应的证明责任。因事实的性质，原告无法证明或者难以证明，而被告却易于证明的，被告应当承担证明责任。如原告以被告婚前隐瞒了精神病婚后久治不愈为由起诉离婚，被告则主张婚前已如实告知并主张经治疗后已大为好转，对此，应当由被告对其所主张的事实承担证明责任。另外被告妨碍原告举证，致使原告无法举证证明其主张的，被告应当承担举证责任。如原告主张被告患有精神病，被告予以否认，但又不接受医生检查时，被告应当承担证明自己未患精神病的责任。

3. 因子女抚养问题发生争执时的证明责任

根据我国《婚姻法》第 36 条第 3 款的规定，哺乳期内的子女，原则上应由女方抚养。如果女方主张子女归自己抚养的，女方则无须举证证明。而在女方主张子女应当由男方抚养时，女方则应当证明由对方抚养更有利于子女的成长。

对于已过哺乳期的子女由谁抚养，根据我国婚姻法的规定，应当根据子女的利益和双方当事人的情况确定。而当双方对子女的抚养问题发生争执的时候，要求抚养子女一方的当事人应当对其主张的子女归自己抚养更有利子女成长的事实负证明责任。

对抚养独生子女发生争议的当事人中一方确有特殊理由，如已经作了绝育手术或再婚有困难等情况主张子女归自己抚养的，应当就其主张的特殊情况承担证明责任。

离婚后，如果子女由于生活和受教育的需要，或者父母一方的经济状况有较大变化，一方有权向另一方提出改变原定抚养费用的数额，但必须对存在的上述情况承担证明责任。

4. 因财产分割问题发生争执时的证明责任分配

离婚双方对财产发生争执，主要是对财产所有的性质和分割比例问题的争执。对于财产性质的界定，如果当事人主张某项财产属于婚前财产，或者婚后个人财产，或者夫妻共同财产，主张的一方必须对自己的主张承担证明责任。对共同财产分割比例发生争议的，主张自己应当多分财产的一方应当就多分的理由事实承担证明责任。

对于离婚时的债务清偿问题，涉及到该债务是夫妻共同债务还是个人债务的问题。根据《婚姻法》第41条的规定："原为夫妻共同生活所负的债务，应当共同偿还。"主张为单独债务的一方，应当就该主张承担证明责任，否则应视为共同债务。根据《婚姻法》第19条第3款规定："夫妻对婚姻关系存续期间所得的财产约定归各自所有的，夫或妻一方对外所负的债务，第三人知道该约定的，以夫或妻一方所有的财产清偿。"对于这一规定，第三人是否知道，应当由谁来证明？根据《最高人民法院关于适用〈中华人民共和国婚姻法〉若干问题的解释》（一）第18条的规定："'第三人知道该约定的'，夫妻一方对此负有举证责任。"根据这一规定，如果夫或妻一方主张债务为夫妻共同债务的，提出该主张的一方应当承担证明责任。

对于婚姻被宣告无效或撤销的，财产分割发生争议时，谁来承担证明责任？根据《最高人民法院关于适用〈中华人民共和国婚姻法〉若干问题的解释》（一）第15条的规定："被宣告无效或被撤销的婚姻，当事人同居期间所得的财产，按共同共有处理。但有证据证明为当事人一方所有的除外。"根据这一规定，如果有一方主张财产为个人财产的，提出该主张的当事人必须举证予以证明。

根据《婚姻法》第 42 条的规定："离婚时，如一方生活困难，另一方应从其住房等个人财产中给予适当帮助。"在此种情形下，一方请求予以帮助的，应当就生活存在困难的事实举证予以证明。

(二) 继承诉讼中的证明责任分配

1. 因继承权发生争议时的证明责任分配

原告主张自己有继承权的，应当就该主张举证予以证明。如原告主张自己作为被继承人的养子女或继子女而应当享有继承权的，原告就应当就收养关系的存在，抚养的事实承担证明责任。如果双方当事人对原告继承人的身份不存在争议，但就原告是否丧失继承权发生争议时，被告应当就原告丧失继承权的事由举证予以证明，如原告是否虐待或遗弃被继承人，情节是否严重等事实。不过，如果原告主张其有悔改表现，并得到被继承人生前的宽恕，对这些事实，原告则应当承担证明责任。

我国《继承法》第 25 条规定："继承开始后，继承人放弃继承的，应当在遗产处理前，作出放弃继承的表示。没有表示的，视为接受继承。受遗赠人应当在知道受遗赠后两个月内，作出接受或者放弃受赠的表示。到期没有表示的，视为放弃受遗赠。"如果双方因是否放弃继承权发生争议时，一方主张另一方已经放弃了继承权的，提出该主张的一方应当承担证明对方已经放弃继承权这一事实的证明责任；一方放弃继承权后在遗产分割前或诉讼进行中反悔的，该方当事人必须对其提出的理由承担证明责任；在遗赠中，受遗赠人主张自己在两个月内作出了接受遗赠的意思表示而享有继承权的，他应当就该事实承担证明责任。

《继承法》第 12 条规定："丧偶儿媳对公、婆，丧偶女婿对岳父、岳母，尽了主要赡养义务的，作为第一顺序继承人。"如果说，丧偶的儿媳或女婿主张自己可以作为第一顺序继承人继承公、婆或岳父、岳母遗产的，丧偶的儿媳或女婿应当承担证明自己对公、婆或岳父、岳母，尽了主要赡养义务事实的证明责任。

2. 因遗嘱发生争执时的证明责任

在遗嘱继承诉讼中，主张遗嘱继承的一方当事人并不需要对遗嘱成立的所有要件负证明责任。他只要证明所主张的遗嘱确实存在的形式也系合法的就行。对于形式合法的遗嘱，如果一方当事人对立遗嘱人的行为能力、遗嘱人意思表示的真实性提出争执的，该方当事人应当对自己的这些主张事实承担证明责任；如果一方当事人主张遗嘱被篡改的，提出该主张的当事人应当就篡改的事实举证予以证明；对于立遗嘱的时间发生争议的，应当由根据该遗嘱主张继承的一方当事人对遗嘱日期的真实性负证明责任。

3. 因遗产数额发生争执时的证明责任

当当事人对遗产数额发生争执，一方主张另一方侵吞遗产的，提出该主张的当事人应当对此承担证明责任。

4. 因遗产份额发生争执时的证明责任

在法定继承中，遗产的分配原则上坚持平均分配的原则，但法律也作了一些特殊的规定，如根据《继承法》第13条的规定："对生活有特殊困难的缺乏劳动能力的继承人，分配遗产时，应当予以照顾。对被继承人尽了主要扶养义务或者与被继承人共同生活的继承人，分配遗产时，可以多分。有扶养能力和有扶养条件的继承人，不尽扶养义务的，分配遗产时，应当不分或者少分。"如果说继承人之间对遗产分配的份额发生争议，一方或部分继承人主张自己应当多分，那么提出该主张的当事人应当就其主张的事由提供证据予以证明。

对于继承人以外的人要求分割遗产的，则应当对自己对被继承人抚养较多或者自己是靠继承人抚养的既无劳动能力又无生活来源的事实承担证明责任。

（三）财产所有权诉讼中的证明责任

1．返还原物诉讼中的证明责任

原告诉请被告返还被告所占有的动产或不动产的，原告应当就该动产或不动产享有合法权利的事实承担证明责任。

2．对共有财产发生争执时的证明责任

《最高人民法院关于贯彻执行〈中华人民共和国民法通则〉若干问题的意见》第88条规定："对于共有财产，部分共有人主张按份共有，部分共有人主张共同共有，如果不能证明财产是按份共有的，应当认定为共同共有。"如果说有一方当事人主张财产归自己所有的，提出该主张的当事人必须就该主张举证予以证明。

对共同共有的财产，如果部分共有人擅自处分，而第三人是善意并有偿取得该财产的，该处分行为应当认定有效。在这样的诉讼纠纷中，如果说无权处分人主张处分是经过其他共有人同意才实施的，无权处分人必须就其他共有人同意的事实承担证明责任；第三人参与诉讼，主张无权处分人的处分行为有效的，他应当就其取得该财产属于善意并系有偿取得的事实承担证明责任。

（四）合同诉讼中的证明责任

1．合同订立或有效与否发生争执时的证明责任

一般来说，在原告根据合同请求被告履行义务的诉讼中，如果被告否认双方曾订立过合同，这时应由原告对订立合同的事实负证明责任。

要约是否附有保留条件发生争议时，主张附有保留条件一方

应当就该事实承担证明责任。

要约、承诺是否撤回发生争执时，应由主张要约或承诺撤回的一方承担证明责任，该方不仅要证明发出撤回要约或承诺的事实，而且应该证明撤回通知先于要约或承诺到达。

承诺是否在要约有效期内到达发生争执时，主张合同成立的一方当事人应当对他在要约有效期内发出承诺的事实负证明责任。该事实被证明后，另一方主张未收到承诺或承诺迟到时，则应对其主张的事实承担证明责任。

因投递工作的失误而使迟到的承诺失去效力的，要约人必须在接到承诺后立即将情况通知受要约人。因此，当一方当事人主张他在要约有效期内发出承诺的邮件后，主张承诺迟到的另一方当事人，不仅应该证明该邮件因邮局方面送达失误而逾期到达，而且应该证明它已经采用适当的方式将迟到的情况及时通知了受要约人。

当事人对订立合同的事实意见一致，但一方当事人却主张合同无效，这时候主张合同有效的一方当事人对此不负证明责任，而应由主张该事实的当事人负证明责任。

2. 因代理关系发生争执时的证明责任

一方当事人主张代理人超越代理权限或者合同是在代理权已经终止的情况下签订的，此时应当由提出该主张的当事人负证明责任。在该事实得到证明的情况下，双方当事人对被代理人是否追认存在争议的，被代理人已经追认这一事实的证明责任应当由主张追认的另一方当事人承担。

在隐名代理中，发生违约行为后，第三人起诉代理人，代理人主张合同实质上是为被代理人订立，应由被代理人承担责任，并且在订立合同时已经将订立合同的事告知了第三人，第三人否认的，应当由代理人承担证明责任。

在双方是否存在代理关系发生争议的情况下，应该由主张对方为自己代理人的一方就代理关系的存在负证明责任。

对代理中的连带责任发生争议时，一般由主张对方应承担连带责任的当事人就该种责任要件事实承担证明责任。如当被代理人要求第三人和代理人对其受到的损害承担连带责任时，应就双方恶意串通的事实负证明责任。

对表见代理是否成立发生争议时，应当由主张表见代理成立的第三人对存在足以使其相信行为人拥有代理权的事实负证明责任。

3. 合同内容的证明责任

因合同的性质发生争议，当任何一方都无法证明自己的主张时，应由原告就产生所主张的合同关系的事实负证明责任。

当合同条款发生争议时，证明责任的分配应当根据该条款是否属于原告主张的合同的基本内容来确定。凡属合同基本内容的，证明责任由原告承担，反之则由被告承担。

4. 代位权与撤销权的证明责任

对债权人主张的关于债务人怠于行使到期债权的事实，作为被告的次债务人和作为第三人的债务人未表示异议的，应构成诉讼上的承认。但如果他们对债权人的这一主张有争议的，则应当由次债务人和债务人就债务人已经提起诉讼或申请仲裁的事实负证明责任。

撤销权诉讼中受让人是否知情的证明责任由受让人承担。

5. 合同担保问题的证明责任

当被告否认其为保证人时，应当由原告就被告曾经向其担保债务人履行债务的事实承担证明责任。

当保证方式发生争议时，应当由主张属一般保证的当事人承担证明责任；当保证的范围发生争议时，应当由主张仅就法律规定保证范围中的部分事项负保证责任的保证人负证明责任。

在合同诉讼中，如果一方证明了订立合同的基本事实，另一方主张双方约定将交付定金作为合同成立的附加条件，就应对这一约定负证明责任。

在抵押关系是否存在的诉讼中，证明抵押关系存在的责任由债权人承担。

因保管不善致使物质灭失或毁损的，由保管人对已尽妥善保管义务负证明责任。

6. 因合同附条件与否发生争执时的证明责任

当原告要求被告履行合同时，被告主张合同负有停止条件或解除条件，而原告予以否认的，证明责任应当由被告负担。在附条件的事实得到证明后，合同附停止条件的，原告除了证明合同成立的事实外，还应证明条件成就的事实。在合同附解除条件时，被告应就解除条件成就的事实负证明责任。在原告根据合同请求被告履行义务的诉讼中，如果合同附停止条件，则恶意阻碍条件成就的证明责任由原告承担，恶意促成条件成就的证明责任由被告负担；如果合同附解除条件，则恶意阻碍条件成就的证明责任由被告承担，恶意促成条件成就的证明责任由原告负担。

7. 因履行与违约发生争议时的证明责任

对合同是否履行发生争议时，一般应由负有履行义务的一方当事人承担证明责任。但当合同约定的义务属于不作为义务时，原告主张被告未履行义务的，则原告就违约的事实承担证明责任。

一方当事人要求对方当事人支付违约金的，原告应当证明订立合同的事实、被告违约的事实以及法定或约定违约金存在的事实。

(五) 侵权诉讼中的证明责任

1. 一般侵权诉讼中的证明责任

一般侵权民事责任有四个构成要件，一是损害事实客观存在；二是侵权行为与损害事实之间具有因果关系；三是行为具有违法性；四是行为人有过错。如果说一方当事人提起诉讼，要求另一方当事人承担侵权责任，也就意味着提起诉讼的一方当事人应当就侵权民事责任的上述四个构成要件事实予以证明。

2. 特殊侵权诉讼中的证明责任

我国民法通则规定的特殊侵权责任，大多数是无过错责任，亦有实行证明责任倒置的。因此，特殊侵权责任在证明责任分配问题上与一般侵权责任存在两点较大的区别：一是实行无过错责任原则，原告负证明责任的事项较少，不必再就被告有过错负证明责任；二是由于实行证明责任倒置，被告的证明责任加重，即使是仍以过错为要件的侵权责任，被告也要对自己无过错承担证明责任。

(六) 不当得利诉讼中的证明责任

对一方当事人是否获得利益发生争执时，应当由提出该主张的当事人负担证明责任。

对一方当事人取得利益是否有合法根据发生争议时，原告主张原先有某种合法依据，但后来这种依据不复存在，这应当由原告对该事实承担证明责任。原告主张被告取得利益无法律依据，被告则主张有某种合法依据的，应当由被告证明产生该权利义务关系的事实。原告主张因履行不存在的债务引起不当得利的，履行根本不存在的债务的，原告应当就已为给付的事实负证明责任，被告应当对债务关系的存在负证明责任；履行已经消灭了的债务的，原告应当就已为给付的事实和该债务因先前的给付行为及其他原因而消灭的事实负证明责任；履行义务超过应当给付的债务的，原告对已为给付的事实和给付的数额超过债务中应当给付的数额负证明责任。

对受益人是否为恶意发生争议时，应当由原告对被告存在恶意的事实负证明责任。

四、民事诉讼中的证明责任倒置

民事诉讼中的证明责任倒置是大陆法系国家证明责任理论中的概念，它源于德国，是德国学者在修正法律要件分类说的基础上创建的。在罗森贝克提出法律要件分类说的时候，他并没有考虑到产品责任、公害责任等现代社会才出现与产生的民法的证明责任分担问题。按照法律要件分类说，在特殊侵权诉讼中，主张权利的受害方要对属于权利成立要件事实的损害事实和损害行为之间的因果关系承担证明责任。然而，这种分配则与现代侵权损害理论的价值观相冲突。为了保护受害者的利益，德国学者提出了与法律要件分类说相反的例外规则，即由加害方对因果关系的不存在承担证明责任。

民事诉讼中的证明责任倒置，是指按照法律要件分类说在双方当事人之间分配证明责任后，对原本由一方当事人承担的证明责任转由另一方当事人承担的证明责任分配制度。

我国民事诉讼中的证明责任倒置主要规定在民事实体法和司法解释中。《民法通则》第 121 条至 127 条，最高人民法院 1992 年《关于适用〈民事诉讼法〉若干问题的意见》第 74 条对此作了相关规定，而《最高人民法院〈关于民事诉讼证据的若干规定〉》第 4 条对此则作了具体而全面的规定。根据《证据规定》第 4 条的规定，以下诉讼实行证明责任倒置，具体的分配如下：

(1) 因新产品制造方法发明专利引起的专利侵权诉讼，由制造同样产品的单位或者个人对其产品制造方法不同于专利方法承担举证责任；

(2) 高度危险作业致人损害的侵权诉讼，由加害人就受害人故意造成损害的事实承担举证责任；

(3) 因环境污染引起的损害赔偿诉讼，由加害人就法律规定的免责事由及其行为与损害结果之间不存在因果关系承担举证责任；

(4) 建筑物或者其他设施以及建筑物上的搁置物、悬挂物发生倒塌、脱落、坠落致人损害的侵权诉讼，由所有人或者管理人对其无过错承担举证责任；

(5) 饲养动物致人损害的侵权诉讼，由动物饲养人或者管理人就受害人有过错或者第三人有过错承担举证责任；

(6) 因缺陷产品致人损害的侵权诉讼，由产品的生产者就法律规定的免责事由承担举证责任；

(7) 因共同危险行为致人损害的侵权诉讼，由实施危险行为的人就其行为与损害结果之间不存在因果关系承担举证责任；

(8) 因医疗行为引起的侵权诉讼，由医疗机构就医疗行为与损害结果之间不存在因果关系及不存在医疗过错承担举证责任。

第四节 刑事诉讼中的证明责任

在刑事诉讼中，由公诉机关承担证明被告人有罪的责任是一般原则。但在特殊情况下，被告也需要承担相应的证明责任。

一、检察机关的证明责任

检察机关是我国专门的法律监督机关，在我国的刑事诉讼中，承担着对公安机关、人民法院侦查和审判活动的监督职责，同时对部分刑事犯罪，检察机关还承担着侦查的职责，另外检察机关还是唯一的有权提起公诉追究犯罪嫌疑人刑事责任的国家机关。根据“谁主张、谁举证”的诉讼一般原理，证明被告人犯罪的责任除了特殊情况外，理应由检察机关承担。根据我国刑事诉讼法的有关规定，可以将检察机关的证明责任概括为以下几个方面：

（一）收集证据

收集证据是检察机关为履行证明责任而承担的具体职责，它是检察机关完成证明责任的前提和基础。我国《刑事诉讼法》第43条规定：“检察人员必须依照法定程序，收集能够证实犯罪嫌疑人、被告人有罪或者无罪、犯罪情节轻重的各种证据。”第140条规定：“人民检察院审查案件，可以要求公安机关提供法庭审判所必需的证据材料。人民检察院审查案件，对于需要补充侦查的，可以退回公安机关补充侦查，也可以自行侦查。对于补充侦查的案件，应当在一个月以内补充侦查完毕。补充侦查以二次为限。补充侦查完毕移送人民检察院后，人民检察院重新计算审查起诉期限。对于补充侦查的案件，人民检察院仍然认为证据不足，不符合起诉条件的，可以作出不起诉的决定。”另外，《人民检察院实施〈中华人民共和国刑事诉讼法〉规则（试行）》第7条又作了具体规定：“人民检察院立案侦查贪污贿赂犯罪、国家工作人员的渎职犯罪、国家机关工作人员利用职权实施的非法拘禁、刑讯逼供、报复陷害、非法搜查的侵犯公民人身权利的犯罪以及侵犯公民民主权利的犯罪案件。”

（二）提供证据证明

提供证据证明，是指检察院向法院提交和出示证据以证明其指控的犯罪的职责。《刑事诉讼法》第141条规定：“人民检察院认为犯罪嫌疑人的犯罪事实已经查清，证据确实、充分，依法应当追究刑事责任的，应当作出起诉决定，按照审判管辖的规定，向人民法院提起公诉。”又《刑事诉讼法》第150条规定：“人民法院对提起公诉的案件进行审查后，对于起诉书中有明确的指控犯罪事实并且附有证据目录、证人名单和主要证据复印件或者照片的，应当决定开庭审判。”在《最高人民法院关于执行〈中华人民共和国刑事诉讼法〉若干问题的解释》中，又对《刑事诉讼法》第150条作了进一步的规定，该《解释》第116条规定：“人民法院对人民检察院提起的公诉案件，应当在收到起诉书（一式八份，每增加一名被告人，增加起诉书五份）后，指定审判员审查以下内容：（一）案件是否属于本院管辖；（二）起诉书指控的被告人的身份、实施犯罪的时间、地点、手段、犯罪事实、危害后果和罪名以及其他可能影响定罪量刑的情节等是否明确；（三）起诉书中是否载明被告人被采取强制措施的种类、羁押地点、是否在案以及有无扣押、冻结在案的被告人的财物及存放地点；是否列明被害人的姓名、住址、通讯处，为保护被害人而不宜列明的，应当单独移送被害人名单；（四）是否附有起诉前收集的证据的目录；（五）是否附有能够证明指控犯罪行为性质、情节等内容的主要证据复印件或者照片；（六）是否附有起诉前提供了证言的证人名单；证人名单应当分别列明出庭作证和拟不出庭作证的证人的姓名、性别、年龄、职业、住址和通讯处；（七）已委托辩护人、代理人的，是否附有辩护人、代理人的姓名、住址、通讯处明确的名单；（八）提起附带民事诉讼的，是否附有相关证据材料；（九）侦查、起诉程序的各种法律手续和诉讼文书复印件是否完备；（十）有无刑事诉讼法第十五条第（二）至（六）项规定的不追究刑事责任的情形，前款第（五）项中所说的主要证据包括：1、起诉书中涉及的刑事诉讼法第四十二条规定的证据种类中的主要证据；2、同种类多个证据中被确定为主要证据的；如果某一种类证据中只有一个证据，该证据即为主要证据；3、作为法定量刑情节的自首、立功、累犯、中止、未遂、防卫过当等证据。”

在庭审阶段，根据《刑事诉讼法》第157条规定：“公诉人应当向法庭出示物证，让当事人辨认，对未到庭的证人的证言笔录、鉴定人的鉴定结论、勘验笔录和其他作为证据的文书，应当当庭宣读。”又《人民检察院实施〈中华人民共和国刑事诉讼法〉规则（试行）》第290条规定：“在法庭审理中，公诉人应当客观、全面、公正地向法庭提供证明被告人有罪、罪重或者罪轻的证据。”

（三）证明不能的法律后果

证明不能，是指检察机关对其所指控的犯罪不能提供证据予以证明。不能提供证据予以证明，是指不能提供证据或足够的证据，使证明不能达到证明标准的要求。根据《刑事诉讼法》第162条的规定：“在被告人最后陈述后，审判长宣布休庭，合议庭进行评议，根据已经查明的事实、证据和有关的法律规定，分别作出以下判决：（一）案件事实清楚，证据确实、充分，依据法律认定被告人有罪的，应当作出有罪判决；（二）依据法律认定被告人无罪的，应当作出无罪判决；（三）证据不足，不能认定被告人有罪的，应当作出证据不足、指控的犯罪不能成立的无罪判决。”从刑事诉讼法的这条规定来看，如果检察机关完成了证明责任，法院则应当认定被告人有罪，而在证明不能的情况下，法院则应当对被告人作出无罪的判决。

二、在自诉案件中，证明责任由自诉人承担

在我国刑事诉讼中，自诉案件是指被害人或者他们的法定代理人向人民法院提起诉讼，要求追究被告人刑事责任，由人民法院直接受理的刑事案件。根据我国《刑事诉讼法》第170条的规定：“自诉案件包括：（一）告诉才处理的案件；（二）被害人有证据证明的轻微刑事案件；（三）被害人有证据证明对被告人侵犯自己人身、财产权利的行为应当依法追究刑事责任，而公安机关或者人民检察院不予追究被告人刑事责任的案件。”同时，刑事诉讼法第171条规定：“人民法院对于自诉案件进行审查后，按照下列情形分别处理：（一）犯罪事实清楚，有足够证据的案件，应当开庭审判；（二）缺乏罪证的自诉案件，如果自诉人提不出补充证据，应当说服自诉人撤回自诉，或者裁定驳回。”《最高人民法院关于执行〈中华人民共和国刑事诉讼法〉若干问题的解释》第186条规定：“人民法院受理的自诉案件必须是有明确的被告人、具体的诉讼请求和能证明被告人犯罪事实的证据。”该《解释》第192条又规定：“对于已经立案，经审查缺乏罪证的自诉案件，如果自诉人提不出补充证据，应当说服自诉人撤回起诉或者裁定驳回起诉；自诉人经说服撤回起诉或者被驳回起诉后，又提出了新的足以证明被告人有罪的证据，再次提起自诉的，人民法院应当受理。”从这些规定来看，自诉案件的证明责任系由自诉人来承担，即自诉人必须提供证据对自己的主张予以证明，否则将承担不利的法律后果。

三、被告人的证明责任

（一）被告人不承担证明自己无罪的责任

证明被告人有罪的责任由公诉机关承担，故被告人也就无证明自己无罪的义务。当然，对公诉机关的指控，被告人可以提供证据予以反驳，以推翻公诉机关的主张以维护自己的合法权益。由于被告人不承担证明自己无罪的责任，因此，在公诉机关不能证明被告人有罪的情况下，法庭应当判决被告人无罪，而不是责成被告提供证据证明自己无罪，然后才判决被告无罪。

（二）被告人承担证明责任的特殊情况

被告人是否承担证明自己有罪的责任？根据我国《刑事诉讼法》第93条的规定，犯罪嫌疑人对侦查人员的提问，除了与本案无关的问题有拒绝回答的权利外，均应当如实回答。从该条规定来看，在我国，犯罪嫌疑人承担着如实陈述自己过去行为的义务。对此，需要注意的是这并不意味着犯罪嫌疑人承担着证明自己有罪的义务。前面说到，证明被告人有罪的义务由公诉机关承担，也就是说即使犯罪嫌疑人拒绝回答侦查人员的提问，证明被告人有罪的义务仍然是由公诉机关承担。当然，犯罪嫌疑人是否对侦查人员的提问予以回答或如实回答虽然不影响证明责任的分配，但它可能是法院对被告量刑时考虑的一个情节。

在我国刑事诉讼中，原则上证明被告人有罪的责任由公诉机关承担，但也存在被告承担一定证明责任的例外情况。我国《刑法》第395条规定："国家工作人员的财产或者支出明显超过合法收入，差额巨大的，可以责令说明来源。本人不能说明其来源是合法的，差额部分以非法所得论，处五年以下有期徒刑或者拘役，财产的差额部分予以追缴。"从刑法的这一规定来看，国家工作人员的巨额财产来源是否合法的证明义务应当由国家工作人员来承担。对刑法的这一规定，需要注意两个问题：第一，在国家工作人员的财产或者支出明显超过合法收入，差额巨大的情况下，国家工作人员所承担的不是"如实陈述"的义务，即并不意味着该类人员不履行"如实陈述"的义务时，证明国家工作人员财产合法的义务由公诉人承担。这类国家工作人员能否说明巨额财产的来源不改变证明责任的分配，而将直接影响到自己罪行是否成立。第二，在这类特殊案件中，并不意味着公诉机关不承担证明责任。公诉机关必须证明"国家工作人员的财产或者支出明显超过合法收入，差额巨大"的事实，如果不能对此予以证明，法院对公诉机关的主张则不予支持。

第五节 行政诉讼中的证明责任

一、我国行政诉讼证明责任的分配原则

我国《行政诉讼法》第 32 条规定："被告对作出的具体行政行为负有举证责任，应当提供作出该具体行政行为的证据和所依据的规范性文件。"根据这一规定，也就是说在我国行政诉讼中，原则上由被告承担证明责任。为什么由被告承担证明责任，总的来说是由行政诉讼的规律所决定的。具体说来，原因有以下两个方面：

（1）行政诉讼中法院审查的主要对象是行政主体具体行政行为的合法性，而具体行政行为又是由行政主体作出的，因此，由行政主体承担证明自己行为的合法性具有合理性。依法行政是行政主体行使行政职权的一个基本原则，它要求作出行政行为的主

体身份要合法，要求该主体的权限要合法，而且要求行为的内容和行使职权的程序要合法。行政诉讼作为对行政权力进行监督的一种制度，要求行政主体对自己的行为的合法性予以证明符合监督的目的。

(2) 行政机关承担证明责任是保障行政相对人合法权益的必然要求。行政诉讼是基于行政相对人认为行政主体的具体行政行为侵害了其合法权益而向法院提起的诉讼。行政诉讼制度一方面是监督行政权力的制度，另一方面也是对行政相对人合法权益予以救济的制度。然而在行政法律关系中，行政主体和行政相对人的地位不平等，行政主体居于主导、行使管理权的地位，故在行政法律关系中居于强势地位。在这样不平等的关系中，要行政相对人去证明行政主体的行为不合法，无论是从知识、还是相关信息的掌握程度，于行政相对人来说通常都是不利的。因此，如果由行政相对人来承担证明责任就有失公正。相反，由于行政主体在行政法律关系中处于强势地位，故它在收集证据方面无疑具备更多的优势。而且，根据行政合法性原则的要求，既然行政主体实施行政行为必须经过考虑才施行，故让行政主体承担证明责任还有利于诉讼效率的提高。

二、被告在履行证明责任时应当遵守的几项规则

(1) 被告在证明具体行政行为的合法性时，应当提供作出该具体行政行为的证据和所依据的规范性文件。

(2) 在诉讼过程中，被告不得自行向原告和证人收集证据。此外，根据行政诉讼法第 60 条的规定，下列证据不能作为认定被诉具体行政行为合法的依据：第一，被告及其诉讼代理人在作出具体行政行为后或者在诉讼程序中自行收集的证据；第二，被

告在行政程序中非法剥夺公民、法人或者其他组织依法享有的陈述、申辩或者听证权利所采用的证据；第三，原告或者第三人在诉讼程序中提供的、被告在行政程序中未作为具体行政行为依据的证据。又根据行政诉讼法第 61 条的规定："复议机关在复议程序中收集和补充的证据，或者作出原具体行政行为的行政机关在复议程序中未向复议机关提交的证据，不能作为人民法院认定原具体行政行为合法的依据。"

（3）被告必须在举证期限内提出全部证据。《最高人民法院关于行政诉讼证据若干问题的规定》（以下简称《关于行政诉讼证据的若干规定》）第 1 条规定："被告对作出的具体行政行为负有举证责任，应当在收到起诉状副本之日起十日内，提供据以作出被诉具体行政行为的全部证据和所依据的规范性文件。被告不提供或者无正当理由逾期提供证据的，视为被诉具体行政行为没有相应的证据。"此外，《最高人民法院关于执行〈中华人民共和国行政诉讼法〉若干问题的解释》第 31 条第 3 款规定："被告在二审过程中向法庭提交在一审过程中没有提交的证据，不能作为二审法院撤销或者变更一审裁判的根据。"而作为例外的是，《关于行政诉讼证据的若干规定》第 2 条规定："原告或者第三人提出其在行政程序中没有提出的反驳理由或者证据的，经人民法院准许，被告可以在第一审程序中补充相应的证据。"

三、原告的证明责任

在行政诉讼中，原则上由被告承担证明责任，这并不意味着原告不承担任何证明责任。根据我国行政诉讼法的规定，在行政诉讼中原告就一些特定的事项承担证明责任。

（1）原告就起诉所依据的事实承担证明责任。《关于行政诉讼证据的若干规定》第 4 条规定："公民、法人或者其他组织向人民法院起诉时，应当提供其符合起诉条件的相应的证据材料。在起诉被告不作为的案件中，原告应当提供其在行政程序中曾经提出申请的证据材料。但有下列情形的除外：第一，被告应当依职权主动履行法定职责的；第二，原告因被告受理申请的登记制度不完备等正当事由不能提供相关证据材料并能够作出合理说明的。被告认为原告起诉超过法定期限的，由被告承担举证责任。"

（2）在行政赔偿诉讼中，原告应当就损害的事实承担证明义务。《关于行政诉讼证据的若干规定》第 5 条规定："在行政赔偿诉讼中，原告应当对被诉具体行政行为造成损害的事实提供证据。"

虽然具体行政行为的合法性由被告证明，但根据《关于行政诉讼证据的若干规定》第 6 条的规定："原告可以提供证明被诉具体行政行为违法的证据。不过，原告提供的证据不成立的，不免除被告对被诉具体行政行为合法性的举证责任。"

同样，原告承担举证责任的，也应当在法定的期限内完成举证。《关于行政诉讼证据的若干规定》第 7 条规定："原告或者第三人应当在开庭审理前或者人民法院指定的交换证据之日提供证据。因正当事由申请延期提供证据的，经人民法院准许，可以在法庭调查中提供。逾期提供证据的，视为放弃举证权利。原告或者第三人在第一审程序中无正当事由未提供而在第二审程序中提供的证据，人民法院不予接纳。"

第十三章　证明标准

第一节　证明标准概述

一、证明标准的含义和特征

证明标准，亦称证明要求、证明程度，是指负有证明责任的当事人提出证据对其所主张的事实进行证明所要达到的要求，也是法官认定事实时所要达到的确信程度。证明标准具有以下特征：

（1）它与证明主体相联系。一方面证明标准是承担证明责任的当事人提供证据证明其主张时应当达到的确信程度，如果说尚未达到这种程度，那么负担证明责任的当事人将承担败诉的风险。如果说证明责任的分配首先解决了应当由谁来承担证明责任的问题，那么证明标准的设置则进一步明确了当事人的证明责任，为其设定了一个完成该责任的具体界限。可见，证明标准和当事人密切相关。另一方面，证明标准也和法官密切相关。法官是案件事实的认定者，案件的真实面目需要法官去判断。而作为一种理性的解决纠纷的司法程序，法官必须根据证据认定案件，而且这种认定还必须建立在一定的确信程度之上。证明标准，作为对承担证明责任的当事人的具体要求，其意义不仅仅指向当事人自身的，而且还指向法官的，它要求当承担证明责任的当事人所提供的证据对案件事实证明达到证明标准的确信程度时，法官应当作出肯定的认定，支持该当事人的主张。当然，即使是法官自己收集调查证据，要使自己肯定某些事实，他（她）也要以法律所设置的证明标准为界限。

（2）它与证明对象密切相连。证明标准，是认定一定事实的标准，故我们在讨论它的时候总是潜藏着要认定某一事实应当达到什么样的证明程度这一问题。证明，是一定主体的活动，这种活动总是离不开一定的证明对象的，而我们要得出证明对象真伪性的结论，也总是离不开一定的判断尺度即证明标准。因此，证明对象与证明标准不可分割。

（3）证明标准是一个程度概念。它是证明主体证明或认定一定事实所要达到的程度，这种程度是不能具体化或有形化的。我们只能以其是否“确实充分”、“确定无疑”、“高度的盖然性”、“无合理怀疑”等具有较大模糊性的概念来表达它，而不能像测量人的身高体重那样，有一个确切的尺度。

（4）证明标准是主观性与客观性的统一。由于证明责任只是一个程度概念，故对它就无法用一系列的标准来将其具体化，而在人们认定事实时予以衡量。在证明活动中，证明主体所提供的证据对证明对象而言将其证明到了什么程度，是一个主观认识的问题，而且，“确实充分”、“确定无疑”等表达证明标准的程度概念的内容也需要从主观上去认识把握。总之，作为一个程度概念，“证明标准是无形的，也是内在的，它是存在于法官、陪审员、检察官、律师的心中的一杆秤，是靠标准的适用者用心智把握的尺度，也是靠法律职业共同体的从业人员所形成的共识来维系的”[①]。

证明标准的主观性不是绝对的，证明标准也具有一定的客观性。首先，它的形成与存在具有客观的基础。其来源于人们对诉讼活动中证明规律的认识，来源于审判实践，是依据审判实践经验形成的。其次，证明标准是一种法律规定的评价尺度。因此，“证明标准一旦形成，在诉讼中便获得了生命，成为脱离每一个裁判者而独立存在，对裁判者和其他诉讼主体具有指导作用和约束力的客观规则”[②]。

（5）证明标准是法官认定事实的底线。我们说，法官肯定一定的事实，要以证明主体的证明达到证明标准为条件。如果说证明主体的证明尚未达到证明标准的界限，那么法官就不能对事实作出肯定的认定。然而，作为一种标准，证明主体的证明只要达到了该标准，就可以作出肯定性的结论，而并不要求要超出该标准才能作出认定，否则，证明标准也就丧失了其存在的意义。

二、证明标准的意义

对证明标准的意义，可以归纳为以下几个方面：

（一）证明标准进一步明确了当事人的证明责任，同时它为解决当事人承担结果意义上的证明责任这一问题提供了前提

证明责任要回答的是应当由谁来提供证据，以及在证明不能时当事人承担不利后果的责任，而在什么情况下将由当事人承担不利的后果，这正是证明标准所要解决的问题。如果说不通过设

---

① 李浩著：《证明标准新探》，《中国法学》，2002年第4期。

② 同上。

定一定的证明标准进一步明确当事人的证明责任，证明责任则只能解决由谁来提供证据证明的问题，而无法解决当证明不能时，应当由谁来承担败诉风险的责任。而证明标准的设定，则为判断当事人是否完成证明责任提供了衡量的尺度。当事人的证明达到了证明标准，其就完成了证明责任，而承担不利后果的风险则转移与对方当事人。因此，可以说证明标准的存在，进一步明确了当事人的具体的证明责任，同时也为统一证明责任的两个方面即行为意义上的证明责任和结果意义上的证明责任搭起了桥梁。

（二）证明标准为法官认定案件事实提供了法律上的尺度

案件事实的认定者是法官，当事人所主张的事实也由法官来判定其真伪性，法官要根据证据来认定事实。然而，在什么情况下对一定的证据所支持的事实可以认定其真伪，而且怎样来判断案件事实仍处于真伪不明的状态的？证明标准的存在正要解决这些实际的问题。对于法官而言，只要当事人提供的证据能够将其主张的事实的确信程度证明到证明标准所设定的程度，则可以对该当事人的主张予以认定，反之，则不予认定。另外，如果说集合所有的证据都不能认定证明达到了证明标准所设定的程度，那么案件事实就处于真伪不明的状态，这时候，法官就可以作出对承担证明责任的当事人不利的裁判。

（三）证明标准为证明主体收集、提供证据提供了指导

无论是对当事人，还是对承担收集证据的法官而言，收集或提供证据将待证事实证明到法律所设定的证明标准的程度，就是当事人要设法收集各种证据，要将自己主张的事实证明到法定的程度以使法官确信，而法官也要为查清案件事实收集必要的证据，或者作为对当事人证据的补充，以使之能够和其他证据共同将待证事实证明到法定的证明程度，从而对案件事实作出认定，

以适用法律。可见，诉讼中的收集证据、提供证据是以证明标准为参照或指导，诉讼证明不仅要求当事人要提供证据，而且要提供足够的证据。对法官而言，为了查清案件事实，他（她）也要进行必要的调查取证活动。

三、有关证明标准的几对范畴

（一）客观事实和法律事实

诉讼证明中所讲的客观事实，是指客观存在的事实，它虽然能为我们的认识所反映，但在我们反映它之前，它就已经客观存在着。诉讼证明中的法律事实，是指由法律规范调整的，能够引起一定法律后果的事实，即在诉讼证明活动中，人们根据证据所认定的事实。诉讼证明中的法律事实与客观事实相比，具有这样几个特点：第一，法律事实是在诉讼证明这个空间或“场”中形成的；第二，它是依据诉讼上的证据所认定的事实；第三，它具有法律的意义，能够引起某种或某些法律后果。相对而言，诉讼证明中的客观事实则发生在诉讼活动进行之前，虽然我们要依据证据去发现它，但它并不就等同于法律事实，而且它也并非就具有当然的法律意义。客观事实和法律事实存在对立的方面，但也存在统一的方面。二者的统一性表现在人们总是在客观事实所表现出来的某些特征的基础之上去认识发现客观事实并形成法律事实的。如果说，我们对客观事实所表现出来的任何特征没有把握，那么我们连客观事实的存在都没有认识到，也就谈不上通过法律程序去发现法律事实作为裁判的依据了。客观事实和法律事实这对范畴揭示了诉讼证明对象（一定的客观事实）和法官裁判所依据的事实之间的对立性和统一性，这对我们认识诉讼证明具有积极的意义。

（二）客观真实和法律真实

严格地说，客观真实和法律真实并不是具体的证明标准，把它界定为诉讼证明的理念则较为恰当。这两种理念所要反映的问题是我们在诉讼证明活动中应当坚持什么样的基本原则。诉讼证明是要以发现客观真实为根本指导呢，还是以发现法律真实为根本指导，这便是诉讼证明理念的问题。关于这两种理念的争论，还是在最近几年才由对客观真实的反思与批判所引发的①。

客观真实和法律真实是以客观事实和法律事实为基础的一对范畴，但是客观真实和法律真实的概念并不完全等同于客观事实和法律事实。客观事实和法律事实回答的是“什么是司法证明中的事实”的问题；客观真实回答的是“司法证明中的认识怎样才为真实”的问题，二者不能混为一谈②。

客观真实，是指人们对客观事实的认识符合客观事实本身，在诉讼中则强调对案件事实的认定应当符合客观事实本身，作为裁判基础的事实应当和客观事实是同一的。而法律真实，是指在诉讼中所认定的法律事实只要是依据通过法定程序收集的证据所认定的，就是真实的。二者的对立性集中表现在“真实性”的衡量依据不同，客观真实是以客观事实本身作为衡量“真实性”的标准，而法律真实则强调以寻求客观事实的过程和手段作为衡量其“真实性”的依据，凡是通过法定的程序收集、经过法定的查证、认证过程所形成的事实就是真实的。

对客观真实和法律真实，我们需要注意的是二者一致的地

---

① 樊崇义教授的《客观真实管见》，（《中国法学》，2000 年第 1 期）一文的发表最早引发了两种观点的争论。

② 何家弘著：《论司法证明的目的和标准》，《法学研究》，2001 年第 6 期。

方。法律真实，虽然主张在法律程序中认定了的事实就是“真实的事实”，但它并不否认有客观的案件事实存在，而且也不反对程序应当以尽可能发现客观真实为追求的目标之一，同样，客观真实论者也不是主张要用诉讼程序之外的所谓的客观事实来作为裁判的依据，而同样是主张以在诉讼程序中所认定的事实作为裁判的根据。从这个角度讲，二者并无本质的区别。

当然，我们还应该看到这两种理念的争论不仅涉及到认识论上的问题，同时也还牵涉到一些价值上的问题。客观真实论者所担心的是强调法律真实，一定程度上会以牺牲一定的实体正义为代价，不利于对犯罪行为的打击；法律真实论者则担心的是，强调客观真实，一定程度上又会以牺牲程序正义为代价，不利于对犯罪嫌疑人、被告人人权的保护。这样一来，二者之间的争论就由事实之争演变为价值之争。当然，争论的本质还是价值之争。

在刑事诉讼中应当坚持哪一证明理念？我们认为，既然证明理念不是证明标准，而且也仅仅是一种具有理想或目标特征的理念，也就没有必要把它等同于客观事实本身，即也就不能把它当成是每一个具体的诉讼证明都要达到的目标。另外，既然裁判的公正性要以准确认定案件事实为前提之一，那么如果能够发现客观真实，对公正裁判无疑具有积极的意义，因此，发现客观真实应当是诉讼证明中事实认定的目标。结合以上两点，我们认为应当坚持客观真实的诉讼证明理念，即发现案件事实应当以发现客观事实为目标。当然，作为裁判基础的事实，应当是在法律程序中所认定的事实，这些事实是具有法律上的真实性的。

（三）绝对真实和相对真实

这对范畴主要是从认识论的角度来划分的，但它们的区别不在于作为主体的人能不能认识客观事物，而在于人能不能完全认识客观事物，即是说这两种观点的区别在对客观事物认识程度的不同看法上面。在诉讼证明中，这一问题就反映为对已经发生的客观事实，我们在诉讼活动中能不能完全地认识它的问题。绝对真实观对这一问题的回答是肯定的，而相对真实观则持否定的态度。这种分歧实质上是人的思维的至上性和有限性这一哲学上的认识论问题在诉讼证明这一现实的认识活动中的反应。如果说我们完全坚持人的认识能力的无限性和有限性相统一的观点，坚持对立统一的观点，坚持矛盾是绝对的，而统一是相对的马克思主义的认识论的话，那么对这一具体的认识问题应当是容易回答的，在具备一定的条件下，我们是可以完全认识客观事物的，而在一定的时空条件下我们也许是不能完全认识客观事物的。在这里就诉讼证明而言，我们应当注意这样几个问题：第一，我们解决纠纷并非建立在对案件事实的完全认识上，通常只要求去认识那些对解决纠纷具有法律意义的案件主要事实即可。比如说对犯罪时间的调查，并不要求我们去查明行为人是在哪一秒内着手实施犯罪行为的，再如也不要求查明行为人实施犯罪行为时的表情是什么样的。第二，在诉讼证明上我们设置了证明标准，如果说在诉讼中案件事实总是能查清或完全查清的话，证明标准除了在追求诉讼效率上有点意义的话，恐怕就无其他任何价值了。因此，证明标准的设定，实际上也反映了对案件事实认识的相对性的肯定的一面，它并不要求我们对案件事实的认识达到绝对真实的程度。另外，证明责任制度的存在，也在一定程度上反映了诉讼证明相对性的特点。证明责任制度一方面是建立在解决由谁提供证据证明的问题，另一方面则是要解决在案件事实真伪不明时法官应当如何裁判的问题。可见，在诉讼证明的认识问题上，我们应当认识到诉讼证明的相对性在诉讼中有具体制度佐证。

（四）实质真实和形式真实

这对范畴是从客观事实本身的实质性内容和认定事实的过程或手段来评价一定事实“真实性”的，实质真实强调的是事实本身的本来面目、客观存在的实质内容，而形式真实则主张从发现实施过程、手段来评价一定“事实”的真实性。在诉讼证明中，形式真实主义认为，凡是依照合法的程序、采用合法的证明手段、方法、方式所认定的实施都是真实的。对此，又有两种不同的观点，一种是完全割离法律事实和客观事实关系，认为除了根据程序判定的真实之外不再存在其他的衡量法律事实真实性的标准；另一种则坚持二元评价的观点，一方面承认形式真实，另一方面也主张不能完全放弃实质真实的标准，应当以发现实质真实为最终目标，或者说以发现实质真实为诉讼证明的向导。事实上，实质真实和形式真实这对范畴是对客观事实和法律事实这对范畴在“真实性”的评价标准问题上的反映，不过和其他几对范畴一样，它也对诉讼制度和诉讼实践活动存在一定的影响。

四、确定证明标准坚持的基本原则

证明标准，是立法者所设定在诉讼中要证明某一待证事实为真或为假时所要达到的程度。它直接影响到对案件事实的认定。如何确定证明标准，根据诉讼的特征、证明标准的意义，我们认为应当坚持以下几个原则：

（一）现实、可操作性原则

这一原则是由证明标准的意义所决定的。证明标准既然是衡量证明是否达到足以对案件事实真伪作出认定的尺度，那么它就应当是具体的，而不是抽象的原则或理念。法官在认定案件事实时，参照证明标准可以对案件事实作出明确的认定，而不是案件事实仍然处于未知或模棱两可的状态。也就是说，它能为人们所认识和把握，并且能够明确地用它来衡量对案件事实的证明是否达到可以认定真伪的程度。

需要注意的是，证明标准的现实、可操作性是相对而言的，因为证明标准本身也只是一个程度概念，而不是一个确定或可量化的概念，而且它也只有靠我们的内心认识去把握，因此，证明标准不像我们用来测量距离的尺子、不像用来称体重的秤等这样一些认识手段。

我们说证明标准不具有确定性，这并不意味着证明标准是不可把握的。证明标准所表达的内容，是能够为我们所认识，并且用它来衡量诉讼证明的。这种可能性的基础在于，依赖于一定的信息、知识和经验，我们能够对对象做出判断，而且这种判断是能够为一般人所理解的，并且在一般人具备相应信息、知识和经验的情况下也能作出相同或类似的判断。

因此，在设置证明标准的时候，一方面不要把证明标准理想化，设置得不切实际，实践中难以达到，一方面也要注意不要企图把证明标准量化和精确化，以避免使诉讼证明陷入机械性的境地。只要切合实际，并能够把握就行了。

（二）不同性质的诉讼采用不同的证明标准原则

诉讼通常包括民事诉讼、刑事诉讼和行政诉讼三种性质的诉讼，这三种诉讼在产生的原因、诉讼的目的和诉讼程序等方面都存在区别。在诉讼证明上，无论是证明主体，还是证明责任的分配都是存在差别的；因而在证明标准上，也应当是存在差别的。通常认为，由于刑事诉讼关涉到公民的人身自由、甚至生命，故其证明标准要高于民事诉讼和行政诉讼的证明标准。而民事诉讼解决的是平等的民事主体之间的民事权利义务纠纷，主要涉及财产权利，民事责任的承担方式相对刑事处罚而言较轻，而且出现错误也有不小的余地。因此民事诉讼的证明标准可以低于刑事诉讼的证明标准。行政诉讼解决的是具体行政行为的合法性问题，刑事诉讼除了要依法保护行政相对人的财产权利和人身权利外，同时还要维护和监督行政机关依法行使行政职权，涉及一定的公共利益；行政诉讼的结果对个人和公共利益的影响程度通常要低于刑事诉讼、高于民事诉讼。因此，证明标准上行政诉讼的证明标准应当低于刑事诉讼而高于民事诉讼①。

（三）同一种性质的诉讼，在不同的阶段，针对一些不同的事项采取不同证明标准的原则

不仅不同性质的诉讼应当采用不同的证明标准，而且就是同一性质的诉讼，在诉讼的不同阶段针对不同的事项也应当采用不同的证明标准。如在刑事诉讼中立案、拘留、逮捕、申请回避、确定有罪等在证明标准上都是有差异的。在民事诉讼和行政诉讼中，从立案到判决在证明标准上也客观地存在着一定差别。对不同的待证事实设置不同的证明标准，原则上根据事实的重要程度予以设定。“事实愈重要，适用的证明标准就愈高，事实误认造成的后果愈严重，为防止误认事实，就应当适用愈高的证明标准。实体法事实存在与否关系到当事人之间权利义务关系的发生、变更或消灭，因而应当适用较高的证明标准”②。

另外，证明的困难程度也应当是设置证明标准时应当考虑的一个因素。在一些案件中，因证据的存在片面性，证据几乎为实施加害行为的一方所控制，如医疗侵权诉讼中，有关医疗过程的

---

① 毕玉谦主编：《证据法要义》，法律出版社 2003 年版，第 468 页。

② 李浩著：《证明标准》，《中国法学》2002 年第 4 期。

材料几乎全为医院方掌握，因此，为了缓解原告举证的困难，维护受害者的合法权益，降低证明标准则是必要的。对此类案件，英美国家实行“事实本身说明过失的原则”，德国运用“表现证明”的理论，日本则采用“大概推定”的办法①。

最后，在设定具体的证明标准时，还应当对诉讼效率予以考虑。诉讼证明最理想的状态无疑是对每一事实的证明都能达到客观真实的程度，但作为解决纠纷的诉讼，一方面它并不总是能达到客观真实的，而且也没有必要都达到客观真实的状态。诉讼本身是一种消耗社会资源的活动，因此，通过设定适当的证明标准对节约诉讼成本具有积极的意义。

第二节　刑事诉讼中的证明标准

一、外国刑事诉讼中的证明标准

（一）英美法系国家刑事诉讼中的证明标准

在英美法系国家，刑事诉讼上一般采用排除合理怀疑（Beyond a Reasonable Doubt）的证明标准。公诉人承担着证明被告人犯有所控罪行的所有要素的任务。但如果他运用证据仅仅能证明被告人可能是作案人则是不够的，被告人不能因此被判有罪；仅仅能证明“很可能是”是不够的，还必须能够证明达到超出合理怀疑的程度，才能算完成了证明责任；换言之，事实裁判者聆听完公诉人的所有证据后，再把被告方的反驳证据考虑在内，若觉得对“被告人就是罪犯”这一点还存在“合理的怀疑”，则不

① 李浩著：《证明标准》，《中国法学》2002 年第 4 期。

能判决被告人有罪，应将其无罪开释。但关于什么是排除合理怀疑，大多数法官都拒绝作出定义，而将其视为不言自明的[①]。

需要注意的是，英美法系国家在刑事诉讼领域中也不是只采用排除合理怀疑这一证明标准，以美国为例，美国证据法和证据理论中，将证明标准一共分为九等：第一等是绝对确定，由于认识论的限制，认为这一标准无法达到，因此无论出于任何法律目的均无这样的要求；第二等是排除合理怀疑，为刑事案件作出定罪裁决所要求，也是诉讼证明的最高标准；第三等是清楚和有说服力的证据，当某些司法区在死刑案件中拒绝保释时，以及做出某些民事判决有这样的要求；第四等是优势证据，作出民事判决以及肯定刑事辩护时的要求；第五等是合理根据，适用于签发令状、无证逮捕、搜查和扣押，提起大陪审团起诉书和检察官起诉书，撤销缓刑和假释，以及公民扭送等情况；第六等是有理由的相信，适用于“拦截和搜身”；第七等是有理由的怀疑，足以将被告人宣布无罪；第八等是怀疑，可以开始侦查；第九等是无线索，不足以采取任何法律行为[②]。

（二）大陆法系国家刑事诉讼中的证明标准

从法、德这两个大陆法系国家代表的刑事诉讼立法来看，在刑事诉讼活动中，一般采用的是自由心证的诉讼证明标准。如《法国刑事诉讼法典》第353条规定：“在重罪法庭休庭前，审判长应当告知法官：法律并不考虑法官通过何种途径达成内心确信；法律并不要求他们必须追求充分和足够的证据；法律只要求

① 何家弘主编：《外国证据法》，法律出版社2003年版，第205页。

② 卞建林译：《美国联邦刑事诉讼规则和证据规则》（中文版序），中国政法大学出版社1996年版，第22页。

他们心平气和、精神集中，凭自己的诚实和良心，依靠自己的理智，根据有罪证据和辩护理由，形成印象，作出判断。法律只向他们提出一个问题：你是否已形成内心确信？这是他们的职责所在。”[①]《德国刑事诉讼法典》第261条规定：“对证据调查的结果，由法庭根据它在审理的全过程中建立起来的内心确信而决定。”[②]也就是“要求法官根据他个人的自由确信而确定证据。法官的个人确信，指他的个人确认。这种确认，必须根据明智推理，建立在对证据结果之完全、充分、无相互矛盾地使用之上”[③]。

在日本，内心确信的证明标准一般表述为“高度盖然性”标准。“在刑事诉讼中，‘证明是犯罪’就是存在‘高度盖然性’。但是，‘盖然性’并不能否定相反事实存在的可能性，应当切记，在观念上一味强调盖然性很可能导致错误判决。因此，上述所说的‘高度盖然性’必须达到不允许相反事实存在的程度，‘证明构成犯罪的证明’必须达到这种程度才是可信的判断”〔昭和四十八年（1973）十二月十三日《判例时报》第725号第104页〕[④]。就排除合理怀疑和高度盖然性标准的关系而言，日本刑事诉讼法学者田口守一先生认为本质上是表里关系，“高度盖然性”的标准是双重肯定的评价方法，“无合理怀疑”的证明标准

---

① 余叔通、谢朝华译：《法国刑事诉讼法典》，中国政法大学出版社1997年版，第132页。

② 李昌珂译：《德国刑事诉讼法典》，中国政法大学出版社1995年版，第106页。

③ 李昌珂译：《德国刑事诉讼法典》，中国政法大学出版社1995年版，第17页。

④〔日〕田口守一著，刘迪、张凌、穆津译：《刑事诉讼法》，法律出版社2000年版，第223页。

则是排除否定的证明方法[①]。

将以上法、德、日等国家刑事诉讼中的“内心确信”证明要求与英美国家的证明标准进行比较，可见二者之间是存在区别的，前者强调自由心证的运用，而后者虽然也坚持自由心证的原则，但就具体的操作而言，却对证明要求作出了一些具体的限制性规定。就有罪证明的证明标准而言，“内心确信”的标准与“排除合理怀疑”的证明标准也是存在区别的，一方面可说“内心确信”的标准高于“排除合理怀疑”的标准，因为“排除合理怀疑”并不意味着法官已经形成确信，另一方面可以说“内心确信”的标准低于“排除合理怀疑”的标准，因为法官已经形成确信，并不意味着法官是在排除合理怀疑的基础上形成的，即法官即使认为有合理怀疑存在，但他（她）也可以对某问题作出确信的判断。当然，虽然法、德等国强调法官的自由心证，并不意味着法官是可以恣意裁判的，根据立法，法官应当“凭自己的诚实和良心，依靠自己的理智，根据有罪证据和辩护理由，形成印象”。

二、我国刑事诉讼中的证明标准

（一）我国刑事诉讼证明标准的探索

“案件事实清楚，证据确实、充分”可以说是我国刑事诉讼传统的证明标准，同时也可以说是对整个刑事诉讼证明的根本要求。对此，通常把它表述为“一元化”的证明标准，即整个刑事诉讼证明原则上都必须达到的要求。但随着对刑事诉讼研究的不

---

① 〔日〕田口守一著，刘迪、张凌、穆津译：《刑事诉讼法》，法律出版社 2000 年版，第 223 页。

断深入，人们逐渐认识到在刑事诉讼中采用一元化的证明标准是不符合诉讼实际和诉讼规律的，从而意识到在同一诉讼中，在不同的诉讼阶段对不同的事实在证明的要求上应当是有区别的，即诉讼证明标准应当多元化。

就目前的刑事诉讼立法而言，我国目前有关刑事诉讼证明标准的规定缺乏系统性，除了有关有罪证明的证明标准较为明确外，其他诉讼阶段的有关事实的证明标准常常都是模糊不清的，而且有的根本就没有规定。我们认为，在坚持证明标准多元化的原则下，通过吸收或借鉴国外的经验，建立我国刑事诉讼证明标准的体系是必要的，当然也是可能的。建立诉讼证明标准的体系，其中最重要的问题是建构证明标准的层次问题，离开了层次即程度的区分来讲证明标准的多元化是毫无意义的。

如何建构证明标准的层次，我们认为美国证据法和证据理论中对证明标准的层次划分是值得借鉴的，但由于其与我国诉讼制度上存在着一些具体的差异，故也不能对之全盘接受。比如说，在我国，有学者就主张将我国刑事诉讼证明标准分为五个级别：立案标准是“合理犯罪嫌疑”；逮捕的证明标准是“确有证据证明”；移送起诉的证明标准是“优势概率的证明”；提起公诉的证明标准是“明确证据的证明”；有罪判决的证明标准是“排除合理怀疑的证明”[①]。

另有学者主张，我国刑事诉讼的证明标准可以分为这样三个不同的层次，一是证据确实充分，即确定无疑的标准；二是接近

---

① 何家弘著：《论司法证明的目的和标准——兼论司法证明的基本概念和范畴》，《法学研究》2001 年第 6 期。

确定无疑，即排除合理怀疑的证明标准；三是有确定证据的推定[①]。

如果从整个刑事诉讼证明出发，考虑到不同性质（程序法事实和实体法事实）的待证事实，并考虑到待证事实的重要程度（对当事人权利义务的影响程度），并结合诉讼效率予以考虑，不妨将我国刑事诉讼证明标准分为以下几个等级或层次：一是确定无疑的证明标准，适用这一标准要求对待证事实的证明证据确实、充分，从证据与事实之间的关系来看，二者存在一一对应的必然关系或者说无限接近同一的联系，即除了此事实外不存在任何其他事实的可能性。二是排除合理怀疑的证明标准，适用这一标准要求对待证事实的证明须证据确实、充分，并且在证据与事实之间存在无合理怀疑，虽然证据和事实之间并无确定的必然同一关系，但只要无合理的怀疑存在，就可以对待证事实作出判断。显然，这一标准比“确定无疑”标准要低。三是高度确信标准或较大盖然性标准，这一标准不要求证明达到无合理怀疑的程度，即只要具备相当的证据，即使尚存在合理的怀疑而只要达到认定某事实存在的可能性较之其不存在的可能性较大这样的证明程度即可。四是确信标准或优势证据标准，即从自由心证原则出发，根据一定的证据材料或信息即可相信某事实为真的可能性比为假的可能性大就可以认定某事实为真。五是基本确信的标准，根据这一标准，只要是根据一定的事实或信息，不基于任何认识上的限制，只要相信一定的事实为真，那么该事实即为真。以上五种证明标准的区别表现为：

---

① 柴春元、徐建波著：《“两个基本”与刑事证明标准——第三届检察理论年会热点综述》，《人民检察》2003 年第 3 期。

（1）从五种证明标准对证据的“量”的要求来看，“确定无疑”和“排除合理怀疑”和“高度确信”都要求证据在“量”上充分，即对证据“量”的要求较高，特别是前两个证明标准对证据“量”要求尤为高，而“确信”和“基本确信”标准对“量”的要求相对较低，特别是“基本确信”的证明标准。可以说“量”并不是最终决定事实判断的因素。

（2）从五种证明标准对证据的“质”的要求来看，“确定无疑”的标准要求证据不仅确实，而且其所具备的证明能力能够表征证据本身与待证事实具有直接同一关系或无限接近同一的程度，“排除合理怀疑”的标准只要表明在证据和待证事实之间不存在合理的怀疑即可，“高度确信”则只要求证据所证明的事实存在的可能性比不存在的可能性较大即可，“确信”的证明标准只要求证据所证明的事实存在的可能性比不存在的可能性大即可，而“基本确信”的标准对证据的“质”并无具体或明确的要求。如果用一个量的概念来说明这几种证明标准对证明“质”的要求的不同的话，则可以把“确定无疑”这一证明标准对证明“质”的要求比喻为要求证明达到100%或者无限接近100%的程度，“排除合理怀疑”则要求证明达到90%以上的程度，“高度确信”要求能够证明某事实存在的可能性大于70%的程度，“确信”的标准则只要求能够证明某事实存在的可能性大于50%的程度，而“基本确信”的证明要求则对可能性无确定的要求，即可以不考虑一定的事实存在的可能性是否大于50%的程度也可以相信某事实为真。

（3）从证明的程序来看，前三种证明标准要求证明必须按照法定的程序进行，而“基本确信”的证明则无须通过正式的取证、质证、认证等法定证明程序。从证明的正式或严格程度来讲，“基本确信”的证明实质上也就是我们在证明概述一章中所讲的“释明”。

根据待证事实的重要性，我们认为，在刑事诉讼中对被告人作出死刑判决的证明标准应该是“确定无疑”标准，其他有罪判决则只要达到“排除合理怀疑”的标准即可，而程序法上的事实如拘留、逮捕等则须达到“确信”的证明程度，而对回避等事项的证明则只要达到“基本确信”的证明程度即可。

(二) 我国刑事诉讼中的一些具体事项的证明标准

1. 认定被告人有罪的证明标准

我国《刑事诉讼法》第162条第1款第1项规定：“案件事实清楚，证据确实、充分，依法律认定被告人有罪的，应当作出有罪判决。”从这一规定来看，我国立法所确定的证明被告人有罪的标准也就是“案件事实清楚，证据确实充分”。所谓案件事实清楚，是指与定罪量刑有关的事实和情节，都必须查清。证据充分则是指诉讼所具有的证据足以充分证明案件事实和情节的存在，能够充分说明问题。前者被认为是证明在“质”上的要求，后者表现的是证明在“量”上的要求。

根据有关法律的规定和司法实践的经验，案件事实清楚、证据确实充分，通常要求达到这样几个要求：第一，据以定案的证据具有关联性，即对案件事实具有证明作用，不具有关联性的证据不能作为定案的根据，如被告人的前科、品格等；第二，据以定案的证据具有可采性，即符合法律对证据相关性、最佳证据、传闻证据、意见证据等的要求，并且是未被非法证据排除规则所排出的；第三，据以定案的证据必须是控、辩双方在法庭上出示的证据，并且其真实性、可靠性得到控辩双方交叉询问、质证的证据；第四，属于犯罪构成各要件的事实均有相应的证据加以证明；第五，所有证据在整体上已足以对所要证明的案件事实得出确定无疑的结论，排除了其他一切可能性。

从以上法律规定的证明的具体要求来看，如果用证明程度的概念来表达这一要求的话，在我国要证明被告人有罪无疑是要求达到"确定无疑"的程度的。应当说从法律的规定来看，我国刑事诉讼的证明标准比英、美、法、德、日的"排除合理怀疑"或"高度盖然性"的证明标准要高。当然，也正是这样，以前我们才把这样的证明标准视为"客观真实"的证明标准。

我们认为，在对被告人判处死刑的情况下，将证明标准界定为"确定无疑"是合理的。死刑涉及的是被告人的生命，而生命一旦被剥夺，误判所引起的后果对被告人而言是无法弥补的，因此，在涉及要剥夺被告人生命的诉讼中，坚持"确定无疑"的证明标准是无可怀疑的。而就其他有罪判决的证明标准而言，是遵循"确定无疑"还是"排除合理怀疑"是值得进一步探讨的。

2. 立案的证明标准

现行刑事诉讼法第 86 条规定："人民法院、人民检察院或者公安机关对于报案、控告、举报和自首的材料，应当按照管辖范围，迅速进行审查，认为有犯罪事实需要追究刑事责任的时候，应当立案；认为没有犯罪事实，或者犯罪事实显著轻微，不需要追究刑事责任的时候，不予立案，并且将不立案的原因通知控告人。控告人如果不服，可以申请复议。"对于刑事诉讼法的这一规定，通常认为公安司法机关立案的标准即是由材料证明"有犯罪事实且需要追究刑事责任"。在这里需要注意的是，"有犯罪事实且需要追究刑事责任"并不是一个表达证明标准的概念。与其说它是证明标准，倒不如说是证明对象更为恰当，因为是否有犯罪事实存在，是否要追究刑事责任本身就是需要用证据材料来证明的。

同样，就自诉案件而言，对于自诉案件立案的证明标准立法也尚未明确。《刑事诉讼法》第 170 条规定："自诉案件包括：(一) 告诉才处理的案件；(二) 被害人有证据证明的轻微刑事案件；(三) 被害人有证据证明对被告人侵犯自己人身、财产权利的行为应当依法追究刑事责任，而公安机关或者人民检察院不予追究被告人刑事责任的案件。"要对自诉案件立案，从上述规定来看，无疑是要求"有证据证明被害人受到了轻微伤害，或者是被告人侵犯自己人身、财产权利的行为应当依法追究刑事责任，而公安机关或者人民检察院不予追究被告人刑事责任"等事实存在，而这种证明需要达到什么要求才可以认定，目前的立法同样是没有规定的。

如果说目前的刑事诉讼法没有对立案的证明要求作出实质性的规定，那么对是否犯罪及是否应当追究刑事责任的证明应当达到什么程度呢？我们认为，如果立案的证明标准过高，则不利于打击犯罪和保障公民、组织及社会、国家的合法利益；立案的证明标准过低，则不利于对公民、组织等主体权益的保护，同时也会增加诉讼的成本，增加社会的负担。因此，我们认为从立案本身的意义出发，其证明标准无须达到"确定无疑"或"排除合理怀疑"的程度，只要达到"高度确信"的程度即可，即只要有相应的证据材料并查证属实，且证据材料能够证明犯罪事实存在且须追究刑事责任的可能性比不存在追究刑事责任的可能性大即可立案。

3. 关于拘留的证明标准

《刑事诉讼法》第 61 条规定："公安机关对于现行犯或者重大嫌疑分子，如果有下列情形之一的，可以先行拘留：(一) 正在预备犯罪、实行犯罪或者在犯罪后即时被发觉的；（二）被害人或者在场亲眼看见的人指认他犯罪的；（三）在身边或者住处发现有犯罪证据的；（四）犯罪后企图自杀、逃跑或者在逃的；（五）有毁灭、伪造证据或者串供可能的；（六）不讲真实姓名、住址，身份不明的；（七）有流窜作案、多次作案、结伙作案重大嫌疑的。”这条规定也是对使用拘留的条件的规定，而并不是对采取拘留措施的证明标准的规定。由于拘留只涉及到对公民人身自由短时间的剥夺，故我们认为，采取拘留的证明标准应当是“确信”的标准，也就是说对公民实施拘留时，公安司法机关依据一定的证据能够证明上述应当拘留的情形的存在较之不存在的可能性大即可对公民采取拘留的措施。

4. 关于逮捕的证明标准

关于逮捕，我国《刑事诉讼法》第60条规定：“对有证据证明有犯罪事实，可能判处徒刑以上刑罚的犯罪嫌疑人、被告人，采取取保候审、监视居住等方法，尚不足以防止发生社会危险性，而有逮捕必要的，应即依法逮捕。”根据该条规定，公安司法机关要对公民予以逮捕，必须证明：第一，有犯罪事实存在；第二，犯罪事实是犯罪嫌疑人、被告人实施的；第三，可能判处徒刑以上刑罚；第四，采取取保候审、监视居住等方法尚不足以防止社会危险性，而有逮捕的必要。对于逮捕适用什么样的证明标准，我们认为，逮捕是所有强制措施中最严厉的一种，故证明标准不宜过低，同时它也只是一种强制措施，故证明标准应当低于定罪时的证明标准，因此，将逮捕的证明标准设定为“高度确信”是合理的，即在有确实、相当，并且可以相互印证的证据能够证明逮捕条件存在着较大可能性的前提下，即可对公民实施逮捕。

5. 审查起诉的证明标准

审查起诉，是指人民检察院对公安机关侦查终结移送起诉的案件和自行侦查终结的案件进行审查，依法决定是否对犯罪嫌疑人提起公诉的诉讼活动。审查起诉的目的就是决定是否将犯罪嫌疑人交由法院审判，那么在何种情况下检察院应当将嫌疑人交由法院审判呢？《刑事诉讼法》第137条规定："人民检察院审查案件的时候，必须查明：（一）犯罪事实、情节是否清楚，证据是否确实、充分，犯罪性质和罪名的认定是否正确；（二）有无遗漏罪行和其他应当追究刑事责任的人；（三）是否属于不应追究刑事责任的；（四）有无附带民事诉讼；（五）侦查活动是否合法。"对上述事项应当证明到何种程度，我们认为由于审查起诉直接关系到审判程序是否启动，以及嫌疑人是否要受到刑事追诉，同时它也有别于对被告人予以定罪，故与逮捕一样适用"高度确信"的证明标准是恰当的。在这里需要注意的是，尽管我们说二者适用一样的证明标准，但应该看到二者的证明对象是不一样的。我们不能因为审查起诉时要审查的内容较之于逮捕的审查内容不同，而认定二者的证明标准应不同，甚至认为审查起诉的证明标准应当高于逮捕的证明标准。

6. 关于开庭审判的证明标准

《刑事诉讼法》第150条规定："人民法院对提起公诉的案件进行审查后，对于起诉书中有明确的指控犯罪事实并且附有证据目录、证人名单和主要证据复印件或者照片的，应当决定开庭审判。"从这条规定来看，人民法院在决定是否就案件开庭审判时应当就起诉书中是否有明确的指控犯罪事实并且附有证据目录、证人名单和主要证据复印件或者照片这些事项进行审查，对法院而言这些审查内容也就是证明的对象。而法院要将这些待证的事实证明到何种程度才能认定这些事项确实存在呢？我们认为法院只要从起诉书的内容，以及起诉书所附的证据目录、证人名单和主要证据复印件或者照片等资料出发，足以认定犯罪事实存在并且为被告人所为的可能性较大即可确定开庭审判。我们不主张开庭审判适用“排除合理怀疑”或“确定无疑”的证明标准，一方面，要法院在审查的时候做到“无合理怀疑”或“确定无疑”的判断是不切实际的，另一方面设定这样高的证明标准是违背诉讼规律的，标准过高，无疑会加入法官先入为主、预断的观念，而影响到审判的公正性。

7. 关于回避的证明标准

《刑事诉讼法》第28条规定：“审判人员、检察人员、侦查人员有下列情形之一的，应当自行回避，当事人及其法定代理人也有权要求他们回避：（一）是本案的当事人或者是当事人的近亲属的；（二）本人或者他的近亲属和本案有利害关系的；（三）担任过本案的证人、鉴定人、辩护人、诉讼代理人的；（四）与本案当事人有其他关系，可能影响公正处理案件的。”从刑事诉讼法的这条规定来看，是否适用回避，至少应当满足以上事项中的一项。首先，我们来看审判人员、检察人员、侦查人员的自行回避问题，以审判人员的自行回避为例，根据《最高人民法院关于执行〈中华人民共和国刑事诉讼法〉若干问题的解释》第24条的规定：“审判人员自行回避的，可以口头或者书面提出，并说明理由，由院长决定。”从这一规定来看，审判人员是否要回避，最终应由法院院长来决定，院长决定的尺度则是审判员申请自行回避的理由是否成立。而审判员阐述的“理由”要达到什么程度院长才予以准许涉及的也就是证明标准的问题。我们认为，审判人员的回避问题直接关涉到诉讼的公正性问题，故其证明标准的设置应当较低，以保障诉讼的公正性。就当事人申请回避的情形而言，当事人可能是出于对诉讼公正性的怀疑而提出的，也可能是出于一定的不正当的目的而提出的。对此，我们认为采用“基本确信”的证明标准较为恰当，一方面由于基本确信的证明要求较低，使得当事人的权利容易得到保障，另一方面又由于“基本确信”的证明标准赋予了法官较大的自由裁量的空间，故它又可以作为限制当事人滥用权利的有力武器。

8. 人民检察院抗诉的证明标准

《刑事诉讼法》第181条规定：“地方各级人民检察院认为本级人民法院第一审的判决、裁定确有错误的时候，应当向上一级人民法院提出抗诉。”从这条规定来看，人民检察院提起抗诉的法定前提就是本级法院的第一审判决、裁定确有错误。如何理解“确有错误”，应当是从检察院的角度来理解，即检察院根据相应的证据材料可以证明一审法院的判决是错误的。而证明要求应该是什么，“确定无疑”、“排除合理怀疑”、“高度盖然性”还是其他？我们认为，尽管立法在表述上用了“确有”这样一个肯定意义较强的概念，但如果说这里的证明标准就是“确定无疑”则是有失偏颇的，因为其中的错误是否“确实”最终是由法院来认定的。因此，这一立法实际上只具有程序法上的意义。此外，还要认识到检察院是国家的法律监督机关，如果在提起抗诉的问题上设定过高的证明标准则不利于检察院发挥法律监督的作用，因此，我们认为采用“排除合理怀疑的证明标准”也不妥当。相反，如果标准设定过低，则对维护法院裁判的权威、既判力不利，因此，我们认为，对是否存在错误的证明标准设定为“高度确信”即可。

9. 关于提起审判监督程序的证明标准

《刑事诉讼法》第203条规定："当事人及其法定代理人、近亲属，对已经发生法律效力的判决、裁定，可以向人民法院或者人民检察院提出申诉，但是不能停止判决、裁定的执行。"第204条则规定："当事人及其法定代理人、近亲属的申诉符合下列情形之一的，人民法院应当重新审判：（一）有新的证据证明原判决、裁定认定的事实确有错误的；（二）据以定罪量刑的证据不确实、不充分或者证明案件事实的主要证据之间存在矛盾的；（三）原判决、裁定适用法律确有错误的；（四）审判人员在审理该案件的时候，有贪污受贿，徇私舞弊，枉法裁判行为的。"同时第205条规定："各级人民法院院长对本院已经发生法律效力的判决和裁定，如果发现在认定事实上或者在适用法律上确有错误，必须提交审判委员会处理。最高人民法院对各级人民法院已经发生法律效力的判决和裁定，上级人民法院对下级人民法院已经发生法律效力的判决和裁定，如果发现确有错误，有权提审或者指令下级人民法院再审。最高人民检察院对各级人民法院已经发生法律效力的判决和裁定，上级人民检察院对下级人民法院已经发生法律效力的判决和裁定，如果发现确有错误，有权按照审判监督程序向同级人民法院提出抗诉。"

从上述有关审判监督程序的提起条件来看，其中核心点就是已经发生法律效力的判决和裁定，如果发现在认定事实上或者在适用法律上确有错误的，应当提起审判监督程序。就有权提起审判监督程序的主体而言，他们要将"已经发生法律效力的判决和裁定"证明到何种程度才能够提起审判监督程序？审判监督程序在功能上属于一种纠错程序，错误的裁判不仅是对公民、组织合法权益的侵害，同时也是对法院自身审判的否定，当然它的存在最终表现了司法寻求和维护正义的功能。不过，它对正义的维护却是在一定程度上以损害司法的权威为代价的，因此，审判监督程序和检察院对未生效的一审判决的抗诉一样，它的存在是必要的，但它的运作必须是要有节制的。对提起审判监督程序设定相应的证明标准，无疑对审判监督程序的运作具有调节制约的作用。我们认为，提起审判监督程序的证明标准应当和检察院对一审未生效判决提起抗诉的标准应该是一样的，都是“高度确信”的证明标准。

第三节 民事诉讼中的证明标准

一、外国民事诉讼中的证明标准

（一）英美法系国家民事诉讼中的证明标准

在美国，民事诉讼的证明标准只有两种：一是“证据优势”标准，一是“明晰可信”标准。

“证据优势”标准又被称为“盖然性占优势”标准，主要适用于普通的民事诉讼。所谓“优势证据是指某一事实的证据的分量和证明力比反对其事实存在的证据更有说服力，或者比反对其真实性的证据的可靠性更高”[①]。亦即说负有举证责任的一方当事人为了支持自己的主张，必须向法官证明，其主张的事实存在的可能性比其不存在的可能性要大的程度。如有的美国学者指出，在美国“民事诉讼中的证明标准，一般为盖然性占优势”标

① 〔美〕Edmund M.Morgan 著，李学灯译：《证据法之基本问题》，台湾世界书局 1982 年版，第 49 页。

准。“当一事实主张被陪审团确信为在证据上占有优势的盖然性，即存在的可能性要大于不存在的可能性时，那么此项事实就被认定为真实”[①]。不过，需要注意的是，究竟如何来把握“证据优势”标准，在美国法上是一个非常微妙且难以解释的问题。在美国的陪审团审理的案件中，法官要在举证结束时向陪审团解说“优势”的意义，而法官对此常常感觉难于解释，即便是竭尽全力作了适当的诉讼指示，陪审团也未必能够获得真正的了解。为了解决实务中存在的证据优势解释上的不统一问题，目前美国各州都旨在通过大量制定“证据优势”的指示范例，以消除实务中出现的分歧。从指示范例来看，美国学理上的通说认为，证据优势不是从物理形态上指一方当事人提供的证据在量上或证人数量上比对方多，决不能以数量多寡定优劣。从判例来看，美国法院有的采用“可能性”一词来进行解释，即“裁定事实的存在，比该事实的不存在，更为可能”。有的则使用“满意”一词进行注解，即陪审员内心获得满意即属于“证据优势”。然而，美国学者克利瑞则将此称为“文字游戏”，认为对“证据优势”的标准只能意会，不能言传[②]。

“明晰可信”标准适用于特殊的民事诉讼，如涉及刑事犯罪的民事诉讼。民事诉讼涉及刑事犯罪时，虽然其犯罪事实与刑事诉讼的事实相同，但民事诉讼的目的不在于追究罪行而在于民事法律的权利与义务。因此，在该种民事诉讼中对犯罪事实的证明不要求达到“排除合理怀疑”的证明程度，只要达到略低的“明

---

① 转引自卞建林主编：《证据法学》，中国政法大学出版社 2002 年版，第 264 页。

② 何家弘主编：《外国证据法》，法律出版社 2003 年版，第 207 页。

晰可信”的证明标准即可。“明晰可信”的证明标准要求事实裁判者内心必须相信诉争事实“大有可能”，即具有一种高度的可能性。在美国，哪些民事诉讼适用“明晰可信”的证明标准，各地因实体法规定不同而范围不尽一致，通常包括涉及这样一些内容的民事诉讼，如欺诈、不当影响、生前口头契约、灭失遗嘱的内容、口头契约的履行、书面协议事项的撤销或变更等[①]。

在英国，盖然性占优势的证明标准通常也是民事诉讼证明所要达到的标准，即只要诉讼一方证明其主张的根据与证明另一方主张的根据相比占优势，其主张就可以成立。不过，盖然性占优势的证明并不能简单地认为只要原告能证明其主张有 51% 的可能性就可以了，法官在考虑被告的行为是否应受谴责时，往往要求原告达到一个较高的证明标准。比如在一起原告主张的重大医疗事故案中，法官认为考虑到医疗事故对医生未来的职业生涯和公众对医疗行业的信心都至关重要，因此这种医疗事故主张应以一个更高的标准加以证明[②]。

（二）大陆法系国家的民事诉讼证明标准

和刑事诉讼一样，大多数大陆法系的国家在立法上并未明确涉及到证明标准问题。这是因为，大陆法系国家的各级法院对证据的取舍、评判享有广泛的自由裁量权，从而使该问题在实际上显得并不重要[③]。虽然说在大陆法系国家，法律赋予裁判者极大的自由裁量权，但这并不意味着裁判者的裁判是恣意的，事实上，在民事诉讼中裁判者所适用的证明标准比英美法系国家的还

① 何家弘主编：《外国证据法》，法律出版社 2003 年版，第 206 页。

② 何家弘主编：《外国证据法》，法律出版社 2003 年版，第 117 页。

③ 转引自卞建林主编：《证据法学》，中国政法大学出版社 2002 年版，第 265 页。

要高些。在大陆法系国家，民事诉讼的证明标准一般被称为“高度盖然性”的标准。根据这一标准，裁判者在对一定的事实作出认定时必须达到排除疑问、接近确然的程度。

从以上两大法系证明标准的内容来看，尽管二者都坚持的是“盖然性”的证明标准，但在严格程度上二者却是有差别的。应当说，大陆法系国家采用的“高度盖然性”标准是高于英美法系国家的“盖然性占优势”的标准的。从诉讼制度的角度来看，应当说这两种标准都与两大法系国家不同的诉讼模式和诉讼观念存在一致性。在民事诉讼中，英美法系国家强调两者的平等对抗，而淡化法官在证明上的积极作用，在诉讼观念上则更注重程序的正义性；大陆法系国家在诉讼证明上，还注重强调法官的积极作用，通常认为，法官的作用不仅仅是认定事实和裁判，而且还应当为实现实体的正义积极行动，因此，诉讼证明不能仅仅达到“证据优势”标准就行，还必须达到“高度盖然性”的程度才能对事实作出认定，这不仅是认定事实的前提，也是法官的职责所在。不过，也有学者指出，“英美法系的‘盖然性占优势’的标准与大陆法系坚持的‘高度盖然性’标准并无本质上的差别，其差异主要来自于文化传统和法律习惯，因为，英美法系各国在传统上以判例法为基础，其证据法上的一系列内容细密、思维严谨、操作性很强的证据规则也主要来源于判例法实践，因此，对法官的自由采证构成了层层屏障和制约，但是，一旦到了对证据的判断上却与大陆法系国家法官一样享有宽泛的、几乎无拘束的自由裁量权，这是因为，采证涉及到对客观材料的取舍，而判断则属于主观上的作为，因此，任何证据规则都难以构成对人的主观上这一短暂时空内思维的束缚，就此而论，英美法系法官在对证据进行判断的主观状态与大陆法系法官在自由心证主义下的主观状态没有什么差异”[①]。

二、民事诉讼证明标准与刑事诉讼证明标准的比较

对不同性质的诉讼采用不同的证明标准是确定证明标准的一个原则，然而采用这一原则的最终依据是不同性质的诉讼各自具有的特殊性。因而不能把不同性质的诉讼在证明标准上混为一谈。在前面我们介绍了刑事诉讼五个层次的证明标准，即“确定无疑”、“排除合理怀疑”、“高度确信”、“确信”和“基本确信”，而就民事诉讼的证明标准而言，无论是英美国法系国家的“明晰可信”还是“盖然性占优势”的标准，还是大陆法系的“高度盖然性”标准都表现了民事诉讼的证明标准要低于刑事诉讼的证明标准。

在刑事诉讼中采用较高的证明标准，主要是由刑事诉讼活动所涉及的问题的重要性一般要高于民事诉讼活动所涉及的问题的重要性所决定的，因为刑事诉讼主要涉及到公民的自由、生命等重要利益，而民事诉讼则只涉及到当事人的财产权利和部分人身利益，它不涉及对公民自由的限制或剥夺，当然更不会涉及对当事人的生命予以剥夺的问题。因此，对刑事诉讼设定高于民事诉讼的证明标准是合理的。此外，就两种诉讼负举证责任的当事人而言，二者间也存在一些区别，在刑事诉讼中负举证责任的一般情况下是检察机关，其与被告方比较无论是在地位还是诉讼资源上都处于强势的地位，因此，对其提高诉讼证明的要求是恰当的。故总的说来，“在刑事案件，因其结果远较民事更为严重，对于刑事被告用有罪之判决以剥夺其生命、自由，或名誉，显然

① 罗玉珍主编：《民事证明制度与理论》，法律出版社2003年版，第643页。

要较为谨严之法则，甚至罪刑愈重者，要求之证明程度愈高。刑事审理中，控方所需证明之程度，有两大之特征，一则高于民事审判中之当事人，再则高于刑事审判中的被告。被告就一般防御事项，只需举证使审理事实之人发生合理之怀疑，即于被告有利，控方必须证明至无合理怀疑之余地”①。

民事诉讼与刑事诉讼在证明标准上的差异集中体现在最后对案件事实的认定上，在刑事诉讼中法院要认定被告人有罪，证明必须达到“排除合理怀疑”的程度，而要对被告人判处死刑，还必须达到“确定无疑”的证明程度，而在民事诉讼中，法院要对案件事实作出认定，只要达到“明晰可信”或“盖然性占优势”或是“高度盖然性”的标准即可，而不要求达到“确定无疑”或“排除合理怀疑”的证明程度。

需要注意的是，我们说刑事诉讼的证明标准比民事诉讼的证明标准要高，是从总体上而言的，这并不意味着对刑事诉讼中的待证事实的证明都必须达到“排除合理怀疑”这样的高度，对某些特定事项的证明也只要达到几个层次中的一种要求就可以了。这说明，在刑事诉讼中对有的事项的证明只要达到与民事诉讼证明要求相当的层次即可。

三、我国民事诉讼证明标准的立法现状及“高度盖然性”的证明标准

在我国民事诉讼中，没有直接的关于证明标准的规定，但从目前的立法及一些司法解释来看，倒是存在一些有关证明要求的

① 李学灯著：《证据法比较研究》，台湾武南图书出版公司 1992 年版，第 394 页。

规定。《民事诉讼法》第 63 条规定："证据有下列几种：（一）书证；（二）物证；（三）视听资料；（四）证人证言；（五）当事人的陈述；（六）鉴定结论；（七）勘验笔录。"以上证据必须查证属实，才能作为认定事实的根据。第 64 条规定："当事人对自己提出的主张，有责任提供证据。当事人及其诉讼代理人因客观原因不能自行收集的证据，或者人民法院认为审理案件需要的证据，人民法院应当调查收集。人民法院应当按照法定程序，全面地、客观地审查核实证据。"第 153 条规定："第二审人民法院对上诉案件，经过审理，按照下列情形，分别处理：（一）原判决认定事实清楚，适用法律正确的，判决驳回上诉，维持原判决；（二）原判决适用法律错误的，依法改判；（三）原判决认定事实错误，或者原判决认定事实不清，证据不足，裁定撤销原判决，发回原审人民法院重审，或者查清事实后改判；（四）原判决违反法定程序，可能影响案件正确判决的，裁定撤销原判决，发回原审人民法院重审。当事人对重审案件的判决、裁定，可以上诉。"

虽然以上立法并不是对证明标准直接的规定，但这些规定也在一定程度上反映了证明的具体要求，从以上规定出发，人们通常把我国民事诉讼的证明标准称为"客观真实"的标准。但是随着对证明标准问题研究的深入，人们越来越多地认识到了民事诉讼应当采用不同于其他性质的诉讼的证明标准，并且这种认识已逐渐被司法解释所接受，如最高人民法院《关于民事经济审判方式改革问题的若干规定》第 11 条就规定："案件的同一事实，除举证责任倒置外，又提出主张的一方当事人首先举证，然后由另一方当事人举证。另一方当事人不能提出足以推翻前一事实的证据的，对这一事实可以认定；提出足以推翻前一事实的证据的，再转由提出主张的当事人继续举证。”此后，最高人民法院在《关于民事诉讼证据的若干规定》中又进一步明确了证明标准问题。《关于民事诉讼证据的若干规定》第 63 条规定：“人民法院应当以证据能够证明的案件事实为依据依法作出裁判。”第 73 条又进一步规定：“双方当事人对同一事实分别举出相反的证据，但都没有足够的依据否定对方证据的，人民法院应当结合案件情况，判断一方提供证据的证明力是否明显大于另一方提供证据的证明力，并对证明力较大的证据予以确认。因证据的证明力无法判断导致争议事实难以认定的，人民法院应当依据举证责任分配的规则作出裁判。”

从上述立法来看，目前我国在民事诉讼中采用的标准实际上是“高度盖然性”标准。高度盖然性的标准，是指在民事诉讼中，如果一方当事人提出的证据证明某一事实的发生具有可靠的、显著的盖然性，即使没有完全达到客观真实的程度，人民法院也可以对待证事实作出认定。对高度盖然性标准应当从这样几个方面去把握[①]。

（1）高度盖然性的证明标准体现了“法律真实”的证明要求。

（2）要正确把握高度盖然性中的“度”。高度盖然性的证明标准不是一种大致的盖然性，而是一种可靠的、显著的盖然性。如果说要用一个数字等级来描述的话，“高度盖然性”标准大致应当达到 75%～85% 的程度，一方当事人的证据优势只要超过了 75% 的程度，即可认定待证事实存在，而无须排除其他可能性。另外，还应当注意，判断民事诉讼证明是否达到高度盖然性

---

① 毕玉谦主编：《证据法要义》，法律出版社 2003 年版，第 480～481 页。

的程度，关键要看一方当事人提出的证据是否占据明显的优势。而证据是否占有明显的优势，主要是看证据证明力的大小，与证据数量的多少没有必然的联系。

(3) 高度盖然性的标准并不当然否定民事诉讼对“客观真实”的追求。相反，“高度盖然性”与“客观真实”是辩证统一的。

(4) 应当注意，现行司法解释所确立的高度盖然性的证明标准只适用于普通民事案件，而不应该是所有民事案件共同适用的唯一的证明标准。

应当说，在我国民事诉讼中采用“高度盖然性”的证明标准是有一定的必然性的。这一标准的采用克服了过去所倡导的所谓“客观真实”的证明标准的局限性，同时也把法官在民事诉讼证明中的积极作用和职责统一了起来，当然也符合社会主义司法注重实体公正的要求。采用“高度盖然性”的证明标准对当事人而言，提高了当事人对其主张的事实的证明难度，可以说有利于保障被告的利益，当然可以对滥诉起到一定的制约作用；而对法官而言，它要求法官根据诉讼的实际需要承担一定的收集调查证据的职责，以发现案件事实。换句话说，在当事人举证不力的时候，法官还应当主动承担证明案件事实的义务，以保证诉讼的实体公正性。

四、我国民事诉讼证明标准体系的探讨

对我国民事诉讼证明标准的探讨，目前的研究主要是集中在应当采用什么样的一般标准问题上，虽然对民诉证明的层次性有了一定的认识，但在建立什么样的证明标准体系问题上则显得薄弱。关于民诉证明标准体系的问题，我们认为首先要解决的是证

明标准的层次问题，其次是民事诉讼一般的证明标准问题，最后才是有关事项的具体的证明标准问题。

在我国，对民诉一般的证明标准的探讨，主要存在这样几个制约性的因素，一是传统的“客观真实”观和“实体正义”观仍然制约着我们的思考，二是目前有关民事诉讼证明要求的法律规定使得我们不能过多地脱离法律的规定来思考证明标准问题。从这两个实际因素出发，我们认为，我国民事诉讼的证明标准可以划分为这样几个层次：

(1)“高度盖然性”或“明晰可信”的证明标准。即如果一方当事人提出的证据证明某一事实的发生具有可靠的、显著的盖然性，即使没有完全达到客观真实的程度，人民法院也可以对待证事实作出认定。

(2)“证据优势”的证明标准。即只要负有举证责任的一方当事人为了支持自己的主张，向法官证明，其主张的事实存在的可能性比其不存在的可能性要大即可。

(3)“基本确信”的证明标准。即在民事诉讼中，对某些程序性事实的证明，只要事实认定者根据一定的但不必是充分和占优势的证据材料或信息认为该事实存在，即可认定该事实为真。

如果说将上述三个层次的证明标准与刑事诉讼的证明标准予以比较，即意味着民事诉讼中的最高证明标准也只是刑事诉讼证明标准的第三个层次，即“高度确信”标准，而民事诉讼中的第二层次的证明标准恰好与刑事诉讼中第四层次的“确信”标准对应，民事诉讼中的最低层次的证明标准则与刑事诉讼中的最低证明标准一致。

对于以上三个层次的证明标准，哪一标准应当是民事诉讼证明的一般标准呢？由于“基本确信”不涉及对实体问题的证明，故不适宜确定其为民事诉讼证明的一般标准是没有疑问的，问题的关键在于如何在“高度盖然性”标准和“证据优势”标准之间作出抉择。关于这一问题，可以从这样几个方面来分析：

第一，在二者之间选择其一会产生什么样的后果？如果将民事诉讼证明的一般标准设定为“高度盖然性”的标准，则意味着加大了承担举证责任的当事人的举证难度，当事人在诉讼中要获胜，它就应当举证证明其主张的事实为真具有高度的可能性。在诉讼中，对某一事实的认定，一方面依赖于承担举证责任的当事人提供证据予以证明，一方面也依赖于对方当事人提出证据予以反驳，以举证时限为前提，当事人双方在证明上的对抗就是证明——证伪——证明——证伪这样一个过程的往返较量，在举证结束时，就存在当事人所主张的事实为真或为假具有“高度盖然性”，或者是为真的可能性大于为假的可能性但尚不存在高度盖然性。此外还有案件事实真伪不明，无法判断。这里的问题是，对案件事实的证明未必总是能达到高度盖然性程度，如果说在未达到高度盖然性的情况下就动用“举证责任的分配”这一杀手锏来裁判，那么“证据优势”则显得没有意义。即如果说承担举证责任的当事人对自己所主张的事实证明没有达到“高度盖然性”标准的话，他（她）也要承担败诉的责任，即使他（她）将自己主张的事实证明到为真的可能性大于为假的可能性也是徒劳的。而对法官而言，如果适用“高度盖然性”的标准，则意味着在当事人的举证尚未证明待证事实具有高度可能性的情况下，法官是不能对事实予以认定的，法官要么主动收集证据去证明该事实的存在具有较大的可能性，要么直接根据证明责任的分配认定当事人所主张的事实为假。然而，如果是采用“证据优势”的标准的话，法官则不用为证明案件事实操过多的心，它可以仅仅在当事人双方所提供的证据范围之内对案件事实作出认定，即哪方的证据占优势就支持哪方的主张。因此，我们认为选择不同的证明标准对当事人和法官都具有相应的影响。

第二，采用哪一标准更有利于实体公正？从表面来看，“高度盖然性”标准无疑更有利于案件事实的发现，但如果将它置于诉讼证明活动中，这种优势就未必明显，而“证据优势”就未必不利于案件事实的查清。但需要注意的是，我们说“案件事实”是“法律事实”，是在诉讼这个特定的空间依据证据所认定的事实，裁判的基础是案件事实，而不是所谓的客观事实，因此，我们认为“客观事实”本身和“案件事实”并无直接的关系。在刑事诉讼中设定过高的证明标准，最根本的原因不是在于要查清案件事实，而是因为刑事诉讼所涉及的是公民的自由、生命等重要权利，因此必须慎之又慎。所以，证明标准存在的根本原因不是在于“客观真实”的发现，而在于人们对诉讼的谨慎程度，而这种谨慎程度是由诉讼的性质决定的。而就证明标准与实体公正的关系而言，二者并无必然的联系。也许，根据“证据优势”的事实就是“客观事实”，而当事人所主张的但不能证明为“高度盖然性”的事实未必就不是“客观事实”。

第三，两种证明标准与诉讼效率和诉讼成本的关系。诉讼效率是诉讼程序追求的一个价值目标，降低诉讼成本也是现代诉讼程序改革的一个目的。前面我们说到，诉讼证明标准的设置应当合理地考虑诉讼效率。要求“合理地考虑”是指在整合诉讼其他价值目标的同时对诉讼效率予以考虑，而不是单纯地考虑效率问题。“证据优势”标准基本上完全将证明与反驳的责任交由当事人承担，法官只是在举证时限届满前组织当事人的举证和质证活动并作出认定，它一般不要求法官投入一定的成本去收集和调查证据，因此，其诉讼效率相对较高而成本则相对较低。相反，“高度盖然性”标准主张较高的证明程度，主张法官承担收集和调取证据的查清案件事实的责任，这无疑增加了诉讼的成本，而一定程度地降低了诉讼的效率。

第四，从民事诉讼证明标准体系的逻辑统一性来看，将“证据优势”还是“高度盖然性”标准作为一般标准更有利于证明标准体系的逻辑统一性？首先，我们认为民事诉讼的证明体系应当包含“高度盖然性”或“明晰可信”的证明标准、“证据优势”的证明标准和“基本确信”三个层次的证明标准，也就是说在民事诉讼中对一些事项的证明要求达到“高度盖然性”的标准，有的事项只要求达到“证据优势”的程度即可予以认定，而有的事项只要达到了“基本确信”的程度即可认定。如前所说，如果说将“高度盖然性”标准作为一般标准的话，“证据优势”标准实质并无多大存在的意义，而如果说将“证据优势”作为一般标准，而“高度盖然性”标准和“基本确信”标准作为例外的话，三者的关系则明晰可见、层次清晰，从而形成一个完整有机的证明标准体系①。

因此，我们认为将“证据优势”标准作为民事诉讼证明的一般标准是恰当的，因为它对实体争议并无实质的影响，而且有利于诉讼效率的提高，有利于诉讼成本的较低，有利于民事诉讼证

① 实际上，即使是在大陆法系国家也存在着这种类似的划分。如在德国，依据法律的有关规定，一般情况下民事诉讼的证明标准为高度盖然性标准，作为这一原则性标准的例外，法律还规定了相对占优势的盖然性即相当于“证据优势”标准的标准和显而易见这两种证明标准。参见〔德〕汉斯·普维庭著，吴越译：《现代证明责任问题》，法律出版社 2000 年版，第 126 页。

明标准体系的统一[①]。

“证据优势”的证明标准适用于一般民事诉讼案件的证明，而“基本确信”标准主要适用于一些程序法上的事实的证明，“高度盖然性”的标准则适用于一些特殊事项或案件的证明。哪些案件或事项应当适用“高度盖然性”的证明标准，我们认为诸如民事欺诈、婚姻家庭、继承等涉及某些特殊的法律关系，与人的身份权密切相关的民事案件等应当适用“高度盖然性”的证明标准。这些案件适用较高的证明标准一方面是为了避免当事人滥用诉讼权利，任意主张民事行为无效，以危害民事交易活动的安定性，一方面也考虑到其中的一些纠纷直接涉及到当事人人身关系。

以上所说的“高度盖然性”标准和“证据优势”标准主要是针对实体法事实而言的，但这并不意味着对民事诉讼中的程序法事实的证明存在不同的证明标准体系。实际上，我们说的“高度盖然性”标准也就是“高度确信”标准，而“证据优势”标准也就是“确信”标准。对于程序法事实的证明，不同类型的程序法事实也应当采用不同的证明标准，如民事拘留应当采取“高度确信”的标准，立案采用“确信”的标准较为恰当，而回避采用“基本确信”的标准即可。需要注意的是，在民事诉讼中，和刑事诉讼一样，人民法院和检察院都有审判监督权，问题是抗诉和再审的证明标准如何确定。我们认为，由于民事诉讼通常只涉及平等民事主体之间的人身或财产关系纠纷，而且民事诉讼的目的

① 在我国，也有学者主张，对于一些特殊类型的民事诉讼应当适用高于高度盖然性的证明标准。参见毕玉谦主编：《证据法要义》，法律出版社 2003 年版，第 482 页。

之一在于及时稳定一定的民事法律秩序，因此，抗诉和再审的证明标准应当设置得高些，作为例外，应当以“排除合理怀疑”作为抗诉和再审的证明标准。这样一来，倒可以把民事诉讼的证明标准体系表述为：第一层次是“排除合理怀疑”，第二层次是“高度盖然性”标准，第三层次是“证据优势”，最后是“基本确信”标准。“证据优势”标准是民事实体法事实的一般证明标准，同时也是部分程序法事实的证明标准，“高度盖然性”标准仅为一些特殊的案件和程序法事实的证明适用，而“排除合理怀疑”的标准是检察院提起抗诉和人民法院提起再审的证明标准，“基本确信”标准则对部分程序法事实的证明适用。当然，对这些问题的研究还有待于进一步深入。

第四节　行政诉讼中的证明标准

一、我国行政诉讼中有关证明标准的立法

和其他两大诉讼一样，我国行政诉讼立法也尚未对证明标准作出明确的规定，从目前的行政诉讼立法来看，涉及到证明标准的只有行政诉讼法第 54 条。该条规定：“人民法院经过审理，认为具体行政行为证据确凿，适用法律、法规正确，符合法定程序的，应当判决维持。而对具体行政行为有主要证据不足的、适用法律、法规错误的、违反法定程序的、超越职权的、滥用职权等情形之一的应当判决撤销或者部分撤销，并可以判决被告重新作出具体行政行为。”对于该标准，传统的理解是，行政诉讼证明也应当坚持“客观真实”的证明标准。

二、行政诉讼证明标准体系的探讨

随着人们对证明标准认识的深入，对行政诉讼证明标准也出现了一些不同的观点、看法。我们认为，我国行政诉讼可以采用和民事诉讼相同的证明标准体系，即"排除合理怀疑"、"高度盖然性"标准、"证据优势"标准和"基本确信"标准。这是由行政诉讼的规律或特征所决定的。

（一）行政诉讼定案的证明标准一般应采用"高度盖然性"的标准

（1）与刑事诉讼和民事诉讼不同，行政诉讼要审查的是行政机关的具体行政行为的合法性问题，行政诉讼的目的和其他两类诉讼的目的不同，因此，行政诉讼应当适用与其他两类诉讼有区别的一般证明标准。国家行政权由相应的行政主体行使，为了防止行政主体滥用行政权，国家采取了一系列的行政权力监督制度，而行政诉讼就是其中一种。依据我国《行政诉讼法》第2条的规定："公民、法人或者其他组织认为行政机关和行政机关工作人员的具体行政行为侵犯其合法权益，有权依照本法向人民法院提起诉讼。"第5条则规定："人民法院审理行政案件，对具体行政行为是否合法进行审查。"合法性审查的内容包括作出具体行政行为的主体是否合法、主体的权限是否合法、内容是否合法以及权力行使的程序是否合法。可见，行政诉讼制度是作为对行政权力予以监督的一种制度而存在的，它从侧面强调了国家行政权力必须依法行使。因此，在行政诉讼证明上，承担证明责任的行政机关必须充分地证明自己所实施的具体行政行为的合法性，而不是大概地证明其行为的合法性就免除了证明责任。故我们认为，相对较低的"证据优势"标准不宜作为行政诉讼证明的一般标准，否则将使行政诉讼丧失其作为行政权力监督制度的意义。

然而是否应当采用“排除合理怀疑”或更高的标准作为一般标准呢？我们认为那样也是不适宜的。排除合理怀疑的标准一般常见于刑事诉讼中，它要求对事实的认定必须建立在无任何合理的怀疑之上，大致要求证明达到90%以上的可能性程度。之所以在刑事案件中一般采用这样高的证明要求，原因在于刑事诉讼直接关涉公民的自由及生命，相比之下，行政诉讼主要涉及公民的财产和其他权益问题，而并不主要涉及公民的自由问题，更不涉及公民的生命问题，故采用低于“排除合理怀疑”标准是恰当的。至于“确定无疑”标准自然就更无必要了。

(2) 行政诉讼中承担证明责任的主体和刑事诉讼特别是民事诉讼承担证明责任的主体不同，因此，行政诉讼应当适用与其他两类诉讼有区别的一般证明标准。行政诉讼中证明责任通常由行政主体承担，因为具体行政行为系由行政主体作出，故它就必须证明自己作出的行政行为是合法的，而且与行政诉讼的原告相比较，行政主体具有更多的优势去证明自己行为的合法性。这最终又是由行政法律关系中法律关系的主体间地位不平等这一特征所决定的。在刑事诉讼中，控辩双方地位是平等的，在民事诉讼中当事人的权利和义务在诉讼之前和诉讼中都处于平等状态，故一般适用“证据优势”的证明标准，而在行政诉讼中行政主体和行政相对人之间在法律关系中的地位不平等，提高一般证明标准是必要的，也是公正的。

(二) 对某些特殊案件或事项应当采用“排除合理怀疑”的证明标准

对一般的行政案件采用“高度盖然性”的证明标准，而对一些特殊案件或特殊事项，我们主张采用较之“高度盖然性”的证明标准，即“排除合理怀疑”的证明标准。行政处罚，是我国具体行政行为中的一种，行政处罚包括了限制公民人身自由的制裁性处罚措施。行政行为涉及到公民、组织的财产权益问题，但它也涉及到公民的人身自由问题。根据我国《行政处罚法》和《治安管理处罚条例》的规定：“公安机关可以对公民作出限制人身自由的行政拘留处罚措施。”由于这种处罚措施直接牵涉到公民的自由，我们认为，行政主体在作出此类行政行为时应当承担更多的注意义务，即必须充分地考虑该行为的合法性，这在行政诉讼证明上则直接反映为行政主体在证明自己行为合法性的时候应当承担较之证明一般行政行为合法性更高的证明义务。也就是说，在涉及限制公民人身自由的行政诉讼中，应当适用较之“高度盖然性”高的“排除合理怀疑”的证明标准。

（三）对某些特殊案件或事项应当采用“证据优势”的证明标准

我们认为，“证据优势”标准不能作为行政诉讼的一般标准，但对某些特殊案件或事项应当采用“证据优势”的证明标准，而不适宜采用其他证明标准。在以下两种情形下，应当采用“证据优势”标准①。

（1）在行政机关作为中立机关对平等主体之间的民事纠纷作出裁决而引起的行政诉讼案件中，对行政裁决所认定的实施的判断，应当采用“证据优势”标准。原因在于，行政机关的裁决是依照平等主体提供的证据而进行裁决的，故在行政诉讼中只要原告提供的证据的可信度大于行政机关所认定的证据的可信度时，应当采信原告提供的证据；反之，则应当采信行政机关提供的证

① 毕玉谦主编：《证据法要义》，法律出版社 2003 年版，第 484～486 页。

据。

（2）在行政诉讼中，原告应当承担证明责任的，采用“证据优势”标准。原告承担证明责任的，主要有两种情况，一是在起诉被告不作为的案件中，原告应当提供证据证明其曾经提出过申请的事实；二是原告提出被诉行政行为没有认定但与该行为合法性有关联的事实的，由原告承担证明责任。

采用“证据优势”标准，只要原告能够举证证明被告行为违法的可能性大于合法的可能性就可以认定原告的主张成立。

就原告承担证明责任的案件而言，适用“证据优势”的证明标准是公正的。与作为被告的行政主体相比，原告通常是处于弱势地位，如果说要求其承担过高的证明责任则不利于对原告权益的保护，当然，如果证明标准过低，又容易造成滥用诉讼权利，影响国家行政管理活动的顺利展开。

（四）对某些特殊案件或事项应当采用“基本确信”的证明标准

和其他两类诉讼一样，“基本确信”的证明标准也只适用于如决定回避等一些特殊的程序法事实。

至于行政诉讼中程序法事实的证明体系问题，我们认为应当坚持“高度盖然性”标准、“证据优势”标准和“基本确信”标准这个证明体系。如对于抗诉和再审的提起不必像民事诉讼那样采用“排除合理怀疑”的证明标准，而采用“高度盖然性”标准即可，立案则应当采用“证据优势”的标准。

第十四章　推　定

第一节　推定的概念和意义

一、推定的概念和特征

推定，是指以一定的事实为根据，假定另一事实存在的活动。作为判断另一事实存在依据的事实称之为基础事实，而根据基础事实而判断存在的事实则称为推定事实。在诉讼证明中，只要提出主张的当事人能够证明基础事实存在，该当事人则免除了举证证明其主张的事实存在的责任。不过，对推定事实提出反驳的另一方当事人，则必须提供证据予以证明。例如《最高人民法院关于贯彻执行〈中华人民共和国继承法〉若干问题的意见》第2条的规定："具有相互有继承关系的几个人在同一事件中死亡，如不能确定死亡先后时间的，推定没有继承人的人先死亡。死亡人各自都有继承人的，如几个死亡人辈份不同，推定长辈先死亡；几个死亡人辈份相同，推定同时死亡，彼此不发生继承，由他们各自的继承人分别继承。"在这一规定中，我们可以看出要推定"没有继承人的先死亡"，则必须要有"有相互有继承关系的几个人在同一事件中死亡，且不能确定死亡先后时间”这一基础事实的存在为前提。同样，要推定“长辈先死亡”，则必须要有“相互有继承关系的几个人在同一事件中死亡，不能确定死亡先后时间，且几个死亡人辈份不同”的基础事实存在。再如《刑法》第395条规定：“国家工作人员的财产或者支出明显超过合法收入，差额巨大的，可以责令说明来源。本人不能说明其来源是合法的，差额部分以非法所得论，处五年以下有期徒刑或者拘役，财产的差额部分予以追缴。”要推定“差额部分为非法所得”则必须存在“国家工作人员的财产或者支出明显超过合法收入，差额巨大，本人不能说明其来源是合法的”这一基础事实。

推定具有假设性，其适用不在于“求真”而在于“求果”。与一般的证明不同，推定不直接考虑前提事实和结论之间的必然联系，也不考虑从基础事实到推定事实之间要达到何种证明程度才可以认定推定事实的真实性。如在认定行为人的行为构成犯罪时，我们要做到“案件事实清楚，证据确实充分”，而要推定“国家工作人员的财产或者支出明显超过合法收入，超过的部分为违法所得”这一事实的存在，我们只需要证明“国家工作人员的财产或者支出明显超过合法收入，差额巨大，本人不能说明其合法来源”这一事实存在即可。总之，推定是从“基础事实”出发，而假设“推定事实”存在的行为，在法律上“基础事实”与“推定事实”就具有一种同一性的关系。因此，假设性就是推定的特征。

由于推定只是一种法律上的假设，因此在证明上它不像其他诉讼证明方式那样去强调所认定事实的可靠性和真实性。推定制度的存在最根本的原因在于，从认识的层面讲在诉讼中并不是所有的事实都可以查明，从功利的角度讲它是在案件事实不能查明的情况下而法院又不得不作出裁判的两难境地中所采用的折衷手段。因此，可以说推定的适用，最直接的目的就在于寻找到一种作为裁判前提的“结果”，以弥补裁判的合理性和合法性权威。其中，相对于它的这种意义而言，所认定的推定事实的真实性自然也就不是它的主要目标。

当然，我们说推定的适用不在于“求真”而在于“求果”也只是相对的，并不意味着法律上的推定都是任意的。法律上对推定的规定，一般有这样几个因素的影响：一是合理性，如相互有继承关系的几个人在同一事件中死亡，如不能确定死亡先后时间的，推定没有继承人的人先死亡。二是受经验法则的制约，只要存在一定的前提，出现的结果往往都是真的，因为在社会生活中，这通常具有高度的盖然性。三是受价值取向制约。如在我国腐败比较严重，对社会危害较大的情况下，对巨额财产来源不明采用推定是必要的。

另外，从基础事实到推定事实的推定，它是建立在基础事实确实存在的基础之上的，因此，不能说推定就是恣意的和非理性的。

二、与推定相似的几个概念

（一）推定与推论

推论，是指根据已知事实，推断相应的未知事实的过程。二者的共同点在于都是逻辑推理的范畴，都是从一定的前提事实得出一定的结论事实。二者的区别则表现为：第一，推论的前提与结论事实之间并不一定具有必然性，结论事实的样态往往受前提事实信息是否充分以及人的主观因素的影响，而在法律上推定中的基础事实与推定事实之间具有确定的关系，有基础事实即有推定事实。对特定的前提事实来说，推定事实是必然的唯一的结论；第二，推论中结论事实的真实性来源于前提事实信息是否真实且充分，而推定事实的真实性来自于基础事实的存在这一前提，从法律上讲，推定事实的真实性是毋庸怀疑的，除非有反证予以推翻。

（二）推定与假定

假定，是指从确实性尚未确定的或者根本不存在的前提事实出发，推断出某一结论的思维活动。它与推定的最大区别就是，前提事实的真实性不同，假定中作为前提的事实其真实性尚未确定，或者明知其根本就是假的，而推定的基础事实系确实可信或为真的。假定是人们认识方式的一种，在认识中具有重要的意义，但在诉讼证明上，它却是不具备任何法律上的意义的，它不产生任何法律上的效果。

（三）推定与拟制

法律上的拟制，是指法律将某一事实视为它事实的，并且使该事实与它事实具有同一法律效果的法律制度。在立法上，立法者往往用“视为”一词来表达法律拟制。如《民法通则》第 15 条规定，公民以他的户籍所在地的居住地为住所，经常居住地与住所不一致的，经常居住地视为住所。再如《最高人民法院关于审理商品房买卖合同纠纷案件适用法律若干问题的解释》第 3 条规定：“商品房的销售广告和宣传资料为要约邀请，但是出卖人就商品房开发规划范围内的房屋及相关设施所作的说明和允诺具体确定，并对商品房买卖合同的订立以及房屋价格的确定有重大影响的，应当视为要约。该说明和允诺即使未载入商品房买卖合同，亦应当视为合同内容，当事人违反的，应当承担违约责任。”

拟制与推定的共同之处在于二者都是从一定的事实出发，肯定一定的结论，只要前提事实存在就有特定的结论存在。二者的区别则表现为：第一，能否用反证推翻不同。“拟制”的目的是使甲事实产生与乙事实相同的法律后果，一旦甲事实存在则乙事实必然产生某一法律后果，因此，乙事实是不容置疑的。而推定的事实在有反证证明其虚假时，则推定的事实不成立。第二，对证明责任的影响不同。在“拟制”中，尽管一方当事人主张的是后一事实的法律效果，但双方当事人发生争议并且要证明的始终是前一事实。前一事实的证明责任是主张该事实的当事人负担的，并且法律不允许对后一事实进行争议，所以不发生将后一事实的证明责任转移给对方当事人的问题。因此，“拟制”并不影响证明责任的分配，如果说它对证明责任有影响的话，那仅仅只表现在变更证明对象上，使当事人可以通过对前一事实的证明替代对后一事实的证明。在推定中，需要证明的主要是后一事实，即“推定事实”，只是由于推定的存在，主张“推定事实”存在的一方当事人可以只对“基础事实”进行证明，该事实被证明后，由于推定的作用，法律便假定“推定事实”存在，这样便把证明“推定事实”不成立的证明责任转移给对方当事人。可见，推定能影响证明责任①。

（四）推定与举证责任倒置

法律推定可以表现为诉讼上的举证责任的倒置。但推定与举证责任不同：从形式上看，前者为证明责任的实体分配，为实体法所规范；后者是证明责任的程序分配，为诉讼法所规范。从时间出现的先后顺序来看，举证责任在先。从实质上看，实体法上的推定往往是可以推翻的，只要当事人提出相反的证据就可以将

① 李浩著：《民事证明责任研究》，法律出版社 2003 年版，第 109～111 页。

其予以驳倒；举证责任倒置是程序法上的技巧，它大大改变了实体法上的举证责任分配，并且使诉讼的价值取向发生逆转[①]。

三、推定的分类

推定的分类有二分法、三分法、四分法等几种，其中二分法为大陆法系国家所采用，而三分法和四分法则多为英美法系国家所采用。

（一）二分法

二分法将推定分为法律推定和事实推定。法律推定，是指由法律明文规定的，当某法律规定（A）的要件事实（甲）有待证明时，立法者为避免证据困难或举证不能的现象发生，乃明文规定只需就较易证明的其他事实（乙）获得证明时，如无相反的证明（即甲事实不存在），则认为甲事实因为其他规范（B）的规定为获得证明[②]。

以是否需要前提事实为标准，法律推定可以分为推论推定和直接推定[③]。

1. 推论推定

推论推定是法律推定中最典型的推定，它是依据法律的规定从已知事实推定出未知事实、从前提事实推定出事实的结果。这种推定又被称为“真正的法律上的推定”。如民法通则中对失踪人死亡的推定，就是典型的推论推定。适用这种推定，可以减轻主张推定事实的一方当事人的举证责任，并且可以将举证责任从

① 卞建林主编：《证据法学》，中国政法大学出版社 2001 年版，第 273 页。

② 江伟著：《证据法学》，法律出版社 1999 年版，第 131 页。

③ 卞建林主编：《证据法学》，中国政法大学出版社 2001 年版，第 273～274 页。

一方转移给另一方。

2. 直接推定

直接推定，是指不依赖于一定的前提事实而直接推定某事实存在的推定。由于直接推定不依赖于任何基础事实，故法院在适用该推定时不要求因推定而处于有利地位的一方当事人证明任何事实，它的作用仅在于确定推定事实不存在的举证责任由何方当事人承担，如“无罪推定”和民事法律中的“过错推定”。因此，直接推定在本质上并非根据一事实与另一事实之间的逻辑关系作出结论，而是以推定形式表现出来的确定举证责任由谁负担的实体法规范。

事实推定，是指根据生活经验和常识得知甲事实和乙事实会同时存在即当甲事实存在时乙事实通常也存在，从而在甲事实存在时推定乙事实存在的推定。这种推定由司法机关作出，故又称司法推定或裁判上的推定。如根据某人在事故发生后的瞬间正驾驶着某辆汽车这一事实，就可以推断事故发生时其正驾驶着该汽车。

事实推定与法律推定的根本区别在于对什么时候采用事实推定法律没有予以规定，而是由司法机关自由决定适用的。而法律推定则是法律明确予以规定推定适用的条件和推定的结论的。

（二）三分法

三分法是英国法上的传统分类，它将推定分为不可反驳的法律推定、可反驳的法律推定和可反驳的事实推定三种。其中，不可反驳的法律推定（又称为规定或决定性推定），是指用推定的形式制定的实体法规则；可反驳的法律推定是指法院基于某一基本事实已得到证明而推断出推定事实的存在，相对方若要证明推定不成立则应承担证明基本事实不存在的责任；可反驳的事实推定是指不是基于法律上的规定而是根据日常经验法则而作出的推定，对这种推定相对方可以提出相反的证据予以推翻[①]。

（三）四分法

四分法是英国学者克劳斯（Cross）在学理上对推定进行的分类。他将推定分为结论性推定（传统的不可反驳的推定）、说服性推定、证据性推定和临时性推定四种。克劳斯认为，结论性推定就其实质而言并不属于证据法上的规则，而是一种实体法规范；说服性推定（也是可反驳的推定），是指法律规定法院凭盖然性比较和无合理怀疑的标准，推定某一事实是存在的，法定的反证责任则加在相对方身上；证据性推定，是指在相对方没有提出证据的时候法院必须作出推定事实是真实的推定，如果相对方提出反证，法官则可基于整体上的考虑，可以作出推定不成立的结论；临时性推定（传统上的事实推定），这类推定是脆弱的推定，相对方即使没有提出反驳性证据，法官也可以不作出可能的推定[②]。

四、推定的意义

推定，是诉讼证明上一种特殊的证明方式。由于在诉讼中，人们并不总是能发现过去事实的真实情况，案件事实并不总是可以查明的，然后，面对纠纷事实，作为裁判者的法官却不能不对案件事实作出认定，因此，在诉讼中采用推定这种证明方式就尤显必要。当然，推定的意义是多重的，具体表现为以下几个方

① 参见罗玉珍主编：《民事证明制度与理论》，法律出版社 2003 年版，第 248 页。

② 沈达明编著：《英美证据法》，中信出版社 1996 年版，第 68～70 页。

面：

(一) 推定有利于查清案件事实

虽然我们讲推定具有假设性，其适用不在于“求真”而在于“求果”，但推定和其他证明方式一样同样是建立在理性基石之上的。在多数情况下，法律规定或准许采用推定，从一基础事实推论出推定事实的存在，一般都是以两个事实之间存在稳定的内在的有规律的联系作为基础的，即人们在考虑这两种事实时，是根据日常生活或实践经验所作出的一般性的总结归纳，当某一事实存在时，只要没有特殊的例外的情况，推定事实都是合乎逻辑地客观存在的。而且，为了切实保障当事人的合法权益，法律通常也允许当事人提出证据予以反驳，从而避免推定的专断性。如刑法上所规定的巨额财产来源不明罪，法律允许行为人对差额部分进行说明、举证证明其来源合法。

以上面的论述为前提，推定便于案件事实的查明集中体现在推定简化了证明程序、过程。由于基础事实和推定事实之间具有内在的规律性的联系，故通常就无需像其他证明方式那样要经过一系列的证据收集、出示证据和繁琐的质证程序，而直接从基础事实就能推论出推定事实的存在。

(二) 推定可以缓解诉讼证明上所存在的困难，避免诉讼陷入僵局

诉讼证明是一种回溯性的证明，在具体的诉讼证明中，有时候人们总会遇到一些无法证明的事实，然而这些事实又是解决纠纷所不可或缺的，作为法官却又不得拒绝裁判，因此，对一些无法证明的事实，只有根据一定的认识规律采取推定这种方式了。如自然人在意外事故中失踪，数年杳无音讯，人们又不能证明该失踪人确系死亡，那么只有推定其死亡了。如果不规定推定制

度，那么公民企图申请宣告失踪人死亡的意愿也就会因为不能证明而无法实现。当然，对法院而言，推定的适用，也为法院的裁判提供了事实上的前提，否则法院将不知如何裁判。

（三）有利于公正地分配当事人的证明责任

适用推定可以引起举证责任转移的法律效果。能够产生这种效果的推定包括实体法事实上的法律推定和证据法事实上的法律推定。从当事人证明责任的角度而言，推定的后果免除了一方当事人的证明责任，相对于另一方当事人而言则是对其施加了证明的负担。对方如需要反驳，则需要证明基础事实不存在，或者证明推定事实不存在。相反，如果不采用推定，则要求另一方当事人承担举证责任是非常困难的。

在实际诉讼中，发生纠纷的当事人双方在人力、财力等方面并不都是相当的，尤其是在一些特殊的纠纷中，当事人之间的“实力”存在着明显的“强势”与“弱势”的悬殊差距，对于处于弱势地位的当事人一方要他承担证明责任无疑又增加了原本就有难度的诉讼，因此为了平衡当事人双方的诉讼力量，在一些诉讼中法律规定了推定制度，从而将证明责任赋予处于强势地位的当事人一方，这对于弱势群体合法权益的保护是具有积极的意义的。如果被运输的动物在托运前状态良好，而在到达目的地时因缺氧窒息而死。此时，如果要托运人举证证明承运人有过错，这对托运人而言无疑加大了诉讼的难度。因此，法律将运输过程中承运人无过错的证明责任分配给承运人，除非承运人能够证明自己在运输中没有过错，否则就推定承运人有过错，从而承担不利的诉讼后果。此外，像因环境污染引起的赔偿诉讼等特殊的侵权诉讼也采用了推定的诉讼证明方式[①]。

（四）有利于贯彻立法者所希望的社会政策

推定在解决诉讼证明上存在的难题具有重大意义，同时，立法者也借助于这种技术层面的事物将反映立法者一定价值取向的社会政策贯彻到法律之中，并最终通过法律的适用使一定的社会政策得到实施。如刑法上为什么要在巨额财产来源不明一罪中适用推定，主要原因在于腐败已经成了极大地危害社会、危害共产党自身的一种事物，对腐败应当予以严厉打击。而在实际生活中，一些国家工作人员的财产或者支出明显超过合法收入，差额巨大也不是个别的现象，但如果说要由检察机关承担证明责任的话，那难度是非常大的，因此采用推定则不能不说是贯彻反腐政策的一个好举措。再如我国继承法关于死亡时间的推定规定，相互有继承关系的几个人在同一事件中死亡，如不能确定死亡先后时间的，推定没有继承人的人先死亡。其目的即是出于对死者的其他继承人合法权益的保护而不是强调将没有继承人的遗产作为无主财产收归国家或集体。

第二节　推定的适用

一、推定的构成要件

明确推定的构成要件，是正确使用推定的前提。推定的要件包括：

（1）推定的首要条件是基础事实的存在，并且有充分的证据

① 毕玉谦主编：《证据法要义》，法律出版社2003年版，第505、506页。

证明基础事实的真实可靠性。也就是说，基础事实不存在或真实性尚未确定，也就不能适用推定，断定某一事实的存在。

(2) 推定事实与基础事实之间具有一定的因果关系，即每当一个事实存在时，另一事实一般都会出现或存在。就法律推定而言，虽然在法律上基础事实和推定事实之间没有直接的因果联系，但法律推定的设置却往往是以二者间事实上的一般规律性的因果联系为基础的。事实推定则是直接以基础事实和推定事实之间事实上存在内在联系为前提的。

(3) 如果要对推定事实加以采信的话，则须以无相反证据推翻推定事实为要件。对于法官推定的事实，法官应当告知当事人，给以当事人提供反证辩驳的机会。由于推定事实和基础事实在事实上它们并不存在一一对应的必然关系，所以说一旦有证据证明推定事实确实不存在，则应取消推定。如继承法上关于死亡时间的推定，要推定没有继承人的人先死亡，则需满足“相互有继承关系的几个人在同一事件中死亡，如不能确定死亡先后时间”这一前提事实，然而，一旦当事人提出充分的证据证明死者的死亡的先后顺序是确定的，那么法官则必须取消“没有继承人的人先死亡”的推定。

(4) 使用推定应具有必要的正当性。推定是诉讼证明上的一种简便方式，也是诉讼上的一种假设，因此，适用不当则会侵害当事人的合法权益。这就要求无论是立法者设定推定，还是法官适用推定都应当具有正当的目的，要遵循诚实信用和公正的原则。

二、推定的适用程序

适用推定应当遵循下列程序：

（1）判断基础事实是否存在，是否得到法律上的确认。这是推定的前提，也是推定所要解决的第一个问题。通常具备以下特征的事实可以作为认定基础事实存在的参考：属于众所周知的事实；法院于职务上所知悉的事实；判决所预决的事实；经公证文书证明的事实；诉讼上承认的事实；已由证据所认定的事实。

（2）推定事实。对于法律推定，法官依据法律的规定确定法律所规定的推定事实，而对于事实推定，法官应当释明基础事实和推定事实之间的因果联系，以确定推定事实。

（3）告知当事人。告知当事人，给以对方当事人提出反驳的机会，是保障当事人诉讼权利的重要环节。因为推定的本质实质为一种假定，与纯粹的假定不同只是在于其依据的前提具有真实性，但这并不能改变其仍属于假设的思维范畴。既然它不具有事实上的确定性，也就应当允许当事人提供证据予以反驳，一旦当事人的证据能够推翻这种推定或者使推定事实处于一种真伪不明的状态的话，那么应当取消推定的事实。

三、推定的效力

推定一旦作出，即产生法律上的效力。一方面它将证明责任转移给了对方当事人，另一方面对于推定所得出的推定事实则将成为法官认定其他案件事实或者裁判的基础事实。推定一旦确定，那么它就直接产生事实认定上的效力。

第三节 无罪推定

一、无罪推定的含义

无罪推定是刑事诉讼中的一个专门概念，它是指在刑事诉讼中，任何涉嫌或被指控实施犯罪行为的人，在特定的司法机关经过特定的司法程序确认其有罪之前，在法律上应当推定其无罪或者假定其无罪。无罪推定包含如下具体内容：

（1）只有特定的司法机关才能确定被告人有罪。对于被提起公诉的被告人，其是否犯罪只能由法院予以确定，除了法院之外任何国家机关和社会组织都不能确定公民或法人有罪。

（2）确定被告人是否犯罪必须通过法定的程序，即对犯罪行为的侦查、审查、提起公诉、审判等必须按照法律所规定的程序进行。

（3）在依法确定犯罪嫌疑人、被告人有罪之前，不得视犯罪嫌疑人、被告为罪犯。由于被告是否犯罪，最终要由法院予以确定，因此在法院确定被告有罪之前，应将受刑事追诉者视为无罪。其中，视为无罪的意义应当赋予受刑事追诉者当事人主体性地位，赋予当事人一系列的诉讼权利以切实保障自己的合法权益。基于此，在证明责任的分配上，证明犯罪嫌疑人、被告人犯罪的责任就应当由司法机关承担，而原则上嫌疑人、被告人就不应当承担证明自己有罪的义务。

二、无罪推定的不同表述

对于无罪推定，在表述方式上存在一些差别，这可能源于语言表达习惯本身的差异，也可能是由于对无罪推定含义理解的不一致性所引起的。对无罪推定的表述，概括起来有两大类。

一类是被告人在未经法院依法判决有罪之前，应当被推定为无罪。具有代表性的如《法国人权宣言》的“任何人在其未被宣告为犯罪以前，应当被推定为无罪”；《世界人权宣言》的“凡受刑事控告者，在未经获得辩护上所需要的一切保障的公开审判而依法证实有犯罪以前，有权被视为无罪”。这类表述强调的是未经法院依法判决应当推定被告人无罪。这种表述为大多数国家所采用。另一类是，被告人在未经法院最终判决之前，不得被视为犯罪人。例如意大利 1947 年《宪法》第 27 条规定：“被告人在最终定罪之前，不得被认为有罪。”《苏联和各加盟共和国刑事诉讼法纲要》第 7 条也规定：“非经法院判决，任何人不得被认定为犯罪人并受到刑事惩罚。”这种表述在于强调在法院最终判决前不得把被告视为罪犯①。

我们认为，对无罪推定无论采用哪种表述，其最终的落脚点都是在应当如何对待犯罪嫌疑人、被告人这一点上。一方面犯罪嫌疑人或被告人是依法被认定实施了一定犯罪行为的人，因此对其采取一定的侦查措施或强制手段是合法的，而另一方面受刑事追诉者的行为是否构成犯罪最终又要经过法定的程序由法院予以认定，因此在尚未最后认定受追诉者的行为构成犯罪前不能对其实施刑事惩罚，而且也要保障其作为合法公民（或法人）所应当享有的一系列权利。从表达上来讲，无罪推定所要表达的是在法院最终认定被告有罪之前，我们不能称之为“罪犯”，从实质内容来讲，我们应当承认和保障受刑事追诉者的合法权利。

---

① 刘金友主编：《证据法学》，中国政法大学出版社 2003 年版，第 275 页。

三、无罪推定与沉默权

沉默权是指受刑事追诉者所享有的毋庸承担提供证据证明自己有罪的权利。犯罪嫌疑人、被告人的供述和辩解即口供属于刑事证据法定种类中的一种，在侦查手段落后、人权观念淡薄的社会中，犯罪嫌疑人、被告人的口供对于认定案件事实极为重要，在历史上口供甚至曾经被视为“证据之王”，可见口供对于认定案件事实的重要意义。然而，如果说赋予受刑事追诉者沉默权，则意味着口供在查清案件事实中地位和作用的降低，另一个直接的后果则是侦查机关侦查活动难度加大，因此，从打击犯罪的功利角度讲，沉默权制度与打击犯罪的刑事司法目的存在着冲突。不过沉默权制度却有着其自身独立的价值，一方面沉默权与查清案件事实并不是绝对对立的，肯定沉默权在一定程度上不是不利于而是有利于案件事实的查清。在诉讼中，受刑事追诉者其口供未必都是真实的，特别是在刑讯逼供的情况下。正如贝卡里亚所指出的那样，“刑讯结局似乎依赖于犯人的意志，在痉挛和痛苦中讲真话并不那么自由。我们意志的一切活动永远是同作为意志源泉的感受印象的强度相对称的，而且每个人的感觉都是有限的。因而，痛苦的影响可以增加到这种地步：它占据了人的整个感觉，给受折磨者留下唯一的自由只是选择眼前摆脱惩罚最短的捷径，这时候犯人的招供是必然的。有感性的无辜者以为认了罪就可以不再受折磨，因而自称自己是罪犯”①。可见，强调口供并不意味着就有利于案件真相的查明，相反否定沉默权可能会因

① 〔意〕贝卡里亚著，黄风译：《论犯罪与刑罚》，中国大百科出版社 1993 年版，第 32 页。

为强调口供而遮蔽案件真相本身，因此，客观地对待口供，摆正口供在诉讼证明中的地位，通过其他证明手段来查明案件事实才是理性的证明方式。另一方面，肯定沉默权制度有利于保障受刑事追诉者的人权。沉默权的核心是“不受强迫自证其罪”，其中“强迫”属于精神的强制，这种强制可能源于直接的精神强制，也可能是通过肉体的惩罚得以实现，而无论是哪一种都属于刑讯的范畴。沉默权的存在有价值的支撑，但同时也有法律上的根据，这就是无罪推定制度的存在，即在刑事诉讼中，任何涉嫌或被指控实施犯罪行为的人，在特定的司法机关经过特定的司法程序确认其有罪之前，在法律上应当推定其无罪或者假定其无罪。既然受刑事追诉者应当被视为无罪，因此在最终确定其刑罚前对其实施包括刑讯在内的任何惩罚都是违背无罪推定原则的。反过来说，禁止刑讯是无罪推定的必然要求，而禁止刑讯又要以肯定沉默权为前提，是否供述由受刑事追诉者自身选择，而不能界定其为受刑事追诉者的义务。总的来说，沉默权是无罪推定的内在要求，在逻辑上沉默权与无罪推定是统一的。

四、无罪推定的历史发展

在人类诉讼的历史上，有罪推定延续了很长的时间。对于一般人而言，只要其被认为涉嫌犯罪，那么它将处于刑事打击的客体地位。这种做法可以说从人类诉讼的产生一直到西方资产阶级启蒙阶段才开始被动摇。当然，这只是从整体的趋势而言的，在人类进入近代、直到今天能够表征有罪推定的诉讼行为也不乏见。

有罪推定的核心在于一开始就把涉嫌犯罪的人当作罪犯来看待和对待。受残酷的对待无非就是其罪有应得的表现，刑讯逼供无非就是顽固抵抗、企图逃避惩罚的应有之意。贝卡里亚曾指出，“为了迫使罪犯交代罪行，为了对付陷于矛盾的罪犯，为了使罪犯揭发同伙，为了洗涤耻辱，或者为了探问不在控告之列的另外一些可疑的罪行，而在诉讼中对犯人进行刑讯，由于为多数国家所采用，已经成为一种合法的暴行”①。除了刑讯逼供之外，在我们今天看来属于受追诉者基本权利的诉讼权利被追诉者都不能享有或得到保障。这在欧洲中世纪的宗教裁判所那里得到了淋漓尽致的发挥。宗教裁判所的活动一般由告发或告密启动，而侦查的目的不是检验告密是否真实，而是证明告密，使被告承认指控的罪行；告密者和证人的姓名对鉴定人、被告人和辩护人都保密，更禁止被告和证人对质；在侦查中，被告实际上是不可能为自己提出证人的，因为宗教裁判所认为，有利于被告的证词是同情姑息异端，因此证人完全捏在裁判所手中，任何证人都只能是控告的证人；从形式上看，被告可以为自己聘请辩护人，但异端者的辩护人本身就有可能被怀疑为异端，遭到逮捕和审判，结果落得和他的当事人同样的遭遇②。

无罪推定思想是资产阶级的启蒙思想家针对封建专制统治有罪推定思想而提出来的。这一思想最先在意大利著名的思想家贝卡里亚《论犯罪与刑法》（1764 年）中得到论述，贝卡里亚指出，“在法官判决之前，一个人是不能成为罪犯的。只要还不能断定他已经侵犯了给予他公共保护的契约，社会就不能取消对他

---

① 〔意〕贝卡里亚著，黄风译：《论犯罪与刑罚》，中国大百科出版社 1993 年版，第 31 页。

② 董进泉著：《黑暗与愚昧——宗教裁判所》，浙江人民出版社 1988 年版，95～111 页。

的公共保护"①。

在法律上对无罪推定作出明确规定，始于法国大革命后制定的《人权宣言》。《人权宣言》第9条庄严宣告："任何人在其未被宣告为有罪以前应被推定为无罪。"此后，无罪推定也纷纷通过宪法或法律的形式在法律上确认了无罪推定的原则和思想。作为一项反专制的刑事司法原则，在社会主义国家诞生后也确立了这项原则。

在人类经历了第二次世界大战的苦难后，刑事诉讼民主化的发展潮流和人权运动高涨，给无罪推定注入了新的更丰富的内涵。特别是随着联合国及其所属组织在保障人权和刑事司法领域的积极活动和不懈努力，无罪推定发展成为一项国际公约确认和保护的基本人权，成为联合国制定和推行的刑事司法准则重要的内容之一。1948年12月10日联合国大会通过的《世界人权宣言》首次在联合国文件中确认无罪推定，从而为在全球范围内贯彻这一原则提供了国际法上的依据。该宣言第11条第1款规定："凡受刑事控告者，在未经获得辩护上所需的一切保证的公开审判而依法证实有罪以前，有权被视为无罪。"随后，一些重要的地区性人权公约，如1950年11月4日在罗马签订的《欧洲人权公约》，也对无罪推定原则作了规定。1966年12月16日联合国大会通过的《公民权利和政治权利国际公约》再次确认了无罪推定，该公约第14条第2款规定："凡受刑事控告者，在未经证实有罪之前应有权被视为无罪。"将"推定无罪"作为所有人类家庭成员应当享有的一项公民权利和政治权利，要求各缔约国采取

① 〔意〕贝卡里亚著，黄风译：《论犯罪与刑罚》，中国大百科出版社1993年版，第31页。

必要措施加以尊重和保障①。

五、无罪推定的意义

（一）保障人权

人权，是指人作为人应当享有的基本权利，如生命权、健康权、生存权等。国家对人权的保护往往是通过将人权法律化为公民权予以实现的。作为追究嫌疑人、被告人刑事责任的刑事诉讼程序则和公民的人权休戚相关。自近代以来，刑事诉讼程序发展的一个显著特征就是强调程序本身的正义性，强调对人权的保障。而其中一个关键的问题就是一方面如何打击犯罪，一方面又如何公正地对待受刑事追诉的人。程序正义的一个基本要求是应当赋予受刑事追诉者以诉讼主体的地位，而非置其于诉讼客体之境地。其中，受刑事追诉者主体地位的确立是通过赋予其一系列的权利得以保障的。因此，对受刑事追诉的人，我们应当对其基本权利提供法律的保障。而为受刑事追诉者提供法律的保障，在事实层面上则是基于在法院对其确认有罪之前，受追诉者的行为是否构成犯罪自然就是不明了的，因此，将最终尚未确定是否有罪的人当做罪犯来看待或对待在诉讼上也是不符合逻辑的。因此，为了防止强大的国家机关滥用国家权力，以保护处于孤立的弱势地位的受追诉者的人身权、自由权及其他合法权益，同时也避免无辜的人受到侵害，在法院最终确定受刑事追诉者有罪之前，应当将其视为无罪，而将其视为无罪的本质意义是通过赋予和保障其合法权益表现出来的。可以说，正是基于这样的理由，近代文明社会才将无罪推定作为一项基本的刑事诉讼原则在刑事

① 刘金友主编：《证据法学》，中国政法大学出版社 2003 年版，第 278 页。

诉讼中确定，正是无罪推定对人权保护的重要意义，联合国才将其作为人权保护的一项基本原则。

(二) 促进司法公正

司法的公正性一方面体现在实体的公正性上，一方面则是体现在程序的公正性上。公正的司法应当包含着这两层含义。实体公正与程序公正密切相关，但程序本身则具有自己的独立价值。一个诉讼程序要是公正的，至少应当包括两个方面，一是它是合乎逻辑或合理的，二是它对参与诉讼程序的主体予以公正的对待。前者是指程序应当是有利于发现真实的，而且自身所包含的要素之间也是合乎逻辑的，后者是指程序能够充分保障参与者的权益。就无罪推定而言，它是合乎程序自身的逻辑的，即在法院尚未最终确认受追诉者无罪之前，其应当被视为无罪；视为无罪，应有之意也就在于应当赋予和保障受追诉者一系列的法律权益或权利。就是在这层意义上讲，无罪推定是司法公正的内在要求，确立无罪推定原则及其相应的具体制度，反过来又有利于司法公正的实现。

(三) 促进文明与人类的进步

前面两个方面是放在刑事诉讼这个特定的境域来谈的，而当我们将视野提高到人类这个层面，则不得不说无罪推定和人类文明和社会的进步具有一定的关系。无罪推定是人权保障的一种方式，而它又是一个社会人权保障的重要组成部分。如我们通常所说，对受刑事追诉者的态度及其权利的保障程度能够很好地反映一个社会的宽容度和人权保障的程度，要说明的也正是这个意思。实现对人权的保障虽然是司法活动的主要目的但却不是司法活动的唯一目的，司法活动还要将人类所追求的正义、公正等基本价值目标以看得见的方式去实现或捍卫，并以此去感染社会，提高人们对人权保障意义的认识，并促成社会进一步采取行动去实现对人权的保障，最终推进人类文明的进步。

六、无罪推定在我国的确立和运用

新中国建立后，也就是在上世纪 50 年代我国法学界对无罪推定曾经展开过激烈的讨论，但由于受极左思潮的影响，无罪推定被视为资产阶级的刑事诉讼的原则，而长期成为刑事诉讼研究的一个禁区。这种状态直到 20 世纪 90 年代才得到改变，即在现行刑事诉讼法修改的过程中无罪推定原则被重提并成为刑事诉讼法研究上的一个热点问题。当然，对其持肯定和否定的观点皆有之。

1996 年，刑事诉讼法修改的过程中，参加研究起草修改方案的学者强烈主张将无罪推定写进修改方案。1996 年 3 月 17 日第八届全国人大第四次会议通过的《关于修改〈中华人民共和国刑事诉讼法〉的决定》吸收了无罪推定的精神。修改后的《刑事诉讼法》第 12 条规定："未经人民法院依法判决，对任何人不得确定有罪。"可以说无罪推定原则最终在我国的诉讼法规定中得以体现。当然，也有学者认为不能将该规定等同于无罪推定。关于这一点，应该看到，修改后的刑事诉讼法在起诉方承担证明责任、取消免予起诉、疑罪从无等方面，均吸收了无罪推定的合理内容，明确体现了无罪推定的基本精神，从这层意义上讲，已经确立了我国的无罪推定原则。但由于尚未赋予犯罪嫌疑人、被告人沉默权，而且法律还明确规定犯罪嫌疑人有义务如实回答侦查人员的讯问，在侦查、起诉和审判各阶段均有关于讯问犯罪嫌疑人、被告人程序的设置，因此不能说在我国就确立了和西方相同的无罪推定原则[①]。在我们看来，无罪推定是以原则的形式表现出来，但它更应该是一种具体的制度；法律应当设置一系列的制度使受刑事追诉的犯罪嫌疑人、被告人能够被真正地当作“无罪”的人来对待。

① 刘金友主编：《证据法学》，中国政法大学出版社 2003 年版，第 281 页。

第十五章　证据规则

第一节　证据规则概述

一、证据规则的概念

没有规矩，不成方圆。任何证明活动都必须遵循一定的规则，否则证明结果的可靠性便无从谈起。司法证明活动直接影响人们的生命财产权利，因此更应关注什么证据可以被相信以及如何公平地使用证据等问题。证据规则在整个诉讼制度中占有极其重要的地位，其目的诚如《美国联邦证据规则 102》所言："保证对案件的公平审理、消除不合理的费用和拖延以及促进有利于查明案件事实真相以及保证诉讼程序公正的证据法的发展。"①在西方国家法学研究领域中，证据法学一直是最为活跃的部分，与此相应，西方国家的证据立法也相当发达。

严格地说，"证据规则"（Rules of Evidence）是一个舶来品，

---

① 高忠智著：《美国证据法新解：相关性证据及其排除规则》，法律出版社2004年版（序），第1页。

最早出现在英美法系国家。根据《布莱克法律大辞典》的解释，规则是指一种确定的标准、指南和规范。证据规则是指那些在庭审中或审理中对证据的可采性问题起支配作用的规则。在英美法系中，证据规则主要是针对证据的可采性而言的，只要某种确定的标准、指南和规范可以支配、影响和调整证据可采性，不管它们是否规定在冠以“规则”之名的法律文件中，都是证据规则。

长期以来，我国学者都喜欢用证据制度或证据原则这个术语，只有在介绍英美法系国家的证据制度时才使用“证据规则”或者“证据法则”这一概念。目前，国内的证据学者在界定证据规则的概念时有不同的观点或解释。例如，有人认为，“证据规则是指规范证据的收集、审查和评价等诉讼证明活动的准则”[①]。有人认为，“证据规则是指确认证据的范围、调整和约束证明行为的法律规范的总称，是证据法的集中体现”[②]。一般认为，证据规则有广义与狭义之分。从狭义上讲，它是指那些在庭审中或审理中对证据的可采性问题起支配作用的规则，即专指可采性规则；从广义上讲，它包括收集和运用证据的规范与准则。在我国的司法语境中，证据规则的目的在于规范和约束诉讼过程中的取证、举证、质证和认证活动，以保证正确认定案件事实。因此，它并非某一个或几个法律规范，而是由一系列具有内在逻辑联系的法律规范组成的包括有关诉讼过程中如何取证、举证、质证和认证的规范和准则的有机整体。因而我国的证据规则应是指广义的概念。

① 卞建林主编：《证据法学》，中国政法大学出版社 2002 年版，第 352 页。
② 江伟主编：《证据法学》，法律出版社 1999 年版，第 173 页。

二、证据规则的功能

各国立法对证据规则的重视是由证据规则在诉讼制度中所承担的重要法律功能决定的。当人们把收集、运用、审核、认定证据方面一些带有规律性的经验和做法，总结或制定为证据规则后，就具有明显的约束力和指导性。证据规则既然是法律规范，因而对司法机关、当事人和诉讼参与人等在收集、审查判断、运用证据的证明活动中具有强制约束的效力，即具有约束力。司法机关、当事人和诉讼参与人应当按证据规则的规定进行诉讼活动，否则就可能构成违法行为，不能产生预期的法律效果，使收集到的证据无效，或者无法作出裁判，或者作出错误的裁判。证据规则的这种约束力可以保证证明活动的顺利进行，保证正确地认定案件事实，并作出公正的裁判。证据规则既是抽象理论的原则，又是具体的操作规程，司法机关、当事人和诉讼参与人可以从证据规则中明白各自应当做什么，不可以做什么，以及如何去做，从而直接指导司法机关、当事人和诉讼参与人正确地进行诉讼行为。

（一）证据规则的程序功能

在诉讼过程中，证据规则多为程序性规则。这些程序性规则，一方面能使司法机关在证明案件事实的认识活动中驾轻就熟，排除干扰，提高诉讼效率；同时，程序本身也能在一定程度上消解事实探知方面的局限性，吸收当事人的不满。如有关证据资格的证据规则通过剔除那些不具有证据资格的证据，对司法活动产生多重效应。如在刑事诉讼中，通过非法证据排除规则以及证据的可采性规则等，避免瑕疵证据对陪审团成员或法官的误导，就会产生以下功能：第一，将法庭审理程序与审前程序相对地隔离。在此意义上，我们可以将证据规则视为刑事诉讼活动中的一个栅栏，由此将审判程序一分为二，通过程序的分化实现程序的监督、制约功能。第二，使法庭审理活动摆脱了对审前程序的依附。在刑事诉讼中，审前阶段是收集证据的关键阶段。在某种意义上，审前阶段收集的证据是否充分、全面直接决定着法庭审判的实质走向。但是，由于证据规则的屏蔽作用，法庭审理已不再是审前活动的简单重复或认可，而是在更为严格的条件下，对犯罪指控证据的审查。最后但也是最重要的，在证据规则的约束下，法庭审理活动真正成为了定罪的支配性阶段，并且直接影响、约束着审前活动。由于证据规则对证明所依据的材料提出了更严格的要求，审前活动收集的证据材料除非能够顺利通过证据规则的检验否则不得作为证据，因此，在证据规则的约束下，审判阶段尽管在时序上居于审前程序之后，实质上却处于诉讼的核心。整个刑事诉讼活动都是在审判阶段的直接或间接影响下展开的。发挥证据规则的程序功能，在一定程度上，就能改变我国目前这种实质上以侦查阶段为中心的诉讼模式。

（二）证据规则的实体功能

一般而言，英美证据规则可分为两大类：一类是关于证据能力的规则，即判断能否作为证据在审判中予以使用的规则。另一类是关于证明力的规则，即在实质意义上，对案件事实真相的认定有多大的作用。其中，前者主要是为了保障社会利益、价值以及公共政策；后者则保障诉讼认识的准确性。因此，证据规则的实体功能也可以相应地区分为两种：一种是对具体案件所具有的实体法意义上的功能；一种是对整个社会秩序所具有的维护实体价值的功能。

当然，证据能力规则也并非纯粹与事实真相认识无关的价值选择，相反，其仍然体现了“证明政策”方面的原因，只不过在重点上更强调对其他社会利益、价值的保障罢了。以非法口供排除规则为例，该项排除规则的确立固然主要是基于保障人权的需要，但是，该规则也同样体现了认识论方面的利弊权衡和选择。因为，在一般情况下，自愿供述比强迫供述要真实，合法证据比非法证据可靠。对任何事物的评价，往往是利弊兼而有之，问题在于利弊大小的权衡。坚持合法取证在大多数情况下有利于查明案件真相。而非法证据排除规则的设立，不仅仅为了维护程序公正，同时也是为了从整体上和实体上确保证据的确实性，确保有罪判决符合客观真实的要求，确保无辜者不受错判错杀。

三、两大法系证据规则体系

英美法系与大陆法系是当今世界并驾齐驱的两大法系，但前者的证明规则体系比较复杂，后者的证明规则体系比较简单。两大法系的证据制度在内容上具有较大的差异，英美法系规定了一系列关于证据资格及证明力的规则，形成了一个严密系统的证据规则体系；而大陆法系则未制定独立的证据法，仅规定了少量关于证据取舍和运用的规则。这大概与英美法系实行当事人主义的诉讼模式，诉讼进程由当事人推进，有必要对诉讼双方的证明活动设立严格、具体的标准和规则，以保证诉讼有序进行有关。此外，陪审团制的存在也要求对证据可采性作出较为细密的规定，以防止由非法律专业人士组成的陪审团在案件事实的判断上发生偏差。因此，英美法系采取了法定证明和自由裁量相结合的证明模式。大陆法系国家采用职权主义诉讼模式，诉讼的进行和证据的审查判断完全由职业法官主导，由于采取自由心证的证明模式，即使没有详尽的证据规则，也不会对法官裁判造成多大的影响。当然，这两者的区别和界限并非一成不变的。

我国证据法学理论一般认为，英美法系国家的证据规则复杂且严格，而大陆法系国家的证据规则简略且灵活。但是，应当指出的是，两大法系的证据规则属于两种不同的类型。前者主要强调证据能力问题，客观上限制了裁判者审查判断证据的范围；后者则强调审查判断证据的程序，目的是为了充分发挥法官审查判断证据的主观能动性，以探明事实真相。具体而言，两大法系证据规则的差别，主要表现在以下几个方面：第一，在规范调整的对象上，英美法系证据规则着重于规范当事人双方的举证活动，而大陆法系证据规则则着重于调整法官的“心证”形成过程；第二，就证据规则的内容而言，英美法系侧重于规定所调查证据的容许性条件，即证据能力问题，而大陆法系则侧重于规定调查证据应遵从的程序性条件，未经法定程序调查的证据不得作为定案的依据；第三，在适用证据规则的时间上，英美法系的证据规则主要适用于证据提交裁判者审查判断之前，其目的是防止裁判者接触不适当的证据材料，而大陆法系的证据规则适用于裁判者评价判断证据的心证形成过程，其目的是防止裁判者在评判过程中将未经法庭公开查证属实的证据作为认定事实的根据。

但另一方面，两大法系证据规则也存在较多的共性，呈现出相互融合的趋势，主要体现在：第一，在立法方面，制定独立、系统的证据规则体系已成为证据立法的共同趋势，这表现在大陆法系亦开始在诉讼法典中以专编或专章的形式集中规定证据规则的具体内容，如 1988 年意大利刑事诉讼法典，1996 年澳门刑事诉讼法典就以单编、单卷的形式集中规定了刑事证据规则。第二，在立法技术方面，两大法系均采取了原则性和灵活性、一般性和特殊性相结合的方法。其表现是在设定证据规则的原则性规定之外，还作了较多的例外性规定，以确保证据规则在实践中的适用性。第三，若干规则的原理和内容基本相同，这类规则主要有预防规则、司法认知规则、推定规则、非法证据排除规则、证人特权规则、强制作证或提供证据材料规则以及举证时限规则等。

第二节　西方国家的主要证据规则

他山之石，可以攻玉。在司法体制改革、庭审方式改革不断深化的今天，借鉴、参考西方国家，尤其英美法系国家在长期司法实践中沉淀、积累起来的证据规则，无疑能使我们少走弯路，尽快缩短与法治发达国家之间的距离。基于我国证据规则的立法和司法实践的需要，这里有选择性地介绍一下西方国家的主要证据规则。

一、取证规则

（一）强制取证规则

该规则是指当事人可以通过法院命令要求对方当事人、案外人提供其掌握的与案件有关的证据，对于拒绝提供者，法院可采取一定的强制措施。其目的在于强化当事人的取证能力，以维护当事人的合法权益以及保障诉讼的顺利进行。例如，美国《联邦民事诉讼规则》第 34 条第（3）款规定：当事人可以申请法院向非当事人发出传票，责令其按照要求提供与案件有关的文件或物品，如果对方无正当理由而拒绝提供，则构成藐视法庭罪。

（二）特权规则

该规则是指证人虽能提供与待证事实间具有相关性的证言，但该证人由于特定的身份关系或职业关系，如夫妻关系、律师与当事人的关系、医生与病人的关系、神职人员与教徒的关系、警察与秘密情报员的关系等，基于免予自证其罪的权利、保守公务、业务及职业秘密的要求而有权拒绝提供证言。该规则的设立主要是基于公共政策的考虑，目的在于保护特定的社会关系或利益，这类关系和利益“比起提高特定法律纠纷中事实认定的准确性，具有更大的社会价值”①。

（三）任意自白规则

该规则是专属于刑事诉讼的证据规则。在刑事案件中，犯罪嫌疑人、被告人的陈述，根据内容的不同，可以分为有利于己的陈述和不利于己的陈述两种，其中，不利于己的陈述，包括自白和其他不利于己的陈述两类。自白可以在广义和狭义两种意义上使用，狭义的自白，专指被追诉人对起诉事实的承认；而广义自白，则包括狭义自白及其他不利于己的陈述。在英美证据法中，称狭义自白为自白（Confession）；其他不利于己的陈述为自认（Admission）。该规则要求提取被告人的供述必须遵循自愿性原则，凡是违反被告人自由意志而获得的供述均应当排除。例如，联合国《公民权利和政治权利国际公约》第 114 条第 3 款第 7 项：“任何人不被强迫作不利于他自己的证言或强迫承认犯罪。”《禁止酷刑和其他残忍、不人道或有辱人格的待遇或处罚公约》第 15 条：“每一缔约国应确保在任何诉讼程序中，不得援引任何业经确定系以酷刑取得的口供为证据。”制定任意自白规则的理由主要在于反对强迫性自我归罪、保障被告人的沉默权、保证国家追诉权的正当性，从而更好地实现实体公正。

① 〔美〕杰费里·C. 哈泽德、米歇尔·塔鲁伊著，张茂译：《美国民事诉讼法导论》，中国政法大学出版社 1999 年版，第 140 页。

二、举证规则

（一）举证时限规则

该规则是指负有举证责任的当事人应当在法律规定或法院指定期间提出证明其事实主张的证据，逾期不举证则承担证据失效的法律后果。举证时限的内在机理主要在于两个方面：一是防止当事人滥用诉讼权，故意不提供证据以拖延诉讼，或者突然提出新证据突袭对方当事人等不公正行为，有利于实现诉讼公正；二是通过限制开庭后新证据的提出，防止因随时提出新证据而造成诉讼拖延，从而提高诉讼效率。

（二）推定规则

所谓推定，法国《民法典》第 1349 条规定，就是指法律或司法官依据已知之事实推断未知之事实所得到的结果。该项规则的内在机理在于：第一，可以避免对于推定之事实因缺乏证据而造成诉讼上的僵局；第二，可以减轻当事人的举证责任，有利于公正地分配举证责任；第三，有利于降低诉讼成本，提高诉讼效益。

（三）自认规则

所谓“自认”，是指当事人一方对他方所主张的不利于己方的事实为真实或者对他方的诉讼请求加以认可的意思表示。自认可以分为裁判上的自认和裁判外的自认。根据自认规则，对于当事人一方裁判上自认的事项，他方得免除证明责任，法院在作出裁判时必须受其约束。但裁判外的自认则仅是一种证据，其证明力如何，应由法院结合本案其他证据，酌情加以判定。自认规则的主要功能在于可以使诉讼围绕少数几个明确的争执点而展开，提高诉讼效率。

三、质证规则

（一）强制出庭作证规则

该规则是指对于无正当理由拒不出庭作证的证人，可采取传讯、罚款等强制性措施。例如法国《刑事诉讼法》第 109 条规定：任何被传唤到庭作证的人，均应当出庭、宣誓并作证。预审法官可以对拒绝出庭的证人采取传讯措施，通过警察强制其到庭。法国民事诉讼法第 207 条第 1、2 款规定：对于不出庭作证的证人，如果其证言很重要，法庭必须听取，则可以传票传唤其到庭，费用由其自负。对于不出庭作证的人以及无合法理由拒绝作证或拒绝宣誓的人，处以 100 法郎以上、1 万法郎以下的罚款。

（二）宣誓作证规则

该规则规定证人在作证前应当宣誓保证如实陈述。美国《联邦证据规则》第 603 条规定，证人作证前要声明自己将如实提供证言，这种声明可以通过宣誓或某种旨在唤醒证人良知和加深证人责任感的郑重方式来进行。法国刑事诉讼法第 331 条规定：证人在陈述之前，应当宣誓无私无畏地讲出全部真相，而且只讲真相。另外，英国、澳大利亚、印度与新加坡等国还制定有单行的“证人宣誓法”。

（三）交叉质证规则

所谓交叉质证，在一方当事人对自己的证人进行直接质证以后，对方当事人可以对证人进行交叉质证。英美法系国家的证据法一般都规定证人证言必须经交叉质证之后才能采用。交叉质证是检验证人可信性以及证言真实性的主要手段[①]。交叉质证是诉讼对方的权利。如果某证人在对方进行交叉质证时拒绝回答问题，法官可以排除该证人的证言。交叉质证被视为审查证据真实可靠性的最有效办法，是抗辩式诉讼的关键环节。美国证据专家Wigmore称其为“从前发明的用于发现事实真相的最伟大的法律引擎”[②]。

四、认证规则

（一）可采性规则

该规则是指证据必须具备法律规定的要件，可用于证明案件的待证事实，方可采纳。同时证据只有经过直接审理后才能被采纳，任何未经以直接审理方法进行审查的证据都不具有可采性。该规则亦属证据规则体系的一项基本原则，其意义在于排除不具有证明价值、或者价值较小，或者虽有价值但违反其他法律、政策要求的证据，以此“来推行实体法和其他程序法的要求”[③]。

（二）相关性证据规则

该规则又称关联性规则，是指用作诉讼证明的证据材料必须同案件的待证事实之间有着内在的客观联系，可以对案件事实起证明作用。该规则强调特定证据材料与案件待证事实之间的关系，而不是该证据的存在形式，同时，主张没有相关性的证据都

---

① 高忠智著：《美国证据法新解：相关性证据及其排除规则》，法律出版社2004年版，第93页。

② John Henry Wigmore：*Wigmpre on Evidence*，James H. Chaderson 修订 Little, Brown and Company 1974.

③ 〔美〕迈克尔·D. 贝勒斯著：《法律的原则——一个规范的分析》，中国大百科全书出版社1996年版，第65页。

必然不具有证明力。确立相关性规则的主要原因是：第一，英美法系国家实行陪审团制度，由陪审团认定案件事实，为防止当事人将没有相关性的证据提供给陪审团考虑而导致陪审团错误地认定案件事实，所以确定相关性规则，以避免陪审团受当事人提出的无相关性证据的误导。第二，要求证据必须具有相关性是为了限定调查证明的范围，避免拖延诉讼。

（三）非法证据排除规则

该规则是指对非法取得的供述和非法搜查、扣押等取得的物证予以排除的规则。也就是说，对非法获得的言辞证据，包括犯罪嫌疑人、被告人的陈述、证人证言以及被害人陈述；以非法搜查手段获得的物证，指非法搜查、非法扣押取得的物证；甚至以违法收集的证据为线索获取的证据，都不得在法庭上使用。主要理由是：第一，维护公民宪法权利。通过排除非法搜查和扣押所取得的物证，可以保障宪法赋予公民不受非法搜查、扣押权利。第二，抑制非法侦查。通过排除违法搜查、扣押所得的物证，消除了警察违法搜查、扣押的"诱因"，从而达到防止警察违法的效果。第三，维护司法的纯洁性。排除规则可以维护法律的尊严，增进了公民对司法运作的信心，并避免司法程序受到非法证据的污染。该规则旨在限制、防止国家滥用权力，保护公民个人权利不受侵犯，体现了强调程序正当的价值观。目前，为了在国家、社会与个人利益之间找到一个平衡点，许多国家对该规则作出一些例外的规定，如"必然发现的例外"、"善意的例外"、"独立来源"、"削弱因果关系"等等。例如，按照"必然发现的例外"规则，如果公诉方能够证明，即使在没有司法人员违法取证的情况下，这些证据最终或必然也会被发现，那么该证据就可采用。

（四）传闻证据规则

按照美国《联邦证据规则》的定义，传闻指不是由陈述者在审判或听证中作证时作出的陈述，却将其作为证明案件事实的证据。传闻证据包括两种形式：一是亲自感受了案件事实的证人在庭审期日以外所作的书面证言或者警检人员所作的笔录；二是其他人在审判期日以证人亲身感知的事实向法庭所作的转述。该规则是指对于证人通过转述原始证人的陈述而作出的证言，一般应予以排除，但法律另有规定的除外。

该项规则的设立理由主要是：第一，传闻证据有误传危险，其内容的真实性值得怀疑；第二，传闻证据的内容未经原始陈述者的宣誓，也无法对其进行交叉询问，因此是不可靠的；第三，采纳传闻证据会侵犯当事人的基本权利。如美国宪法修正案第6条规定：被告有权质问所有的证人，而传闻证据是证人不到庭时所作的证言，或者是代替证人到庭作证的证言，被告人无法对证人进行质问。现在，传闻证据一般不得采纳，但是也有例外。因为，如果对传闻证据一律排斥，实际上做不到，不仅会造成诉讼拖延，而且也势必妨碍查明案件事实真相，有违设立传闻证据规则的目的。美国在其《联邦证据规则》中详细规定了可以作为例外不予排除的三类情况。第一类是陈述者可否作证无关紧要的情况。第二类是陈述者不能到庭作证的情况。第三类是其他情况。一般认为，传闻证据的例外应当符合两个条件：一是具有“可信性的情况保障”，即传闻证据从多种情况来看具有高度的可信性，即使不经过当事人反询问，也不至于损害当事人的利益。二是具有“必要性”，即存在无法对原始证人进行反询问的客观情形，因而不得不适用传闻证据，如原始证人死亡、病重、旅居海外或去向不明等。

（五）最佳证据规则

该规则是指以文字材料的内容证明案情时，必须提交该文字材料的原件。因为原件作为证据其效力优于它的复制品，所以是最佳的。美国《联邦证据规则》第1004条规定：只有“在下列情况下，不要求原件，关于文字、录音或照相内容的其他证据可以采纳：（1）原件遗失或毁坏，所有原件均已遗失或毁坏，但提供者出于不良动机遗失或毁坏的除外；或（2）原件无法获得，不能通过适当的司法程序或行为获得原件；或（3）原件在对方掌握中，原件处于该材料的出示对其不利的一方当事人的控制中，已通过送达原告起诉状或者其他方式告知该当事人在听证时该材料的内容属于证明对象，但该当事人在听证时不提供有关原件；或（4）附属事项，有关文字、录音或照相与主要争议无紧密联系。”现在该规则主要适用于书证。

（六）意见证据规则

该规则是指证人只能陈述自己亲身感受和经历的事实，而不能陈述对该事实的意见和结论。如果证人仅提供对案件的意见，则不得采用为证据使用。该规则的内在机理在于，普通证人的意见与待证事实之间不具有相关性，对查明案件事实并没有意义，将此类证据排除在外可以保障裁判者独立地对案件事实作出判断。意见证据规则有两个例外。一是专家证人可以对案件提供意见或者推理，其意见或推理所依据的事实或数据可以是专家听证前或者诉讼时的感觉或获悉的。二是普通证人发表意见的例外。根据美国《联邦证据规则》第701条规定：“如果证人不属于专家，则他以意见或推理形式作出证词仅限于以下情况：（1）合理建立在证人的感觉之上；或（2）对清楚理解该证人的证词确定争议中的事实有益。”在这些情况下，普通人所发表的意见，或者与事实陈述无异，或者其对某种特别事项的意见陈述与专家证人的意见无异，则可以采用。专家证言的条件是：“(1) 该意见、推论或者结论，依靠的是专门性的知识、技能和培训而不是依靠陪审团的普通经验；(2) 该证人必须出示自己作为真正的专家在该专门性质领域内所具有的经验，并被证明合格；(3) 该证人必须出示自己的意见、推论和结论作出合理的肯定（很可能）程度的证明；(4) 专家证人应当陈述自己对该证据事实的意见、推论或结论是有根据的。而且必须对依事实提出的假设性问题作出解释。”

（七）补强证据规则

该规则是指某一证据不能单独作为认定案件事实的依据，只有在其他证据以佐证方式予以补强的情况下，才能作为本案的定案证据。例如，美国的有关法律规定，在伪证罪和强奸罪等案件中，只有一个人的证言不足以认定被告人有罪；英国的有关法律规定，不了解宣誓意义的幼年人的证言必须有其他证据进行补强。荷兰早在 1838 年就以补强证据规则的形式对法官的自由心证加以限制，其一是法庭不能仅根据被告人的口供就判有罪；其二是法官不能仅根据一个人的证言就判被告人有罪。设立补强证据规则的目的，是防止运用某些证明力显然薄弱的证据认定案件事实时，产生误认事实或者其他危险，防止偏重口供的倾向，如果允许单凭口供作为定案的依据，势必使侦查、审判人员过分依赖口供，甚至不惜以非法手段获取口供，从而侵犯犯罪嫌疑人和被告人的合法权益，导致错误地裁判。

（八）司法认知规则

司法认知，又称“审判上的知悉”，是指对于某些特定的事项或命题，无需经过正式证明即可确认其真实性。该规则的设立目的主旨在于节省证明的时间、人力和费用，以提高诉讼效益，因为对于某些众所周知的事实，“当事人之对造，实无真正或善意真实之争执，因此如需举证，将流于徒增烦扰之形式”①。英美法系国家的证据法多对此作出了详尽的规定。例如，英国证据法将司法认知分为四类：第一，众所周知的事实，如5月1日是劳动节，猫是家畜等；第二，经过调查后在法庭审判中确认的事实，法官可以通过查阅历史著作和审判档案等，寻找与争执点有关的历史信息；第三，英国法、欧洲共同体法、英国国会的立法，法官应知悉这些成文法的内容而不必要求当事人证明其已经获得通过；第四，有签名、蜡封和盖印的文书，为防止诉讼中出现冗长的拖延，法律规定直至一方提出证据证明该文书为伪造之时，法官可以认知这些签名是真实的。美国《联邦证据规则》第201条规定：“适用司法认知的事实必须是不会引起合理争议的以下两种事实之一：（1）在审理法院的地域管辖范围内众所周知的事实；或者（2）能借助于渊源作出正确、迅速确认的事实，其渊源的正确性按照情理不容置疑。”

（九）品格证据规则

该规则是指对于证明某些诉讼参与人的品格或品格特性的证据应视情况决定是否予以采纳，对于品格本身就是犯罪、主张和辩护的要件之一的，原则上可以采用；而对用于推断某人在特定情况下的行为与其品格的一致性的品格证据，原则上不可采用，但法律另有规定的除外。英美法系国家的品格证据排除规则也有例外。例如，美国《联邦证据规定》第404条（a）项就规定了

---

① 李学灯著：《证据法比较研究》，台湾五南图书出版公司，1998年版，第10页。

三种例外情形：一是被告人提供的能够证明其品格良好的证据；二是被告人提供的关于被害人品格的证据；三是证明证人诚实与否的证据。另外，该规则的第 406 条还规定："关于某人习惯或某一组织习惯的证据，不论是否业经证实，亦不论是否有目击证人在场，对于证明此人或此组织在某一具体场合曾按其习惯或惯例行事，是有相关性的。"品格证据排除规则实际上是对相关性规则的补充。被告人过去的不良品行与当前指控的犯罪行为之间一般都没有实质的相关性。司法人员不能因为被告人曾经犯过罪或者有过不良行为，就认为其更可能是本案中的罪犯。"一次做贼"，并不意味着"终生是贼"。

（十）心证公开规则

所谓心证公开，是指法官认证的结论和理由应当向当事人乃至社会公众公开。目前大陆法系国家的法律一般都要求法官在判决书中说明其判决所依据的理由，即以书面形式说明其"心证"是如何形成的。心证公开可以有两种表现形式：其一是在庭审中的公开，即通过法官的当庭认证表现出来的心证公开；其二是在裁判文书中的公开，即通过法官在判决文书中说明采信证据的理由和依据所表现出来的心证公开。由于对证据的真实性和证明力的评断和认定往往要在庭审之后进行，所以判决文书中的公开实际上是心证公开的主要方式。从这个意义上讲，心证公开是对自由心证进行限制的一项证据采信规则。通过心证公开，将审判人员的认证活动置于当事人和公众的监督之下，既有利于审判人员严格依法认证，提高案件的证明质量；又能使当事人充分了解认证的过程和理由，提高司法判决的权威性。

第三节　我国证据规则的现状及完善

一、我国证据规则的现状

我国法律体系受大陆法系影响较大，在证据法方面基本同大陆法系的做法相同，没有制定统一的证据法典以及统一证据规则，有关证据规则的具体内容散见于宪法、诉讼法、司法解释等法律、法规之中。如现行宪法第37条规定："中华人民共和国公民的人身自由不受侵犯。任何公民，非经人民检察院批准或者决定或者人民法院决定，并由公安机关执行，不受逮捕。禁止非法拘禁和以其他方法非法剥夺或者限制公民的人身自由，禁止非法搜查公民的身体。"第39条规定："中华人民共和国公民的住宅不受侵犯。禁止非法搜查或者非法侵入公民的住宅。"这是以宪法的形式就收集证据提出的具体要求。有关证据规则的主要内容集中体现在三大诉讼法中，三大诉讼法都以专章对证据制度的基本原则作出规定，主要包括询问、讯问、现场勘查、辨认、侦查实验、鉴定、搜查、扣押等取证规则，另有关于如何举证、质证、认证的一些原则性规定。其共同点在于受职权主义和客观真实等理念的支配，对法官调查证据的范围没有严格限制，有关证据证明力的问题也很少加以直接规定，而且规定得过于原则、笼统、粗疏，各证据规则自身也缺少完备性和明确性。在司法实践中，针对这些原则、笼统、粗疏的证据规则，为了便于操作，最高人民法院、最高人民检察院、公安部先后作出一系列司法解释、部门性规章。例如《关于民事诉讼证据的若干规定》、《关于行政诉讼证据若干问题的规定》、《关于执行（中华人民共和国刑事诉讼法）若干问题的解释》、《人民检察院刑事诉讼规则》、《公安机关办理刑事案件程序规定》等等。这些司法解释在一定程度上有利于规范、制约司法实践中比较混乱、不合理的局面。但这些司法解释都是就事论事，事后造法，很难说是深思熟虑的产物，甚至还受部门眼光、立场的局限，难以形成完整、和谐、统一的证据规则。另外，随着对外交流、合作的加强，我国缔结、加入了一些证据方面的国际公约或国际条约。如《联合国公民权利和政治权利国际公约》、《关于从国外调取民事或商事证据的公约》等，它们确定了刑事诉讼中反对自我归罪特权规则与民商事国际调查协助规则等，遵循这些规则也是我国的法定义务。

二、我国证据规则的主要内容

我国的证据规则仍处于初创阶段。虽然规则数量已经不少，关于如何取证、举证、质证、认证的程序性证据规则基本成型，但在证据展示、交叉询问等方面还有欠缺；而关于证据资格与效力的实体性证据规则严重缺失，已有的规则多疏而不密，矛盾重重。主要内容有：

（一）相关性规则

相关性规则是指凡纳入诉讼过程的证据材料应当同案件的待证事实有实质性联系并对案件事实有证明作用。我国法律规定，凡是能够证明案件真实情况的一切事实，都是证据。证据必须查证属实，才能作为定案的根据。据此规定，一般认为证据具有三个明显的特征：一是客观性，二是相关性，三是合法性。其中相关性，同相关性证据规则紧密相连。最高人民法院《关于民事诉讼证据的若干规定》第65条和第66条规定，对单一证据应审查核实其同案件事实是否相关；对案件的全部证据，应当从各证据与案件事实的关联程度，各证据之间的联系等方面进行综合审查判断。根据上述立法和司法解释，只有同案件待证事实有客观内在联系的证据材料，才具有证明力，才可以作为认定案件事实的证据。凡同案件待证事实之间不存在客观内在联系的证据材料，不具有证明力，不能作为案件的证据。我国刑事诉讼法第 93 条规定："犯罪嫌疑人对侦查人员的提问，应当如实回答。但是对与本案无关的问题，有拒绝回答的权利。"第 114 条规定："在勘验、搜查中发现的可用于证明犯罪嫌疑人有罪或者无罪的各种物品和文件，应当扣押；与案件无关的物品、文件，不得扣押。"第 156 条规定："公诉人、当事人和辩护人、诉讼代理人经审判长许可，可以对证人、鉴定人发问。审判长认为发问的内容与案件无关的时候，应当制止。"这些法律规定，是我国刑事诉讼证据的相关性规则的法律依据。遵循相关性规则，在刑事诉讼中就是要求进入刑事诉讼的证明材料必须与案件事实有内在的必然联系并对案件事实有证明作用。也就是要求证明材料必须与犯罪嫌疑人、被告人是否构成犯罪、犯罪性质及罪责轻重等有关联，与这些基本事实无关联的不能作为证明材料。相关性规则的确立，可以使证据收集、运用的人员在诉讼活动中有一个标准，尤其在控辩双方的举证和质证上，保证所出示的证明材料和讯问、发问以及所提的问题与案件有关联，这样既有利于收集证据，也有利于在庭审中防止纠缠细枝末节拖延诉讼，更有利于查清案件事实。然而，对于判断一个证据材料是否与案件有关的标准或原则没有规定，对相关性的例外也几乎没有涉及。

（二）非法证据排除规则

我国现有的非法证据排除规则因诉讼性质的不同而有区别。在刑事诉讼中，只确定了非法收集的言词证据要排除的规则；在民事诉讼、行政诉讼中，则确定的是针对所有非法取得证据的排除规则。《刑事诉讼法》第 43 条明确规定："审判人员、检察人员、侦查人员必须依照法定程序，收集能够证实犯罪嫌疑人、被告人有罪或者无罪、犯罪情节轻重的各种证据。严禁刑讯逼供和以威胁、引诱、欺骗以及其他非法的方法收集证据。"司法解释第 61 条规定："严禁以非法的方法收集证据。凡经查证确实属于采用刑讯逼供或者威胁、引诱、欺骗等非法的方法取得的证人证言、被害人陈述、被告人供述，不能作为定案的根据。"《人民检察院刑事诉讼规则》第 265 条也规定："严禁以非法的方法收集证据。以刑讯逼供或者威胁、引诱、欺骗等非法的方法收集的犯罪嫌疑人供述、被害人的陈述、证人证言，不能作为指控犯罪的根据。"这表明，在我国刑事诉讼中只是禁止使用刑讯逼供、威胁、引诱、欺骗以及其他非法的方法收集的证人证言、被害人陈述、犯罪嫌疑人和被告人的供述等，对违法收集的实物证据则没有明确规定予以排除。非法言词证据排除规则设立的理由主要是：言词证据容易受到客观因素、主观因素和陈述者的感受力、记忆力、判断力、表述力等的影响，以违法行为收集的言词证据虚假可能性较大，可能妨害获得案件的实质真实。同时，以违法行为获取言词证据，是对基本人权的侵犯，对法律的践踏。应当禁止使用非法言词证据，不使违法者从中获得利益，这也是遏制这类违法行为，保护公民权利的有效手段。

在民事诉讼、行政诉讼领域规定得更严。《关于民事诉讼证据的若干规定》第 68 条规定："以侵害他人合法权益或者违反法律禁止性规定的方法取得的证据，不能作为认定案件事实的依据。"《关于行政诉讼证据若干问题的规定》第 57 条明文规定："下列证据材料不能作为定案依据：（一）严重违反法定程序收集的证据材料；（二）以偷拍、偷录、窃听等手段获取侵害他人合法权益的证据材料；（三）以利诱、欺诈、胁迫、暴力等不正当手段获取的证据材料；（四）当事人无正当事由超出举证期限提供的证据材料；（五）在中华人民共和国领域以外或者在中华人民共和国香港特别行政区、澳门特别行政区和台湾地区形成的未办理法定证明手续的证据材料；（六）当事人无正当理由拒不提供原件、原物，又无其他证据印证，且对方当事人不予认可的证据的复制件或者复制品。这表明，在民事诉讼、行政诉讼中要排除的非法证据囊括各种形式的证据。

（三）最佳证据规则

狭义上的最佳证据规则是指在以文字材料的内容证明案情时，必须提交文字材料的原件。我国对于最佳证据的规定比较原则。《民事诉讼法》第 68 条规定："书证应当提交原件。物证应当提交原物。提交原件或者原物确有困难的，可以提交复制品、照片、副本、节录本。"最高人民法院《关于民事诉讼证据的若干规定》第 10 条规定："当事人向人民法院提供证据，应当提供原件或者原物。如需自己保存证据原件、原物或者提供原件、原物确有困难的，可以提供经人民法院核对无异的复制件或者复制品。"最高人民法院《关于行政诉讼证据若干问题的规定》第 10 条规定，当事人应当向人民法院提供书证的原件、原本。正本和副本均属于书证的原件。提供原件确有困难的，可以提供与原件核对无误的复印件、照片、节录本。第 11 条规定，当事人向人民法院提供物证应提供原物。提供原物确有困难的，可以提供与原物核对无误的复制件或者证明该物证的照片、录像等其他证据。

广义上的最佳证据规则是指用以确定证据证明力大小的有关

法律规定，当审判人员对同一事实有数个证据进行证明时，应当对证据证明力的大小进行审核认定，采用证明力相对大的证据对案件事实进行证明。如《关于民事诉讼证据的若干规定》第77条就规定："人民法院就数个证据对同一事实的证明力，可以依照下列原则认定：（一）国家机关、社会团体依职权制作的公文书证的证明力一般大于其他书证；（二）物证、档案、鉴定结论、勘验笔录或者经过公证、登记的书证，其证明力一般大于其他书证、视听资料和证人证言；（三）原始证据的证明力一般大于传来证据；（四）直接证据的证明力一般大于间接证据；（五）证人提供的对与其有亲属或者其他密切关系的当事人有利的证言，其证明力一般小于其他证人证言。"《关于行政诉讼证据若干问题的规定》第63条规定："证明同一事实的数个证据，其证明效力一般可以按照下列情形分别认定：（一）国家机关以及其他职能部门依职权制作的公文文书优于其他书证；（二）鉴定结论、现场笔录、勘验笔录、档案材料以及经过公证或者登记的书证优于其他书证、视听资料和证人证言；（三）原件、原物优于复制件、复制品；（四）法定鉴定部门的鉴定结论优于其他鉴定部门的鉴定结论；（五）法庭主持勘验所制作的勘验笔录优于其他部门主持勘验所制作的勘验笔录；（六）原始证据优于传来证据；（七）其他证人证言优于与当事人有亲属关系或者其他密切关系的证人提供的对该当事人有利的证言；（八）出庭作证的证人证言优于未出庭作证的证人证言；（九）数个种类不同、内容一致的证据优于一个孤立的证据。"

同外国最佳证据规则比较，可以看出，我国对于最佳证据规则的规定有以下几个方面的问题：一是我国关于最佳证据规则的范围和内容没有明确界定；二是对于原件的含义没有作出明确的界定；三是没有规定提供不了原件、原物的后果；四是对于可以不提供原件、原物的条件规定得过于宽泛，不利于司法实践中的理解和应用。

（四）补强证据规则

补强证据规则是指对某些特定证据，由于其证明力不够，必须依靠其他证据方能定案的规则。该规则在不同诉讼中有不同含义。

在刑事诉讼中，该规则主要体现为口供补强规则，是指禁止以被告人的供述作为认定其有罪的唯一依据，对被告人的有罪供述应当提供其他证据予以补强，证明其供述的真实性。我国刑事诉讼法第46条规定："对一切案件的判处都要重证据，重调查研究，不轻信口供。只有被告人供述，没有其他证据的，不能认定被告人有罪和处以刑罚；没有被告人供述，证据充分确实的，可以认定被告人有罪和处以刑罚。"这一规定，是确定我国口供补强规则的法律依据。口供补强规则的作用主要是：第一，有利于准确认定案件事实，正确适用法律。犯罪嫌疑人、被告人的供述因种种原因存在虚假的可能性，即使是有罪供述也可能存在不真实的内容。设立口供补强规则，可以保证口供的真实性，防止根据虚假供述而作出错判。第二，有利于防止偏重口供的倾向。由于真实的口供具有极强的证明力，如果允许口供作为定案的唯一依据，势必使侦查、检察、审人员形成"口供为证据之王"的思想而忽视其他证据的作用。第三，有利于保障人权。由于口供内容可能虚假，确立口供补强规则，在一定程度上可以遏制、减少冤假错案的发生，避免打击无辜，从而有效保障基本人权。

在民事、行政诉讼中，该规则表现形式多样，既有关于仅凭当事人供述不能定案的规则，又有关于仅凭其他证据不能定案的规则。前者如最高人民法院在《关于民事经济审判方式改革问题的若干规定》中第21条规定："当事人对自己的主张，只有本人陈述而不能提出其他相关证明的，除对方当事人认可外，其主张不予支持。"后者如《关于民事诉讼证据的若干规定》第69条规定："下列证据不能单独作为认定案件事实的依据：（一）未成年人所作的与其年龄和智力状况不相当的证言；（二）与一方当事人或者其代理人有利害关系的证人出具的证言；（三）存有疑点的视听资料；（四）无法与原件、原物核对的复印件、复制品；（五）无正当理由未出庭作证的证人证言。"《关于行政诉讼证据若干问题的规定》第71条规定："下列证据不能单独作为定案依据：（一）未成年人所作的与其年龄和智力状况不相适应的证言；（二）与一方当事人有亲属关系或者其他密切关系的证人所作的对该当事人有利的证言，或者与一方当事人有不利关系的证人所作的对该当事人不利的证言；（三）应当出庭作证而无正当理由不出庭作证的证人证言；（四）难以识别是否经过修改的视听资料；（五）无法与原件、原物核对的复制件或者复制品；（六）经一方当事人或者他人改动，对方当事人不予认可的证据材料；（七）其他不能单独作为定案依据的证据材料"。这表明，在我国需要补强的证据不仅包括言词证据，而且还适用于视听资料、书证、物证。同时，我国补强证据还处在萌芽状态，只规定了应予补强证据的类型，对于作为补强证据的证据应当符合什么条件，补强应当达到的证明程度等，尚缺乏必要的规定。

（五）意见证据规则

证据的陈述可以分为两类：一类是体验陈述，指陈述人就自己所体验的事实而作的陈述，即证人（包括被害人和被告人）的陈述；一类是意见陈述，指陈述人依据自己的知识和经验，陈述其对某一事项的判断意见和推测。在法治发达的国家，一般要求证人只能陈述自己体验的过去的事实，而不能将自己的判断意见和推测作为证言的内容。其理由有二：一是认定、判断事实是法官的职责，证人的责任是提供法官判断事实的材料，证人不能代行法官的判断职能；二是法庭需要证人提供其体验事实，而意见和推测并非证人的体验，因此没有证明力，而且可能会因提供有偏见的推测意见而影响法官客观公正地认定事实。

意见证据排除规则，在我国的《刑事诉讼法》、《民事诉讼法》和《行政诉讼法》中均没有作出明确规定，只是在最高人民法院的司法解释中进行了原则性规定。最高人民法院《关于民事诉讼证据的若干规定》第57条规定："出庭作证的证人应当客观陈述其亲身感知的事实。证人为聋哑人的，可以其他表达方式作证。证人作证时，不得使用猜测、推断或者评论性的语言。"最高人民法院《关于行政诉讼证据若干问题的规定》第46条规定："证人应当陈述其亲历的具体事实。证人根据其经历所作的判断、推测或者评论，不能作为定案的依据。"从这些规定中可以看出，我国民事诉讼证据和行政诉讼证据的司法解释中规定了意见证据规则，即证人根据其亲身经历所作出的推断、推测、猜测和评论等，不能作为定案的依据。但仅仅是原则性规定，比如，哪些情况是推测和判断；意见规则的例外有哪些；什么是专家证人的意见；如果采纳了证人意见应如何处理等，均没有相关的规定，实际上很难操作。

三、我国证据规则体系的建立和完善

（一）建立和完善证据规则体系的必要性

在英美法系国家，证据规则体系是由一套十分复杂的排除证据资格的规则及其例外构成的。这些规则中，固然有不少的规则或例外与陪审团制度密不可分，但其中也包含了英美国家在长期诉讼实践中积淀下来的人类智慧。因此，尽管随着陪审团制度的衰退，证据规则在英美国家也逐渐出现了松动，但多数证据规则仍然在适用，而且是在职业法官独任审理的程序中适用。这固然有传统惯性因素的影响，但证据规则自身体现了一种认识上的合理性却是无可否认的。因此，陪审团尽管是英美法系证据规则形成的主要原因，但就绝大多数证据规则而言，其存在与陪审团制度并没有必然的直接关系。日本、德国等大陆法系国家的立法实践也证明了这一点。在建设法治国家的今天，我国更有必要建立和完善相关证据规则制度。

(1) 我国法官队伍的现状迫切需要完善的证据规则体系。在证据资格问题上，我国现行制度基本上沿袭了大陆法系模式，强调法官在证据资格判断方面的积极作用。但是，此种模式是以具有高素质的专业化法官队伍为依托的。尽管我国职业化的法官队伍可能比英美国家的陪审员具有较高的评价能力，但我国由于历史原因造成了相当一部分法官法律知识不足、业务能力较弱、个人素质较差，法官队伍的专业化水准远远落后于大陆法系国家。如果将审核证据和认定案件事实的判断权完全由法官自由进行，就难以保证案件的审判质量。在我国法官素质普遍有待提高的现实条件下，采用此种立法模式必然产生种种流弊，而当前的许多司法不公现象也直接、间接与此有关。所以，我们必须以证据规则的形式对证据资格予以明确的限制，对证据的证明力作出指导性的规定，不仅有助于减少法官不必要的裁判压力和腐败机会，而且能够逐渐培养法官遵循法律规则进行裁判的习惯，最大限度地实现司法公正，同时也有助于形成一批专业化的职业法官。

（2）我国审判方式的改革也需要新的证据规则体系支撑。随着当事人主义诉讼模式的推进，庭审方式的改革势在必行。为此，必须削弱法官对诉讼程序的控制权，强化当事人双方在庭审中的对抗性，加强双方当庭举证、质证、辩论对诉讼进程和结果的影响力。这就必须建立完善的规则体系，对双方当事人的举证、质证活动加以引导和规制，实现公平对抗，以防止双方随意使用证据，既易形成叠床架屋，拖延诉讼，又容易模糊诉争要点，甚至造成真假难辨，从而保证审判活动有序进行，保证我国审判模式改革的顺利进行。

（3）依法治国方针的贯彻、执行需要完善证据规则体系。党的十五大正式确立了依法治国的基本治国方略。《宪法》明确规定："中华人民共和国实行依法治国，建设社会主义法治国家。"党的十六大报告指出："从制度上保证审判机关和检察机关依法独立公正地行使审判权和检察权。完善诉讼程序，保障公民和法人的合法权益。"依法治国要求切实保障人民法院独立行使审判权，人民检察院独立行使检察权，公正司法，解决纠纷，处理违法，惩治犯罪。但是，对检察权和审判权又必须给予严格的控制和规范，使审判权和检察权在法律的框架内行使，切实保障公民和法人的合法权益。这是一个事物的两个方面，缺一不可。证据规则的建立，可以进一步完善诉讼程序，一方面保证人民法院审判权和人民检察院检察权的独立行使，另一方面将审判权和检察权纳入法制的轨道，接受社会的监督，使司法机关和司法工作人员依照证据规则收集证据，审查判断证据，审核运用证据，作出公正的裁判，切实保障公民和法人的合法权益。

（二）建立我国证据规则体系的原则和要求

在我国，建立、完善证据规则应注意以下问题：第一，我国传统上属于大陆法系国家，主要由职业法官负责案件的审理和裁判，因此，规范证据能力的证据规则的数量不宜规定过多。第二，证据规则的建设应当针对我国司法实践中存在的问题并尊重我国的现实社会条件，应当注重证据规则的现实可行性。第三，在具体证据规则的建设上，应当从现在的粗放型转向“细密型”，即证据规则的内容应当完备，既要明确该规则的具体适用情形和适当的例外，又要明确规定充足法定适用或例外条件时的具体法律效果，以增强其可操作性。第四，证据规则具有僵硬的弱点，难以应对丰富多彩的诉讼实践，因而，应当将证据规则的建设与法官主观能动性的发挥结合起来，使证据规则随着实践需要发展。

具体而言，建立、健全证据规则应包括两个层面上的要求。首先是质的要求，即具体证据规则必须在内容上具有完整性，在适用上具有可行性。证据规则是实践性很强的法律规范，如果不具有完备的内容、不具有可行性，那么，就失去了存在的意义。就证据规则的内容结构而言，英美法系的证据规则通常包括两部分：一般原则和例外规定。其中，例外又分为附条件例外和无条件例外。此种结构具有较大的适应性，可以较详尽地区分不同的情形进行有差别的规定，避免一刀切。

需要指出的是，证据规则只能借助排除证据的方式对某种倾向产生抑制或引导作用，证据规则无法解决问题的实质。因此，一个有生命力的证据规则还必须有辅助的程序制度作为保障。与证据规则适用相配套的程序性规则可以分为两类：一类是直接规范调整证据规则适用的程序。如对不具可采性的证据提出异议、反驳、裁断的程序性规定。值得思考的是，在我国不实行陪审团制度的前提下，应当建立什么样的程序，使法官既能够对证据可采性作出裁断，又不受此类证据对事实认定的影响。另一类是保障证据规则有效运作的程序。以传闻规则为例，如果只是建立传闻规则，而不从程序上解决证人出庭作证问题，结果将会是或者因严格的适用传闻规则致使大批案件无法解决而丧失实体公正，或者为了必要的实体公正而使传闻规则无法真正执行。因此，在建立、完善我国证据规则的同时，还必须注意配套程序的跟进。

其次是量的要求，即证据规则必须具有足够的覆盖面。这并非说，我国必须确立若干个证据规则才算形成了一个完备的证据规则体系，而旨在强调，在有相应数量规则支撑下，证据规则体系的建构，应当注意考虑我国当前刑事诉讼证明活动中急需规范的问题。如果对于司法实践中亟待解决的问题，该规范的没有规范，就不能算是构成了一个完备的体系。因此，建立、健全我国证据规则体系，应当以确立特定的证据规则对于司法实践中应当且亟待规范的问题是否具有重要的意义为标准，有选择地建立适量的证据规则。

我们认为，建立、完善我国的证据规则体系，至少应确立以下规则：

（1）规范证据证明力方面的证据规则。我国诉讼法规定了三大诉讼证据的法定表现形式，在未经法庭审理之前，它仅仅是证据材料，或者说证据资源和证据来源，还不是可以用作认定案件事实的证据。如果把所有的证据材料或资料都进入诉讼程序，很可能造成诉讼资源的极大浪费，降低办案效率，甚至对法官造成不良的影响和误导，从而使法官无法作出公正的裁决。因而必须建立与完善规范证据证明力方面的规则，从证据是否具有证明力方面对证据材料或者证据来源进行审查，严把进口关，将下列三种证据材料或证据来源排除在诉讼证据之外：第一，不具有证明力的；第二，具有证明力，但证明价值极少或者可能起误导作用的；第三，具有一定的证明价值，但出于对其他价值的保护不应作为证据的。这方面的规则应当有：从正面对证据材料进行筛选的相关性规则；从反面排除某些证据资料的非法证据排除规则、意见证据规则等。

（2）规范证据证明力大小的规则，也称证明价值方面的证据规则。自由心证证据制度一般不对各种证据的证明力预先作出规定，证据证明力大小由法官根据在法庭审理中形成的内心确信予以自由判断。但是为限制法官的自由裁量权过大，甚至利用该自由裁量权徇私枉法，或者避免其出现判断上的过失，各国都开始确立一些证据规则来确定证据证明力大小。例如，补强证据规则、最佳证据规则等。前述最高人民法院《关于行政诉讼证据若干问题的规定》第 63 条便是最佳证据规则。

（3）保护诉讼当事人和参与人合法权益，或者说对人权保障方面的证据规则。现代诉讼的一个重要目标，是切实保护公民的合法权益，包括犯罪嫌疑人、被告人应当享有的诉讼权利不受非法的侵害，仅用排除非法证据规则是无法完成该项诉讼目的的。应当设立自白证据规则，也称自白任意性规则、非任意自白排除规则。其含义是在刑事案件中，只有基于被告人出于自愿作出的供述才具有证据能力，否则不能作为证据使用。还有特权证据规则，该规则的含义是：特权的享有者可以免除出庭作证和就特权事项提供证明材料，从而制止他人揭示特权范围内的情况，以维护一种稳定的社会关系和保护更大的法律应当保护的权益。如，夫妻之间、律师与委托人之间、医生与病人之间、银行与储户之间等等。

（4）保障举证、质证、对证据审核认定顺利进行方面的证据规则。在诉讼过程中，哪些证据资料可以作为定案的证据，哪些证据资料应当排除在诉讼之外不能作为定案的证据，如何认定案件的事实等等，是通过对证据的审查判断、庭前出示证据、庭审中的质证辩论等具体程序进行的。所以对诉讼中证据的收集、出示、审查判断、质证、认定等活动，必须有相应的程序性规则予以保证。这些规则一般有：证据展示规则、直接言词规则、交叉询问规则、公开审理规则，对不具有可采性证据资料提出异议、反驳、裁判规则等。

主要参考书目

1. 陈一云主编：《证据学》，中国人民大学出版社 1991 年版。

2.〔美〕迈克尔·D. 贝勒斯著，张文显、宋金娜、朱卫国、黄文艺译：《法律的原则——一个规范的分析》，中国大百科全书出版社 1993 年版。

3. 沈达明编著：《英美证据法》，中信出版社 1996 年版。

4.〔美〕理查德·A. 波斯纳著，蒋兆康译：《法律的经济分析》（上），中国大百科全书出版社 1997 年版。

5.〔美〕约翰·罗尔斯著，何怀宏等译：《正义论》，中国社会科学出版社 1998 年版。

6.〔法〕孟·罗曼斯密著：《欧陆法律发达史》，法律出版社 1962 年版。

7.〔苏〕安·扬·维辛斯基著：《苏维埃法律上的诉讼证据理论》，法律出版社 1957 年版。

8. 何家弘、张卫平主编：《外国证据法选译》（上卷），人民法院出版社 2000 版。

9.〔日〕田口守一著，刘笛、张凌、穆津译：《刑事诉讼法》，法律出版社 2000 年版。

10. 林山田著：《论刑事程序原则》，《台大法学论丛》28卷第2期。

11. 〔德〕克劳斯·罗科信著，吴丽琪译：《德国刑事诉讼法》，法律出版社2003年版。

12. 宋冰编：《程序、正义与现代化——外国法学家在华演讲录》，中国政法大学出版社1998年版。

13. 毕玉谦著：《民事证据法及其程序功能》，法律出版社1997年版。

14. 宋世杰著：《诉讼证据学》，湖南人民出版社1988年版。

15. 卞建林译：《美国联邦刑事诉讼规则和证据规则》，中国政法大学出版社1996年版。

16. 刁荣华著：《比较刑事证据法各论》，台湾汉林出版社1986年版。

17. 周叶谦著：《英美刑事诉讼法概论》，中国社会科学出版社1984年版。

18. 汪建成、刘广三著：《刑事证据学》，群众出版社2000年版。

19. 刘金友主编：《证据法学》，中国政法大学出版社2001年版。

20. 常怡主编：《民事诉讼法学》，中国政法大学出版社1996年版。

21. 樊崇义主编：《证据学》，中央广播电视大学出版社2003年版。

22. 何家弘主编：《新编证据学》，法律出版社2000年版。

23. 江伟主编：《证据法学》，法律出版社1999年版。

24. 崔敏主编：《刑事证据理论研究综述》，中国人民公安大学出版社 1990 年版。

25. 刘家兴主编:《民事诉讼法教程》,北京大学出版社 1994 年版。

26. 毕玉谦著:《民事证据法判例实务研究》,法律出版社 2001 年修订版。

27. 李学灯著:《证据法比较研究》,台湾五南图书公司 1992 年版。

28. 张卫平著:《诉讼构架与程式——民事诉讼的法理分析》,清华大学出版社 2000 年版。

29. 黄松有主编:《民事诉讼证据司法解释的理解与适用》,中国法制出版社 2002 年版。

30. 王锡三著:《民事诉讼法研究》,重庆大学出版社 1996 年版。

31. 〔美〕乔恩·华尔兹著,何家宏译:《刑事证据大全》,中国人民大学出版社 1993 年版。

32. 毕玉谦主编:《证据法要义》,法律出版社 2003 年版。

33. 何家弘、刘品新著:《证据法学》,法律出版社 2004 年出版。

34. 田平安著:《民事证据初论》,中国检察出版社 2002 年版。

35. 谢玉童著:《证据法学案例教程》,中国人民公安大学出版社 2001 年版。

36. 肖胜喜著:《刑事诉讼证明论》,中国政法大学出版社 1994 年版。

37. 何家弘主编:《证据调查》,法律出版社 1997 年版。

38. 陈朴生著:《刑事证据法》,(台湾)三民书局 1979 年版。

39. 李浩著:《民事证明责任研究》, 法律出版社 2003 版。

40. 罗玉珍主编:《民事证明制度与理论》, 法律出版社 2003 年版。

41. 何家弘主编:《外国证据法》, 法律出版社 2003 年版。

42. 余叔通、谢朝华译:《法国刑事诉讼法典》, 中国政法大学出版社 1997 年版。

后 记

证据法学的研究一直是法学研究中比较薄弱的环节，然而，近几年这种窘况逐渐在改变。这种变化无疑是由社会生活的实践引起的。虽然用“重估一切价值”来描绘当前证据法的研究理念有夸大其词之嫌，但这种精神却是必要的。对诉讼制度合理化、理性化的追求，必然要求我们重新审视过去的证据法观念和简单的证据制度。时间虽短，但可以说证据法的研究已经步入百花齐放的局面。

这是一本教材，在编写过程中，我们力图将本学科一些所谓确实的基本知识和一些具有非确实性的基本理论问题的介绍或研究有机结合起来。因为在我们看来，在高等教育领域，教材不应当局限于告诉学生“确实性知识”是什么，或者说无意识地以所谓的“确实性知识”去遮蔽“确实性知识”中存在的“非确实性”。换句话说，除了告诉学生一般答案是什么，还要告诉学生在答案的后面还存在着诸多值得去思考的问题。简言之，我们不希望教材异化为一种支配学生的“权力”！

在本书的编写过程中，我们吸收了诸多同仁的研究成果，在此我们一并予以致谢！

本书的各章、节撰写分工如下：

罗文禄 第一、二、三、四、十四、十五章；

叶甲生 第五、六、八、九章；

袁林 李文杰 第七章；

杨凌 第十、十一、十二、十三章。

全书由袁林、罗文禄统一审阅。

用英国哲学家波普尔的话来说，科学是可以有错误的，我们是人，而人是会犯错误的。对于书中的不当之处，敬请读者批评指正。

作者

2004年12月20日